崔婧　李飞飞◎主编

会计专硕案例

论文集

第二辑

PROCEEDINGS OF
MASTER'S DEGREE IN
PROFESSIONAL ACCOUNTING IN
CASE STUDIES (Ⅱ)

图书在版编目（CIP）数据

会计专硕案例论文集．第二辑/崔婧，李飞飞主编．—北京：经济管理出版社，2023.8
ISBN 978-7-5096-9211-0

Ⅰ.①会… Ⅱ.①崔… ②李… Ⅲ.①会计学—文集 Ⅳ.①F230-53

中国国家版本馆 CIP 数据核字(2023)第 167845 号

组稿编辑：丁慧敏
责任编辑：丁慧敏
责任印制：黄章平
责任校对：张晓燕

出版发行：经济管理出版社
（北京市海淀区北蜂窝 8 号中雅大厦 A 座 11 层　100038）
网　　址：www. E-mp. com. cn
电　　话：（010）51915602
印　　刷：唐山玺诚印务有限公司
经　　销：新华书店
开　　本：720mm×1000mm/16
印　　张：27.5
字　　数：539 千字
版　　次：2023 年 8 月第 1 版　　2023 年 8 月第 1 次印刷
书　　号：ISBN 978-7-5096-9211-0
定　　价：158.00 元

目　录

基于利益相关者视角的社会企业成长研究

——以老爸评测为例

曾 倪*

摘 要： 自社会企业出现以来，这种创新组织形式如何在解决社会问题的同时兼顾商业可持续性就一直是各界关注的焦点。本文将利益相关者理论作为理论基础，清晰界定了社会企业相关利益者的概念，通过案例选择与分析，针对社会企业的成长进行探索性研究，并提出相应建议，以期为我国其他社会企业的成长提供理论支撑与实践启示。

关键词： 利益相关者；社会企业；社会企业成长

一、引言

社会企业以其兼顾社会使命目标和经济目标的组织特性，成为当下解决社会问题、促进社会价值实现的一种创新组织形式，近些年获得了学术界和实业界的关注。在我国，社会企业的出现是企业组织和非营利组织的创造性结合，是市场经济转型持续推进的必由之路，也是当前我国创新社会治理模式的实践选择。经过数年的成长，中国的社会企业逐渐构建了自己的系统和业态。但令人忧心的是，虽然中国的社会企业数量与日俱增，但是能快速发展，特别是能获得足够资金收入以保持商业可持续性的社会企业并不多，很多社会企业在成长过程中逐渐暴露出运营资金不足、盈利能力差等问题。很多社会企业仍需依赖大量的政府补

* 作者简介：曾倪（1999—），女，山东省济宁人，北京联合大学管理学院在读研究生，研究方向：社会责任。

贴和社会捐赠以维持财务的可持续性，在社会目标和经济目标之间尚且艰难保持平衡，更遑论快速成长和超常发展。

近几年，学术界对社会企业进行了较为深入的研究。相较于欧美国家相对丰硕的研究成果，我国的社会企业研究主要围绕其概念、特征、绩效等方面开展，鲜有研究深入探讨分析社会企业的成长问题。与此同时，社会企业如何在实现社会目标的同时兼顾经济目标一直是学界关注的焦点，但其一直面临诸多制约其成长和发展的问题，并且它的成长过程中究竟有哪些因素在起作用和如何实现社会企业成长等问题是现有研究尚未深入讨论的。基于此，本文以国内典型社会企业为案例，从利益相关者的视角对社会企业的成长展开探索性研究。

二、文献综述

（一）利益相关者理论

企业所注重的不应局限于某些特定主体的利益，而应关心内外部所有利益相关者的整体利益，因为企业注重的长远的可持续发展是在利益相关者的参与和互相影响与作用下实现的。Asnoff（1965）认为，如果企业想要实现自身定制的理想目标，需要对包含企业管理者、员工、股东、供应商等在内的相关利益者进行综合考虑分析；此后学者们从不同角度对利益相关者进行界定，如段田田（2017）认为利益相关者能与企业发生直接或间接的影响与作用，并且在企业发展过程中担负一定的风险。目前，大多数学者认同利益相关者是指在企业的生存与发展过程中投入了一定的专用性资产，并担负了一定风险的个人、群体与组织，其行为活动会使企业目标的实现受到影响；或受企业实现其目标的过程影响的个人、群体与组织。CESCC 在 2022 年发布的《中国社会企业认证手册》的四维认定体系中清晰地认证了社会企业利益相关方包括员工、客户、供应商以及社区、政府、股东和行业内其他从业人员。

本文将社会企业利益相关者界定为：因向社会企业进行专用性投资而对企业具有支持、管理权力，与社会企业相互产生直接或间接影响，并对企业目标的实现产生影响或受企业实现目标过程影响的个人、群体与组织。其中专用性投资既包括有形的投资，也包括无形的投资。

（二）社会企业成长相关研究

对市场经济的研究一向关注可以解决社会问题和创造社会价值的新组织结构，

然而对于社会企业的研究在近些年才逐渐升温。当前国内外学术界对社会企业尚未统一其定义，但他们对社会企业本质的认识是一致的。他们都认为社会企业是商业企业和非营利组织的创造性混合体，受混合动机驱动，将企业经营收益再投资至社会公益事业，不断创造社会价值并解决社会现实问题；但是他们对社会企业的确切概念尚未达成一致认识。2022 年 CESCC 发布的《中国社会企业认证手册》中将社会企业的定义解释为社会企业是以解决社会问题为首要目标且有制度确保社会目标不漂移，其管理团队具有明显的社会企业家精神，能通过可持续发展的方式解决社会问题的法人组织；同时其社会价值和经济价值是清晰的、可测量的。

企业成长是创业和组织研究领域共同关注的核心问题之一。关于社会企业成长的衡量指标，邵子贞（2019）提出社会企业家对企业成长的衡量和业绩的评估主要依据外部利益相关者主观确定的指标，而不是依靠经济指标。刘振等（2015）认为一般商业企业的成长体现在股东利益、利润水平、市场范围、营业额、资源数量、产品种类、员工数量等具体经济指标上；而社会企业成长则更为复杂，包含经济价值与社会价值两个层面。邓国胜等（2022）通过研究四家社会企业个案，分析出社会企业的快速成长体现在既通过解决社会问题实现社会价值，又通过可持续发展促进经济价值的实现。本文认为社会企业成长的衡量指标分为社会价值和经济价值。

社会企业是使命导向型组织，以解决社会问题为首要目标且有制度确保社会目标不漂移。具体而言，社会企业的社会目标包括为就业能力薄弱的人群创造就业机会、减削贫困问题、改善环境、改善弱势群体生活质量等，这些目标是社会企业存在和发展的重心。

社会企业对经济价值的追求与商业企业类似，主要是通过创新性地利用资源、提供产品和服务等方式获得资金收入，以实现财务上的可持续性。而这些收入既可以维持企业的生存和促进企业进一步发展，同时也是社会企业实现自身经营目标与使命所必需的资源。通过商业活动所产生的经济价值比社会价值更加客观和容易量化，可以通过财务指标来进行精确衡量。

三、案例分析

（一）案例选择标准

本文在选取案例时采用的标准如下：①选取的案例需具备一定代表性，能代表该领域内社会企业的发展现状及未来发展趋势；②发展至今已经历不同的成长阶段，各个阶段所面临的问题不同。

（二）案例介绍

杭州老爸评测科技股份有限公司（以下简称“老爸评测”）成立于 2015 年 1 月，致力于通过专业的产品安全评测、“一站式”检测技术，以及销售安全高质产品的电商平台来构建全方位的产品安全服务平台。2015 年，从事了近 20 年产品安全检测的创始人魏文峰因女儿使用了“有害有毒包书皮”，辞去百万年薪的工作，立志用专业检测经验挖掘出身边有质量安全问题的产品。2015 年 8 月，他在他创立的公众号“老爸评测 DADDYLAB”上首篇曝光“毒包书皮”的文章一经发布就获得了强烈的社会反响，过万家长支持并关注了“老爸评测”。创立公司后，魏文峰以自费和众筹的方式组织对各类常见消费品进行第三方检测，通过社交媒体为家长提供安全和健康的产品信息，此后又带领团队曝光了塑胶跑道等多个有潜在安全隐患的产品。但由于检测费用较高难，加上检测的产品种类越来越多，2015 年底公司产生了近 70 万元的亏空，难以维持经营。2015 年底老爸评测引入商业手段，聚焦消费端，建立了“老爸商城”微商城，以销售检测合格的产品来获取收入，但起步时期仍资不抵债。2016 年 1 月，全国 112 位家长通过微股东众筹的方式为老爸评测筹集 200 万元帮助其渡过了倒闭危机。但这条“众筹+检测”之路并不可靠，无法使老爸评测实现可持续“造血”。因此老爸评测选择继续探索“自媒体评测+优选电商”的道路，公司盈利大增。截至 2021 年底，老爸评测全网粉丝突破 5000 万，全域流量达到 50. 8 亿，公司旗下四条独立业务线使其实现了经济效益和社会效益高度统一。但 2023 年 2 月，杭州市中级人民法院在其公众号上发布了《“小红花测评”打假“老爸评测”打准了吗?法院这样判……》一文，文中指出老爸评测存在虚假宣传的现象，以及另一检测媒体质疑老爸评测的部分检测方法和抽检方式，且其有充足的依据。判决书的下达，让公众看到老爸评测显然没有保持最初的独立、自主、公正，面临着“使命漂移”的危机。

（三）多方利益相关者模式下的案例分析

本文认为，社会企业的成长体现在社会价值与经济价值两个维度的实现，而社会企业最终的成长目标即为实现社会价值与经济价值同步发展。根据这两个维度，本文将老爸评测企业成长过程划分为三个阶段。企业处于不同的成长阶段时，目标、发展规模等诸多方面的差异，导致不同成长阶段企业所涉及的利益相关者以及利益相关者的重要性有所不同。

1. 初创阶段

初创阶段，即2015年1月至2016年1月，这一时期老爸评测初步创立，它在成长过程中创造的经济价值较少，但实现了一定的社会价值。在这一成长阶段中，企业主要涉及的利益相关者包括企业管理者、政府、消费者、股东（微股东）以及被评测企业（包含后期的合作伙伴）。

在初创阶段，老爸评测将产品检测结果公之于众，使消费者免费获得了产品质量安全信息，帮助消费者避开存在质量安全问题的产品，创造了社会价值；但与此同时，老爸评测没有在这个阶段实现"自我供血"，资金一度短缺，使得企业难以运营下去；它在这一阶段的最后时期建立了"老爸商城"这一电商平台，但短期内凭此难以自负盈亏，因此创造的经济价值较少。

关于这一阶段的利益相关者，首先，要提及企业的管理者即创始人。他因为具有强烈的社会责任感而创立企业以实现社会使命，以利他、合作、社会价值创造作为自身价值观以及企业价值观的基础，奠定了老爸评测的企业文化理念，促进了企业的初步发展。其次，正是由于有毒有害产品始终得不到完美解决和处理，而老爸评测恰好能通过大众评测的方式填补这方面的缺位，才让企业得以生存；但与此同时，这一时期国内社会企业的法律地位尚未确认，因此政府无法提供政策支持，这也影响着此时以公益性质为主的老爸评测，其经营举步维艰。对于消费者而言，企业将产品的质量安全检测信息免费公布出来，使信息消费者们得以避开这些有质量安全问题的产品，维护了消费者的利益，企业也得到了消费者的信任与支持；与此同时，消费者通过企业建立的"老爸商城"电商平台购买有检测保证的安全产品也缩减了自身挑选产品所需要花费的时间成本。股东方面，由于企业在这一阶段初期就获得了很多消费者的信任与支持，以至于后期这些消费者甚至会通过微股东众筹志愿为企业筹集资金渡过难关，使老爸评测得以维持下去，助力了企业成长。最后，被评测企业因其产品安全质量检测信息被公开，或是被曝光有安全质量问题，被有关部门处理惩罚；或是生产的产品因质量过关而被推荐购买，进而与老爸评测达成合作，增加了经济营收，促进了自身企业发展。

而对于初创阶段不够重视经济价值，没有创造出能够实现商业可持续的经济价值的问题，老爸评测在后期阶段选择继续探索"自媒体评测+优选电商"这一"造血之路"，以期实现自我"造血"。

2. 成长阶段

成长阶段，即2016年2月至2022年1月。这一时期，老爸评测逐渐发展壮大，对商业模式和经营模式不断进行调整，从2016年仅能自负盈亏发展到2020年营收超过亿元；同时老爸评测不忘承担社会责任，做到了经济价值与社会价值同步发展。这一成长阶段主要涉及的利益相关者包括政府、社交媒体、消费者、股东、员工、第三方检测平台以及供应商。

在成长阶段，老爸评测将产品检测结果公之于众，使得消费者免费获得了产品质量安全信息，帮助消费者避开存在质量安全问题的产品；另外，老爸评测积极开展公益活动，也走进校园进行知识科普等。这些都促使其创造了社会价值。与此同时，老爸评测以“电商养测”作为其进行“自我造血”的途径，最终获得了逐年递增的高额营收，实现了可持续经营，创造了相当可观的经济价值。

这一阶段涉及的利益相关者中，首先，政府对促进社会企业的成长发挥了一定作用。当地政府在政策方面扶持老爸评测向更高层次发展；而老爸评测作为近几年影响力较大的社会企业，带领技术团队参与了许多受政府邀请加入相关行业标准的制定，而这也优化了老爸评测的品牌形象，同时更加获得公众的信任。其次，老爸评测通过在各大社交媒体平台发布产品评测视频和报告获得了大量粉丝的关注，这不仅促进了其自媒体获取流量成功后的“粉丝变现”，也扩大了老爸评测的影响力。对于消费者而言，企业将产品的质量安全检测信息免费公布出来，有效消解了消费者与生产者之间信息不对称的问题，有利于消费者维护自身的权益，同时企业也得到了消费者的信任与支持；而消费者通过老爸评测在各个购买平台开设的店铺里购买有检测保证的安全产品，缩减了自身挑选产品所需要花费的时间成本。关于股东，老爸评测的出色成长以及企业价值观和经营使命吸引了很多投资机构成为其企业股东，这为老爸评测的运营提供了充足的资金支持；同时老爸评测在商业上的成功运营也为股东带来可观的分红。员工方面，老爸评测注重人才的选、育、留，为员工提供专业培训，保障员工合法权益，这不仅促进了员工能力的提升，还使员工感受到了关爱和重视；同时员工中的内外部专家团队以资质与经验为企业背书，优化提升了企业的品牌形象。第三方检测平台方面，老爸评测委托其进行检测，提升了平台的经济收入；第三方平台的专业资质也为老爸评测这一品牌提高了可信度。最后，供应商与老爸评测彼此带来经济收益；老爸评测对供应商极为严格的管理制度和检测程序提高了其合作产品的可信度与可依赖度。

但在这一阶段，由于老爸评测对电商平台的运营，使得外界开始质疑老爸评测的公益检测与企业定位是否匹配，进而引发了一些消费者的质疑与负面理解。面对“既当裁判员又当运动员”的帽子，企业创始人魏文峰认为只要自身做到为企业制定的三项原则，即评测不接受广告赞助，样品均为自行或观众、家长购买，以及委托第三方资质实验室检测，就自然不必在意这些猜忌。但他也清楚，电商卖货只是现阶段为“自我造血”而要实行的手段，因为一旦“老爸商城”

出现不合格产品，就会对其评测业务产生致命的冲击。但此时老爸评测尚未对企业发展模式进行下一步改进。

3. 争议阶段

争议阶段，即 2022 年 2 月至今。这一时期老爸评测仍坚持经济价值与社会价值进行同步发展的理念，但实际上在社会价值的实现方面出现了偏差。而这一成长阶段主要涉及的利益相关者包括社交媒体、消费者、供应商。

这一时期，许多业内人士与评测机构纷纷指责老爸评测的数据和资料失实，在老爸评测对小红花测评提起诉讼后的判决书确实证明了，老爸测评存在虚假宣传以及老爸评测的部分检测方法和抽检方式存在问题。由此可见，老爸评测追逐经济价值实现，忽视了实现社会价值的重要性，违背了社会企业的经营理念与目标，不利于社会企业的进一步成长。

关于涉及的利益相关者，首先，社交媒体。老爸评测虚假宣传被证实的信息被各大社交媒体平台广泛传播，这对企业的品牌形象和品牌价值都产生了极大的负面影响。其次，消费者。老爸评测存在虚假宣传使其很难再得到部分消费者的信任与支持，在这部分消费者心中失去公信力。最后，老爸评测发生的虚假宣传事件使部分供应商因为害怕此事件会影响自身品牌形象与消费者信任度而选择不再与老爸评测合作；另外，与老爸评测进行违背评测原则交易往来的供应商也失去了公众的信任。

导致老爸评测不重视社会价值的理由或许很多，如投资者过于看重收益和变现能力，也或许是初创的团队失去初心，就算创始人保持初心，也很难保证入职的新员工能够有相同的觉悟等。作者无从得知老爸评测为何违背自身使命与原则，但一个真正有权威性的评测媒体并不是建立在“从不出错”的基础上，也不应该再逃避，而应勇敢承认自身错误并进行改正。

总之，通过上述分析可知，企业处于不同的成长阶段时涉及的利益相关者不同。表 1 列出老爸评测不同成长阶段的利益相关者。

表 1　老爸评测不同成长阶段利益相关者对比

阶段	时间	利益相关者	企业成长衡量指标
初创阶段	2015 年 1 月至 2016 年 1 月	企业管理者	实现了社会价值，创造了较少的经济价值
		政府	
		股东（微股东）	
		被评测企业（含后期供应商）	

续表

阶段	时间	利益相关者	企业成长衡量指标
成长阶段	2016 年 2 月至 2022 年 1 月	政府	实现了社会价值与经济价值共同发展
		社交媒体	
		消费者	
		股东（微股东）	
		员工	
		第三方检测平台	
		供应商	
争议阶段	2022 年 2 月至今	社交媒体	过度获取经济价值的同时，忽视了实现社会价值的重要性
		消费者	
		供应商	

资料来源：本文作者整理。

四、结论与建议

（一）结论

本文的研究结论如下：

第一，本文以老爸评测为研究对象，对其在多重利益相关者视角下的企业成长历程进行分析，探究了社会企业如何真正地实现企业成长，以及社会企业在成长过程中可能会遇到的困境，为社会企业成长的理论研究提供了新视角。

第二，老爸评测在社会企业成长过程中受到同行业的高度关注，本文对其成长阶段进行深入探究，为其他社会企业的成长提供了一定的实践启示，有助于其他社会企业实现可持续发展。

（二）建议

（1）注重经济价值与社会价值双重发展，将坚持社会价值的实现作为首要目标。社会企业具有社会使命和经济利润两个目的：一方面，要解决社会问题，实现社会价值；另一方面，要获取经济价值、保障商业可持续运营。经济价值与社会价值对任何一个成功的社会企业而言都缺一不可。但社会企业比起商业企业

更强调的是社会责任，追求盈利并不等于放任资本逐利的过度膨胀，经济价值与社会价值在一定意义上存在冲突，所以要坚持将社会价值的实现作为首要目标，不能脱离公益轨道，更不能脱离社会企业运营宗旨。

（2）建立低风险且具有可持续性的商业模式。目前，中国已经出现了一定数量的初创社会企业，但在实践中仍然十分缺乏能实现长期社会价值与经济价值同步发展的社会企业。老爸评测现阶段“自我供血”模式是存在极大风险的，并且也看到它“翻车”了，因为它非常依靠口碑、故事和粉丝，但这些都并不是真正可靠的。因此，将检测过程做到高度透明化，建立具有共同使命的供应商网络和标准，以及把模式从用户花钱买安全升级到吸引用户为使命而支付这两个维度都可以帮助社会企业建立真正可靠的商业模式。

参考文献

［1］Asnoff. Corporate Strategy［M］. New York：Mc Graw Hill，1965.

［2］段田田．利益相关者对平台企业成长影响研究［D］．郑州大学，2017.

［3］邵子贞．中国涉农上市公司社会责任对公司成长性的影响研究［D］．内蒙古农业大学，2019.

［4］刘振，崔连广，杨俊，李志刚，宫一洧．制度逻辑、合法性机制与社会企业成长［J］．管理学报，2015，12（4）：565-575.

［5］邓国胜，程一帆．企业集团助推社会企业快速成长：案例分析与理论拓展［J］．广西师范大学学报（哲学社会科学版），2022，58（1）：9-20.

紫金矿业ESG实践对其企业绩效的影响研究

陈希卓*

摘　要： 紫金矿业在2011年以前一直遭受环境污染事件的争议，2010年更是因为铜酸水泄漏造成汀江污染严重，同年7月28日紫金矿业副总裁因涉嫌重大污染环境事故被刑拘。此次重大污染事件给紫金矿业敲响了警钟，自此以后紫金矿业决心整改环境、社会和治理方面的疏漏，加大ESG实践方面的投入。本文以紫金矿业为例，对其进行ESG实践过程中的绩效变化进行归纳总结，探究紫金矿业ESG实践对企业绩效产生的影响。同时，为企业通过ESG实践来提升企业绩效提供一定的参考和示范作用。

关键词： ESG；企业绩效；可持续发展；紫金矿业

一、文献综述

随着现代商业的日益多元化和复杂化，环境、社会和公司治理等因素对公司的发展和战略选择起着重要作用，并能影响其市场价值。ESG的目的是通过一系列指标评估公司在环境、社会和治理方面的表现，为投资者提供更加立体和全面的决策信息。与传统的企业社会责任指标相比，ESG体系有更具体的披露要求，目标受众从利益相关者变为投资者，披露内容从灵活变为具体，公司治理表现也变得更加重要。

对于环境、社会责任和公司治理的研究其实很早之前就受到了国内外学者的

* 作者简介：陈希卓（1999—），女，天津市人，北京联合大学管理学院在读研究生，研究方向：企业合并。

关注与研究，可以追溯至 1978 年，Gunnar 等（2015）通过对 2200 多篇学术论文进行实证分析发现，其中 90%的研究证明了 ESG 单一指标和企业绩效之间存在非负相关关系。孙玉君（2015）在研究中指出，中国企业价值的提升可以通过披露社会福利和环境保护方面的信息。杨东宁等（2004）的研究表明，公司的环境绩效反映了它在有效利用环境管理理念、持续改进污染预防和资源利用方面的成效，并使公司具有竞争优势。张兆国等（2013）提出，企业社会责任可以使公司和利益相关者之间的信息不对称性降低，提升公司的透明度，减少逆向选择所造成的风险，加强公司和利益相关者之间的长期合作，并有助于实现公司的可持续性。李维安等（2019）认为，公司治理和公司绩效之间的关系是基于委托—代理理论，优秀的公司治理可以降低公司的交易成本，最大限度地减少管理机会主义等造成的违约风险，有益于提高公司价值。李井林等（2021）通过实证分析得出，企业 ESG 绩效及其三个维度可以显著提高企业绩效和创新能力。

二、案例分析

（一）案例企业介绍

紫金矿业是一家大型跨国矿产公司，研究、开发和应用包括金矿和铜矿在内的各种金属矿产的工程技术，是世界上第三大金矿公司，位居全球金属采矿业第九；2021 年进入了《财富》杂志世界 500 强排行榜，在 14 个省市和海外都有大量的矿产投资。“2022 年福布斯中国可持续发展工业企业 50 强”榜单发布，紫金矿业因其在绿色生产、碳中和、可持续发展和 ESG 设计方面的成就而上榜，成为中国工业企业中具有高可持续发展价值的行业标杆。

（二）紫金矿业 ESG 实践情况

1. 环境维度

从紫金矿业披露的 ESG 报告可以看出，2017～2021 年紫金矿业不断增加环保生态方面的投入。如图 1 所示，截至 2021 年底，其为环保建设所投入的资金已达到 14.2 亿元，通过对运营点展开生态修复工作，恢复植被土壤 775 公顷，栽培花木 115 万株。

在能源管理方面，紫金矿业设立清洁生产管理系统，实施环保采购政策，严禁购入高耗能和重污染的设备。截至 2021 年，紫金矿业能源消耗总量逐年增加，但消耗强度有所下降，因产能提升导致能耗总量较2020年有所升高，但通过一系列节能转型措施，企业能源消耗强度较2020年降低18.65%，可再生能源占比不断提高（见表1）。

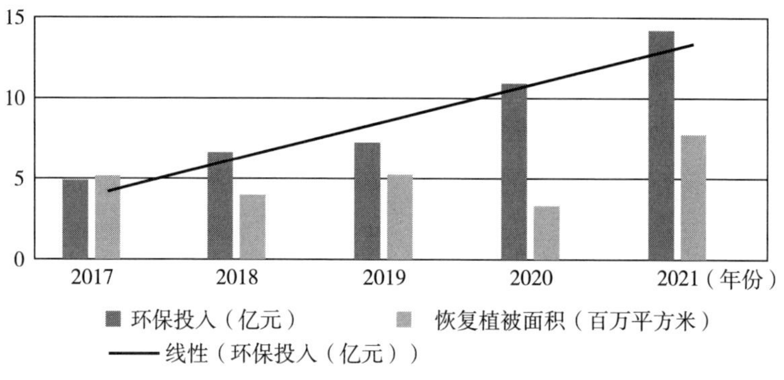

图1　紫金矿业2017~2021年环保投入数据

数据来源：紫金矿业ESG报告。

表1　紫金矿业能源消耗结构

指标	2019年	2020年	2021年
能源消耗总量（GWH）	11377.08	14271.21	15236.89
能源消耗强度（MWH/百万营收）	83.59	83.21	67.69
直接能源（化石能源）占比（%）	59.20	64.14	57.61
间接能源占比（%）	38.99	33.59	40.09
可再生能源占比（%）	1.81	2.27	2.30
外购电力占比（%）	41.2	35.12	41.56

数据来源：紫金矿业ESG报告。

2. 社会维度

紫金矿业遵循“生命第一”的安全理念，希望员工和承包商在一个安全保障高的场所进行作业，防止因采矿、冶炼等工作造成不可逆的健康损害。截至2021年，企业累计安全生产投入14.93亿元（见表2），主要用于安全防护设施的改造和维护、安全检查和评价咨询标准化、安全教育和培训以及操作人员的安全防护用品。

表 2　紫金矿业安全生产管理

指标	2021 年	2020 年	2019 年
安全生产投入（亿元）	14.93	8.91	6.75
矿产品合格率（%）	99.9	99.8	99.9
召回的产品数量（个）	0	0	0
被投诉数量（件）	0	0	0

数据来源：紫金矿业 ESG 报告。

紫金矿业为努力保护原住民所在社区的文化以及传统，提前做好调查准备，杜绝与社区产生冲突。截至 2021 年，紫金矿业的社区投入资金已经达到 423.83 百万元（见表 3），占净利润的 1.68%。在项目所在国（地），开展了教育帮扶、医疗健康、环境保护、公益捐赠等一系列社区活动。

表 3　紫金矿业社区投入

金额	2021 年	2020 年	2019 年
社区总投入（百万元）	423.83	231.93	195.21
-公益捐赠类（百万元）	268.24	178.03	166.28
-非公益捐赠类（百万元）	155.59	53.90	28.93

数据来源：紫金矿业 ESG 报告。

此外，企业也重视科技创新。中国黄金业唯一的国家重点实验室由紫金矿业设立；此外还建设了高端研发平台和科研设计体系，如国家级企业技术中心。集团内获评“高新技术企业”达到了 14 家。2019~2021 年企业研发投入与新增专利数逐年增加，截至 2021 年末，企业的研发投入达 7.71 亿元（见表 4）。

表 4　紫金矿业创新研发投入

指标	2021 年	2020 年	2019 年
研发投入（亿元）	7.71	5.83	5.39
新增专利数（件）	32	24	27

数据来源：紫金矿业 ESG 报告。

3. 公司治理维度

紫金矿业要求全体董事、员工，还包括供应商和承包商在内，遵循企业的各项政策规定，企业通过开展廉洁承诺保证书和观看廉政警示专题片等方式保证相关政策和制度加速落实，加强思想上的反腐教育，推进企业廉政风险防范体系建成。截至2021年紫金矿业董事、监事和高级管理人员的商业道德培训达到100%（见表5）。

表5　紫金矿业商业道德培训

指标	2021年	2020年	2019年
董事、监事、高级管理人员	100%	87.19%	83.29%
员工	64.82%	63.96%	68.00%
供应商、承包商	62.10%	61.55%	58.24%

数据来源：紫金矿业ESG报告。

4. 紫金矿业ESG总体表现

彭博ESG评分区间从0.1分到100分，数据包含了来自102个国家中的1万多个企业，120项ESG指标，彭博ESG评分结果包含ESG整体情况得分同时还得出了环境、社会和治理三个方面的细分得分，彭博ESG数据库也被金融业与学术界广泛应用于衡量企业ESG实践情况。

通过图2可以看出紫金矿业2011年彭博ESG得分仅22.72分，截至2021年紫金矿业总得分为64.38，较2011年提升了183%，而且在E、S、G三个细分维度上的评分大部分年份都呈现出上升趋势。

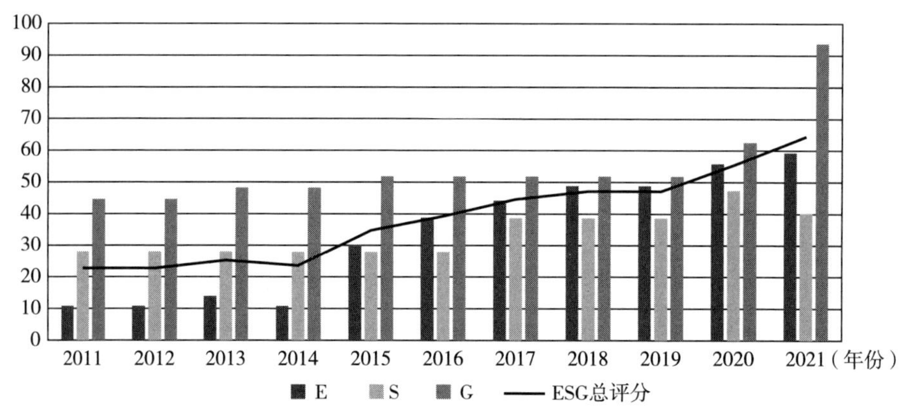

图2　紫金矿业2011~2021年彭博ESG评分

数据来源：彭博。

（三）紫金矿业 ESG 实践对企业绩效影响分析

1. ESG 实践有助于提升盈利能力

由图 3 可以看出，紫金矿业的销售回报率和净资产回报率自 2011 年以来有所下降，主要是由于 2010 年的铜酸水溢出和溃坝事件对公司的声誉产生了重大影响，事故发生后上杭县人民政府对紫金矿业采取了金矿限产措施，在不危及环境的前提下进行低位生产，这使以金矿著称的紫金矿业盈利能力受到巨大冲击。通过同期的彭博 ESG 评分可以看出，紫金矿业在此期间 ESG 表现也较差，2011~2014 年平均得分仅为 23. 75。因此，紫金矿业管理层为了消除自身因环境污染丑闻所造成的消极影响，决心提升自身在 ESG 方面的表现，加大这方面的成本投入，但由于这些投入在短期并未对企业盈利水平有提升的效果，所以 2012~2015 年紫金矿业的销售净利率出现大幅度下降，降幅达到 85%。

经过紫金矿业在 ESG 方面长时间的努力，在环境方面重视环保投入和能源结构转型，提高资源使用效率；在社会方面重视员工安全问题、加大社区和研发投入，提升产品附加值；在公司治理方面重视反腐倡廉活动，提升企业治理效率。因此，紫金矿业彭博 ESG 评分逐年升高，ESG 表现处于行业领头。从 2016 年开始，其净资产收益率和销售净利率开始恢复，截至 2021 年，其彭博 ESG 评分较 2011 年总得分提升了近 183%，由此反映出企业的 ESG 实践对其盈利水平存在着积极的影响。

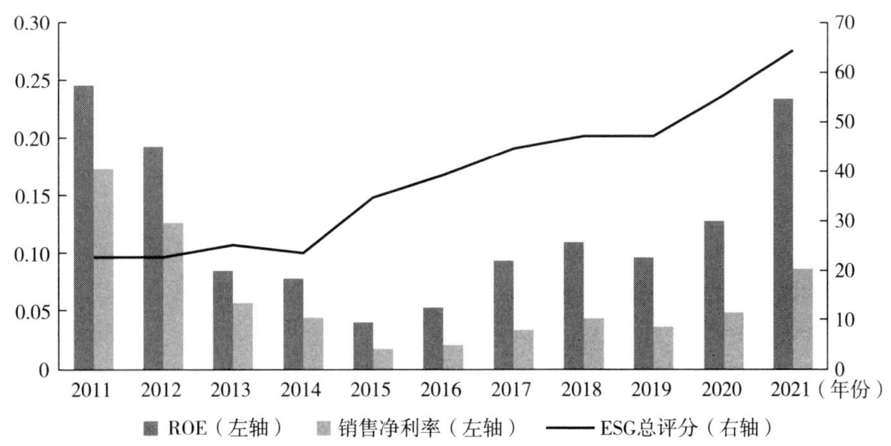

图 3 紫金矿业 2011~2021 年盈利能力与 ESG 评分

数据来源：国泰安。

2. ESG 实践增强紫金矿业可持续发展能力

从图 4 可以看出，2011~2015 年紫金矿业净资产收益率增长率大部分时期都位于负数，同时期的 ESG 表现也较差。这说明紫金矿业在 2010 年铜酸水污染事件发生后遭受到银行信贷缩减，短期与长期借款利率提升，声誉也受到了负面影响，公司经营压力不断增加，ROE 都处于下降水平恢复缓慢，企业的成长能力较差。之后随着企业不断重视绿色环保产品的研发，顺应国家绿色发展理念，加强自身 ESG 治理体系的构建，提升自身在行业中的竞争力，从 2016 年开始，ROE 增长率开始大于零，虽然 2018~2019 年下降至负数，但 2020 年出现高速增长，说明面对新冠疫情压力，紫金矿业这段时期通过不断加强 ESG 实践从而不断增强在行业中的竞争力，公司治理体系也更加完善，展现出了较强的经营韧性；随后增速不断加快，这说明 ESG 实践的完善使企业拥有了抵抗风险的能力，在整个市场下行期间依旧展现出了较强的可持续发展能力。

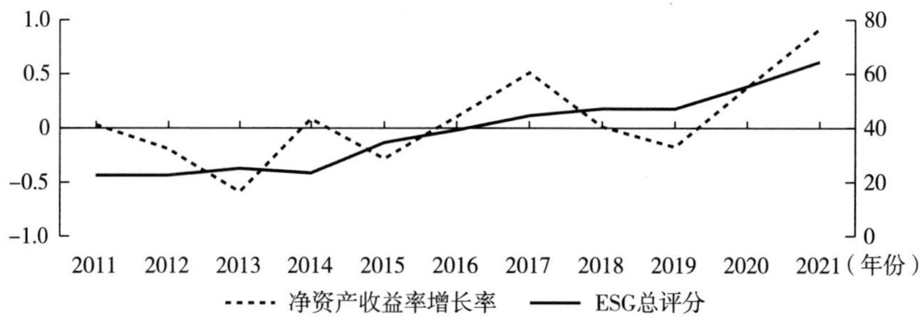

图 4　紫金矿业 2011~2021 年成长能力与 ESG 评分

数据来源：国泰安。

3. ESG 实践对企业非财务绩效的影响

紫金矿业 ESG 实践对于非财务绩效层面的影响采用每股社会贡献值来衡量，通过图 5 可以看出，紫金矿业为保护原住民加大教育、医疗方面的投入；建立科研工作站实现同行业的研发成果共享；恢复植被和种植花木，实现生态环境可持续发展，使整个行业乃至社会互利互惠、合作共赢。其 ESG 表现越来越好的同时，每股社会贡献值也在不断增加。这反映出紫金矿业在提升自身财务绩效的同时，为社会所创造的增值额也在不断增加，ESG 实践对非财务绩效也有着积极影响。

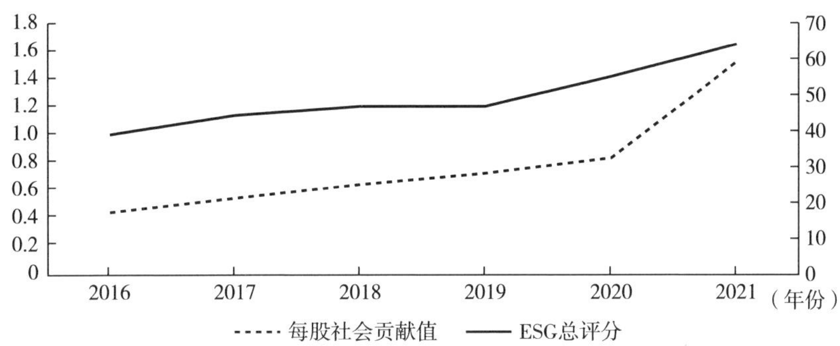

图 5　紫金矿业 2016~2021 年每股社会贡献值

数据来源：国泰安。

三、研究结论与启示

（一）研究结论

紫金矿业通过对安全环保、创新研发、社区投入、道德培训等方面的大量投入，构建完整的 ESG 体系，顺应国家政策并致力于遵循联合国可持续发展目标，积极履行全球企业公民的责任，并通过将绿色和可持续发展以及环境、社会和治理保护的概念深深嵌入企业的发展进程，积极响应全球向低碳经济的转型。随着 ESG 实践的得分不断增加，企业的盈利能力和成长能力都得到了提升，在提升自身财务绩效的同时，企业也没有与社会完全割裂开，一直坚持着互惠共赢的理念，为社会创造了更多的价值。

（二）启示

本文基于 ESG 实践的角度对紫金矿业财务绩效进行案例分析，希望能够为我国传统采矿行业进行 ESG 实践提供一定的借鉴。

ESG 实践顺应国家发展战略。碳达峰、碳中和目标的制定使经济发展方式发生了转变，环境保护和履行社会责任成为了利益相关方关注的热点问题，越来越多的投资者重视企业 ESG 实践的情况。一方面，好的 ESG 实践表现可以促进能源使用效率的提高，降低碳中和风险和碳排放；另一方面，ESG 的表现是企业管理和可持续发展能力的象征，推动企业从只关注自身利益到追求社会利益最大化，提升企业的形象和影响力。因此，各企业应当将可持续发展理念贯穿到经营管理过程中，积极进行 ESG 实践，为实现“双碳”目标和经济可持续发展提供驱动力。

参考文献

［1］徐光华，卓瑶瑶，张艺萌，张佳怡．ESG 信息披露会提高企业价值吗?［J］．财会通讯，2022（4）：33-37.

［2］Gunnar Friede，Timo Busch，Alexander Bassen. ESG and financial performance：Aggregated evidence from more than 2000 empirical studies［J］. Journal of Sustainable Finance & Investment，2015，5（4）：210-233.

［3］孙玉军．上市公司社会责任信息披露与公司价值相关性研究［J］．财会通讯，2015（12）：53-56.

［4］杨东宁，周长辉．企业环境绩效与经济绩效的动态关系模型［J］．中国工业经济，2004（4）：43-50.

［5］张兆国，靳小翠，李庚秦．企业社会责任与财务绩效之间交互跨期影响实证研究［J］．会计研究，2013（8）：32-39+96.

［6］李维安，郝臣，崔光耀，郑敏娜，孟乾坤．公司治理研究 40 年：脉络与展望［J］．外国经济与管理，2019，41（12）：161-185.

［7］李井林，阳镇，陈劲，崔文清．ESG 促进企业绩效的机制研究——基于企业创新的视角［J］．科学学与科学技术管理，2021，42（9）：71-89.

［8］夏娇．ESG 对企业绩效影响分析——以中国神华为例［J］．新会计，2022（6）：31-34.

［9］贾亦晴．福耀玻璃 ESG 实践对其企业绩效的影响研究［D］．兰州大学，2022.

创造性资产寻求型企业并购绩效研究

——以蓝帆医疗并购柏盛国际为例

陈　卓*

摘　要：本文以我国2017年医疗器械行业龙头企业蓝帆医疗股份有限公司（以下简称“蓝帆医疗”）并购新加坡柏盛国际有限公司（以下简称“柏盛国际”）为例，引入动态能力概念将并购过程动态化，考察以获取创造性资产为目标的跨国并购活动的经济绩效和创新绩效。通过分析蓝帆并购柏盛国际所获得的创造性资产，从创新绩效和财务绩效方面进行评估发现，在财务绩效方面，此次并购提高了蓝帆医疗的绩效，但是在营运能力和偿债能力方面表现不太理想；在创新绩效方面，蓝帆医疗并购柏盛国际主要为技术并购，提升了其创新绩效水平。

关键词：跨国并购；创造性资产；动态能力；绩效

一、引言

2008年金融危机以来，以获得创造性资产为目标的并购活动不断增加。企业通过并购可以获得新的技术、品牌、人才、销售渠道和管理等创造性资源，从而提升自身竞争力，为其国际化奠定良好的基础。在现有的研究中，已有学者研究了汽车、手机、电脑等行业以获取创造性资产为目标的并购活动，但是对于医疗器械行业以获取创造性资产为目标的并购是否会给企业带来正向的影响、是否会正向提升创新绩效和财务绩效的相关研究还有待进一步的完善。同时，由于中

* 作者简介：陈卓（1999—），女，北京市人，北京联合大学管理学院在读研究生，研究方向：技术并购。

国跨国并购起步较晚，缺乏相关经验，很多并购活动并没有达到预期的效果。所以，本文将选取蓝帆医疗并购柏盛国际为案例，引入动态能力理论，将抽象的动态能力具体化，分析我国医疗器械行业以获取创造性资产为目标的跨国并购活动，以期为我国以获得创造性资产为目标的跨国并购活动提供一些建议。

二、相关理论基础

（一）创造性资产与跨国并购

“创造性资产”的概念由邓宁在 1993 年首次提出，他将创造性资产定义为在自然资产的基础上经过后期加工所形成的资产。创造性资产包括技术、品牌、管理模式、制度等。Yanze（2021）认为，创造性资产大部分是由发达国家转移至新兴国家，并且大多是无形资产。Kotabe 等（2011）对以获得创造性资产为目标的跨国并购进行研究，研究结果表明通过跨国并购获得的创造性资产正向影响市场绩效。张君（2016）以联想收购摩托罗拉为例，研究了创造性资产寻求跨国并购的财富效应和经营绩效。

（二）动态能力与跨国并购

“动态能力”的概念由 Teece 于 1994 年首次提出，在 2007 年的研究中进一步完善了动态能力的概念，他将动态能力划分为三个维度：感知能力、获取能力和转换能力。这三大维度受到了较为广泛的认可。本文也将运用这三大维度进行研究。Liu（2010）将动态能力的感知、获取、转化三维度分别对应并购前、并购中、并购后进行研究。祝敏（2022）将动态能力引入连续并购的研究中，发现动态能力的三个维度在并购的不同阶段发挥了不同的作用。

三、研究设计

本文主要选取纵向单案例的研究方法，研究目的为探究以获取创造性资产为目标的跨国企业并购是否会对其财务绩效和创新绩效产生正向影响。本文选取蓝帆医疗并购柏盛国际为案例，原因主要有以下两点：第一，此次跨国并购的目标是获取创造性资产；第二，案例具有典型性。蓝帆医疗是一家主要生产 PVC 防护手套的医疗器械公司，新加坡柏盛国际的心脏介入器械销量全球第四，并购双方均属于医疗器械的龙头企业，蓝帆医疗借助此次并购完成了从低值耗材向高值耗材的产业升级，具有典型性。本文的研究数据来源主要为二手数据，包括蓝帆医疗公司官网、公司年报以及相关文章和书籍。

四、案例分析

蓝帆医疗于 2002 年成立，2010 年在深圳证券交易所上市，目前已成为中低值耗材和高值耗材完整布局的医疗器械龙头企业。公司主要有三个部门：防护事业部、心脑血管事业部、护理事业部。公司主要从事的业务包括：生产和销售 PVC 等材料的医用手套、心脏支架及介入性心脏手术的相关器械、医疗急救包。

柏盛国际于 1990 年成立，2005 年在新加坡证券交易所上市，是一家主营心脏介入器械的公司，其销售量在我国市场排名第三。柏盛国际在多个国家和地区均设有公司，产品销售至 90 多个国家和地区。

蓝帆医疗并购柏盛国际的过程见图 1。

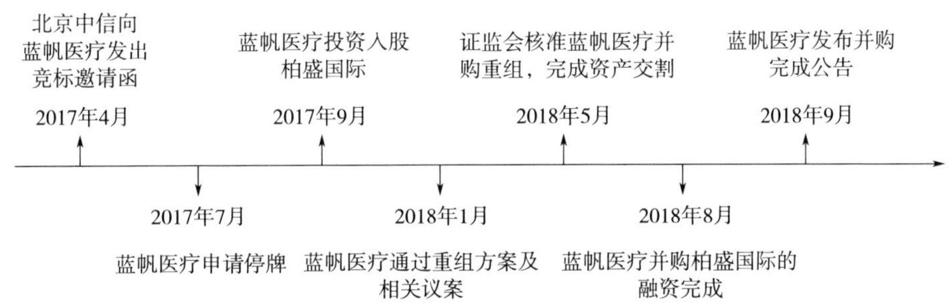

图 1 蓝帆医疗并购柏盛国际关键时间点

资料来源：本文作者整合。

（一）蓝帆医疗并购柏盛国际获得的创造性资产

蓝帆医疗作为我国低值耗材——医用防护手套行业的龙头企业，在 2013 年就确立了“低值耗材+高值耗材”（“A+X”）的发展战略，但由于其自身缺乏进入高值耗材市场的相关资源和技术，因此便采取了并购的手段来完成产业转型和升级。柏盛国际具备蓝帆医疗发展所需的相关技术优势和研发人员等资源，表 1

中列出了蓝帆医疗并购柏盛国际所获取的创造性资产。

表 1　蓝帆医疗并购柏盛国际所获得的创造性资产

并购前的情况	并购获取的创造性资产
蓝帆医疗主营业务为生产销售低值耗材——医疗防护手套，并不具备高值耗材的研发和生产	①获得有关心脏介入器械的知识产权 ②获得技术研发人员 ③获得柏盛国际高值耗材的企业品牌 ④获得柏盛国际高值耗材的销售渠道和供应厂商

（二）动态能力在并购过程中的应用

表 2 以蓝帆医疗并购柏盛国际为案例，分析了并购动态的能力。

表 2　基于并购的动态能力分析——蓝帆医疗并购柏盛国际案例

并购前	感知能力	并购战略的选择	蓝帆医疗意识到了低值耗材营收增长缓慢、市场接近饱和的情况，为了增强自身竞争力，在 2013 年便确立了“低值耗材+高值耗材”（即“A+X”）的转型升级的战略
		并购对象的选择	柏盛国际主营心脏介入器械，属于高值耗材领域，其拥有一整套自主研发技术，拥有品牌知名度高、研发人员多等优势，符合蓝帆医疗的战略发展方向
		并购时机的选择	并购方与被并购方所在的国家在并购活动发生时均采取了宽松的政策，为并购活动的进行提供了有利的条件
并购中	获取能力	谈判协商能力	蓝帆医疗提出了保留柏盛国际全球化运营框架、运用自身资源发挥柏盛国际价值的方案，这与北京中信的初衷和目标相契合，拿出了极大的诚意
		并购方式选择	蓝帆医疗采取“过桥收购”的策略对柏盛国际进行收购，引入了“蓝帆投资”。这种收购方式有效地防止了股权收购对蓝帆医疗大股东控制权的稀释，加强了控股股东与实质控制人的控制权
		科学估值方式	蓝帆医疗为了准确对柏盛国际进行估值，充分搜集了可靠信息，组建了专业的团队，最终采取收益法进行价值评估
并购后	转化能力	技术整合能力	蓝帆医疗获得了柏盛国际心脏支架、压力传感器等重要的技术类创造性资产，搭建了心血管介入器械研发中心，形成了由 DCS 药物涂层支架等构成的八个系列产品，围绕心脏介入器械产品开发了多种相关产品
		资源整合能力	在管理方面，蓝帆医疗重新构建了管理架构；在市场方面，采取不同的方案扩展销售渠道；在文化方面，采取开放包容的态度，秉承“促进经营融合，统一管理认知”的精神

资料来源：本文作者整理。

五、绩效分析及评价

（一）创新绩效

1. 创新投入

从研发投入方面来看，蓝帆医疗作为医疗器械行业中的佼佼者，拥有技术研发创新能力是非常重要的。如图 2、表 3 所示，蓝帆医疗 2015~2020 年在研发方面投入的金额逐渐增加，从 2015 年的 1849. 41 万元提升至 2020 年的 34668. 93 万元，尤其是完成对柏盛国际的收购后，其在 2018 年的研发投入增长率达到了 267. 85%，证明了此次并购使得蓝帆医疗越来越重视对研发的投入，并购为其带来了很大的正向影响。

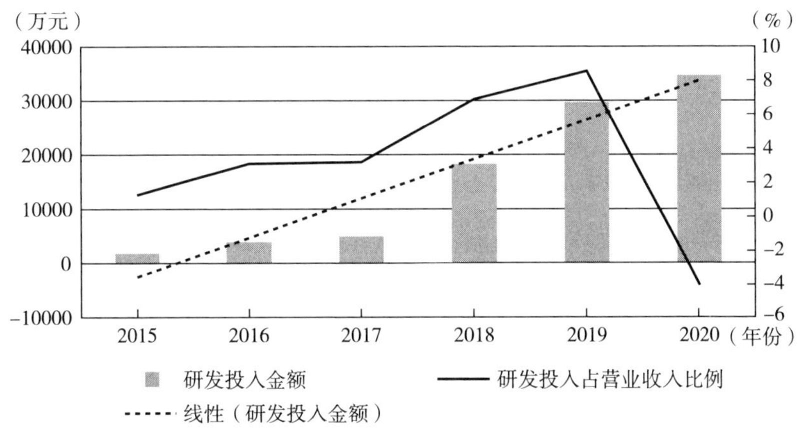

图 2　蓝帆医疗 2015~2020 年研发投入变化情况

资料来源：蓝帆医疗 2015~2020 年年报。

表 3　蓝帆医疗 2015~2020 年研发投入变化情况

年份	2015	2016	2017	2018	2019	2020
研发投入金额（万元）	1849. 41	3959. 34	4972. 44	18291. 06	29687. 99	34668. 93
研发投入增长率	−14. 04%	114. 09%	25. 59%	267. 85%	62. 31%	16. 78%
研发投入占营业收入比例	1. 23%	3. 07%	3. 16%	6. 89%	8. 54%	−4. 13%

资料来源：蓝帆医疗 2015~2020 年年报。

从研发人员数量方面来看，蓝帆医疗作为生产医疗器械的公司，研发人员对其研发创新产品是必不可少的。蓝帆医疗的技术人员数量在2015~2020年整体呈现波动上升的趋势（见图3、表4）。虽然在2017年研发人员数量有所下降，但是在并购柏盛国际的第二年其就在海外建立了心脏介入器械研发团队，2019年启动了新的心脏介入器械研发计划，使得研发人员数量增加。研发人员数量的不断增加，证明并购柏盛国际提升了蓝帆医疗的创新绩效。

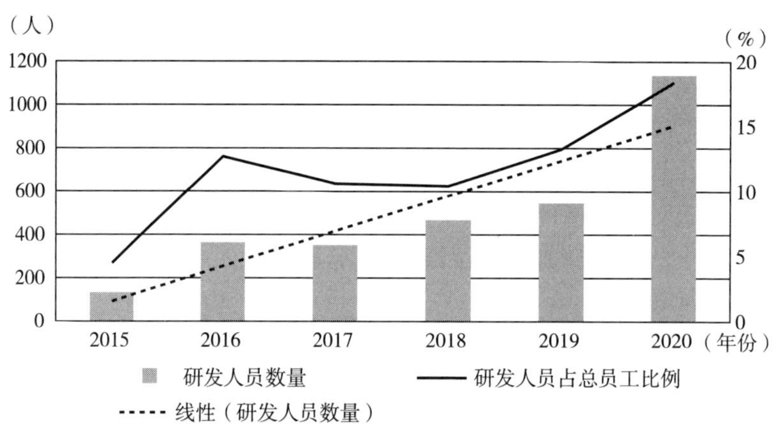

图3 蓝帆医疗2015~2020年技术人员变化情况

资料来源：蓝帆医疗2015~2020年年报。

表4 蓝帆医疗2015~2020年技术人员变化情况

年份	2015	2016	2017	2018	2019	2020
研发人员数量	131	362	349	465	544	1135
研发人员增长率	-12.08%	176.34%	-3.59%	33.24%	16.99%	108.64%
研发人员占总员工比例	4.47%	12.68%	10.60%	10.41%	13.25%	18.37%

资料来源：蓝帆医疗2015~2020年年报。

2. 创新产出

专利数量是评估公司创新绩效最直接的指标，尤其是获得发明专利的数量。从专利角度来看，蓝帆医疗在对柏盛国际完成收购后获得的专利授权整体多于并购前。在并购后的第二年蓝帆医疗获得发明专利数量和获得专利授权达到峰值，分别为11个和37个，说明并购柏盛国际使得蓝帆医疗创新绩效在短时间内有所提升。虽然在2019年获得发明专利数量和获得专利授权有所下降，但是在2020年又有所提高（见表5、图4），说明并购柏盛国际提高了蓝帆医疗的创新绩效。

表 5 蓝帆医疗 2015~2020 年专利数量情况

年份	2015	2016	2017	2018	2019	2020
申请专利数量	22	20	29	18	22	17
获得专利授权	8	15	10	37	19	25
获得发明专利数量	2	0	3	11	2	12

资料来源：中国研究数据。

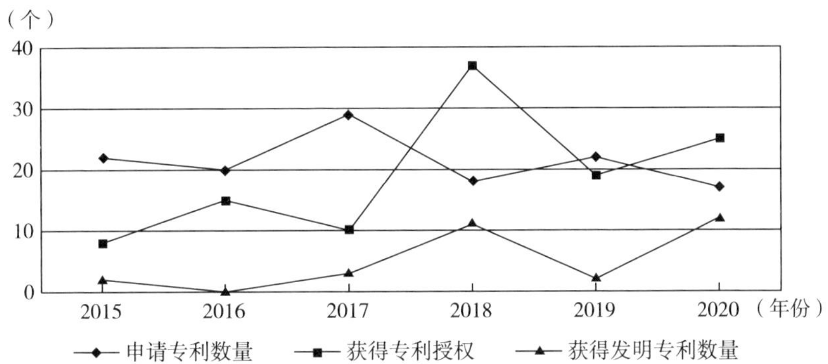

图 4 蓝帆医疗 2015~2020 年专利数量情况

资料来源：中国研究数据。

（二）财务绩效

从盈利能力角度分析，蓝帆医疗毛利率整体呈现明显上升趋势，并购完成后的毛利率远高于并购前。同时，蓝帆医疗的毛利率均大于行业的平均值，2017~2020 年尤为明显。从资产报酬率角度来看，在并购完成后的两年内，净资产收益率和总资产报酬率均呈现下降趋势，但是其介入性心脏支架业务的收入占比逐渐增加（见表 6、图 5），说明并购柏盛国际在一定程度上提高了蓝帆医疗的盈利能力。

表 6 蓝帆医疗 2015~2020 年盈利能力指标变化情况

年份	2015	2016	2017	2018	2019	2020
总资产报酬率（%）	12. 89	12. 90	16. 17	5. 31	5. 04	15. 17
行业总资产报酬率（%）	5. 90	4. 19	4. 52	3. 48	1. 97	5. 35
净资产收益率（%）	15. 08	14. 52	14. 81	7. 70	6. 34	19. 29
行业净资产收益率（%）	8. 32	-3. 41	4. 41	-5. 80	-16. 44	6. 63
毛利率（%）	25. 94	27. 16	31. 4	40. 57	46. 63	64. 40
行业毛利率（%）	21. 62	22. 15	20. 73	22. 11	32. 95	34. 37

资料来源：国泰安数据库。

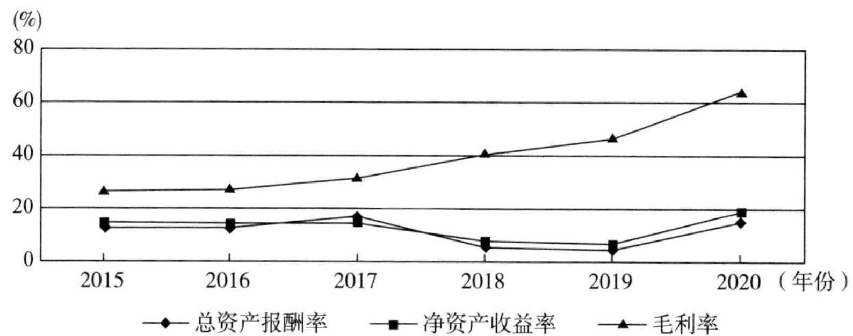

图 5　蓝帆医疗 2015~2020 年盈利能力指标变化情况

资料来源：国泰安数据库。

在营运能力方面，从图 6、表 7 中可以看出，蓝帆医疗的存货周转率、应收账款周转率、总资产周转率三个营运能力指标从 2017 年开始均出现了下降的趋势。同时，蓝帆医疗在完成收购后的两年均小于行业平均水平，而并购前表现为大于行业平均水平，说明并购柏盛国际使得蓝帆医疗的营运能力有所减弱。

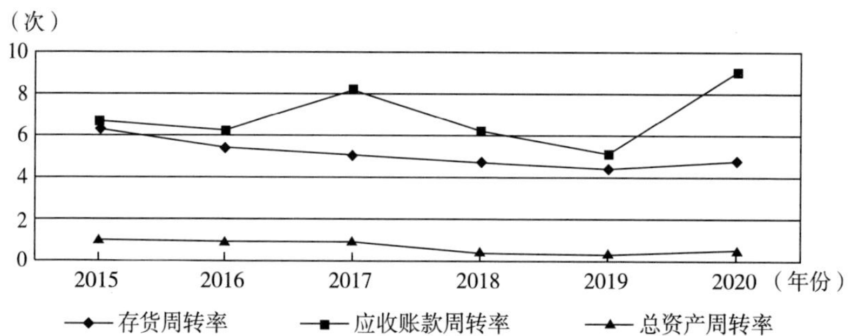

图 6　蓝帆医疗 2015~2020 年营运能力指标变化情况

资料来源：国泰安数据库。

表 7　蓝帆医疗 2015~2020 年营运能力指标变化情况

年份	2015	2016	2017	2018	2019	2020
存货周转率（次）	6. 24	5. 47	5. 02	4. 71	4. 42	4. 73
行业存货周转率（次）	4. 57	4. 63	5. 26	5. 19	2. 65	2. 71
应收账款周转率（次）	6. 65	6. 17	8. 18	6. 19	5. 17	9. 00
行业应收账款周转率（次）	6. 66	6. 32	7. 66	6. 21	4. 10	5. 07
总资产周转率（次）	0. 97	0. 84	0. 92	0. 36	0. 27	0. 51
行业总资产周转率（次）	0. 69	0. 70	0. 85	0. 79	0. 51	0. 52

资料来源：国泰安数据库。

从短期偿债能力来看（见表8），蓝帆医疗2015~2020年的流动比率和速动比率均呈现下降趋势，略低于行业平均水平，说明在并购后蓝帆医疗的短期偿债能力变弱。在完成对柏盛国际的收购后，2018年流动比率和速动比率均呈现了较明显的下降趋势。从其年报中可以看出，2018年的流动负债比2017年的流动负债多出了19亿元，其中有11.4亿元为新增的一年到期的非流动资产，分析可知是并购柏盛国际所产生的负债。

从长期偿债能力来看，蓝帆医疗的资产负债率在2018年出现了上升的趋势，说明此次并购活动为蓝帆医疗带来了偿债压力。蓝帆医疗所处行业的产权比例高。在并购前，蓝帆医疗产权比例远低于行业平均水平，但是受收购活动的影响，在2018年产权比例达到了0.63，2020年的产权比例达到了0.74，逐渐追平行业均值。由此可见，并购柏盛国际为蓝帆医疗带来了偿债压力。

表8　蓝帆医疗2015~2020年偿债能力指标变化情况

年份		2015	2016	2017	2018	2019	2020
短期偿债能力	速动比率	2.01	2.40	1.32	1.22	1.14	1.75
	行业速动比率	2.32	2.29	1.94	2.14	1.74	2.15
	流动比率	2.53	3.07	1.96	1.41	1.30	1.96
	行业流动比率	2.84	2.78	2.44	2.65	2.27	2.68
长期偿债能力	资产负债率（%）	20.94	18.08	22.25	38.58	36.17	42.37
	行业资产负债率（%）	38.18	38.54	39.41	39.71	42.53	41.22
	产权比例	0.27	0.22	0.29	0.63	0.57	0.74
	行业产权比例	1.09	1.08	0.97	1.20	1.22	0.87

数据来源：国泰安数据库。

从发展能力指标来看（见图7、表9），蓝帆医疗并购前的营业收入增长率便出现了负增长，在2017年完成并购后，营业收入增长率增加，在2018年达到了68.35%的增长率，远高于行业营业收入增长率。蓝帆医疗在2018年实现了3.55亿元的净利润，净利润增长率达到了75.93%，在2020年实现了17.63亿元的净利润，相比2019年净利润增长率达到239.40%，且净利润增长率远高于所处行业的平均值。由此可见，并购柏盛国际使得蓝帆医疗营业收入增加、发展能力提高。

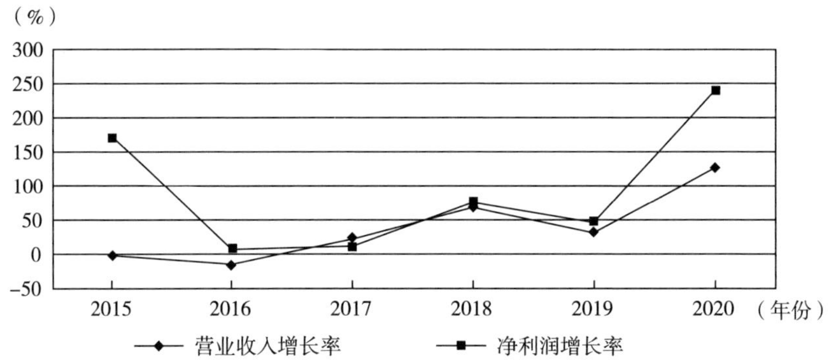

图 7　蓝帆医疗 2015~2020 年发展能力指标变化情况

资料来源：国泰安数据库。

表 9　蓝帆医疗 2015~2020 年发展能力指标变化情况

年份	2015	2016	2017	2018	2019	2020
营业收入增长率（%）	-1.7	-14.59	22.28	68.35	31	126.42
行业营业收入增长率（%）	4.33	10.34	68.25	14.03	44.30	20.88
净利润增长率（%）	172.68	7.23	12.01	75.93	46.19	239.40
行业净利润增长率（%）	51.61	57.96	-107.43	-34.56	-16.97	-65.72

资料来源：国泰安数据库。

六、结论

从战略发展角度来看，蓝帆医疗并购柏盛国际表现出了明显的寻求创造性资产的动机。综合来看，蓝帆医疗并购柏盛国际在短期内产生了相对积极的效果。从动态能力角度来看，蓝帆医疗在并购前、并购中和并购后都表现出了良好的并购行为。从创新绩效方面来看，蓝帆医疗并购柏盛国际提高了其创新绩效，在并购柏盛国际后越来越重视对创新的投入。从财务绩效方面来看，此次并购提高了蓝帆医疗的发展能力和盈利能力，但是在营运能力以及偿债能力方面产生了一定的负向影响。

参考文献

［1］祝敏．动态能力视角下电子制造企业连续并购研究——以立讯精密为例［J］．经营与管理，2022（2）：27-33.

［2］白俊，周全，韩贺洋．技术并购、并购依赖与创新绩效［J］．科学管理研究，2022，40（5）：108-117.

［3］张君．创造性资产寻求视角下跨国并购绩效分析——以联想并购摩托罗拉为案例［J］．商业研究，2016（7）：129-137.

［4］贾镜渝，赵忠秀．创造性资产寻求型中国企业跨国并购知识转移与动态技术能力提升——以南京汽车为例［J］．现代管理科学，2015（4）：9-11.

［5］郑刚，郭艳婷，罗光雄，赵凯，刘春峰．新型技术追赶、动态能力与创新能力演化——中集罐箱案例研究［J］．科研管理，2016，37（3）：31-41.

［6］苏志文，吴先明．基于并购的动态能力对企业技术创新的作用机制——多案例研究［J］．技术经济，2014，33（1）：33-38+74.

协同效应下技术并购对企业创新绩效的影响
——以TCL科技并购中环集团为例

崔　欢*

摘　要： 目前，技术并购已经成为企业快速获取外部知识的有效途径之一，然而能否给企业带来持续性红利仍然存在不确定性。因此，本文希望通过对近期TCL科技并购中环集团的案例展开分析，研究并购整合阶段的并购双方从战略、技术、文化三方面如何实现协同效应，进而助力企业提升自身的创新绩效。创新绩效评价量化指标分为创新投入和创新产出，并分别构建了两个子指标，最终得出三点结论：第一，对于发展业务主线明晰且自身实力雄厚的企业，选择战略目标契合的企业进行技术并购能够有效提升其创新能力。第二，企业选择并购的技术和产品之间黏性越强，技术并购后的创新产出效应越高。第三，企业间的文化匹配度越高，成本付出会越少，从而更多的关注将研发投入转化为实际产出。

关键词： 技术并购；协同效应；创新绩效；案例分析

纵观20世纪，世界范围内已经发生了5次大规模并购浪潮，如今诸多国家纷纷入局，意味着第六次并购浪潮已然来临。同时，伴随科技的发展，企业深知唯有自身掌握核心技术才能够稳固市场地位，具备自主创新能力才能打破僵局。因此，在这种时代背景下，进行技术并购研究的理论意义和现实意义凸显。本文选取热点话题中的两家企业，试图从技术并购动因、整合过程、协同方式、创新绩效影响的逻辑路线进行理论研究，探求技术并购与企业创新能力之间是否存在促进或替代关系，站在协同效应理论的视角下以期丰富当前领域的研究。

---

* 作者简介：崔欢（2000—），女，内蒙古自治区赤峰人，北京联合大学管理学院在读研究生，研究方向：技术并购。

一、文献综述

协同效应理念认为，企业技术并购的目的就是将双方的技术资源融合，完成技术和知识的转移来提高企业价值，产生协同效应。而目前技术并购协同效应的相关文献大多采用实证研究法，王宛秋等（2009）研究发现技术并购协同效应受多种因素共同影响，包括技术本身的先进性和实用性、并购双方的知识匹配程度以及并购后对获取技术整合的投入等。

对于创新绩效的研究过程，高建等（2004）首次将创新产出、创新过程相关指标纳入创新绩效评价体系中；有学者采用非径向 DEA 方法测量创新绩效；张永冀等（2020）认为专利更能代表创新成果。实际上，创新绩效衡量指标依然在不断完善中，从当前研究看，诸多学者倾向于使用专利申请数衡量企业创新绩效。

二、案例介绍

（一）并购双方介绍及过程

TCL 科技集团股份有限公司于 1982 年 3 月在广东惠州成立。主营业务为半导体显示及材料、新能源光伏、产业金融与投资，其他业务均已剥离出售且企业性质更加突出。天津中环电子信息集团有限公司是由天津市人民政府直接授权经营的大型国有独资企业。致力于电子、信息、通信产业的研发、制造、服务、解决方案的提供及投融资等多元化业务。伴随 TCL 将其并购，中环集团的企业性质由国企变为民企。①

2020 年 5 月 20 日起，中环集团在天津产权交易中心公开挂牌转让其所有国有股权。TCL 科技 6 月 23 日晚公告透露，拟斥资 109. 74 亿元参与公开摘牌收购中环集团全部股权，后获临时股东大会审议通过。7 月 15 日，TCL 科技收到了天津产权交易中心的通知：经评议小组评议并经转让方确认，TCL 科技成为中环集

① 资料来源：2021 年青岛、燕京企业年报。

团 100%股权转让的最终受让方，最终成交金额 125 亿元，该交易于 2020 年 9 月 28 日完成。详细情况如图 1 所示①。

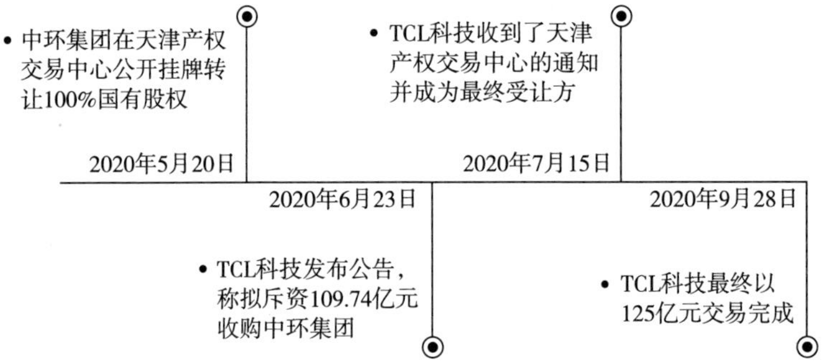

图 1　TCL 科技并购中环过程

（二）技术并购动因

1. 打造技术生态，优化产业结构

针对 TCL 而言，技术并购完成后，依托完备的产业链集群，上下游企业可发挥各自的产能优势、技术优势及产品优势，降本增效，使得产业及资本结构不断完善，不再受制于人。中环集团主营的半导体材料及新能源光伏材料属于芯片原材料供应环节，在芯片设计、封测、芯片制造等领域上摩星半导体与环鑫半导体紧密配合，全面布局多媒体 SoC、显示驱动芯片、TCON 芯片等领域，最终落在芯片应用环节。技术生态系统搭建完成，产业链上下游的紧密合作，可以最大程度地激发 TCL 科技在半导体芯片全产业链的协同效应，为 TCL 的智能终端产品带来极致体验。

2. 扩大市场规模，抢占市场份额

技术并购背后通常也蕴含着并购的普遍性原因，即促进自身市场规模的扩张和盈利的增长。据调查，中环集团被并购前市值高达 779. 2 亿元，总资产规模为 464 亿元，净利润为 6. 77 亿元，无不良资产且运营良好。此外，中环集团还持有乐山电力和新傲科技的股份，在半导体材料板块属于知名龙头企业。TCL 科技成功并购中环后，辅之以在国际化上的经验和已建立起的全球供应链以及海外本土化生产研发业务体系，可以促使并购方的盈利能力继续提升，进一步扩大和优化

① 资料来源：2021 年青岛、燕京企业年报。

全球化布局。

3. 提升核心技术，发挥协同创新

从产业协同的角度来看，TCL 科技的子公司华星能够和中环集团在 PCB 和面板产业业务上产生联动和互补。TCL 科技指出，公司一直在推进半导体显示产业的纵向延伸和横向整合，加速在基础材料、下一代显示材料，以及新型工艺制程中的关键设备等领域的布局。通过协同整合、产业落地、需求引导等方式突破现状，抓住半导体向中国转移的历史性机遇、能源供给清洁升级及智能联网电器化的发展机遇。

三、并购双方内部要素协同创新

（一）技术协同

TCL 科技董事长李东生先生在 2020 年的采访中表示，“科技创新驱动是我们的一个重要的助推器，将科技成果产业化、产品化，是我们科技创新驱动企业发展最重要的方式”。作为全球领先的单晶硅片出货商、高效 N 型光伏单晶硅片制造商和出货商，中环产业布局全国多地，现已形成了半导体材料、新能源光伏材料及组件等多产业板块协同发展的产业生态。其研发出的荧光量子点微纳米级封装的复合材料结构适配于 TCL 芯片设计阶段，双方持有的技术分属于一个产业链的上下游层级，并购整合能做到降本增效，同时制造工艺技术的关联性则可以充分发挥效用[①]。

（二）战略协同

首先，TCL 科技的发展进程中分为几个关键节点。2004 年，TCL 通过两次跨国并购成功将业务推向世界；2009 年开始涉猎半导体显示产业；2017 年的“双子”项目分割出以半导体显示和材料为主业的 TCL 科技集团。其次，TCL 科技的战略目标核心是围绕着一个产业的规模不断深入，达到产业一体化的效率、极致的管理，以及实现科技创新的层层突破。其半导体业务模块下的 TCL 华星光电与中环是高度契合的，除了自身行业协同性大外，二者的整体战略管理逻辑也是相似的。因此，中环加入 TCL，两方可以实现战略协同，并加快在京津冀地区、

① 资料来源：2021 年青岛、燕京企业年报。

全国范围内的业务发展。

（三）文化协同

TCL 科技一直以来注重变革，李东生先生坚持的“造壁与破壁”，使 TCL 摒弃单一产品思维，树立生态意识。在管理者的带领下，TCL 的企业文化中已经融入了一种敢于变革创新、自我突破超越的精神力量，也正是这种文化使 TCL 不断转型升级，并引领变革者们以开拓者的姿态应对“百年未有之大变局”。同样，中环的企业精神中渗透的创新理念与 TCL 不谋而合，工程师们在工作中寻求技术创新，在技术创新中不断进步。所以，文化协同可以有效避免并购整合过程中的摩擦，缩短并购磨合的时间并提高效率。

四、TCL 科技并购中环创新绩效分析

关于 TCL 科技集团并购中环的创新绩效分析章节，本文拟采用表 1 列示的指标进行衡量。

表 1　创新绩效指标选取情况

评价要素	一级指标	二级指标
创新投入	研发资金投入	研发费用规模
		开发支出规模
	研发人员投入	研发人员数量
		研发人员占比
创新产出	技术产出	专利公开数量
		相关发明专利占比

（一）创新投入

1. 研发资金投入

研发资金的投入可以直观衡量创新投入程度，甚至直接影响企业的创新完成度。尤其对于以企业性质为高科技技术产业的 TCL 来说，要想实现技术创新就要有持续的资金投入。

由图 2 不难发现，TCL 科技集团研发投入的整体趋势是逐年递增的，2020 年在技术并购完当年研发费用规模同比上涨了 64. 36%，说明 TCL 科技历经此次并购事件后，持续加大创新投入并刺激创新能力。此外，开发支出规模体现出资本化投入转为无形资产的程度，根据图 3 的变动轨迹，2020~2021 年呈现相对较大的提升幅度。综合来看，近些年 TCL 科技新产品及专利不断产生一定程度上可以归因于吸纳中环集团后没有忽略研发资金的投入。不容忽视的是，2019 年是一个变化拐点，因为 TCL 完成了重大资产重组交割，剥离终端业务及配套业务，专注于半导体显示及材料，因此研发投入金额相应减少，与 2019 年数据不具备可比性。

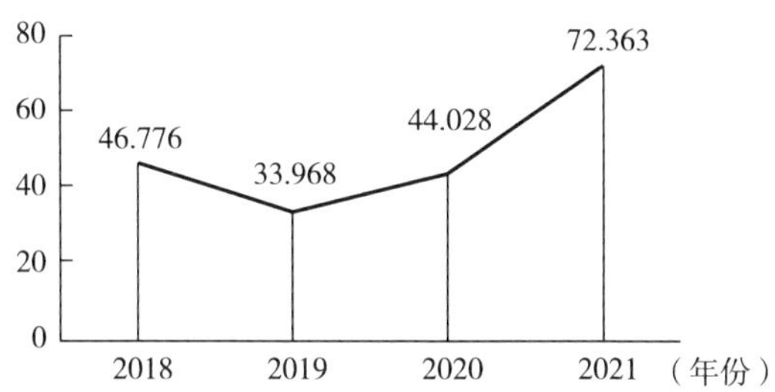

图 2　TCL 科技研发费用规模

资料来源：TCL 科技 2018~2021 年企业年报。

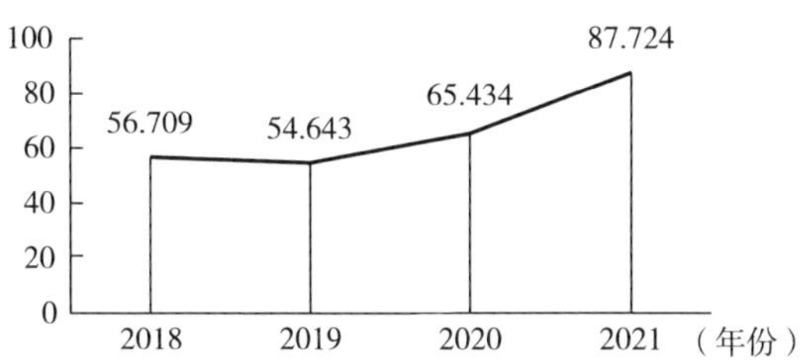

图 3　TCL 科技开发支出规模

资料来源：TCL 科技 2018~2021 年企业年报。

2. 研发人员投入

研发人员掌握着核心隐性知识，是企业技术创新的核心人力资源投入，用来衡量企业吸收能力和知识基础。从图 4 及图 5 可以看出，2018 年 TCL 科技完成重大资产重组后，将其按照备考口径计算研发人员数量增长 2. 7%，2018~2021 年企业的技术研发人员在不断增加，并且随着总人数的不断增加，TCL 科技的技术人员的占比始终保持在16%以上。研发团队倾向于硕士及以上的高学历、年轻化人才培养，可以看出TCL科技注重半导体产品的研发，重视人才，通过合并技术研发人员不断增加，为企业日后的发展奠定基础，也为企业的创新注入新能量，进一步提升了企业的知识基础和知识吸收能力。

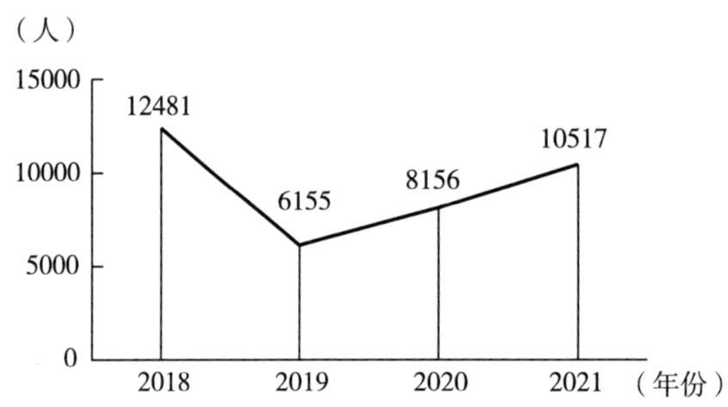

图4　研发人员数量变化

资料来源：爱企查网站。

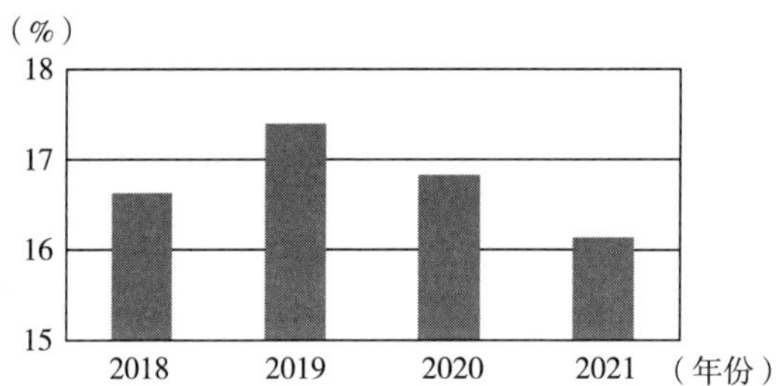

图5　研发人员占比变化

资料来源：爱企查网站。

（二）创新产出

本文选取专利公开数量和发明专利占比、核心技术突破数量作为衡量创新产出的量化指标，因为企业专利数量和企业的创新能力之间存在紧密的联系。同时，核心技术突破数量反映了企业对技术的转化与吸收能力。

1. 专利公开数量

从图6的数据可以看出，经过技术并购的年份，TCL科技的专利公开数量明显增加，这表明中环集团带来了技术上的协同效应，直接增加了并购当年的专利数量。此外，长期来看，技术并购有效推动了TCL科技在半导体行业的布局，实现能力转化为实物，进而表现为创新产出效应，所以在并购后的3年内专利公开数量依然保持较快增长，尤其是2022年达到近十年来最高水平。

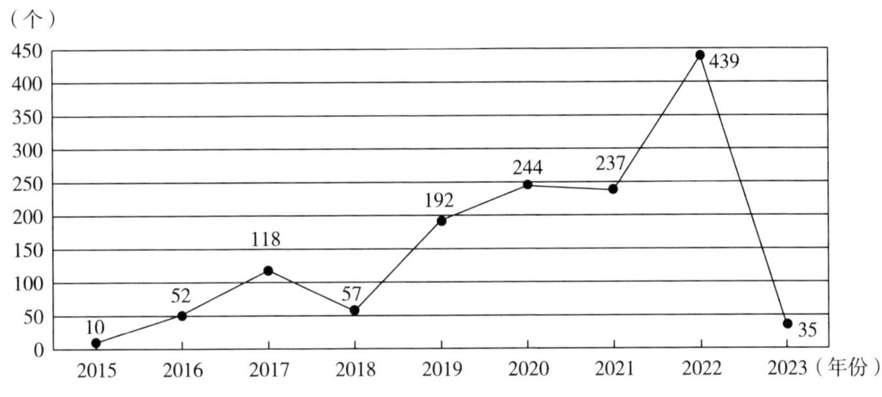

图 6　TCL 科技专利公开数量变动

资料来源：SooPAT 专利搜索。

2. 相关发明专利占比

根据表 2 的数据，在中环集团被 TCL 科技并购后，意味着中环的控制权由国有资本向民营资本让渡完成，而 TCL 围绕半导体——芯片设计、制造、应用的技术并购引进的外部知识与自身的内部知识也因此连接起来，两者具有融合互补的基础，使得研发能力快速提升，H01L 半导体器材的研发成果自然能够大幅度增加，其所占比率达到了 48.11%，比占比第二位的 G06F 电数字数据处理高出两倍。

表 2　分类后发明专利占比情况

分类号小类	专利数（个）	百分比（%）
H01L 半导体器件；其他类目中不包括的电固体器件	381	48.11
G06F 电数字数据处理	116	14.65
B82Y 纳米结构的特定用途或应用；纳米结构的测量或分析；纳米结构的制造或处理	110	13.89
H04N 图像通信，如电视	80	10.10
C09K 不包含在其他类目中的各种应用材料：不包含在其他类目中的材料的各种应用	57	7.20
H04L 数字信息的传输，例如电报通信	40	5.05
G01N 借助于测定材料的化学或物理性质来测试或分析材料	28	3.54
G06T 一般的图像数据处理或产生	24	3.03
G06K 数据识别；数据表示；记录载体的处理	22	2.78
C09D 涂料组合物，例如色漆、清漆或天然漆：填充浆料：化学涂料或油墨的去除剂；油墨；改正液；木材着色剂等	20	2.53

资料来源：SooPAT 专利搜索。

五、研究结论与启示

本文通过对电子设备行业中的TCL科技集团进行案例分析，来研究技术并购策略对创新型企业创新绩效的影响。先对技术并购协同效应和创新绩效等相关理论概念进行阐述，然后通过案例分析对TCL科技的并购行为进行研究，最后从创新绩效评价得出结论：第一，对于发展业务主线明晰且自身实力雄厚的企业，选择战略目标契合的企业进行技术并购能够有效提升其创新能力。第二，企业选择并购的技术和产品之间黏性越强，技术并购后的创新产出效应越高。第三，企业间的文化匹配度越高，成本付出会更少，从而更多的关注将研发投入转化为实际产出。

基于上述结论，可以得出以下启示：首先，企业在技术并购时要根据其发展需求和战略需要，选择与自身具有知识共性的标的公司。其次，发挥协同效应是技术并购整合阶段的关键，也是影响企业能否成功实现战略目标的重要因素，在微观层面要保证内部创新要素间的协同。最后，在开展技术并购时，要平衡研发投入，用最小的成本实现技术吸收与转化，从而为企业创造更多的专利技术和研究成果，最终帮助企业提升自主创新能力。

参考文献

［1］陈捷．中国制造业企业技术并购创新协同机理研究［J］．技术与创新管理，2018，39（4）：380-385.

［2］张永冀，何宇，张能鲲，段相域．中国医药上市公司技术并购与绩效研究［J］．管理评论，2020，32（8）：131-142.

［3］高建，汪剑飞，魏平．企业技术创新绩效指标：现状、问题和新概念模型［J］．科研管理，2004（S1）：14-22.

［4］王宛秋，张永安．企业技术并购协同效应影响因素分析［J］．北京工业大学学报（社会科学版），2009，9（1）：16-20.

［5］戚湧，宋含城．技术并购企业创新绩效影响因素研究——以中国高端装备制造业为例［J］．科技进步与对策，2021，38（19）．

制造业服务化转型策略及其对企业绩效的影响研究

——基于海尔集团服务化转型的案例分析

丁思佳*

摘　要：在全球服务化浪潮的推动下，制造业的商业模式逐渐由产品主导逻辑转向服务主导逻辑。然而近年来，有关制造企业如何在服务化转型中实现公司绩效提升问题的探讨引发了众多学者关注。基于此，本文拟在对国内外相关理论进行系统梳理的基础上，聚焦海尔集团的服务化转型，从组织结构、生产制造两个层面，从企业转型战略和企业绩效两个角度，深入探究了制造业服务化对企业绩效的影响。

关键词：制造业；服务化转型；案例分析

一、引言

服务化的全面普及，催熟了制造业传统商业模式的革新，制造业的商业模式逐渐由产品主导逻辑转向服务主导逻辑。同时，由于国内劳动力价格优势的不断弱化和国外发达国家“再工业化”的推进，中国的制造业仍然处于“微笑曲线”的最低点。因此，如何在有效加强制造业“以顾客为中心”服务理念的同时，整合企业和顾客的创新资源，在实现与顾客共创共赢的同时是否会助力企业绩效的稳步提升等一系列问题，应势而生。

基于此，本文拟在对国内外相关理论进行系统梳理的基础上，聚焦海尔集团

* 作者简介：丁思佳（1999—），女，浙江省杭州人，北京联合大学管理学院在读研究生，研究方向：企业绿色创新。

的服务化转型，通过对海尔集团组织结构、生产制造两个层面的转型战略和绩效进行分析，并从中发现制造业的服务化转型通过强化企业核心竞争力，优化企业竞争优势，刺激企业业绩提升，从而影响企业绩效，助力企业发展。因此，本文通过探究制造业服务化对企业绩效的影响，以期为我国制造业服务化发展提供现实的借鉴。

二、文献综述

通过文献梳理发现，国内外学者纷纷针对制造业服务化与企业绩效的关系这一相关问题，展开深入研究并提出见解。通过对相关研究结果进行归纳总结，发现主要可以归为“相关论”和“不相关论”两大类，其中，“相关论”中又可以细分为“促进论”“抑制论”和“复杂论”三个方向。

（一）相关论

促进论。国内外诸多学者认为，制造业的服务化在一定程度上可以帮助企业提升绩效，制造业的服务化程度与公司绩效间存在正向关联。国外学者 Kastalli 和 Looy（2013）认为，制造业服务化是对传统制造业经营模式的突破式革新，以顾客个性化需求为出发点，从而更大限度地满足顾客的个性化需求。Lodefalk（2014）认为，以服务主导逻辑的商业模式拓展了企业的升值空间，促进产业链整合，从而获得更高的产业链增值价值。与此同时，国内学者胡查平（2020）也提出了以服务为核心的制造业转型升级是实现其转型升级的一条有效路径。朴庆秀（2020）通过对沈阳机床集团进行实证研究，得出了“服务转型”可以使企业的运营方式发生变革，运营能力得到提高，进而使运营效益得到显著优化的结论。

抑制论。Neely（2008）指出制造业服务化与企业绩效呈负向关联，会引起企业绩效的下滑。同时，国外学者 Eggert 等（2015）和国内学者肖挺（2018）均提出制造业的服务化革新，伴随着组织内部改革等诸多现实问题，很难一蹴而就为企业带来服务化革新“红利”，往往会造成成本大幅提高等负面影响，无法实现预期提升绩效的效果。

复杂论。在这一类别中，区别于“促进论”和“抑制论”，有学者提出制造业服务化和其公司绩效间，并不仅仅是单纯的线性关系。Fang 和 Palmatier（2008）研究表明，制造业的服务化程度与其绩效间存在正“U”型关系，两者

关系呈现出一个曲线拐点，在拐点的左侧下降，在拐点的右侧上升。夏秋和胡昭玲（2018）也得出相同结论，即服务化与全要素生产率呈现正“U”型走势。陈春明等（2021）对东北三省的制造业服务化的研究，也表明服务化对其绩效起到先抑制，直至服务化进程超过其拐点后起到提升作用。

（二）不相关论

“不相关论”类别的学者认为制造企业的服务化水平与企业经营绩效没有直接关系。Antioco 等（2008）对此进行了分析，制造业的服务化水平与企业绩效是两个无关的个体。Aas 和 Pedersen（2011）以挪威制造业为例，研究表明，实施服务创新并不会对企业收益产生直接的影响。Deutscher 等（2011）对德国制造业进行了实证研究，同样没有找到任何与产品相关的附加服务和公司利润之间的关系。Samarrokhi（2014）对马来西亚制造业企业进行了实证分析，发现服务转型只能在短期内提高企业业绩，而不能维持其长远竞争力。

综上所述，国内外众多学者针对制造业服务化与企业绩效的关系展开深入研究并提出不同观点。因此，本文立足于现有学者的观点，切实结合国内制造业服务化改革及企业绩效相关数据，纵向比较组织结构、生产制造两个层面，转型战略和企业绩效两个角度，有力论证制造业服务化对企业绩效的影响，并希望为制造企业服务化与创新发展提供实践参考。

三、海尔集团服务化转型案例分析

（一）海尔集团企业概况

海尔集团于 1984 年在青岛成立。自创立之日起，海尔秉持“以客户需求为中心”的原则，不断创新企业体系，推动企业发展，从小工厂成长为全球首屈一指的大型家电品牌。海尔集团秉持服务化发展战略，在以服务逻辑为主的商业模式的探索上稳步前行。专注于研发、生产和销售智能家电产品和智慧家居的解决方案，并以其丰富的产品、品牌和方案的有机组合，为顾客提供全方位的智慧家庭场景打造，以最大程度满足顾客个性化的美好生活需要。直至 2020 年，海尔集团拥有 10+N 创新生态体系、29 个工业园、122 个生产基地和 24 万个销售网点，服务范围覆盖全球 160 多个国家，拥有近 10 万名雇员，并连续四年被评为“世界 500 强”。

在2012年之前，海尔集团以国际化战略和全球化品牌战略为企业发展的主要目标，致力于海尔品牌文化的打造。2013年至今，海尔集团成为全球领先的美好生活解决方案服务商，秉持提供高质高量的家电产品为理念，拓展服务化转型，将企业研发与顾客美好生活的个性化生活需求相结合，实现客户对个性化家电制造全流程的参与，为全球家电用户提供高端定制家装一站式服务。

本文通过对海尔集团以服务逻辑为主的商业模式转型战略的深入探讨，研究其服务化转型对企业绩效的影响。

（二）海尔集团服务化转型策略分析

2012年，由于受到国际经济形势的不利影响，全球家电出口市场受到波及，我国家电市场增速明显下滑。海尔集团正是在这种情况下，以并购新西兰飞雪派克智能装备公司为契机，开始了全面服务化转型的探索。本文从其组织结构、生产制造两个层面，从转型战略和企业绩效两个角度，对海尔集团的服务化转型战略进行了剖析。

组织结构转型。2013年海尔集团推出“人单合一”的全新经营理念，对海尔集团庞大的组织构架进行了调整，同时将“员工创客化”“企业平台化”“用户个性化”的全新服务化转型理念为其企业文化注入新内涵。其中，“人单合一”是指企业员工被赋予为顾客创造价值的自主权，通过企业服务化革新的平台，将企业与顾客之间的买卖关系转化为全流程参与制造的创新资源交换，为顾客提供最大化的个性化产品价值，实现共创共赢的服务化转型战略。

生产制造转型。海尔集团通过建造互联网工厂，顺应企业全面服务化革新战略的浪潮，将大规模生产“高质高价”家电产品模式转型为大规模“个性化定制”的创新生产制造模式。该互联网工厂通过构建智慧生活平台，为顾客提供个性化家装解决方案的场景商务模式，从而实现企业服务化转型，达到柔性生产大规模定制能力，满足顾客一站式个性化、可视化的高端定制家装体验。

（三）海尔集团服务化转型提高核心竞争力影响机理

组织结构转型。在企业服务化浪潮的驱动下，制造业传统的规模化生产的组织结构被逐步取代，相继而来的是服务化生态圈的构建，从而建立竞争优势。以开放、共享、互惠、共赢为理念的服务化生态圈的构建，使得制造业内部组织结构呈现网络化特点。各个组织结构，部门划分有机整合，用服务化赋能，将企业决策、研发、生产、销售等各个环节相联系，在组织内部形成一个有机生态圈，加速各类信息流通，提高价值供给效率。此外，服务化转型后构建等扁平化的组织结构解决了原先制造业组织结构复杂低效的弊端，同时优化了企业内部部门结

构，从而提升企业核心竞争力。

生产制造转型。服务化转型将物质生产运作模型化、程序化，让制造过程可以在虚拟空间中迅速迭代与持续优化，从而将制造模式从传统的实体制造转移到更加有效的虚拟制造，从本质上改变了制造资源的分配模式与效率。现如今，制造业在传统工业化时代单一、批量的生产模式早已不能再为企业创造收益的同时，满足经销商和顾客的需求，取而代之的是柔性化生产线和大规模个性化定制等经销商和顾客高响应、高参与的服务化生产模式。服务化生产模式的革新推动了信息技术在制造业的广泛运用，企业可以根据服务化进程中的有效反馈，进行科学决策，确保流程的高效运转，提高生产环节、产品和服务的智能化水平，提高智能制造能力，提高企业的核心竞争力。

（四）海尔集团服务化转型对企业绩效的影响分析

1. 组织结构转型层面

在组织结构层面的转型中，海尔集团凭借“人单合一”的服务化创新管理模式，通过减少管理层级，赋予员工自主权的方式，强化企业与顾客之间的联系，实现对内提高管理效率促进创新，对外高效、快速满足顾客个性化需求，达成企业与顾客的共创共赢。因此，本文认为海尔集团的服务化转型在组织管理层中，赋能组织结构，通过“人单合一”创新的管理模式，构建优良生态圈，消除与用户群体之间的距离，为用户创造价值，有效打破部门间的壁垒，实现创新与高效。为揭示生态能力的提升对企业业绩的影响，本文将从营业收入和管理费用率两个层面进行说明。

营业收入。如图 1 所示，2015 年是海尔集团营业收入趋势的转折点。由于服务化战略的推进，2015 年“人单合一”共创共赢的服务化创新模式的实施，2015 年之后海尔集团营业收入较 2013~2015 年得到了显著提升。2015~2016 年，营收从 897 亿元暴涨到了 1191 亿元，增幅达到了 33%左右，并且呈现出一种持续的高速发展态势。由此可以看出，海尔集团在 2015 年由服务化推动的组织结构变革，是推动企业经营收入增长的重要因素。

管理费用。如图 2 所示，虽然 2013~2015 年海尔集团的管理费用总体呈上升趋势，但是由于海尔集团 2015 年推行“人单合一”共创共赢的服务化创新模式，其增长幅度得到控制，与以前年度相比增长趋于平缓。这一趋势与海尔集团服务化组织结构革新的时间点相吻合，说明服务变革对企业经营成本的下降有正面影响。

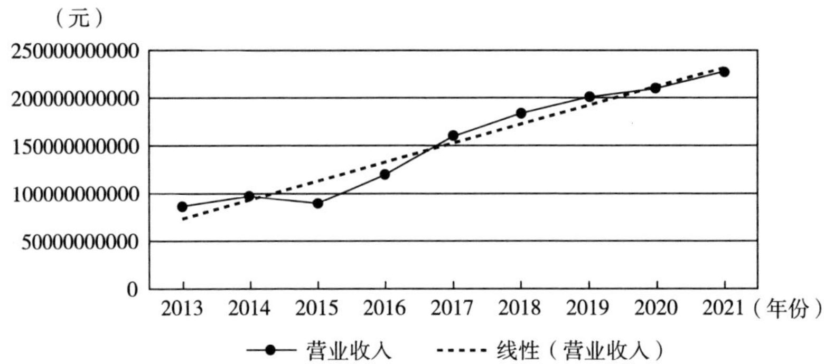

图1　海尔集团2013~2021年营业收入趋势图

资料来源：海尔集团年度报告。

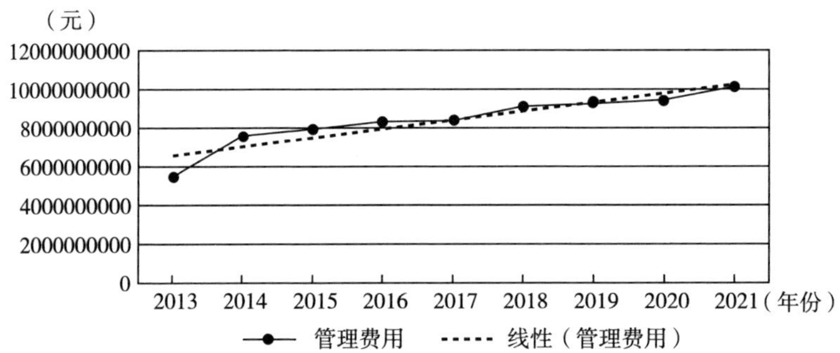

图2　海尔集团2013~2021年管理费用趋势图

资料来源：海尔集团年度报告。

2. 生产制造转型层面

在生产制造层面的转型中，海尔集团在服务化的推动下形成前瞻性的生产体系，建立了互联网工厂，可以根据历史和实时数据，对将来的结果进行预估，并预先对质量问题进行处理，这样就可以提升运营效率。因此，本文认为海尔集团的服务转型通过对其组织管理层面的赋能，改变其生产系统，优化其资源配置模式，使得其可以灵活地进行生产，并将其由批量生产提升到批量定制，从而增强海尔集团智能制造能力。本文分别从营运成本率与毛利率两个角度来分析其对公司绩效的影响。

营业成本率。如图3所示，2015~2016年，海尔集团的营业成本率从72.04%骤降至68.97%，呈现近几年最大跌幅。与此同时，2015~2021年海尔集团的营业成本率总体呈下降趋势。由此，本文认为，制造业的服务化转型使得制造业制造环节得到很大程度的优化和提高，从而实现对企业营业成本的全方位控制。

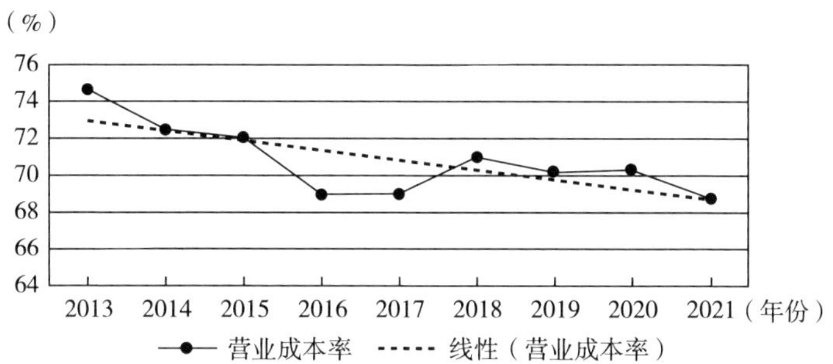

图 3　海尔集团 2013~2021 年营业成本率趋势图

资料来源：海尔集团年度报告。

毛利率。如图 4 所示，连续几年海尔集团的毛利率总体呈现持续上升趋势。在 2021 年该比例上升到 31.23%，而在 2013 年为 25.34%。自从海尔集团开始服务化转型，其毛利率增速明显上升，2015 年尤为突出，其增速高达 10.97%，是自服务化转型以来最具代表性的一年。究其原因，2015 年海尔集团服务化战略中互联工厂在帮助企业实现制造体系模块化和智能化转型的同时，将高附加值的服务模块整合到生产与制造中，从而降低其生产成本。海尔集团建立在一个互联互通的服务化平台，让全世界的顾客可以在任何时间、任何地点，利用他们的移动终端来对它们的产品进行个性化定制，并且还可以利用定制全过程的可视化来为他们提供最好的体验，这样就可以提高它们的产品的差异性和附加值，将企业的总体价值曲线转移到具有更高利润率的服务领域，这样就可以提升公司的毛利率。这表明，在制造业中实施的转型，有利于提高企业的盈利水平，为企业带来更多的价值。

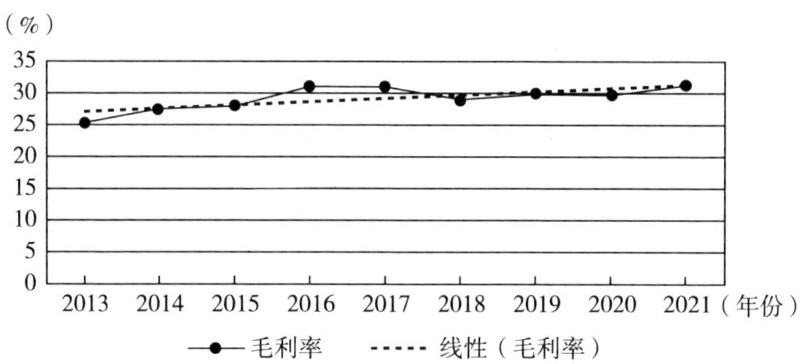

图 4　海尔集团 2013~2021 年毛利率趋势图

资料来源：海尔集团年度报告。

四、结论与建议

制造业服务化转型，是全球服务化浪潮下企业快速发展的必由之路。本文以海尔集团为案例研究对象，深入探讨了服务化转型对企业绩效的影响，研究发现：

（一）服务化转型提升了海尔集团的业绩

本文将海尔集团的经营业绩进行了比较和分析，得出海尔集团实施的服务化革新使其经营业绩得到提高。海尔集团的相关财务指标朝着好的方向发展，营业收入、毛利率等指标均呈上升趋势，体现出海尔集团优秀的盈利能力。管理费用和运营成本率等指标均呈下降趋势，表明海尔集团的运营成本降低，其运营效率提高。综上，本文认为海尔集团服务化转型的推行，是其经营业绩得以提高的主要因素之一，也进一步加强了其在行业中的龙头地位。

（二）服务化转型强化了海尔集团的核心竞争力

海尔集团在向服务化转型的过程中，以建立服务化互联网平台等手段，拓展了各种资源的获得途径，同时通过服务化理念，建立“人单合一”的双创共赢的个性化定制体系，在实现大规模个性化定制和柔性化制造的同时，帮助推动组织结构优化和对顾客个性化需求得到最大程度满足。助力企业在组织管理层面和生产制造层面上的能力提升，促进了企业从传统的制造型企业转变为服务化企业的进程，全面提升了企业的核心竞争力。

（三）服务化转型通过强化企业核心竞争力来提升企业绩效

本文认为在服务化浪潮中，企业核心竞争力由组织结构的服务化变革和生产制造的服务化智能升级二者构成，因此，制造业的服务化转型在组织管理和生产制造两个层面帮助企业提升核心竞争力，从而强化企业竞争优势，达到提升企业绩效的最终目标。

参考文献

[1] Kastalli I V，Looy B V. Servitization：Disentangling the Impact of Service

Business Model Innovation on Manufacturing Firm Performance [J]. Journal of Operations Management, 2013, 31 (2): 169-180.

[2] Magnus Lodefalk. The Role of Services for Manufacturing Firm Exports [J]. Review of World Economics, 2014 (1): 559-82.

[3] 胡查平，胡琴芳. 制造业服务化战略竞争优势构建的理论框架——基于制造业的多案例分析 [J]. 中国流通经济，2020，34 (4)：87-99.

[4] 朴庆秀，孙新波，钱雨，金正浩. 服务化转型视角下技术创新与商业模式创新的互动机制研究——以沈阳村机床集团为案例 [J]. 科学学与科学技术管理，2020 (4)：1-21.

[5] Neely A. Exploring the Financial Consequences's of the Servitization of Manufacturing [J]. Operations Management Research, 2008, 1 (2): 103-118.

[6] Eggert A, Thiesbrummel C, Deu Tscher C. Heading for New Shores: Do Service and Hybrid Innovations Outperform Product Innovations in Industrial Companies? [J]. Industrial Marketing Management, 2015 (45): 173-183.

[7] Fang E, Palmatier R. W. Effecet of Service Transition Strategies on Firm Value [J]. Journal of Marketing, 2008 (72): 1-14.

[8] 夏秋，胡昭玲. 制造业投入服务化能提高全要素生产率吗——基于成本和风险的视角 [J]. 当代财经，2018 (7)：999-111.

[9] 陈春明，贾晨冉. 制造业服务化程度与企业绩效的关系研究 [J]. 社会科学战线，2021 (10)：252-257.

[10] Antioco M. Et Al. Organizational Antecedents to and Consequences of Service Business Orientations in Manufacturing Companies [J]. Journal of The Academy of Marketing Science, 2008, 36 (3): 337-358.

[11] Aas H, Pedersen E P. The Impact of Service Innovation on Firm-Level Financial Performance [J]. Service Industries Journal, 2011, 31 (13): 2071-2090.

[12] Deutscher C, Eggert A, Thiesbrummel C. Differential Effects of Product And Service Innovations on The Financial Performance of Industrial Firms [J]. Journal of Business Market Management, 2014 (7): 380-405.

[13] Samarrokhi A, Jenab K, Arumugam V C, Et Al. A New Model for Achieving Sustainable Competitive Advantage Through Operations Strategies in Manufacturing Companies [J]. International Journal of Logistics Systems & Management, 2014, 19 (1): 1-15.

社会责任治理促进商业模式创新研究

——以抖音集团为例

董琛媛*

摘　要：信息技术的发展为商业模式创新带来了巨大的发展机遇。本文基于三重底线原则进行企业社会责任治理框架构建，进一步探析企业履行经济、社会和环境责任对商业模式四个模块创新的作用机理，丰富了商业模式创新的驱动因素研究，也为企业的商业模式创新实践提供了经验证据。

关键词：社会责任；商业模式创新；案例研究

一、引言

近年来，由于人工智能、大数据等新兴技术的发展，数字化、网络化、智能化成为新经济的主要特征，企业价值原有的创造逻辑与方式发生改变，企业的可持续发展迫切需要加快新业态、新模式的培育。商业模式作为公司产生与获得利益的主要手段，其创新被认为与技术创新同等重要，推进数据技术服务和商业模式的协同创新成为企业可持续发展的必然要求。社会责任治理作为企业可持续发展的重要保障，主要包括经济、社会和环境三大要素，是影响企业商业模式创新的重要因素。

---

* 作者简介：董琛媛（1999—），女，山西省晋中人，北京联合大学管理学院在读研究生，研究方向：企业经济。

二、理论基础

（一）社会责任治理

企业社会责任是指企业对除股东以外的其他利益相关者和政府所代表的公共利益应承担的责任。对于其内涵的界定，学术界进行了诸多探索。20 世纪 80 年代，Carroll 提出了企业社会责任的金字塔模型，认为社会责任可以分为伦理责任、慈善责任、法律责任以及经济责任；Clarkson 则是从利益相关者的视角出发，将企业的社会责任内涵细分成了十个不同的层次加以探讨。本文借鉴 Elkington 提出的三重底线原则，将社会责任划分为经济责任、社会责任和环境责任的统一。

（二）商业模式及其创新

商业模式创新即价值创造逻辑的变化，包括商业要素及其背后动力机制的变化。不同的研究领域对商业模式的定义不尽相同。从经济学的视角看，Rappa（2001）认为商业模式的本质是利益的赚取，阐述的是企业创造何种价值，哪些活动创造了价值。从价值研究的视角看，张越等（2014）认为商业模式是企业在多变的市场环境中识别机会并获得竞争优势、进而创造更大价值的逻辑法则。从企业战略的视角看，陈玲玲等（2021）认为商业模式是企业在持续优化生产经营活动的过程中，不断整合内外部资源，提高各种资源的利用率，既能实现客户价值又能实现企业价值的过程。在实践中发现，商业模式会跟随市场的需求变化而产生创新。本文参考牟焕森等（2021）的观点，将商业模式划分为价值主张、价值创造、价值传递及价值获取四个模块。

三、案例分析

（一）案例介绍

抖音集团有限公司，前身为字节跳动（香港）有限公司，隶属于北京字节跳动科技有限公司，是最早将人工智能应用于移动互联网场景的科技企业之一。公司产品种类繁多，涵盖新闻资讯、短视频、教育、车联网等，拥有庞大多领域的产品矩阵。2022 年 5 月，字节跳动（香港）有限公司更名为抖音集团（香港）有限公司，其旗下多家公司相继更名为抖音并更换了新 LOGO，旗下业务如飞书、今日头条、火山引擎、量子跃动等也已变更为“抖音”控股。

（二）社会责任治理概况

社会责任治理与业务融合发展是抖音集团一直坚持的经营理念，在其官方网站中，开设了“企业社会责任”专栏，用以介绍企业的社会责任规划和履责实践活动，并定期发布 CSR 报告。为了解抖音集团的社会责任治理现状，本文基于文本研究法，通过对抖音集团 2018～2021 年 CSR 报告的研究，真实反映其社会责任治理情况。

从经济责任角度来看，作为商业运作平台，抖音集团高度关注平台商家的经营状况及消费者的权益保护。由于平台商家的销售收入和经营发展受到平台活跃度、关注度及使用人数的影响，为了增加平台的活跃度及客流量，吸引更多的消费者和潜在客户到平台上进行消费购物，抖音集团积极推出与明星合作开展直播带货、举办购物节等各种形式的营销活动，同时利用自身优势对接中小平台商家开展政策支持、经营帮扶活动以支持线上经济的发展。在互联网时代，隐私和交易安全是消费者线上购物最关心的问题，抖音集团也针对此展开了多方努力，通过资金支持、技术支撑、人员保障等为消费者打造安全高效的购物环境；此外，抖音集团坚持自查自纠，并建立了较为完善的反馈及处罚机制，对在平台上进行售卖的商品实行全过程的质量检验，接受消费者的监督与反馈，帮助消费者把好产品质量关。

从社会责任角度来看，抖音集团从多方面入手积极承担社会责任。一方面，为积极推进信息普惠建设，持续推动“DOU 知计划”，抖音现已搭建起立体化的知识内容生态，成为国内最大的知识普惠平台，并致力于推动全行业共同关注优质知识内容的建设。在这一过程中，抖音也关注到老年人、视障人士等特殊群体的使用需求，进行了特别的功能开发，以提升各类用户的使用体验。另一方面，抖音致力于增进社会福祉，特别是提升农村社区幸福感，近年来一直积极探索新型公益，推出了“乡村守护人”“山里 DOU 是好风光”“头条寻人”“非遗合伙人”等公益专项计划，并进行了资本、流量、社会服务和产品等多渠道的投资扶持，有效带动了社会服务资源、项目向乡村和非遗文化传承倾斜，为乡村振兴、文旅经济以及文化传承发展助力。

从环境责任角度来看，抖音集团本着可持续发展的原则，在运营过程中十分关注资源再循环以及垃圾分类等环保问题，不断要求各部门完成节能减排和循环利用的工作，努力降低自身环境足迹，从平台本身做起，积极利用技术和平台优势促进更加环保、低碳的行为，尽可能地减少对环境的影响。同时，抖音集团在传播绿色理念方面也做出了巨大努力，通过 KT 板、彩版贴、讲座培训、宣传小视频等方式，大力倡导节能减耗、绿色生活的理念，引导合作伙伴和用户共建绿色家园。

（三）社会责任治理促进商业模式创新的作用机理分析

首先，社会责任治理会影响其价值主张，价值主张是企业服务理念的集中体现。对企业来讲，积极履行社会责任会在其产品、服务、技术和经营等各方面予以体现，扩大其产品和服务的社会价值属性，为企业赢得良好的声誉与资源。整合得到的文本材料，关注抖音集团在社会责任治理中的措施，可以发现在履行经济责任方面，企业在提出价值主张时更多考量用户及合作伙伴权益，以提升用户体验感，增强用户黏性，同时提供内容创作、变现渠道、线上营销服务及电商平台，助力合作伙伴实现价值获取；在环境责任方面，社会责任治理理念促使抖音集团在价值主张中将环保理念融入日常工作，使全业务流程的环境友好性增加，有利于业务的可持续发展。

其次，社会责任治理会影响其价值创造与价值传递。一方面，商业模式创新需要提升其外部合法性，获得外部利益相关者的技术、资金支持。社会责任治理融入产品及服务的设计、资源流动等日常工作中，可以建立良好的客户关系以及合作伙伴关系，同时会向外界传递其对企业经营理念的坚持，即使企业的资金状况欠佳，其合法性认同也会帮助企业得到投资者情感上的支持，助力其商业模式创新的可持续发展及企业发展。另一方面，商业模式的创新需要内部利益相关者的支持，提升内部资源的转化效率。社会责任治理中员工权益、员工体验以及企业文化建设等方面的关注与重视，可以提高企业员工的信任与认可，进一步提升员工的奉献精神，提升其企业内部资源与价值创造效率。

最后，企业在经济、社会和环境方面的表现也会对其价值获取产生积极影响，主要针对其成本结构与收入模式。企业在承担经济责任和社会责任时，对用户及合作伙伴的关注使得各利益相关方的满意度提升，有助于提高其产品和服务的市场占有率，并建立与合作伙伴的密切关系，对潜在竞争者构成威胁，从而实现收入的增加。在承担对环境的责任时，为践行节能减耗、绿色生活的经营理念，初期部署及研发工作需要投入一定的成本，但是在节能体系建设完成后，只需要定期投入固定的维护费用。从短期来看，支出意味着利润减少，但是从长期来看，企业由于承担起对环境的责任，可以加强政府部门及社会公众的信任度，为其正常的生产经营活动创造有利条件，赋予经营和决策更大的灵活性和自主性，从而为企业的发展创造更广阔的空间，有助于其价值获取及可持续发展的实现。

四、结论与启示

本文以抖音集团为例，基于三重底线原则进行企业社会责任治理框架构建，进一步探析企业履行经济、社会和环境责任对商业模式创新的作用机理。研究结果表明，企业将商业模式创新与社会责任结合是对社会的正向反馈，有利于促进社会问题的解决，也能帮助企业协调好与用户、员工以及社会公众的关系，提升企业核心竞争力，让商业模式创新更加持久、有生命力。企业社会责任治理作为一种独立的竞争能力，作用于商业模式创新的全过程，对价值主张、价值创造、价值传递与价值获取四个模块的创新均有积极影响。

本文对于中国企业家特别是民营企业家具有一定的启示意义：一方面，企业家在商业模式创新中要充分发挥社会责任治理的积极作用，借助于社会责任治理的声誉机制等提升本企业的品牌知名度，加快商业模式创新的步伐；另一方面，企业家在商业模式创新中要有意规避社会责任治理的阴暗面，尤其要注意避免为了追逐噱头的突击式履责，在跨界的道路上走向失控。

参考文献

［1］于星慧．创新能力视角下企业社会责任对企业财务绩效的影响研究［D］．南开大学，2022.

［2］张越，赵树宽．基于要素视角的商业模式创新机理及路径［J］．财贸经济，2014（6）：90-99.

［3］陈玲玲，翟会颖，王建平．新零售商业模式对零售商顾客价值的影响［J］．商业经济研究，2021（5）：116-119.

［4］牟焕森，沈绮珊，宁连举．短视频平台型企业商业化转型的商业模式创新——以快手为例［J］．企业经济，2021，40（1）：71-81.

［5］李海桤．平台型企业社会责任评价指标体系构建与应用［D］．青岛理工大学，2022.

医药企业 ESG 信息披露案例研究

——以药明康德为例

董文浩*

摘　要：近年来，医药企业出现的产品质量安全问题严重危害社会公众利益，为了重振消费者对医药企业社会责任履行情况的信心，医药行业 ESG 信息披露的施行与完善势在必行。本文通过梳理文献，构建医药企业 ESG 信息披露体系，以药明康德为例，对其进行 ESG 信息披露评价与分析，给出针对性的改善建议。

关键词：医药企业；社会责任；ESG 信息披露

一、引言

随着社会的发展和科技的进步，人们更加关注生命健康。我国的医药企业发展迅速，为人们带来了先进的技术和便捷的药品，伴随而来的安全问题也不能忽视。ESG 信息披露可以极大程度避免企业因忽略环境、社会、公司治理等要素带来的风险，成为解决医药企业安全问题的重要手段。

为此，本文以医药企业药明康德为研究对象，构建了医药企业 ESG 披露评价体系，分析了药明康德 ESG 信息披露案例，针对药明康德 ESG 信息披露现状和问题，得出结论并提出建议，期望能够提升药明康德 ESG 信息披露的质量，同时也为其他医药企业提高 ESG 信息披露水平提供借鉴。

---

* 作者简介：董文浩（2000—），男，北京市人，北京联合大学管理学院在读研究生，研究方向：社会责任会计。

二、文献综述

在我国，ESG 这一概念近几年才从国外引进，并没有引起企业的重视。实际上，ESG 信息披露方面表现优异不仅能大幅增加为企业带来长期经济利益的可能，还可能使企业获得更多消费者青睐和投资者的资金。施懿宸（2021）研究发现 ESG 绩效优秀的企业相应地表现出优秀的财务比率；危平（2018）研究发现上市公司环境信息披露的内容形式，明显对公司的股价产生正向影响。王丹励（2017）认为公司规避风险、提升价值的重要途径之一就是 ESG 信息披露，更重要的是 ESG 信息披露能够在社会范畴内给公司带来价值。刘兴国（2020）认为应构建具有中国特色的 ESG 评级指标体系。现阶段，我国亟须构建一套适应国内环境的 ESG 信息披露体系，使各方面信息使用者认识到 ESG 信息的益处，从而提升我国上市公司 ESG 信息披露的质量。

三、医药企业 ESG 披露评价体系构建

在我国，ESG 信息披露暂时还没有统一的标准，本文参考国外汤森路透 ESG 评级指标体系，在 ESG 信息披露原则的基础上，采用指数法构建医药行业 ESG 信息披露质量评价体系。

（1）指标选取。在选取评价指标时，从环境、社会、公司治理三个方面为医药行业上市公司信息披露评价体系的构建选取了如表 1 所示的指标。

表 1　医药行业上市公司信息披露评价体系

维度	一般披露层面	具体披露内容
环境	排放物	废气排放、温室气体排放、有害废弃物排放
	资源使用	能源消耗量、耗水量、能源使用效益
	环境及天然资源	环境及天然资源行动

续表

维度	一般披露层面	具体披露内容
社会	雇佣	员工结构、员工流失率
	健康与安全	因公死亡人数、因公损失工作日数
	发展与培训	培训覆盖率、培训平均时数
	劳工准则	准则措施、违规处理方法
	供应链管理	供应商数目、供应商管理方法
	产品责任	产品与责任、产品投诉、知识产权保护
	反贪污	反贪污、反贪污举报及监察程序
	社区投资	社区贡献、慈善公益投入
公司治理	公司治理	董事会；股东；会计与审计
	公司行为	商业道德、反竞争行为

（2）质量评价。本文选取指数法，医药行业 ESG 信息披露质量评价指标中若有文字的定性分析得 1 分，有数据的定量分析得 1 分，两者兼有得 2 分，都无得 0 分。

四、药明康德 ESG 信息披露案例分析

（一）药明康德公司简介

药明康德为全球生物医药行业提供全方位、一体化的新药研发和生产服务。通过赋能全球制药、生物科技和医疗器械公司，药明康德致力于推动新药研发进程，为患者带来突破性的治疗方案，服务范围涵盖化学药研发和细胞及基因疗法研发生产等领域。2021 年，药明康德被 MSCI 评为 ESG AA 级。

（二）药明康德 ESG 治理架构

2019 年末，药明康德成立了 ESG 委员会，负责监督和管理在 ESG 方面的战略、政策和表现，并向董事会汇报以确保 ESG 事务与公司战略的一致性。ESG 委员会下设 ESG 办公室，负责实施和落实在 ESG 方面的具体行动，协调由相关部门组建的 ESG 工作小组，共同执行 ESG 相关的具体措施（见图 1）。同时，制定了《环境、社会和管治委员会议事规则》，明确了 ESG 委员会的成员组成、议

事规则、责任和权限、授权等内容，为 ESG 活动和举措的开展及落实提供制度指引。为进一步提升 ESG 绩效表现，定期组织 ESG 委员会会议，识别与评估 ESG 优先事项，监督并检讨工作进展。报告期内，组织了 4 次 ESG 委员会会议，对气候风险识别和能源使用、碳排放、废弃物、水资源的环境目标等工作进行了讨论与商定。同时，组织了覆盖全体员工的 ESG 培训，以提升员工对公司 ESG 战略及相关工作的理解。

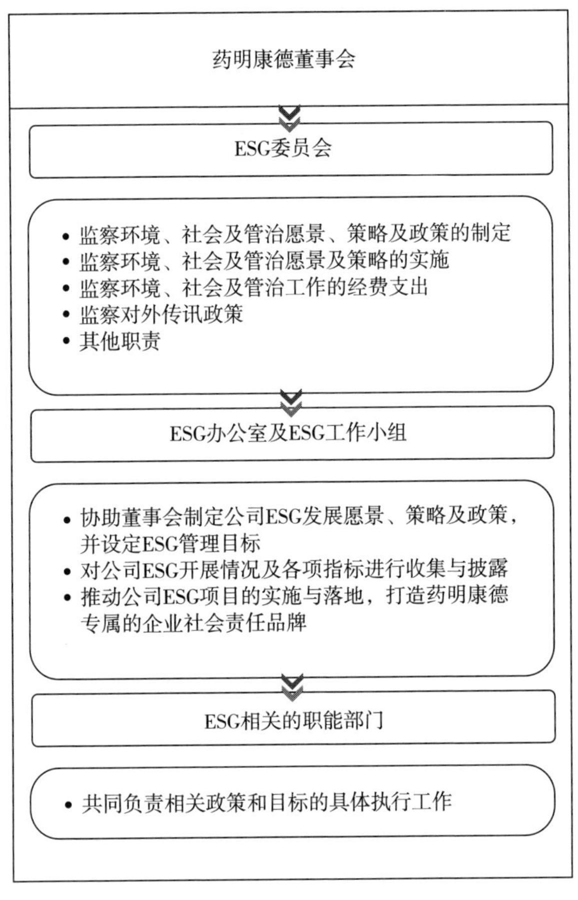

图 1　ESG 架构和职责

资料来源：药明康德 2021 年环境、社会及管治报告。

此外，药明康德积极采用量化指标来衡量 ESG 战略的有效性与目标的进展情况。药明康德有独立的第三方 ESG 评级机构，对自身的 ESG 实践进行评级。自 2019 年起，相关 ESG 量化指标已被纳入公司 ESG 相关管理团队的薪酬体系的考核范畴。依据内部相关政策，对相关人员的年度业绩进行考核，并通过激励机制表彰他们对药明康德的 ESG 承诺和环境目标做出的贡献。

（三）ESG 报告披露评价

对照药明康德 2019~2021 年的社会责任报告，对上述 ESG 评价体系中的各项披露情况进行逐年逐一评分，如表 2 所示。

表 2　ESG 评价体系中各项披露情况逐年逐一评分

维度	一般披露层面	具体披露内容	2019 年	2020 年	2021 年
环境	废弃物	废气排放	2	2	2
		温室气体排放	2	2	2
		有害废弃物管理	2	2	2
		无害废弃物管理	2	2	2
		降低排放物	1	2	2
		废弃物管理方法	1	1	1
	资源使用	能源消耗量	2	2	2
		耗水量	2	2	2
		能源使用效益	1	2	2
		提升水效益	1	2	2
		使用包装材料	2	2	2
	环境及天然资源	环境及天然资源行动	0	1	1
	小计		18	22	22
社会	雇佣	员工结构	2	2	2
		员工流失率	2	2	2
	健康与安全	因公死亡人数	2	2	2
		因公损失工作日数	2	2	2
		健康与安全措施	1	1	1
	发展与培训	培训覆盖率	0	2	2
		培训平均时数	0	2	2
	劳工准则	准则措施	0	1	1
		违规处理方法	0	1	1
	供应链管理	供应商数目	2	2	2
		供应商管理办法	1	1	1

续表

维度	一般披露层面	具体披露内容	2019 年	2020 年	2021 年
社会	产品责任	产品与责任	1	1	1
		产品投诉	0	2	2
		知识产权保护	1	1	1
		产品检定及回收程序	0	1	1
		消费者隐私保护	0	1	1
	反贪污	反贪污	1	1	1
		反贪污举报及监察程序	1	1	1
	社区投资	社区贡献	1	1	1
		慈善公益投入	2	2	2
	小计		19	29	29
治理	公司治理	董事会	1	1	1
		股东	1	1	1
		会计与审计	1	1	1
		工资、股利、福利等	1	1	1
	公司行为	商业道德	1	1	1
		反竞争行为	0	1	1
	小计		5	6	6
总计			42	57	57
平均得分			52		

通过翻阅药明康德 2019~2021 年社会责任报告，逐年逐项对药明康德 ESG 信息披露情况进行打分，结果如表 2 所示。药明康德 2019 年、2020 年和 2021 年 ESG 信息披露的分数分别为 42 分、57 分和 57 分，平均 52 分。

五、研究结论与建议

（一）研究结论

1. ESG 信息披露质量逐年提升

药明康德依托于自身的业务和服务，聚焦客户及社会等利益相关方所期望的

可持续发展目标，确保公司的ESG战略与联合国可持续发展目标的契合与同步，不断增加ESG信息披露指标的数量，并且不断完善指标的披露质量。大致浏览药明康德社会责任报告不难看出，报告整体清晰美观，内容涵盖十分广泛。尤其是从2020年开始，针对所有指标是否披露做出说明，也是在这一年，ESG信息披露质量评分从42分飙升到57分，足以看出药明康德越发重视ESG信息披露对自身的影响，ESG信息披露逐渐成为医药企业信息披露的重点关注对象。

2. ESG数据量化程度不足

在药明康德ESG信息披露质量逐年提升的同时，相关ESG信息披露数据量化程度仍有很大进步空间。药明康德2019~2021年社会责任报告的内容以文字性描述为主，相关数据所占比例较低。即使2020年ESG信息披露专题增加了部分数据进行量化信息披露，但是在环境和社会方面，关于ESG信息披露的内容还是以大段文字描述为主，出现的数据多为百分比和模糊数字，这个问题在治理方面更为明显，几乎没有出现数字，过于主观造成报告可读性低，这样会导致信息使用者对于报告产生排斥心理，无法给予客观评价。

3. 同行业之间的信息披露可比性较低

ESG理念在我国起步较晚，仍处于发展的初级阶段，缺少一套统一完善的标准。我国已有的ESG信息披露指引虽然对披露的部分内容和形式进行了规范，但是相关法律法规亟待完善，缺乏强制措施和奖惩机制，是否披露要靠企业自觉，披露的内容也是参差不齐。这就导致了医药企业避开社会公众最在意的产品安全问题，选择性披露最想让社会公众看到的光鲜亮丽的一面，而对这些方面的描述多为主观的文字，鲜有数据出现，ESG信息披露成了医药企业对外展示自身优势与实力的舞台，ESG信息披露的施行失去了本身的意义，使得医药企业之间没有办法进行对比。

（二）建议

1. 定性与定量信息结合

医药企业所发布的ESG报告或社会责任报告中，定量信息明显不足，不利于客观评价和同行业间的比较。为了更好地施行和完善医药企业的ESG信息披露，可以针对医药企业研发成本高的特点，以及产品安全的社会关注点，重点进行定性与定量相结合的信息披露方式。医药企业应具体披露药品的研发支出，产品合格率、召回率等信息，不仅要有具体的文字描述，还要有真实的数据支撑。另外，医药行业对环境有一定的污染，披露时也应对此有翔实的体现，使利益相关者能完全了解企业的信息。只有让ESG信息披露真正起到作用，才能助力ESG信息披露在医药企业的发展。

2. 加强负面信息披露

医药企业安全事故时有发生，而医药企业的安全问题又是社会公众最关注的，医药企业应主动在 ESG 信息中进行负面信息的披露，对于安全生产、药品质量、环境污染等医药企业易发生安全问题的方面重点关注并如实披露。面对负面问题时，积极说明问题并寻求解决方案，端正态度主动回应社会公众，客观评价企业自身的可持续发展能力。在发布报告时，要逐条逐项梳理本年度的事故，造成的危害和采取的处理措施进行充分的披露，以便更好地反思生产经营中存在的问题，为后续改进提供思路，也有利于引起各方面的重视。

3. 完善信息披露制度

我国对于 ESG 信息披露还是以引导和鼓励为主，并没有统一体系和强制措施。随着社会的发展，ESG 信息披露会由自愿转为强制，不再是企业想披露就披露，不想披露就不披露。一方面要颁布相关法律法规，硬性规定所有企业必须进行 ESG 信息披露；另一方面要出台激励措施，鼓励企业高质量完成披露工作。更重要的是，要根据行业的特点，重点要求披露社会公众关心的内容，而不是企业最想让人看到的内容。这就很难依靠强制手段完成了，需要强化社会舆论的监督与推动作用，还需要将 ESG 信息披露的理念渗透到每个企业，例如医药企业应聚焦社会公众最关心的产品安全问题，重点披露产品的相关安全指标，使得不同的医药企业之间可比性增强，良性竞争给予企业信息披露的动力，激励医药企业信息披露的主动性和积极性，有利于医药企业 ESG 信息披露的发展。

参考文献

［1］方钰琳，王健姝．企业 ESG 信息披露案例研究——以中国农业银行为例［J］．商业会计，2022（19）：34-37.

［2］朱甜甜．医药行业上市公司 ESG 信息披露研究［D］．兰州财经大学，2021.

［3］沈真．制药行业社会责任信息披露体系构建研究［D］．哈尔滨商业大学，2020.

［4］李才昌．医药行业社会责任会计信息披露研究——以云南白药公司为例［J］．企业科技与发展，2021（3）：226-228.

［5］梁丽．ESG 框架下企业经济责任审计模式创新研究［J］．财务与会计，2021（6）：52-54.

［6］林楠．关于 ESG 信息披露的影响——以丽珠医药为例［J］．现代企业，2022（8）：98-100.

［7］施懿宸，赵龙图，朱一木 . ESG 因素在企业估值的运用［J］. 金融纵横，2021（7）：23-31.

［8］危平，曾高峰 . 环境信息披露、分析师关注与股价同步性——基于强环境敏感型行业的分析［J］. 上海财经大学学报，2018，20（2）：39-58.

［9］王丹励，管竹笋 . ESG 指引之社会范畴指标对标分析与信息披露［J］. WTO 经济导刊，2017（3）：21-25.

［10］刘兴国 . 中国版 ESG 评级应以高质量发展为目标［J］. 董事会，2020（4）：51-52.

云南白药 ESG 信息披露案例研究

董子漫*

摘　要：随着双碳目标逐渐深入，“十四五”规划逐步出台，绿色低碳越来越成为企业发展必不可少的考虑项。而 ESG（环境、社会、管制）作为新兴的企业可持续发展衡量工具，在推动企业进行低碳发展、绿色化转型方面发挥相当重要的作用。2018~2021 年医药行业发挥的作用有目共睹，并且在后疫情时代，医药行业也将发挥越来越大的作用。各个交易所已经把 ESG 披露放在相当重要的位置，且社会各界利益相关者也越来越重视 ESG 的披露质量，云南白药作为老字号企业，需要跟随时代的潮流通过 ESG 信息披露来保障其稳健经营。因此，本文以新冠疫情影响下医药行业影响力逐步提高为背景，通过对 2018~2021 年云南白药信息披露情况打分，探究分析云南白药的 ESG 披露质量，并对其中的缺陷不足进行分析。

关键词：ESG；评价体系；云南白药

一、引言

生物医药行业是人类生存离不开的行业，尤其在新冠疫情期间，生物医药行业无论是在经济发展还是在社会发展中都有着举足轻重的地位，在这种情况下生物医药行业就更要积极履行其社会责任。当前我国有越来越多的生物医药行业积极披露其履行社会责任（ESG）的信息，但远远不能满足社会责任发展的需求。绝大多数企业只追求利益最大化，忽视了其应该承担的社会责任，因此，积极发

* 作者简介：董子漫（1999—），女，河北省石家庄人，北京联合大学管理学院在读研究生，研究方向：环境与社会责任会计。

布完善的社会责任报告，增强相关企业的环保意识与社会责任感是非常有必要的。

本文以医药行业较早上市的云南白药为研究对象，通过构建医药行业的评价体系对云南白药社会责任信息披露进行打分后，分析其ESG披露的亮点与不足，并提出建议，以期为云南白药以至于其他同行业企业信息披露水平的提高做出相应贡献。

二、医药行业ESG披露现状与评价体系

因为行业间的巨大差距，不同行业ESG评价指标与评价体系大不相同。生物医药行业的评价指标侧重点主要在环境方面，主要有：碳排放量、对自然资源的保护、能源的合理利用、包材的利用与消耗等。且生物医药行业参与ESG评级的企业相对较多，质量也相对较好。

（一）披露现状

2022年12月9日，润灵环球对外发布了《2022生物医药行业ESG评级报告》（以下简称《报告》），《报告》以“基于ESG风险管理能力”为核心，参评生物医药行业企业涵盖制药行业、医疗保健设备与用品行业、医疗保健提供商与服务行业、生命科学工具和服务行业、医疗保健技术行业五大领域。《报告》称，截至2022年5月31日披露ESG信息的74家企业中，复星医药获评A级，11家公司（片仔癀、康弘药业、华润双鹤、健康元、上海医药、华润三九、凯莱英、天士力、云南白药、华大基因、仙琚制药）获评BBB级，28个公司获评BB级，33家公司评级为B级，以及1家CCC级公司。本次结果并无获评AAA级及AA级企业。

（二）评价体系

ESG理念在我国尚未形成统一的ESG信息披露标准，本文在ESG信息披露原则的基础上，参考国外汤森路透ESG评级指标体系，采用指数法构建医药行业ESG信息披露质量评价体系。

（1）指标选取。在选取评价指标时，着重考虑产品质量安全、科研创新、环境保护、员工关怀和社会公益等方面，充分考虑新冠疫情等突发情况，结合以上几个方面，从环境、社会、公司治理三个行业为医药行业上市公司信息披露评

价体系的构建选取了如表 1 所示的指标。

（2）质量评价。本文选取指数法，医药行业 ESG 信息披露质量评价指标中若有文字的定性分析得 1 分，有数据的定量分析得 1 分，两者兼有得 2 分，都无得 0 分。

表 1　评价体系指标

维度	一般披露层面	具体披露内容
E	废弃物	废气管理、废水管理、无害废弃物管理、危险废弃物管理
	资源使用	能源消耗量、耗水量、能源使用效益、提升水效益、使用包装材料（轻量化管理）
	对生态的保护	对濒危野生植物的保护、控制碳排放量
S	员工	员工结构、员工福利与薪酬、帮助困难员工、关心女性员工、晋升机制、健康与安全措施
	发展与培训	参与培训人数、培训时长
	供应链管理	供应商管理办法、营销模式（供应链协同平台）
	产品责任	专利注册、战略合作
	社区贡献	支援灾区（支援疫情暴发地）、社区公益投入
G	公司治理	董事会结构、股权结构、股东与投资者权益、会计与审计
	公司行为	党政建设、廉洁反腐

三、云南白药 ESG 信息披露案例分析

（一）云南白药简介

云南白药是拥有百年历史的中华老字号品牌，1993 年云南白药成为云南省首家上市公司在深交所上市，在胡润发布的“2020 胡润品牌榜”中，云南白药以 295 亿元的品牌价值居全行业第 67 位，医药健康行业居第 2 位。在保证自身发展优势的前提下，云南白药将社会责任纳入长期发展战略，自始至终重视社会责任。从 2007 年开始，云南白药已经连续 16 年发布企业社会责任报告，这与

ESG 的发展理念高度契合。据此，云南白药作为医药行业 ESG 信息披露的案例研究对象，对其 ESG 信息披露质量进行评价，研究医药行业 ESG 信息披露现状，发现其存在的问题对于整个医药行业是非常有代表性的。

（二）云南白药 ESG 信息披露现状

即使深交所对 ESG 报告的披露持“立足实际、分步推进、自愿披露”的态度，云南白药已经连续 16 年发布社会责任报告，并且披露范围逐渐变广、排版逐渐科学美观，说明云南白药对于社会责任报告的重视程度逐渐增强，值得一提的是，2019 年及以前的报告名称为“20××年社会责任报告”，2020 年及以后的报告更名为“20××年社会责任报告暨 ESG（环境、社会及管制）报告”。可以看出云南白药积极响应号召，在 ESG 的披露方面越来越正规。接下来对云南白药的 ESG 报告进行系统分析。

1. ESG 信息披露渠道

云南白药主要通过社会责任报告进行 ESG 信息披露，年度报告进行辅助披露。并且自从 2020 年更名为“20××年社会责任报告暨 ESG（环境、社会及管制）报告”后，相关指标披露的深度和广度都在不断增强，利益相关者可以更容易、更清晰地了解到云南白药在环境保护、社会责任和公司治理方面做出的努力和取得的成果，也有利于其自身的资源配置得到有效提升。将 ESG 发展融入社会责任报告中甚至年度报告，可以看出云南白药作为一个百年企业在环境保护、社会贡献和人文关怀中所体现出的责任与担当。

2. ESG 信息披露内容的变化

由 2019~2021 年的社会责任报告可以看出，云南白药无论是已披露指标数量还是披露质量均不断上升。2020 年开始，员工情况变成一个独立的板块进行披露，涉及薪酬激励、晋升机制、困难员工帮扶、女员工关爱等，披露指标较 2019 年有明显增多。2021 年在 2020 年的基础上新增企业管治板块，包括公司治理、股东与投资者权益、党政建设与廉洁反腐板块。有助于利益相关者对其公司内部治理有更深层次的认识。在社会责任报告中，E（环境）、S（社会）和 G（公司治理）有独立并且全面的板块，说明 ESG 体系已经逐渐融入了云南白药履行社会责任的日常中。

从 2020 年开始，云南白药社会责任报告新增了当年责任故事板块，通过介绍当年云南白药中对社会有重大贡献的人或事来概括性说明其履行社会责任的决心和努力。2020 年责任故事板块介绍了 2020 年新冠疫情伊始时期云南白药对社会各界所做的贡献，比如引进口罩生产线、分配药物到有需要的地方、倡议党员踊跃捐款等，充分展现了云南白药作为百年老企业的风范。

3. ESG 信息披露评价

对照云南白药集团股份有限公司 2018~2021 年的社会责任报告，对上述 ESG 评价体系中的各项披露情况进行逐年逐一评分，结果如表 2 所示。

表 2　披露情况打分

维度	一般披露层面	具体披露内容	2018 年	2019 年	2020 年	2021 年
E	废弃物	废气管理	0	2	2	2
		废水管理	2	2	2	2
		无害废弃物管理	0	0	1	1
		危险废弃物管理	1	2	1	1
	资源使用	能源消耗	1	1	2	2
		耗水	1	0	2	2
		能源使用效益	1	1	2	2
		包装材料的管理	0	0	2	2
	生态保护	濒危植物的保护	0	0	1	2
		碳排放量的控制	0	0	0	0
	小计		6	8	15	16
S	员工	员工结构	0	2	2	2
		员工福利与薪酬	1	2	2	2
		困难员工的帮助	2	0	1	2
		女性员工的关心	1	1	1	1
		晋升机制	0	1	2	2
		健康与安全措施	2	2	0	2
	发展与培训	参与培训	2	1	2	2
		培训时长（满分 1 分）	1	0	1	1
	供应链管理	供应商管理	2	2	2	2
		营销模式	0	2	2	2
	产品责任	专利注册	0	0	0	2
		战略合作	2	2	2	2
	社区贡献	支援灾区	0	0	2	2
		社区公益投入	2	2	2	2
	小计		15	17	21	26

续表

维度	一般披露层面	具体披露内容	2018 年	2019 年	2020 年	2021 年
G	公司治理	董事会结构	0	2	2	2
		股权结构	2	2	2	2
		股东与投资者权益	0	0	2	2
		会计与审计	2	1	1	1
	公司行为	党政建设	0	1	1	2
		廉洁反腐	0	1	2	2
	小计		4	7	10	11
总计			25	32	46	53
平均得分			39			

云南白药集团股份有限公司 2018~2021 年来 ESG 信息披露的最高分为 2021 年的 53 分，最低分为 2018 年的 25 分，平均得分为 39 分。云南白药近年来的 ESG 披露无论是数量还是质量都在逐年提高，内容也在不断完善。但是在定量分析、碳排放、健康与安全等方面仍有相当的进步空间。

四、云南白药 ESG 信息披露亮点与不足

通过以上对云南白药社会责任报告的打分，可以发现云南白药有许多可供同行业其他企业学习的亮点，但是同时也可以看出有些需要改进的不足之处，只有保持优势，改进不足，才能促进云南白药 ESG 信息披露质量更上一层楼，进而带动整个医药行业的发展。

（一）云南白药 ESG 信息披露亮点

作为已经连续 16 年出具社会责任报告的医药行业头部企业，云南白药在 ESG 信息披露上有很多可供同行业其他企业借鉴的亮点。

（1）具有第三方鉴证意识。

云南白药邀请第三方鉴证机构对其废弃物管理进行核查，主要包括废水管理、废气管理、无害、危险废弃物管理，达到标准后方可排放，第三方审计机构的独立核验使得云南白药环境保护等信息的可靠性大大增加，给我国医药行业如何提高环境信息披露的可靠性树立了标杆。

（2）ESG 信息披露质量逐年提升。

近年来云南白药 ESG 相关指标选取逐渐完善，质量也在逐年增加，上文也有提到，2018~2021 年云南白药的 ESG 信息披露质量的评分从 25 分上升至 53 分，这表明 ESG 信息披露越来越成为公司信息披露的重要组成部分，可以看出云南白药作为百年老企业的责任感。

（3）关于公司员工等信息披露比重增加。

众所周知，一个公司中比重最大的就是员工，通过对员工待遇、机遇等的披露可以让外界利益相关者更透明地了解到公司的人文关怀，有助于公司吸纳更多人才，促进公司由内而外健康发展。云南白药从 2019 年开始披露员工结构并且关于员工福利、困难员工的帮助、关爱女性员工等指标逐年丰富，反映了云南白药越来越注重员工关怀。作为实力雄厚且始终走在行业前列的公司，云南白药对于 ESG 各指标披露均非常重视，积极响应上级的相关政策，贯彻落实 ESG 理念的发展要求，合理利用 ESG 披露给公司带来的积极影响，这些均有利于公司的后续发展。

（二）云南白药 ESG 信息披露存在的不足

云南白药的 ESG 评级为 BBB，说明其还有一定的提升空间，通过上文对云南白药进行打分也可以看出其在 ESG 信息披露方面的一些不足。

（1）ESG 信息披露的数据不足。

由上述打分我们可以看出，尽管云南白药的信息披露范围和质量均在不断提高，但是一些指标仅有定性分析即文字描写，缺乏数据的支撑，比如废弃物的排放与管理、公司内部治理情况、对于女性员工的关心等。这就导致 ESG 报告的可信度降低，信息使用者无法从 ESG 报告中得到客观判断。

（2）负面消息未及时披露。

对于利益相关者来说，企业的负面消息是一种风险提示。因为会对企业产生负面影响，所以企业甚少披露。但将其隐藏起来不披露反而达不到目的，如今信息传播速度非常快，拒不披露负面信息不仅不会阻止人们了解到相关新闻，反而会对企业的声誉造成负面影响。云南白药在近几年社会责任报告中，仅仅对正面信息进行了大篇幅的披露，未对负面消息进行说明，例如 2021 年新冠疫情期间云南白药被爆出制作售卖不合格口罩，这在当时的大环境下可谓一石激起千层浪，但是当年的社会责任报告用大篇幅报道了其在疫情期间引进口罩生产线，帮助全国人民共克时艰，只字未提不合格口罩的丑闻，这可能会劝退一些利益相关者。

（3）信息披露的可比性较低。

造成信息披露可比性降低主要有两个原因：一是云南白药自身披露定量数据和评价体系差异较大，纵向可比性较低。例如，2020 年之前对于废弃物和生态保护的指标未加以详细说明，2020 年之后开始披露，就导致这一指标无法进行纵向可比。二是近年来虽然国内逐步重视 ESG 信息披露，但是对于 ESG 的披露目前仅仅停留在自愿披露的阶段，对于披露的内容和形式并未进行统一的规范，行业内各公司有的是随着年度报告一起释出，有的是独立的社会责任报告，指标也不尽相同，这些不统一导致同行业的横向可比性变弱。

五、云南白药 ESG 信息披露优化建议

通过分析上述亮点与不足，对 ESG 信息披露优化提出一些建议，以期对云南白药以及医药行业 ESG 信息披露的优化做出贡献。

（一）完善量化信息披露

量化信息有助于信息使用者更直观地了解企业 ESG 披露情况，有助于企业资源合理配置，实现企业价值最大化。而云南白药的社会责任报告中，以定性披露为主，数字信息只有很少一部分。企业要保障定量信息的披露数量，做到定性和定量分析相结合，才能更加清晰地展示出企业的努力成果。只有如此才能保证企业在各方面保持领先的状态，展现企业的良好形象。

（二）适当披露负面内容

作为始终领跑在行业前端的企业，应当具备一定的社会责任感与接受公众批评的勇气。这就要求企业不但应该对正面消息进行披露，同时应该对企业的负面信息进行回应，勇于接受大众的批评与监督。信息时代负面消息无处遁形，企业主动在社会责任报告里对负面信息进行披露并且积极摆正态度提出解决方案，有助于保持企业的良好形象，同时作为头部企业，还会带领整个行业的社会责任信息披露风气持续向好发展。

（三）强化 ESG 信息披露内部管理

要想将 ESG 信息披露融入到企业日常中，管理层应该认识到 ESG 披露的重要性，把 ESG 信息披露纳入考核，出具一套奖惩体系等，加强 ESG 信息披露的执行与监管。只有如此才能适应时代发展，带动医药行业 ESG 信息的发展，帮

助我国医药企业向国际化、标准化发展。

另外，随着我国科学技术逐渐发展，生物医药行业也得到了质的发展，作为回报，其应该对环境保护、社会责任来奉献自己的一分力。云南白药作为生物医药行业的头部企业，更应当为行业的 ESG 披露做出表率作用。云南白药 2022 年的 ESG 评级为 BBB，说明其在 ESG 信息披露上做了相当的努力也有一定的成果，但是还有一定的提升空间。本文通过对比云南白药 2018~2021 年的 ESG 信息披露质量剖析云南白药在信息披露上的亮点和不足，针对所出现的问题提出了优化建议，以此促进云南白药及其他医药行业的社会责任报告的披露水平与质量，提升我国生物医药行业的企业公信力，从而促进我国企业长期价值的实现、促进我国社会的可持续发展。

参考文献

［1］崔金瑞．ESG 表现、企业创新与企业价值关系研究——基于生物医药行业实证分析［J］．青海科技，2022，29（4）：83-93.

［2］朱甜甜．医药行业上市公司 ESG 信息披露研究［D］．兰州财经大学，2021.

［3］方钰琳，王健姝．企业 ESG 信息披露案例研究——以中国农业银行为例［J］．商业会计，2022（19）：4.

［4］张皓月．云南白药混合所有制改革及其效果研究［D］．云南财经大学，2022.

［5］陈智，冯慧，杨金凤，等．快递业 ESG 信息披露质量评价——以顺丰控股为例［J］．财会月刊，2022（12）：8.

［6］贾雨璇．ESG 评价体系对医药制造类企业财务绩效的影响研究——以天士力医药集团股份有限公司为例［J］．价值工程，2022，41（31）：162-165.

［7］钟小蕾．政府绿色采购政策目标与经济效益关系浅论［J］．中国商贸，2009（4）：1.

［8］王佳瑞，汪源．商业银行内部审计视角下的 ESG 评价体系构建［J］．金融纵横，2022（11）：44-48.

［9］吴巍．“双碳”目标下的 ESG 评价体系［J］．上海国资，2022（6）：14.

跨国并购对企业数字化转型影响研究

——以美的集团并购德国库卡为例

方自强*

摘　要： 在全球数字化转型背景下，数字化转型不仅是企业经营发展的战略需要，也是企业谋求可持续发展的必然选择。随着中国数字经济的高速发展，中国已经成为全球数字经济的发展大国。在企业经营规模不断扩大的情况下，跨国并购成为我国企业“走出去”的重要途径。跨国并购不仅可以为中国企业带来先进技术和管理经验，也推动着企业数字化转型升级。本文以美的集团跨国并购德国库卡为例，探讨跨国并购对美的集团数字化转型影响的过程与结果。

关键词： 数字化转型；跨国并购；美的集团

随着全球经济一体化的深入，各大企业越来越认识到，企业竞争关键在于科技创新和管理创新，而科技创新和管理创新都必须要依托于数字化技术的进步，尤其是在全球经济持续低迷的情况下，如何利用数字化转型进行业务转型升级成为企业需要关注的重点。与此同时，企业的跨国并购越来越多地呈现出数字化特征。企业通过并购实现全球化发展，通过数字化转型实现跨区域运营，实现业务协同和资源共享。跨国并购与数字化在企业发展中的地位日益凸显，数字经济成为引领全球经济增长的重要引擎。企业全球化发展离不开数字化转型，而数字化转型也为跨国并购提供了坚实的基础。企业进行跨国并购，有助于利用“数字资产”开拓新市场，形成新技术、新模式；同时也能发挥协同效应，减少并购后的文化融合难度。

综上，本文选择美的集团并购德国库卡这一案例，对跨国并购对美的集团数字化转型的影响路径和效果进行分析和总结，以期帮助企业减少跨国并购的风

---

* 作者简介：方自强（2001—），男，江西省赣州市人，北京联合大学管理学院在读研究生，研究方向：企业并购。

险，实现企业预期并购目标，具有一定的理论意义和现实意义。

一、文献综述

企业数字化转型是指企业通过使用数字技术（例如，区块链、云计算、人工智能等），对其组织和流程进行重构，以提高生产率和运营效率。近年来，随着数字经济的迅猛发展，企业数字化转型成为企业提高竞争力的重要手段，如何帮助企业成功数字化转型成为众多学者关注的话题。已有研究指出并购是实现数字化转型的路径，企业进行跨国并购的目的是获取核心资源和先进技术，并且在跨国并购中倾向于使用数字化技术。Malette（2018）发现近年来企业并购目的逐渐由追求协同效应以扩大现有业务，转变为获取数字技术。Blackburn（2020）认为行业领先企业更有可能进行数字化战略布局，而并购可以帮助企业重新定位，获得更多的竞争优势。孙利军和孙文瑾（2021）认为在“互联网+”环境下，通过并购获得互联网的团队和人才、拓展互联网渠道和市场是企业数字化转型的一条重要路径。吕铁（2019）认为通过智能制造，如机器换人、定制化生产等方式可以推动制造业企业的数字化转型；孟凡臣和谷洲洋（2021）认为，跨国并购可以通过扩展市场空间、优化企业要素配置以及推动企业价值链跃升，借此推动企业转型升级，并认为要把能否实现企业转型升级作为衡量并购成功的主要标准。

通过梳理文献发现，目前将数字化转型与企业并购相结合的研究较少，现有研究主要从理论层面指出并购也是实现数字化转型的路径，但缺乏对具体作用路径及其效果的分析。因此，本文将采用案例研究法，研究美的集团并购德国库卡这一案例，探索并购对企业数字化转型作用的路径和表现效果，并据此提出建议。本文的研究不仅有利于结合当前时代背景补充并购对于企业数字化转型的研究，同时也为想要进行数字化转型的企业提供参考。

二、美的集团并购德国库卡案例分析

（一）并购双方简介

1. 美的集团简介

美的集团（Media）成立于1968年，于2013年在深圳证券交易所上市，其

业务范围涵盖智能家居、机电、暖通与楼宇、机器人与自动化以及数字化创新五大商业板块，能提供多样化的产品类型及服务。

2. 库卡集团简介

德国库卡（KUKA）成立于1898年，是世界上最大的机器人和配件自动化制造商之一。德国库卡业务覆盖多个领域，主要为汽车行业、物流行业、医疗保健行业提供信息系统集成和服务。

（二）并购过程介绍

美的集团早在2015年就开始准备收购德国库卡，并为此展开了全面的战略布局和详细的收购计划。美的计划以其子公司MECCA为主要收购主体，以银行贷款和集团资金为资金来源，购买库卡其他股东持有的股份。截至2017年1月6日，美的持有库卡37605.7万股，占库卡流通股的94.55%，共计花费37.06亿欧元（见表1）。美的历时8个月才宣布完成所有并购，并成为库卡第一大股东。这次并购是近年来中国家电企业最大的跨境并购之一。

表1　美的并购库卡交易情况

并购方式	要约收购
并购目的	战略目的的混合整合
支付方式	现金
标的类型	股权
控制权是否发生变更	是
股权转让比例	81.04%
交易价值	37.06亿欧元
现金支付金额	37.06亿欧元

资料来源：美的集团公告。

（三）美的并购对企业数字化转型的影响路径

跨国并购会产生市场拓展效应、高端要素优化配置效应、产业价值链跃升效应等，而企业的转型升级是以市场支撑为基础，同时需要稀缺性的高端要素、提高产品技术水平和市场知名度、优化企业内部配置效率等。跨国并购带来的正向影响与企业数字化转型需求不谋而合，因此会对企业数字化转型产生积极影响。因此，本文将从拓展企业市场空间、优化企业要素配置和推动企业价值链跃升三个方面探究美的集团跨国并购后对企业数字化转型的影响路径（见图1）。

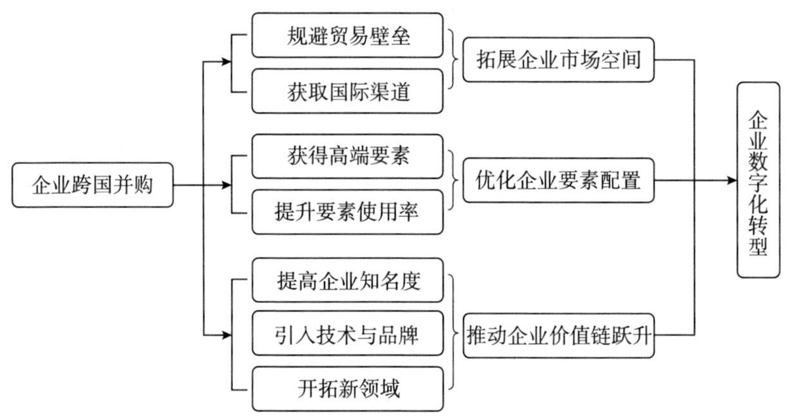

图 1　跨国并购对数字化转型的影响路径

1. 整合业务资源，拓展企业市场空间

美的集团在 2019 年成立库卡中国事业部，并努力发展库卡机器人在娱乐、电子、鞋类等领域的商业机会。同时，美的集团与库卡中国成立了多家合资企业，以满足中国快速发展的智能制造、智能医疗和智能物流市场。2020 年，美的集团在原有业务的基础上增加了数字创新业务板块，积极发展数字创新业务，使数字创新业务的范围从内部转化拓展到外部输出，不仅提高了企业的数字创新能力，还完善了国内产品布局。

与此同时，库卡凭借其在欧美市场的广泛影响力，通过销售渠道的整合，帮助美的集团拓展了海外市场。由于销售渠道的扩大，美的集团得以在海外设立工厂和研发中心，不断深化海外市场布局。这使得美的集团在欧美市场乃至全球市场的知名度和认可度得到了提高，市场空间也得到扩大。企业的数字化转型是以市场支撑为基础，美的通过跨国并购扩大了市场，为企业进行数字化转型提供基础。

2. 优化企业要素配置，推动数字化转型战略

并购交易完成后，美的集团专门成立了机器人及自动化系统事业部。同时与库卡集团的技术资源对接，加大在机器人及自动化、云技术、物联网三大领域的研发投入，成功提升了集团的自动化和智能化程度。在此基础上，开发出更多能满足市场需求的智能家电，进一步确立了美的集团在智能领域的领先地位，帮助集团提升了行业综合竞争力。此外，美的集团还整合了驱动控制业务、人工智能等相关技术，使得企业内部高端要素的使用率提升。2017 年 11 月，美的集团与碧桂园集团达成战略合作意向，设立智能制造无人工厂和库卡机器人小镇，目的

是开发更多适合国内市场需求的产品。2018 年，美的集团与库卡集团建立了智能制造相关产业基地，并与众多合作伙伴共同投资开发了人机合作、移动机器人等一些特殊业务领域，实现了技术资源的双向流动。进一步巩固库卡集团在全球机器人行业的领先地位，也有助于美的集团实现自主研发和创意的目标。

美的集团通过加强机器人和众多高端要素的应用，优化了企业内部的要素配置，智能制造和智能物流战略得到了初步实现，并进一步推动了智能家居的实现。美的集团通过并购后的整合活动，使得企业的数字化程度得到提高，成功实现了“智能家居+智能制造”的数字化转型战略。

3. 升级内部价值链，提高企业核心竞争力

美的集团利用数字技术推动了企业价值链的跃升，尤其是在物流环节。美的并购库卡后，与瑞仕格开展了深度合作，将机器人、AGV（无人运输车）、托盘技术等全套智能装备融入物流体系，提升了物流硬件设施和自动化程度，推进智能物流建设。

安得物流通过“一盘货”将美的在全国的所有仓库进行统一管理，根据订单的需要进行统一调度和配送（见图 2）。在“一盘货”之前，美的产品从工厂到终端消费者需要 7~8 次转运，现在通过减少中间环节已经将线下销售渠道减少到 4 次。线上旗舰店销售的产品只需要运输两次，即一次从工厂进入中央仓库，然后一次从中央仓库到达用户。减少了企业仓库数量和仓储面积，物流效率得到提高，物流成本得以降低。同时，还满足了柔性生产、智能配送、直接消费终端的特色需求，实现了快速配送。此外，美的集团利用数字化技术，加快线上线下销售渠道的整合，通过“一盘货”的物流模式，美的集团线上线下销售渠道快速发展，企业的价值链得到优化和升级。

企业数字化转型是一个不断递进升级的过程。数字技术可以通过改变资源的配置方式推动产业链的数字化转型。在此次并购中，美的集团摒弃了原先落后的物流体系，利用新技术优化了企业资源配置效率，其所带来的产品价值链跃升对企业数字化转型意义重大。

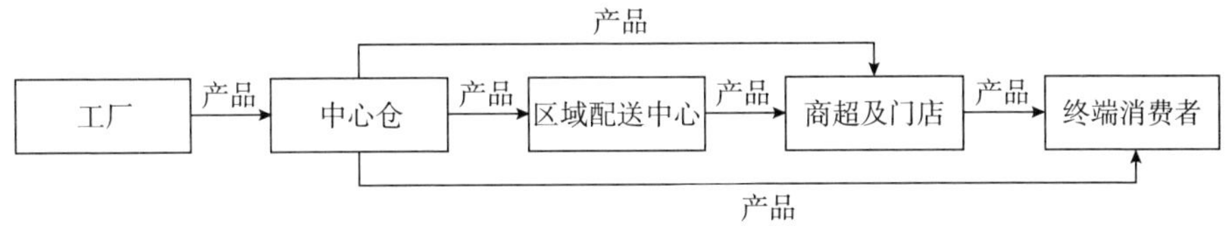

图 2 美的集团“一盘货”物流模式

（四）美的并购对企业数字化转型效果

1. 拓展了市场空间，增加了企业收入

企业的转型是以市场支撑为基础的，企业市场空间的扩大能够对企业数字化转型产生积极影响。从图 3 可以看出，在并购完成的 2017 年，美的集团的海外业务收入较 2016 年有了明显的提高，并且占比稳定在 40%~45%。通过此次并购，美的集团海外市场的知名度和影响力大大提高，未来将会有更大的增长空间，美的集团利用库卡集团的品牌和销售、网络服务，成功发展了其全球供应链和销售网络，而拓展互联网渠道和市场是企业数字化转型的一条重要路径，是企业进行数字化转型的基础，市场的扩大推动着美的集团的数字化转型。

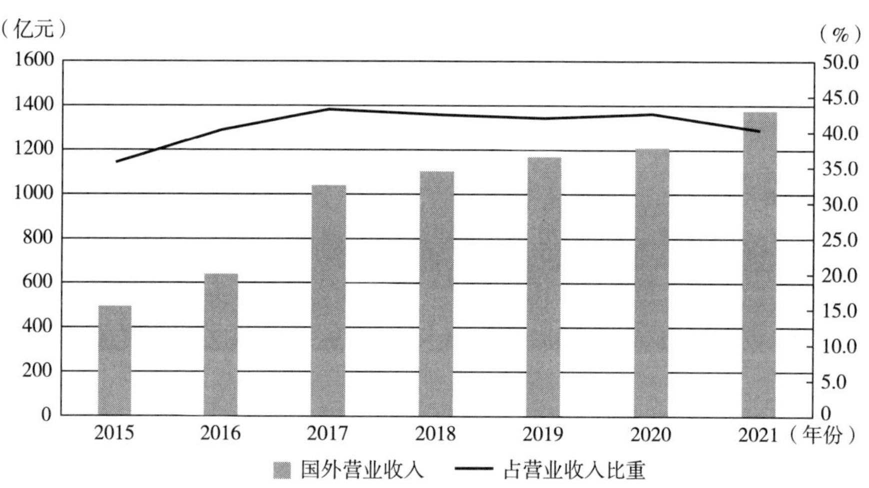

图 3　美的集团国外营业收入情况

数据来源：美的集团财报。

2. 专利产出数量增加，企业创新能力增强

企业数字化转型需要多种因素协同发力，在此过程中，数字技术创新是关键，企业创新能力是推动企业完成数字化转型的动力，企业创新能力提高能够直接推动企业数字化转型实施。企业专利数量能够在一定程度上反映企业的创新能力。从图 4 可以看出，对库卡完成并购后，美的集团通过不断整合技术资源，开发出可用于医疗、康复等不同应用领域的机器人型号，专利数量稳步增加。2018~2019 年专利数量下降主要与美的集团在专利层面的战略转变有关，促使集团将研发重心从“多量研发”转向“高质量研发”。随着经济增长水平的提高，

为了满足消费群体的多元化需求，美的集团更加注重研发和创新，专利数量出现明显反弹和增加。美的集团拥有的专利数量在家电行业中处于较高的地位，为企业实现产品技术领先的目标提供了强大的后盾。美的集团通过跨国并购，获得了大量的先进技术，成功实现了产品和服务的创新，并帮助美的形成了新的商业模式，商品更加智能化和个性化，有利于推动企业的数字化转型。

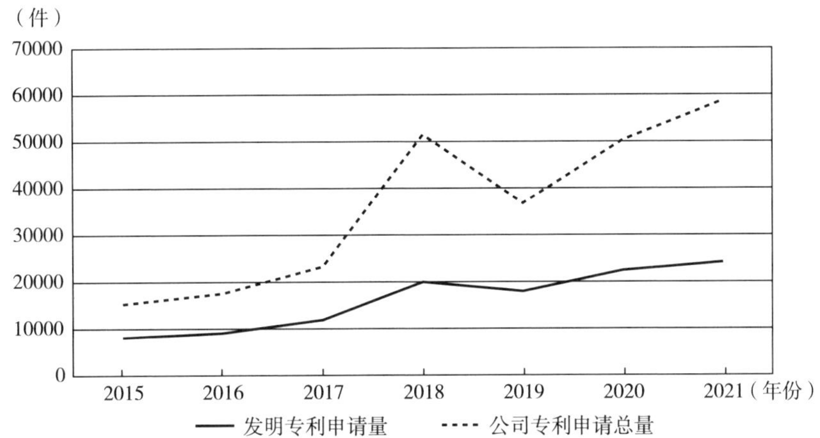

图 4　2015~2021 年美的集团专利申请数量

数据来源：同花顺 IFind。

3. 加速数字化转型战略，战略持续发展

企业的数字化转型衡量通常是用文本分析法，即通过企业报告中出现的和数字化转型相关文本的频次来衡量上市公司数字化转型程度。将美的集团数字化转型相关词频与其主要竞争对手相比，可以发现，美的集团的数字化转型战略在 2017 年开始明显加速（见图 5），逐步拉开了与格力电器、海尔智家的差距，表明美的完成跨国并购后极大地提高了企业数字化转型程度。

此外，美的集团的数字化转型战略也在不断发展，美的并购库卡不仅使数字化转型词频增加，而且使得数字化转型运用的数字技术更加多样化，区块链技术、大数据技术等伴随着并购活动逐渐出现在美的集团的数字化转型中（见图 6）。这表明美的集团数字化转型在持续发展，涉及了更多新技术，数字化转型更加全面。

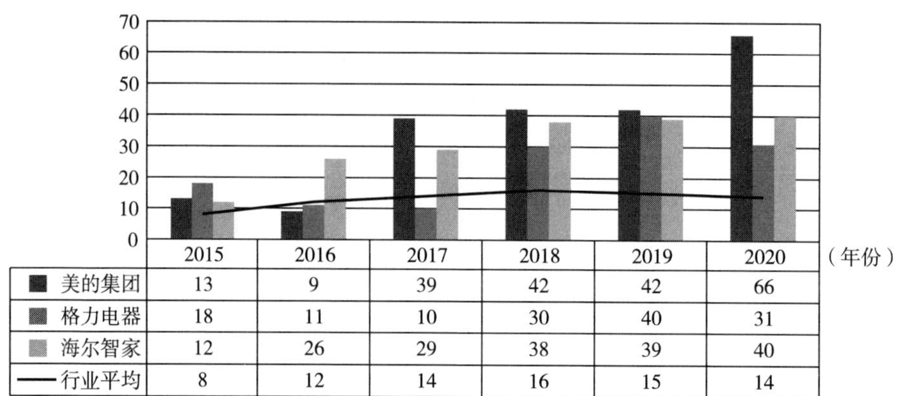

	2015	2016	2017	2018	2019	2020
美的集团	13	9	39	42	42	66
格力电器	18	11	10	30	40	31
海尔智家	12	26	29	38	39	40
行业平均	8	12	14	16	15	14

图 5　美的集团和其主要竞争对手数字化转型词频统计

数据来源：国泰安数据库。

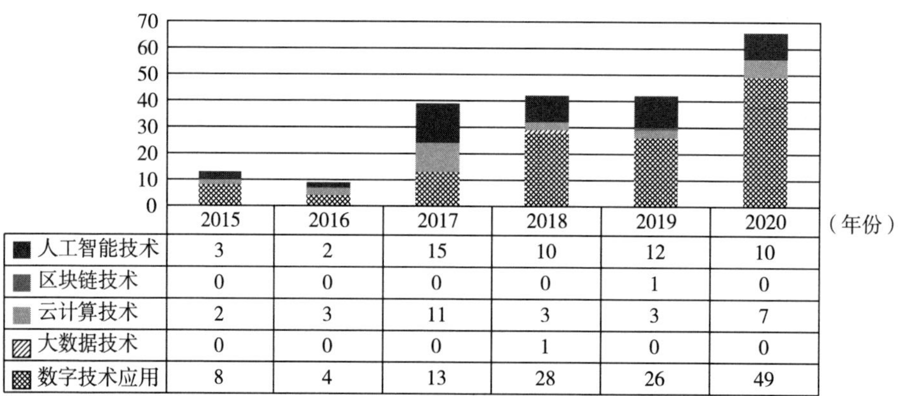

	2015	2016	2017	2018	2019	2020
人工智能技术	3	2	15	10	12	10
区块链技术	0	0	0	0	1	0
云计算技术	2	3	11	3	3	7
大数据技术	0	0	0	1	0	0
数字技术应用	8	4	13	28	26	49

图 6　美的集团数字化转型词频统计

数据来源：国泰安数据库。

三、结论与建议

本文以美的集团并购德国库卡为研究对象，分析此次并购对于美的集团数字化转型的影响，并得出结论：美的集团跨国并购通过拓展企业市场空间、优化企业要素配置以及推动企业价值链跃升共同推动了企业的数字化转型，企业海外市场的扩大、创新能力的增强和数字化转型词频的增加都印证了美的集团跨国并购库卡有利于企业数字化转型。并据此提出以下建议：

（1）合理利用并购手段获取技术资源，如今，企业一般会通过两种方式获得资源，一是自行研发，二是对已经成型的产品进行收购。即使对于体量巨大的公司，全面打造在新领域的技术储备也是不小的压力，并不适用于大部分企业。并购可以使企业在极短的时间获得技术资源，实现技术追赶，在市场竞争中取得先机。美的集团完成并购后，有效利用了库卡公司的技术资源优势，使美的生产制造技术和自动化机器人控制技术得到大幅提升。帮助美的拥有制造业和医用自动化机器人生产、车间自动化解决方案，推动了美的数字化转型，为美的集团带来了持续的发展动力。

（2）加强并购后的资源整合，企业并购的成功与否，后期的整合必不可少。在并购中往往会遇到技术整合、文化整合、人才整合等方面的问题。在本文案例中，美的虽然拥有库卡的大部分股份，但并不参与公司的日常决策，让库卡在决策中保持高度的自主权。这种做法可以最大限度地缓解公司员工的紧张情绪，为公司未来的技术整合打下良好的基础，有效避免高素质人才的流失，从而增强公司内部的精神凝聚力，促进公司长期战略目标的实现。

综上所述，并购完成不是并购成功的标志，并购协同效应的实现是一个长期且持续性的过程，企业在并购完成后必须充分进行吸收整合工作，唯有如此才能充分发挥并购的协同效应，利用双方新技术促进自身的转型升级，帮助企业获得新的发展动能。

参考文献

［1］唐浩丹，方森辉，蒋殿春. 数字化转型的市场绩效：数字并购能提升制造业企业市场势力吗？［J］. 数量经济技术经济研究，2022，39（12）：90-110.

［2］唐浩丹，蒋殿春. 数字并购与企业数字化转型：内涵、事实与经验［J］. 经济学家，2021（4）：22-29.

［3］孟凡臣，谷洲洋. 利用跨国并购推动企业转型升级问题论析［J］. 中州学刊，2021（9）：22-27.

［4］刘九如. 制造业数字化转型的本质、路径、存在误区及政策建议［J］. 产业经济评论，2023，54（1）：5-15.

［5］伍晨，张帆. 数字并购、数字化转型与企业创新［J］. 现代财经（天津财经大学学报），2023（3）：21-38.

连续数字并购对企业创新绩效的影响研究

——以哈工智能为例

高兰兰*

摘　要： 近年来，随着工业制造的飞速发展，国内产业转型速度逐步加快。哈工智能通过连续数字并购迈入智能制造行业，从而不断提升企业创新能力，实现战略转型。本文以哈工智能为研究对象，在系统梳理连续数字并购与创新绩效二者之间关系的基础上，探究连续数字并购对企业创新绩效的影响机理。

关键词： 哈工智能；连续数字并购；创新绩效

一、引言

2016 年以来国内经济增速放缓，制造业大环境整体低迷。尤其是氨纶行业受国内宏观经济环境影响较大，市场出现供过于求、氨纶价格不断下跌等现象。江苏哈工智能机器人股份有限公司（以下简称：哈工智能）为摆脱困境，通过连续数字并购获取数字技术，进入智能制造行业，实现企业战略转型。本文将以哈工智能为例，探究连续数字并购对企业创新绩效的影响机理。

数字经济席卷全球的科技革命，特别是传统制造企业的数字化转型已逐渐升级成未来一段时间内中国经济发展的重要动力。并购重组成为企业实现跨越式发展、行业实现产业竞争格局调整的重要工具和手段（陈江宁等，2020）。数字并购是指企业为建设自身所需数字能力的并购（唐浩丹等，2021）。此外，其作为

* 作者简介：高兰兰（1997—），女，河南省三门峡人，北京联合大学管理学院在读研究生，研究方向：企业投融资与价值评估。

企业重新定位并参与数字时代竞争的重要途径，可以帮助企业更好地实现战略转型（Blackburn，2020）。

大多数学者以并购发生的时间和频率为基础对连续并购进行定义，但也有部分学者认为连续并购还可以在企业的生命周期、战略规划等要素的基础上进行定义。谢洪明（2019）认为连续并购应当考虑多次并购事件彼此之间的相互关系，以实现企业战略目标。哈工智能是典型的通过连续并购获取数字技术，从而进入智能制造行业，实现企业战略转型。因此，本文以哈工智能为例，选取 2017~2021 年为连续数字并购期间，探究连续数字并购活动前后对创新绩效的影响研究。

二、哈工智能连续数字并购案例介绍

（一）并购各方简介

1. 哈工智能简介

江苏哈工智能机器人股份有限公司于 1995 年 11 月挂牌上市，2017 年 8 月公司进行重大资产重组并购，更名为“哈工智能”。哈工智能是一家聚焦于高端智能装备制造和人工智能机器人的高科技上市公司。公司主要经营高端智能装备制造、机器人本体及工业机器人一站式服务平台。

2. 被并购公司简介

（1）天津福臻。

天津福臻工业装备股份有限公司（以下简称：天津福臻）于 1998 年 4 月成立，是我国最早从事自主开发、制作汽车整车自动化焊接生产线的厂家之一。

（2）哈工易科。

苏州哈工易科机器人有限公司（以下简称：哈工易科）于 2015 年 8 月成立，以工业机器人焊接为主要方向，为客户提供机器人本体，焊接技术以及产品研发等。

（3）哈工智新。

江苏哈工智新科技股份有限公司（以下简称：哈工智新）于 2018 年 2 月成立，哈工智新始终坚持以机器人核心作为主业，依托相关产业研究院体系的技术支持以及近年来为客户服务所积累的行业经验，根据客户的不同需求，为客户提供定制化研发产品。

（4）柯灵实业。

上海柯灵实业发展有限公司（以下简称：柯灵实业）于2019年1月成立，柯灵实业专注于为汽车行业及其配套供应商提供定制解决方案和服务，满足客户对于汽车发动机、变速箱、新能源汽车电池等方面的要求。

（二）哈工智能连续数字并购过程

哈工智能主营业务氨纶产品受当时外部环境影响较大，为摆脱困境，企业开启战略转型路程。2017年5月哈工智能收购天津福臻100%股权，获取汽车制造相关技术。2018年5月哈工智能收购哈工易科49%股份，获取工业机器人本体相关技术。2020年12月哈工智能为进一步围绕机器人产品业务多元化发展进行深度布局，收购智新科技13.47%股权。2020年12月，哈工智能为拓宽公司智能制造领域产业布局收购柯灵实业61%股权（见表1）。

表1　哈工智能连续数字并购情况

并购标的	购买日期	收购股权	交易价格（万元）	商誉（万元）	是否为关联交易
天津福臻	2017年5月17日	100%	9000	5555.22	否
哈工易科	2018年1月11日	49%	1470	68.77	是
哈工智新	2020年12月18日	5.66%	3000	—	是
		8.28%	4140	—	是
柯灵实业	2020年12月22日	61%	4870.4	704.51	否

资料来源：国泰安数据库。

三、哈工智能连续数字并购对创新绩效的影响研究

国内外学者对创新绩效的研究大都从创新投入和创新产出两个方面构建评价体系。并且主要围绕四个方面进行展开，分别是：研发资金、研发人员、技术产出及经济产出。在创新绩效投入方面，本文选取研发费用及研发费用占总营业收入比例对研发资金投入进行分析，选取研发人员及研发人员占总人数比例对研发人员投入进行分析。在创新绩效产出方面，本文选取专利数量、核心产品占总营业收入占比对技术产出进行分析，选取净资产收益率、营业收入增长率对经济产

出进行分析。

（一）研发资金投入

（1）研发费用。

哈工智能 2013~2016 年研发费用呈上升趋势，但变化幅度较小。2013 年与 2014 年均未发生研发费用，自 2015 年起才有研发费用投入，2016 年研发费用仅增长 8.61%。2017 年哈工智能为寻求企业多元化发展，通过重大资产重组收购天津福臻迈入智能制造行业大门，逐渐开始对研发高度重视并加大投入，当年研发费用相较 2016 年增幅高达 8396.26%。2018 年哈工智能为拓展工业机器人本体业务，巩固自动化焊装领域业务发展，收购哈工易科并加大对研发的投入，企业的研发费用依然保持高速增长。2020 年哈工智能为拓宽智能制造领域产业布局相继收购哈工智新及柯灵实业，自此研发费用进入平滑状态（见图 1）。

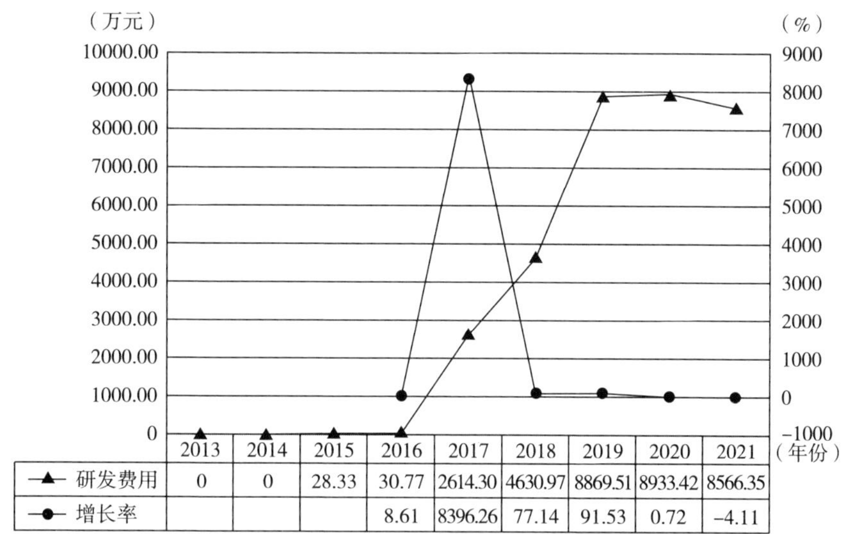

	2013	2014	2015	2016	2017	2018	2019	2020	2021
研发费用	0	0	28.33	30.77	2614.30	4630.97	8869.51	8933.42	8566.35
增长率				8.61	8396.26	77.14	91.53	0.72	-4.11

图 1　哈工智能 2013~2021 年研发费用规模情况

资料来源：哈工智能 2013~2021 年度报告。

（2）研发费用营收占比。

自 2017 年哈工智能重大资产重组完成后，研发费用营收占比趋势持续上升。其中，哈工智能于 2018 年收购哈工易科后，研发费用营收占比大幅增加，最终稳定在 5.2%左右。2021 年末哈工智能已逐步优化产业布局，进一步提升业务盈利能力，保障企业可持续发展（见图 2）。

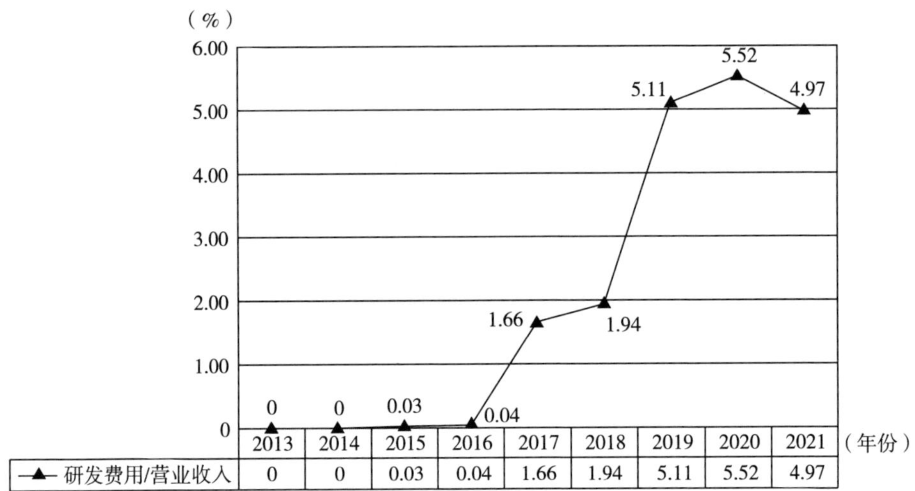

图 2　哈工智能 2013~2021 年研发费用营收占比趋势

资料来源：哈工智能 2013~2021 年度报告。

（二）研发人员投入

（1）研发人员数量。

哈工智能研发人员数量 2013~2015 年波动幅度较小。但 2016 年前后波动幅度较大，2015~2016 年研发人员减少 30 人，2016~2017 年研发人员却增加了 241 人。主要原因在于当时受到国内氨纶产业持续低迷的影响，哈工智能缩减氨纶业务引入智能制造业务。2017~2021 年研发人员大幅增加，主要是由于哈工智能为进一步深化企业在智能制造领域发展，连续进行 3 次数字并购引进数字技术和专业人才（见图 3）。

（2）研发人员占比。

研发人员占比增减趋势与研发人员数量增减趋势几乎同步。自 2017 年哈工智能开始连续数字并购起，研发人员数量在总人数中占有相当庞大的数量。截至目前，哈工智能已经建立多支优秀的研发团队，并不断提升企业的研发能力，为创新发展提供强大保障（见图 4）。

（三）技术产出

（1）专利申请数量。

哈工智能 2013~2016 年几乎没有进行专利申请，主要原因在于当时从事氨纶生产、房地产及场地租赁等，这些业务在我国发展久远、应用广泛且技术成

熟，可发展空间较小。自 2017 年哈工智能开启连续数字并购路程后，研发人员数量增多，知识储备充足，从而使得专利申请数量直线飙升。随着专利数量的增多，哈工智能的技术实力逐步增强，为两大核心产品发展奠定基础（见图 5）。

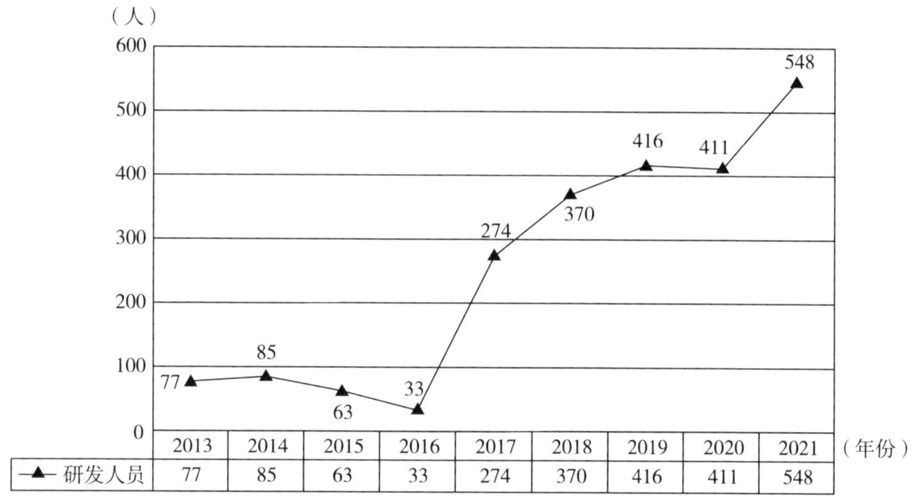

图 3　哈工智能 2013~2021 年人员数量情况

资料来源：哈工智能 2013~2021 年度报告。

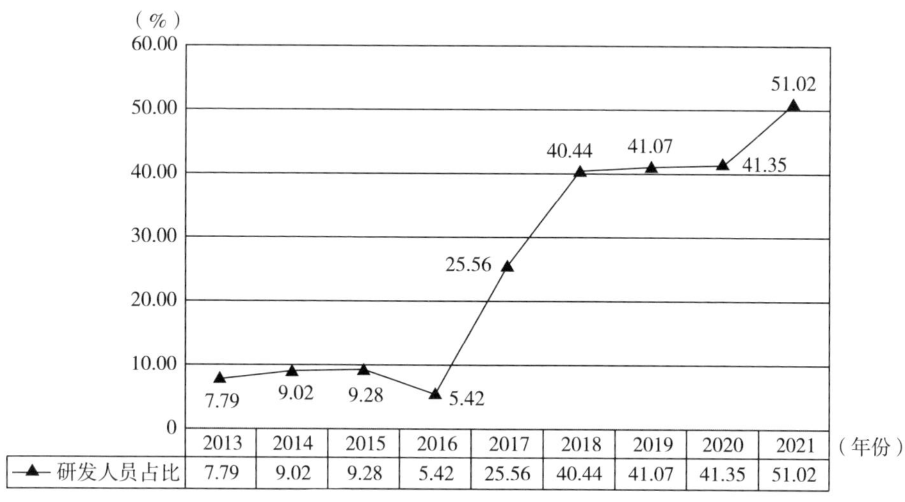

图 4　哈工智能 2013~2021 年人员占比趋势

资料来源：哈工智能 2013~2021 年度报告。

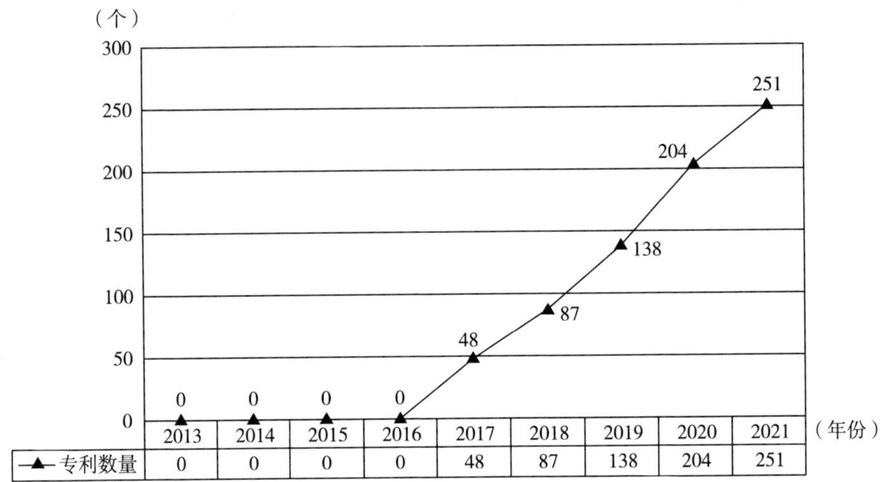

图 5　哈工智能 2013~2021 年专利申请数量情况

资料来源：哈工智能 2013~2021 年度报告。

（2）核心产品营收占比。

自 2017 年重大资产重组之后，哈工智能逐步形成高端装备制造和机器人一站式平台两大核心产品。2018~2019 年高端装备制造营收占比大幅增加，主要原因在于 2018 年收购哈工易科后，哈工智能不断巩固自动化焊装领域的业务并优化高端装备制造产品。2019~2021 年两个核心产品营收占比进入稳定阶段（见图 6）。

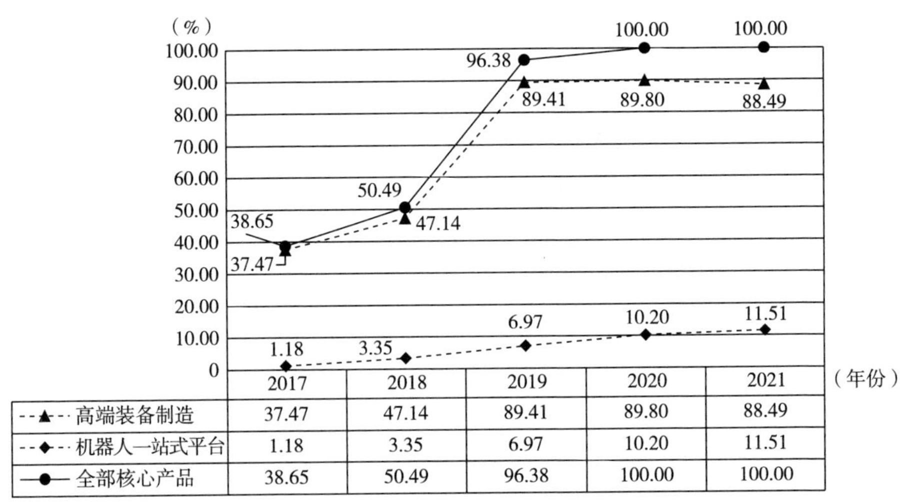

图 6　哈工智能 2013~2021 年核心产品营收占比趋势

资料来源：哈工智能 2013~2021 年度报告。

（四）经济产出

（1）净资产收益率。

受国内氨纶产业持续低迷的影响，2013～2016 年哈工智能净利润大幅下滑，净资产收益率不断降低。2017 年哈工智能收购天津福臻后，加大智能制造的投入和研发，推出三大主营业务两大核心产品，实现扭亏为盈。但 2019 年起净资产收益率开始下滑，主要由于公司业务占比最大的汽车制造业受芯片短缺及原材料价格持续高位等不利因素影响（见图 7）。

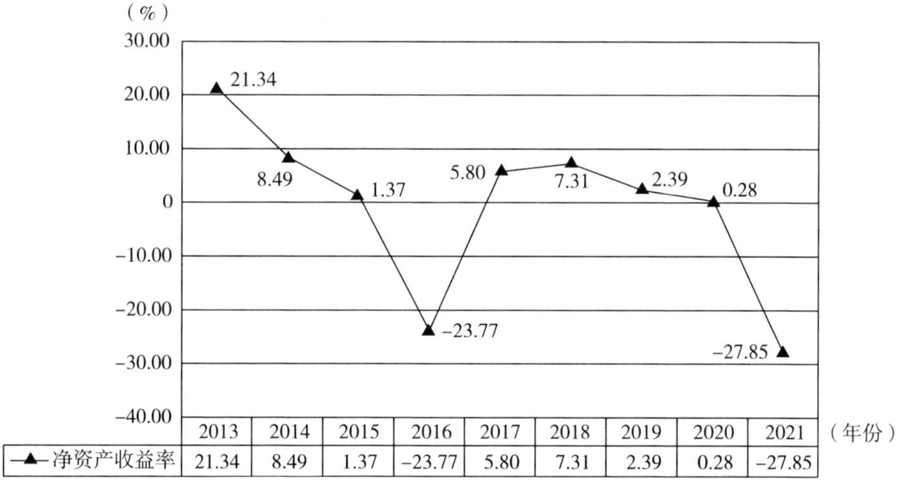

	2013	2014	2015	2016	2017	2018	2019	2020	2021
—▲—净资产收益率	21.34	8.49	1.37	-23.77	5.80	7.31	2.39	0.28	-27.85

图 7　哈工智能 2013～2021 年净资产增长率变化趋势

资料来源：哈工智能 2013～2021 年度报告。

（2）营业收入增长率。

2017 年哈工智能推出高端装备制造及机器人一站式平台后营业收入增长率大幅上升至 114.07%，由此可见市场对该产品的认可度较高。但 2019 年营业收入增长率下降至-27.11%，一方面是受下游汽车行业的影响，部分客户的回款时间拉长，款项不能及时收回；另一方面是受 2018 年中剥离氨纶业务和 2019 年中剥离房地产项目的影响，此外，还受到新冠疫情影响，资产组上下游企业复工延迟，交通不畅影响了原材料以及产品的正常运输等原因，导致 2020 年、2021 年营业收入增长率增速缓慢（见图 8）。

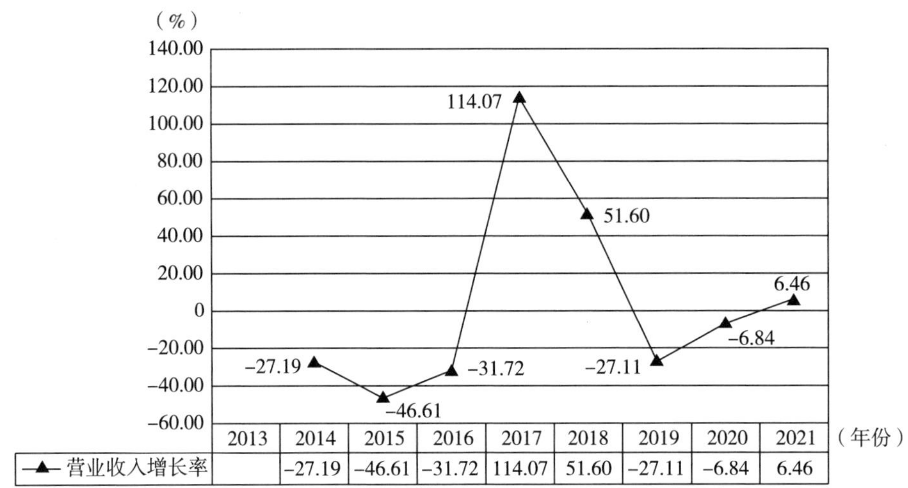

	2013	2014	2015	2016	2017	2018	2019	2020	2021
营业收入增长率		-27.19	-46.61	-31.72	114.07	51.60	-27.11	-6.84	6.46

图 8　哈工智能 2013~2021 年营业收入增长率变化趋势

资料来源：哈工智能 2013~2021 年度报告。

四、结论

在氨纶行业发展低迷不景气的情况下，为了维持企业持续发展并创造新的盈利点，企业战略转型迫在眉睫。哈工智能自 2017 年布局连续数字并购起，就高度重视企业创新，加大创新投入力度，为创新提供源源不断的动力。与此同时，企业创新产出得到提升，专利数量与创新质量总体得到提高。通过研究分析，得出以下结论：

第一，哈工智能通过连续数字并购，实现企业战略转型。哈工智能原有业务发展空间有限，自 2017 年哈工智能开始进行连续数字并购后，企业以最快的速度取得与智能制造相关的产业并迈入智能制造生产领域。

第二，哈工智能连续数字并购后，企业高度重视创新能力，加大创新投入。哈工智能对研发费用的投入从 2013 年的 0 投入持续增加至 2021 年将近 8.57 亿元，对研发人员投入也从原来的 77 人增加至 584 人。集企业绝大部分力量发展智能制造，重视企业对核心产品的研发，形成企业独具优势的核心竞争力。

第三，相较于哈工智能连续数字并购之前，企业的创新绩效产出方面得到一定提升，但企业经济产出受新冠疫情及汽车行业下行等外部环境因素影响，产出

效果不稳定。哈工智能经济产出薄弱，自 2019 年起净资产收益率持续下滑，营业收入增长率在 2017 年达到峰值之后，持续下跌，甚至出现负增长。

综上所述，哈工智能在进行连续数字并购后，积极与被收购公司进行资源整合，吸收被合并企业的相关技术、人才以及产业链等，实现协同效应。哈工智能对研发投入不断加大，研发能力不断增强，创新产出持续增多，企业创新绩效得到一定提升。但企业经营易受外部大环境影响，经济产出不稳定。

参考文献

[1] 陈江宁，周晶．数字经济时代并购重组新模式思考［J］．中国工业和信息化，2020（8）：60-65.

[2] 唐浩丹，蒋殿春．数字并购与企业数字化转型：内涵、事实与经验［J］．经济学家，2021（4）：22-29.

[3] Blackburn，S. Digital Disruption and the Role of M&A［M］//Strategy & Corporate Finance Practice，McKinsey & Company，2020.

[4] 谢洪明，章俨，刘洋．程聪．新兴经济体企业连续跨国并购中的价值创造：均胜集团的案例［J］．管理世界，2019，35（5）：161-178+200.

政府补助对企业财务绩效的影响研究

——以科大讯飞为例

高　彤*

摘　要： 政府补助是国家财政扶持企业快速成长的一种手段。企业在成立初期会遇到资金不足、融资难等问题，财政补助可以缓解这一现象以帮助企业发展。基于此，文章以科大讯飞为例，对取得政府补助进行分析，并得出了政府补助对于企业财务绩效产生的影响，发现政府补助对于企业而言是把“双刃剑”。

关键词： 政府补助；财务绩效；案例分析

科技从来都是促进生产力发展的一个重要途径，人类对科技开发的狂热之情历久弥新。随着科技技术的发展，智能语音和人工智能等科技技术服务产业受到更多人的青睐，相应的科技企业为迎合消费者的需求，不断研发更先进和智能的产品。在科技企业发展的过程中，在前期会面临较多的问题，企业非常看重和珍视自己的技术，所以在企业建立初期就遭遇了研发成本高昂、需要耗费巨大人力物力、研发成果转换周期长等问题。我国政府一直以来对高新技术企业尤为看中，出台一系列补助政策帮助企业减轻研发方面的资金压力。

研究企业的财务绩效能更好地反映企业的经营状况，找到政府补助对于软件开发等高新技术企业的利与弊。基于此，本文通过阅读相关文献选择具有代表性的受政府补助的科大讯飞为研究对象。

---

* 作者简介：高彤（2000—），女，北京市人，北京联合大学管理学院在读研究生，研究方向：专利权质押贷款。

一、文献综述

（一）政府补助

产业政策作为我国经济和社会快速发展的一项重要举措，对市场资源的配置过程具有重要指导作用。财政补助的作用是保证供求平衡、维护经济稳定、促进社会资源的优化配置。政府补助直接决定着企业的资源获取与生存发展，补助会对企业产生“扶持效应”，其次政府可以通过补助的方式，引导企业进行绿色技术创新成为弥补市场机制的关键手段。为此，增加企业绿色技术创新的财政支持和补贴力度可以促进绿色技术创新。

政府补助还能够产生信号传递，产生间接的创新补偿效应，激励企业研发资金投入。技术创新带来的高利润和未来前景可以引导市场资金流入技术创新的企业，为新技术创新及项目落地予以资金支持，刘剑民等研究上市公司数据发现，政府补助对产业技术复杂性之于绿色技术创新有正向调节效应。但是政府补助不是万能的，政府补助本身的局限性会导致企业的创新力、竞争力下降，最终导致企业长期依赖政府补贴而失去活力。

（二）财务绩效

目前对财务绩效的研究是从多方面进行探究的，张弛等在企业战略视角下将如何有效加强承担社会责任方面与财务绩效相联系，使两者之间起到良性互相促进作用。尹建华等从重污染企业上将环境绩效和财务绩效结合进行研究，探索得出污染企业通常会选择以牺牲环境绩效为代价来改善财务绩效。政府补助与财务绩效之间的研究主要是从行业整体上进行探究，范定祥等研究结果发现，在企业总体财务绩效较差的情况下，政府补助对企业研发具有雪中送炭之效，政府补助将推动研发投入增长对企业创新研发提供帮助。鞠晓生等提出国内资本市场不发达、不完善，企业仍倾向用内部累积的资金进行持续性研发创新活动。当企业遇到融资困难等问题，政府补助可以缓解企业内部资金紧张。

综上所述，本文在梳理已有研究的基础上发现目前的政府补助与财务绩效之间关系的案例研究还是比较少的，绝大部分还集中在财务绩效实证研究，具体到以软件科技企业为案例的政府补助对财务绩效影响的研究就更少了。

二、案例分析

（一）案例背景

科大讯飞成立于 1999 年，作为中国最大的智能语音技术提供商，在智能语音技术领域有着长期的研究积累，多项技术上拥有国际领先的成果，也是我国唯一以语音技术为产业化方向的“国家 863 计划成果产业化基地”。

（二）讯飞获得政府补助情况

1. 获得补助的规模

软件科技行业一直是政府补助金额较大的行业，补助过亿元的公司有深天马、比亚迪、工业富联、顺丰控股、华侨城、深康佳、立讯精密等，其中科大讯飞公司历次发年报、政府补助都是外界关注的焦点，2010~2016 年政府补助金额一直不断上涨，2017~2019 年有所下降。从整体上看，案例企业科大讯飞公司 2010~2020 年十年间获取了巨额政府补助，且获取政府补助具有持续性。

2010~2016 年科大讯飞公司取得政府补助总体稳步增长，并在 2016 年达到短暂高峰。而 2017~2020 年政府给予科大讯飞公司的补助规模呈退坡趋势，但是在 2017 年达到谷底后 2020 年又有所回升。特别是 2016 年浪潮软件获取了十年内最多的财政补助，获得政府补助 18025 万元，规模达到顶峰（见图 1、表 1）。

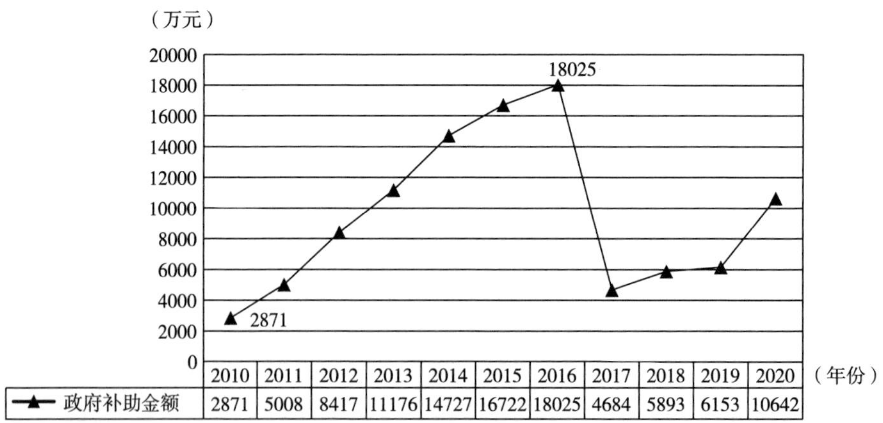

	2010	2011	2012	2013	2014	2015	2016	2017	2018	2019	2020
政府补助金额	2871	5008	8417	11176	14727	16722	18025	4684	5893	6153	10642

图 1　政府补助金额

数据来源：同花顺年报。

表 1　政府补助与净利润

年份	政府补助金额（万元）	净利润（万元）	政府补助/净利润（%）
2010	2871	10111	28. 39
2011	5008	13259	37. 77
2012	8417	18174	46. 31
2013	11176	27844	40. 14
2014	14727	38849	37. 91
2015	16722	43658	38. 30
2016	18025	49678	36. 28
2017	4684	47918	9. 77
2018	5893	61797	9. 54
2019	6153	94307	6. 52
2020	10642	68171	15. 61

数据来源：同花顺年报。

如图 1 和表 1 所示，科大讯飞 2011～2016 年获得的政府补助较多，尤其在 2012 年和 2013 年，企业的补助金额占净利润的比例达到了 46. 31%和 40. 14%，可见政府补助对科大讯飞企业业绩有着重大影响。

2. 获得补助的方式

科大讯飞获得政府补助的形式主要有三种：办公补助、软件退税和项目补助。政府补助是基于科大讯飞大量的研发投入而划拨的。根据《企业会计准则第 16 号——政府补助》规定，政府补助计入非经营性损益。

（1）软件退税。

软件退税占软件公司政府补助中较大的一部分。根据《财政部　国家税务总局关于软件产品增值税政策的通知》财税〔2011〕100 号文件，增值税一般纳税人销售其自行开发生产的软件产品，按 17%税率征收增值税后，对其增值税实际税负超过 3%的部分实行即征即退政策。因此，科大讯飞股份有限公司可享受大额的税收优惠。2015 年退税收入 5696 万元，2016 年曾有 5228 万元退税收入占当年补助的 1/3。

（2）项目补助。

相比于其他软件企业科大讯飞在项目上的补助是显著的，但是这些补助并不是白给企业的，企业进行实际投资，会有成本的发生，项目的相关生产成本计入当期利润或损失。此外与项目有关的补助金有非常明确的项目指标采用标准，并且要经过后续的会计审查和采用，所以科大讯飞的生产力增长并不会依赖于政府补助。

2016 年是近 10 年政府补助金额最高的一年，项目经费补助 3793 万元。随着政策的不断完善关于政府补助所用项目的披露越来越细致。2020 年在项目补助上，主要项目补助有：智能制造专项资金项目政府补助 400 万元，南沙区人工智能创新应用示范项目 177 万元，信息化产业发展基金扶持项目 170 万元。

（3）获得政府补助的原因。

我国《企业会计准则第 16 号——政府补助》中上市公司披露财政补贴金额的标准很明确：如果与政府收入相关的补贴达到公司上一财务年度经审计净利润的 10%，且金额超过 100 万元，应当披露。科大讯飞 2020 年政府补助 10642 万元，占净利润的 15.61%。其中包含中建设专项资金，双创基地补助，“三重一创”建设专项引导资金，重大招商项目扶持资金等，由此可见，政府补助主要是用于科技创新项目资金。

三、政府补助对浪潮软件财务绩效的影响

（一）对盈利能力的影响

盈利能力是指企业获取利润的能力，一般体现在企业在一定时期收益数额及其水平上。盈利能力越强，通常营业利润率就越高（见图 2、图 3）。

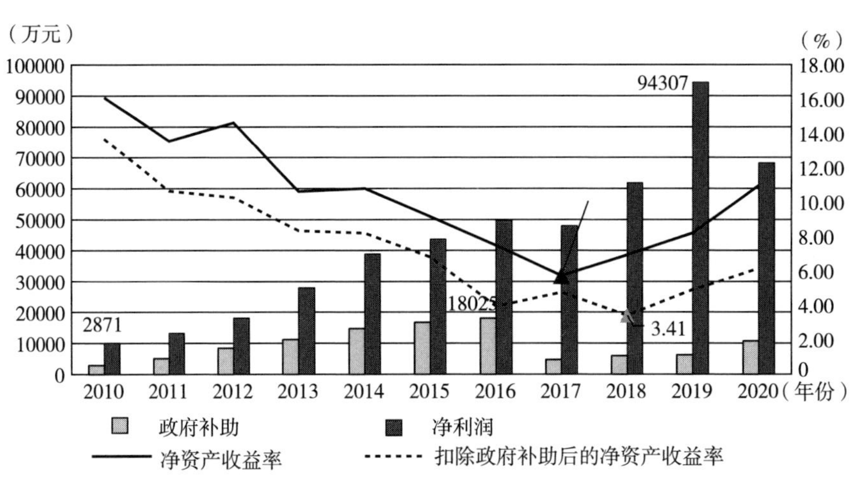

图 2　盈利能力指标

数据来源：锐思数据库、科大讯飞年报。

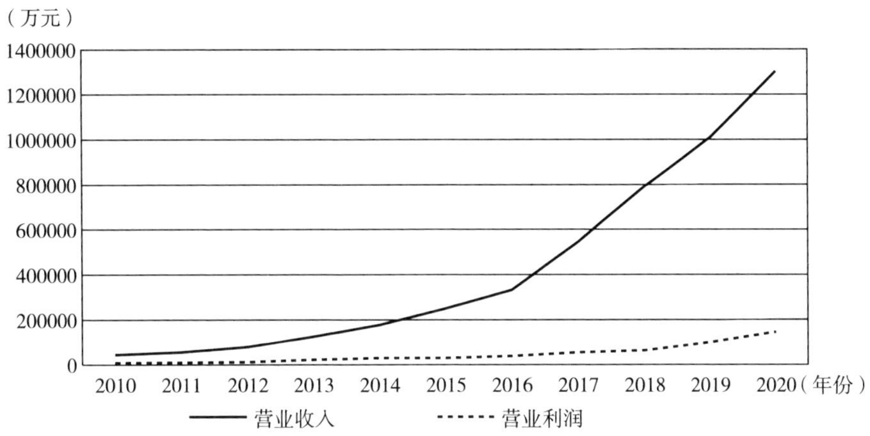

图3　营业收入与营业利润

数据来源：锐思数据库、科大讯飞年报。

科大讯飞作为软件研发企业，存在研发周期长、投资量大、风险大、回报周期长等不利于企业发展的因素。

2010~2020年，净资产收益率随着扣除政府补助后企业净资产收益率都呈现先下降后上升的趋势，而公司净资产收益率的下降往往预示着企业盈利能力的下降，同时实际的获利能力下降。2010~2015年是科大讯飞公司的转型期，也是国内人工智能大幕开启的时候。从财务数据显示看，政府补助能提高企业的净利润，减少亏损。2013~2016年浪潮软件获得较高补助水平，都达到了10000万元以上，对应的净利润表现较好，但净资产收益率表现较差，此时公司处于转型期，也是国内人工智能大幕开启的时候，所以存在过度依赖政府补贴提高净利润的现象。

2017年净资产收益率是十年来最低，但在这一年没有过度依赖政府补助依然保持了与2016年持平的净利润。2018~2020年净资产收益率持续上升，由此可以得出政府补助能够帮助企业展现出更优的财务表现，而且对企业盈利能力的影响具有一定的滞后性。

（二）对偿债能力的影响

1. 短期偿债能力

总体来看，2010~2020年速动比率呈波动下降趋势。政府补助计入流动资产，作为企业经营运作资金的一部分，扣除政府补助后速动比率下降偿债能力减弱，说明政府补贴增加了短期偿债能力，影响了流动资产的规模。2010~2015年速动比率大于2，有较强的短期偿债能力，但速动比率过高，会使企业持有过多货币性资产，从而导致企业资金使用效率低下。同时，在此期间政府补助一直呈上升趋势，政府补助促进科大讯飞投入更多的资金到研发中从而带动资金流动。2017~2020年虽然偿债能力下降，但是速动比率保持在较为合适的1左右（见图4），且政府补助的减少已经不会对企业短期偿债能力产生明显影响。

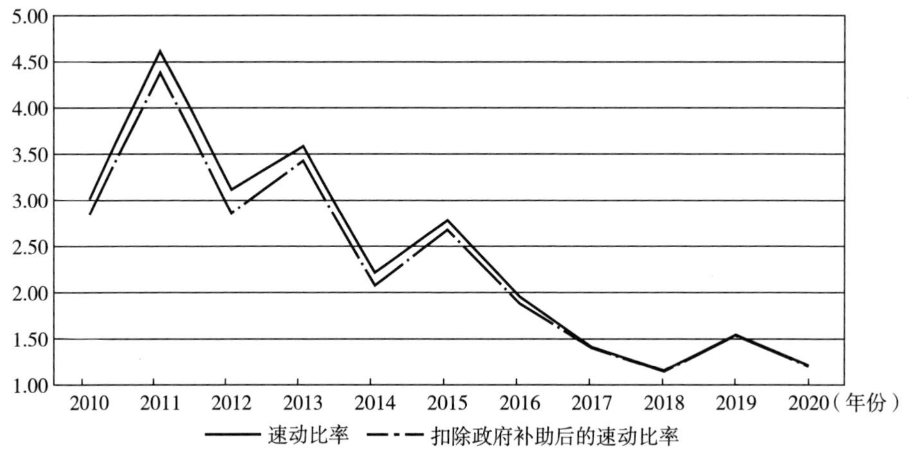

图4　速动比率变化

数据来源：锐思数据库。

2. 长期偿债能力

资产负债率越高，财务风险也就越大，可能造成现金流不畅、资金链断裂等问题，如果不能及时偿还债务，可能引发企业破产。相对而言，资产负债率合适比率一般为40%~50%。

2010~2016年资产负债率低，表明企业资金雄厚，无须借债经营，体现出企业相对较强的经营能力，能够确保债权人贷款安全；也表明了企业举债经营能力的欠缺。扣除政府补助后资产负债率提高，说明政府补助可以提高科大讯飞的长期偿债能力，对企业而言可以掩盖存在的风险。表2显示，数据的影响逐年变化，最大的只有0.95%。总体来看，政府补贴规模的变化对企业债务规模增长的抵消作用不大，2017~2020年，资产负债率持续上升。这表明企业的债务负担逐年增加，长期债务得到巨额资金支持。扣除政府补助后，企业的实际资产负债率没有明显变化，说明政府补贴对长期偿债能力影响不大。

表 2 长期偿债能力指标

年份	资产负债率（%）	扣除政府补助后的资产负债率（%）	扣除前后变动（%）
2010	23.54	24.34	0.81
2011	17.15	17.77	0.62
2012	20.00	20.95	0.95
2013	20.02	20.55	0.53
2014	24.54	25.26	0.72
2015	22.25	22.71	0.45
2016	30.68	31.22	0.54
2017	40.39	40.53	0.14
2018	46.34	46.52	0.18
2019	41.62	41.75	0.13
2020	47.77	47.98	0.21

（三）对营运能力的影响

政府补助可以缓解企业现金流入的不足。在分析政府补贴对经营能力的影响时，本文假设所有收到的政府补助都作为现金在当期收到，并计入企业的流动资产。从表 3 中可以看出，排除政府补助的影响后，总资产周转率变化幅度很小，政府补助有利于提高总资产周转率，但效果不明显。整体来看，2010~2020 年科大讯飞在营运能力上对政府补助的依靠较弱，尤其是在成功转型后进入战略发展的 2017~2020 年，政府补助的减少对总资产周转率的影响并不明显。

表 3 营运能力指标

年份	政府补助（万元）	营业收入（万元）	资产总额（万元）	总资产周转率	扣除政府补助后的资产总额（万元）	扣除政府补助后的总资产周转率
2010	2871	43606	83637	0.52	86507	0.50
2011	5008	55701	138112	0.40	143120	0.39
2012	8417	78394	176921	0.44	185338	0.42
2013	11176	125371	421577	0.30	432753	0.29
2014	14727	177521	502262	0.35	516990	0.34
2015	16722	250080	822312	0.30	839034	0.30
2016	18025	332048	1023369	0.32	1041394	0.32

续表

年份	政府补助（万元）	营业收入（万元）	资产总额（万元）	总资产周转率	扣除政府补助后的资产总额（万元）	扣除政府补助后的总资产周转率
2017	4684	544469	1329350	0.41	1334034	0.41
2018	5893	791722	1524366	0.52	1530258	0.52
2019	6153	1007869	2003931	0.50	2010084	0.50
2020	10642	1302466	2472967	0.53	2483609	0.52

数据来源：科大讯飞年报。

（四）对发展能力的影响

文章选取净资产增长率作为科大讯飞发展能力的度量指标，这一指标体现了公司资本规模扩张的速度，也是公司总体规模变化发展情况的一个重要标志，同时还考虑到政府补助对营业收入增长率、营业利润增长率影响不大的因素。净资产增长率的变化如图 5 所示。

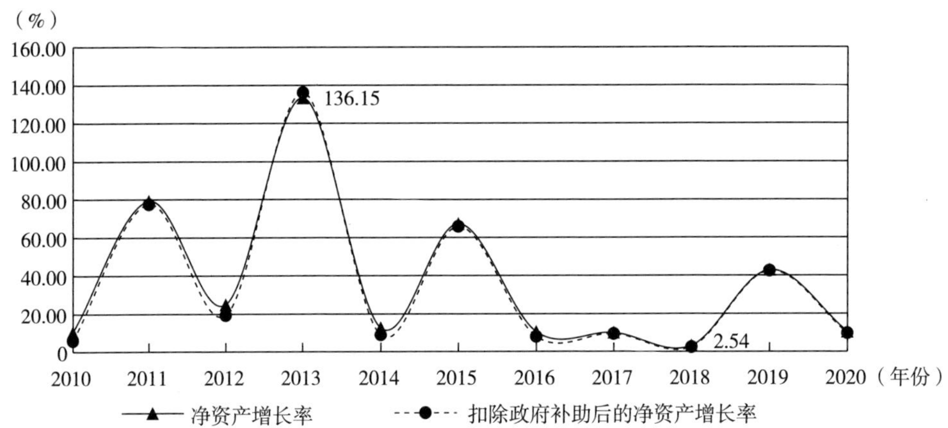

图 5 发展能力指标变化

数据来源：科大讯飞年报。

由表 4、图 5 可以看出，政府补助对净资产增长率会有影响，2010~2020 年，浪潮软件的净资产增长在扣除政府拨款后，有降低的趋势，但受影响不大。科大讯飞连续多年获得的政府补助使企业稳步发展，渡过了新冠疫情难关，扩大了企业的净资产规模，根据净资产增长率的变化趋势，发现增长速度呈波动式降低，在新冠疫情这种突发状况的影响下，政府补助难以发挥对财务绩效的促进作用，但是在没有突发状况的影响下政府补助可以帮助企业长远发展。再考虑到研发投入的作用，政府补助对于企业研发而言会有滞后性，在 2016 年政府补助达到最高，但随后的两年里盈利能力并没有显著提升，2019 年才有上升趋势。政府补助和研发投入金额在 2020 年保持着较高水平，但是净资产增长率却是 20%以下的增速，因此政府补助虽然在一定程度上可以增强软件企业的发展能力，但是这种影响不能从根本上解决企业受到疫情影响带来的冲击。

表 4　政府补助与发展能力指标

年份	政府补助（万元）	研发费用（万元）	净资产增长率（%）	扣除政府补助后的净资产增长率（%）
2010	2871	9146	10.42	5.91
2011	5008	14834	79.27	77.57
2012	8417	22632	25.04	19.32
2013	11176	36659	133.42	136.15
2014	14727	51806	12.72	8.84
2015	16722	57730	67.20	65.73
2016	18025	70913	10.66	8.12
2017	4684	114533	10.16	9.58
2018	5893	177274	3.26	2.54
2019	6153	214346	42.90	42.47
2020	10642	241624	10.54	9.72

数据来源：科大讯飞年报。

四、结论与建议

本文选择案例公司探究政府补助对财务绩效的影响，得到结果：政府补助会增加业绩，有利于企业持续发展。政府补助能够美化利润表的净利润成绩，还能够帮助企业获得更加灵活的现金流。此外，政府补助加大了科大讯飞的研发投入，从而更好地激发了企业的创新积极性，帮助其形成核心竞争力的同时，改善了企业的财务绩效。政府在科大讯飞转型的五年里获得的补助金额不断提升，这也确保了科大讯飞各项财务指标表现良好。放眼短期偿债能力和现金流，可以看出政府补助在这五年里的拉动作用。从整体上看，政府补助在科大讯飞完成转型后有所下降，对财务绩效的影响也不再显著。本文提出以下建议：

（一）合理利用补助，加强企业发展能力

政府补助可以帮助企业弥补资金的不足，在财务绩效上展现出较好的经营状态。但是企业不能长期依赖政府补助，科技企业如果不能成功转型升级，在以后的几年里财务绩效会出现问题。像科大讯飞这样的软件科技公司，在完成转型后提高自身技术水平的同时，提高创新产出效率，以提高公司可持续发展能力。

（二）拓宽融资渠道，降低对政府补助的依赖性

对于软件企业而言，一味地依赖政府补助优化财务指标是不可取的，企业也需要其他融资方式以拓宽视野。一是增强内源融资能力，通过提升企业信誉，获得其他企业信任获得资金，带动盈利能力的提升。二是提高经营管理水平，积极建立和动态调整企业管理制度，使企业规划化管理。

参考文献

［1］李明，尹江熙．政府补助、信息透明度与市场资源配置效率［J］．求索，2021（6）：121-128.

［2］杨兴全，尹兴强．国企混改如何影响公司现金持有？［J］．管理世界，2018，34（11）：93-107.

［3］Manello，Alessandro. Productivity Growth，Environmental Regulation And Win-Win Opportunities：The Case of Chemical Industry In Italy And Germany［J］. European Journal of Operational Research，2017，262（2）：733-743.

［4］Dries Faems et al. Technology Alliance Portfolios and Financial Performance：Value-Enhancing And Cost-Increasing Effects of Open Innovation［J］. Journal of Product Innovation Management，2010，27（6）：785-796.

［5］刘剑民，夏琴，徐玉德，侯晓晨．产业技术复杂性、政府补助与企业绿色技术创新激励［J］．南开管理评论，2022（10）：1-21.

［6］张弛，张兆国，包莉丽．企业环境责任与财务绩效的交互跨期影响及其作用机理研究［J］．管理评论，2020，32（2）：76-89.

［7］尹建华，王森，弓丽栋．重污染企业环境绩效与财务绩效关系研究：企业特征与环境信息披露的联合调节效应［J］．科研管理，2020，41（5）：

202-212.

［8］范定祥，来中山．企业财务绩效对政府补助与研发投资关系的调节效应——基于华东地区高新技术企业的实证分析［J］．华东经济管理，2019，33（11）：39-46.

［9］鞠晓生，卢荻，虞义华．融资约束、营运资本管理与企业创新可持续性［J］．经济研究，2013，48（1）：4-16.

基于杜邦分析的燕京啤酒盈利能力问题研究

高文婕*

摘　要：啤酒行业面临日趋饱和，曾经国产啤酒行业的领头羊——燕京啤酒近几年风光不再。2014~2017年燕京啤酒的净利润从7.26亿元极速下降至1.61亿元，2018~2021年仍无起色，逐渐被华润啤酒和青岛啤酒甩开，并在2020年被重庆啤酒反超，跌出三强阵营。基于此，对于燕京啤酒公司开展盈利能力研究具有重要的现实意义。本文以燕京啤酒公司为研究对象，通过综合的杜邦分析，分别从销售净利率、总资产周转率、权益乘数三个方面将燕京与行业龙头青岛啤酒进行对比分析，根据分析结果找到燕京啤酒公司盈利能力问题的根源，对导致问题产生的原因做出分析并据此提出相应的提升策略。

关键词：盈利能力；净利润；杜邦分析

一、引言

燕京啤酒作为啤酒行业曾经的头部企业，自1980年成立以来，经过30余年的发展，成为中国最大的啤酒集团企业之一。2013年啤酒产销量571万千升、销售收入188.07亿元、实现利税39.52亿元、利润9.71亿元，在整个啤酒行业中位居第二。然而，作为国内老牌啤酒生产企业，在2013年的巅峰之后，燕京啤酒盈利难问题日渐突出。2018~2021年，在消费升级的大背景下，青岛啤酒的净资产收益率从9.18%一路攀升至13.74%，而燕京啤酒的净资产收益率仅仅维持

---

* 作者简介：高文婕（1998—），女，山西省太原人，北京联合大学管理学院在读研究生，研究方向：企业并购。

在2%左右。2020年，青岛啤酒实现净利润23亿元，同比增长18.86%；而同为啤酒五巨头的燕京啤酒，却逐渐掉队，净利润连续第7年下滑，仅为3.03亿元，是青岛啤酒的零头。

二、文献综述

我国学者对企业盈利能力从不同角度进行分析。唐寻（2023）从企业财务价值与网络盈利模式两个角度出发，通过对哔哩哔哩总体盈利能力、盈利的稳定性、盈利的成长性进行分析，探究其在发展过程中表现出的盈利形态和缺陷。卫源等（2022）以改进的杜邦分析法为基础，对人人乐企业的盈利能力进行分析，以期为国内商超业对改进型杜邦分析法的应用提供借鉴。胡亚敏（2022）选取了毛利率、净利率、总资产报酬率等指标，对比各项因素对恰恰食品和三只松鼠盈利能力的影响程度，通过综合的杜邦分析，得出营业成本收入比率的差异是造成两者盈利能力差异的主要原因。

三、企业概述

1980年，燕京啤酒有限股份公司在北京成立，其经营范围包括：制造和销售啤酒、纯净水、啤酒原料、酵母等。1997年，燕京啤酒登陆深交所，是我国最早进入资本市场的酒企业。2009年燕京啤酒产销量达到467万千升，进入世界啤酒产销量前八名。此后，燕京啤酒在营收上一度超越青岛啤酒，成为真正的“中国啤酒之王”。

2013~2016年，面对行业竞争加剧、消费动力不足、市场营销成本和劳动力成本上升等多种不利因素影响，我国啤酒行业整体下行，包括燕京啤酒、青岛啤酒等多家啤酒企业在内，净利润均出现不同程度负增长。但在此后，青岛啤酒成功转型，实现了逆袭，而燕京啤酒却是一蹶不振，盈利难的问题日益突出。2021年，相较于青岛啤酒326493万元的净利润，燕京啤酒的净利润仅为30294万元，仅仅是青岛啤酒的9.3%，净资产收益率也持续低迷，仅为青岛啤酒的 1/5 左右①。

四、基于杜邦分析的燕京啤酒盈利能力分析

使用杜邦分析法将净资产收益率分解成权益乘数、总资产周转率和销售净利率的乘积，可以得到各指标因素变动对净资产收益率变动的影响幅度。通过对二者杜邦体系指标数据的比较，发现燕京啤酒在盈利能力方面的问题，从而对症下药。燕京、青岛啤酒公司各项财务指标对比见表 1。

表 1　燕京、青岛啤酒公司各项财务指标对比

年份	公司	净资产收益率（%）	销售净利率（%）	总资产周转率	权益乘数
2018	燕京	1. 63	2. 68	0. 641	1. 29
	青岛	9. 18	6. 47	0. 780	1. 82
2019	燕京	1. 91	3. 01	0. 631	1. 31
	青岛	10. 27	7. 32	0. 750	1. 87
2020	燕京	2. 05	2. 79	0. 591	1. 33
	青岛	10. 99	8. 47	0. 669	1. 94
2021	燕京	2. 10	2. 53	0. 616	1. 39
	青岛	13. 74	10. 82	0. 648	1. 96

资料来源：国泰安数据库。

以 2021 年为例，将杜邦分析列示如图 1，其中括号外是燕京啤酒的数据，括号内是青岛啤酒的同期数据。

从图 1 可以发现，2021 年燕京啤酒在净资产收益率这项核心指标上显著落后于青岛啤酒，主要是由总资产净利率和权益乘数低引起的。将总资产净利率进一步分解，可以发现燕京和青岛在销售净利率方面存在巨大差异。下面利用杜邦分析法对各项指标进行分解，分析各项指标对盈利能力的影响程度。

① 资料来源：2021 年青岛、燕京企业年报。

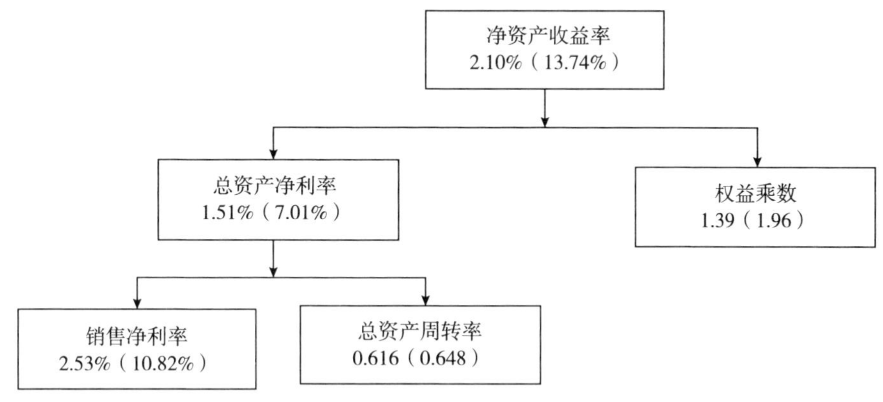

图1　2021年燕京啤酒、青岛啤酒杜邦分解

资料来源：国泰安数据库。

（一）销售净利率对盈利能力的影响

燕京啤酒与青岛啤酒销售净利率见表2。

表2　燕京啤酒、青岛啤酒销售净利率对比

年份	净利润（万元）		营业收入（万元）		销售净利率（%）	
	燕京	青岛	燕京	青岛	燕京	青岛
2018	30413	172045	1134378	2657526	2. 68	6. 47
2019	34516	204872	1146848	2798376	3. 01	7. 32
2020	30494	235209	1092838	2775971	2. 79	8. 47
2021	30294	326493	1196099	3016681	2. 53	10. 82

资料来源：燕京啤酒、青岛啤酒2018~2021年企业年报。

通过计算两家公司销售净利率发现，虽然燕京啤酒2021年营业收入为1196099万元，是青岛啤酒营业收入（3016681万元）的39. 65%，但其2021年的净利润却只有30294万元，是青岛啤酒净利润的9. 28%，也就是说，燕京啤酒2021年每元销售收入带来的净利润很少。为进一步细化研究，下面将销售净利率拆分成营业收入、营业成本、管理费用、销售费用、财务费用等指标，如表3、表4所示。

表 3　燕京啤酒、青岛啤酒销售成本费用对比

年份	公司	营业收入（万元）	营业成本（万元）	管理费用（万元）	销售费用（万元）	财务费用（万元）
2018	燕京	1134378	697302	128289	144646	-1107
	青岛	2657526	1655578	138638	486883	-49712
2019	燕京	1146848	698860	129511	147504	-2665
	青岛	2798376	1708044	188105	510351	-48417
2020	燕京	1092838	664568	127541	138287	-8114
	青岛	2775971	1654061	167805	498455	-47092
2021	燕京	1196099	736292	143802	155901	-11896
	青岛	3016681	1909113	169255	409687	-24319

资料来源：燕京啤酒、青岛啤酒 2018~2021 年企业年报。

表 4　燕京啤酒、青岛啤酒成本费用占营业收入百分比

年份	公司	营业收入（%）	营业成本（%）	管理费用（%）	销售费用（%）	财务费用（%）
2018	燕京	100	61. 47	11. 31	12. 75	-0. 10
	青岛	100	62. 30	5. 22	18. 32	-1. 87
2019	燕京	100	60. 94	11. 29	12. 86	-0. 23
	青岛	100	61. 04	6. 72	18. 24	-1. 73
2020	燕京	100	60. 81	11. 67	12. 65	-0. 74
	青岛	100	59. 58	6. 04	17. 96	-1. 70
2021	燕京	100	61. 56	12. 02	13. 03	-0. 99
	青岛	100	63. 29	5. 61	13. 58	-0. 81

资料来源：根据前文数据计算。

通过分析表 4 可以看出，燕京啤酒 2021 年的营业成本占营业收入的比重为 61. 56%，管理费用占营业收入的比重为 12. 02%，而青岛啤酒 2021 年的营业成本占营业收入的比重为 63. 29%，管理费用占营业收入的比重为 5. 61%。燕京啤酒和青岛啤酒在营业成本占营业收入比重方面差别不大，均在 60%左右。造成销售成本差异的主要原因在于管理费用的差异，这说明燕京啤酒在管理费用控制方面存在问题。财务费用虽然起伏波动相对较小，但燕京啤酒的财务费用始终呈上升趋势，而青岛啤酒在不断下降。2021 年燕京啤酒财务费用相比上年同比下降 46.62%，主要是利息收入增加所致。

(二) 总资产周转率对盈利能力的影响

总资产周转率可以反映企业资产实现销售收入的综合能力。根据表 1 可以发现，2018~2021 年，燕京啤酒的总资产周转率每年均低于青岛啤酒。对此，需要将总资产周转率再分解为存货周转率、应收账款周转率，找出燕京啤酒公司总资产周转率较低的确切原因。

1. 存货周转率的分析

图 2 展示了 2019~2021 年燕京、青岛公司存货周转率变化情况。

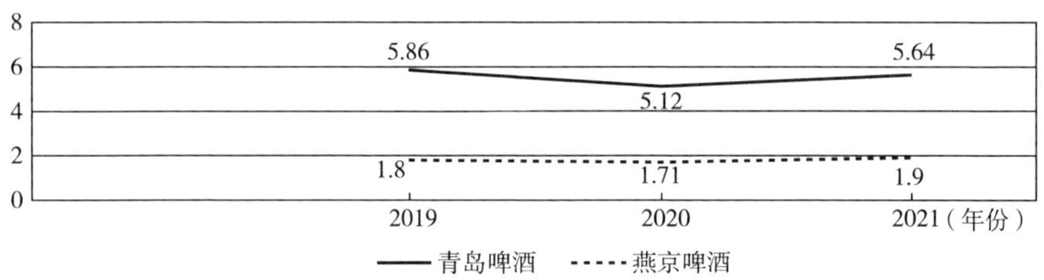

图 2　2019~2021 年燕京、青岛公司存货周转率变化情况

资料来源：国泰安数据库。

图 2 反映出，2019~2021 年近三年燕京啤酒的存货周转率在 1.8 左右波动，而青岛啤酒的存货周转率三年均达到 5 以上，说明燕京啤酒产品销售不畅，存货变现困难的问题日益严重，导致该公司的存货周转率一直维持在较低水平。除此之外，也说明存货周转率低是造成燕京啤酒总资产周转率低的原因之一。燕京啤酒要想长远发展，需要解决存货积压问题，从而提高存货周转率。

2. 应收账款周转率的分析

图 3 反映出，2019~2021 年近三年燕京啤酒的应收账款周转率虽然呈现小幅增长的良好趋势，但与行业龙头青岛啤酒相比差距还是非常悬殊，青岛啤酒的应收账款周转率是燕京的 4 倍左右。一方面，说明燕京啤酒的应收账款存在坏账风险、公司催收账款不力，造成流动资产不流动，影响了企业的盈利能力；另一方面，说明应收账款周转率低也是导致燕京啤酒总资产周转率低的重要原因。

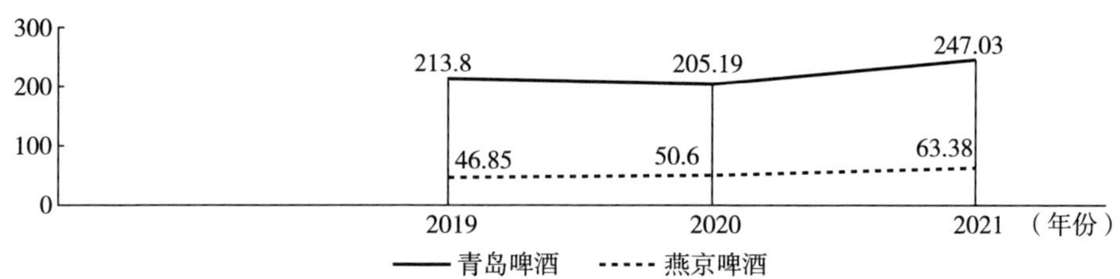

图 3　2019~2021 年燕京、青岛应收账款周转率变化情况

资料来源：国泰安数据库。

（三）权益乘数对公司盈利能力的影响

图 4 展示了 2018~2021 年青岛、燕京的权益乘数趋势。

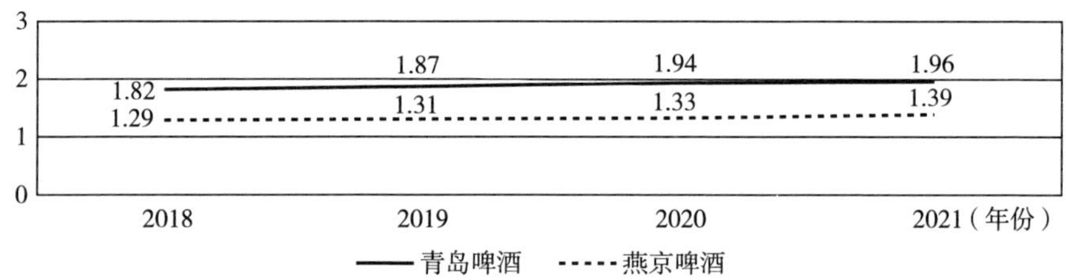

图 4　2018~2021 年燕京、青岛权益乘数趋势

资料来源：国泰安数据库。

由图 4 可见，2018~2021 年，燕京、青岛啤酒的权益乘数均呈上升趋势，但青岛啤酒的权益乘数始终高于燕京啤酒，说明燕京啤酒中所有者投入企业的资本占全部资本的比重更大，企业的负债程度低于青岛啤酒。

表 5 通过对比资产负债率指标，可以得出 2018~2021 年燕京啤酒的资产负债率很低，四年间最高比率仅为 28. 05%。燕京啤酒应适度扩大举债，利用好财务杠杆，提高本企业的资产运行效率。

表 5　2018~2021 年燕京、青岛资产负债率对比

项目	公司	2018	2019	2020	2021
负债总额	燕京	393455	434643	461155	544754
	青岛	1538531	1739901	2014613	2276931

续表

项目	公司	2018	2019	2020	2021
资产总额	燕京	1768875	1816151	1849186	1941992
	青岛	3407527	3731238	4151419	4656300
资产负债率	燕京	22.24%	23.93%	24.94%	28.05%
	青岛	45.15%	46.63%	48.53%	48.90%

资料来源：燕京啤酒、青岛啤酒 2018~2021 年企业年报。

五、燕京啤酒存在的问题及对策建议

（一）存在的问题

1. 净资产收益率低

净资产收益率是衡量企业盈利能力的核心指标。通过对比 2018~2021 年燕京和青岛的净资产收益率，发现燕京啤酒的 ROE 仅为青岛啤酒的 1/5 左右。燕京啤酒的净利润虽小幅上升但一直处于较低水平，仅为 3 亿元左右①。ROE 的表现说明燕京啤酒难以连续保持较高水平的盈利。

2. 管理费用控制不当

通过杜邦分析可以发现，燕京啤酒的销售净利率远低于青岛啤酒。对销售净利率进行进一步分析显示，燕京啤酒较高的管理费用收入比是导致其净利润大幅度下降的原因，说明燕京啤酒在管理费用控制方面存在问题。

3. 资产运营效率低

2018~2021 年燕京啤酒总资产周转率显著低于青岛啤酒。一方面，燕京啤酒的存货周转率极低，存货变现周期长，库存积压严重；另一方面，应收账款收回速度慢，增加了坏账风险，对公司盈利能力产生不利影响。

4. 资本结构不合理，没有充分利用财务杠杆

2018~2021 年燕京啤酒的权益乘数维持在 1.3 左右，显著低于青岛啤酒的 1.9，同时燕京啤酒的资产负债率很低，意味着公司没有充分发挥财务杠杆效应，过度依赖自身资产，存在资本结构不合理的问题。

① 资料来源：巨潮资讯网。

（二）相关建议

1. 加大创新力度，提升净利润

随着消费者消费需求的日益多样化和互联网平台越来越多地被使用，消费者对啤酒质量的要求不断提高，高质量的啤酒商品也成为啤酒行业生产的风向标。鉴于现代化的消费者更青睐多种口味啤酒的大趋势，公司在开发创新产品时应注重消费者体验，满足不同消费层次的消费者对啤酒的口味需求，从品牌质量和产品创新两方面着手，提升产品竞争力。

2. 合理控制成本费用

对于燕京啤酒股份有限公司而言，需要建立有效的管理控制系统以进行成本控制，可以聚焦在管理费用上，对各种管理过程中产生的耗费进行控制。预先进行成本预测和成本核算，及时根据成本计划调整投入。建立管理监督机制，对管理过程中的低效率行为进行监控预警，以销定产来节约成本。在企业对员工的培训中，应该树立成本管理的观念，增强全体员工成本观念。

3. 提高资产运营效率

提高总资产周转率，可以从两方面入手。在存货方面，要较为精准地计算存货数量，对存货的包装物质量进行严格把控，做到不浪费；也要实时监控市场情况，遇到突发事件要随时调整生产计划，尽可能地降低生产成本，提高资产使用效率。在账款收回方面，建立分工明确、互相牵制、权责分明的应收账款内部控制制度，加强监督，减少坏账风险。

4. 优化资本结构，适度加大举债

现阶段燕京啤酒的权益乘数处于较低水平，在公司可承受风险之内，应该在经营过程中降低自有成本的比重，增加负债经营。可以根据企业的战略目标和当前市场情况制定合理的现金预算，综合考量公司所需要的资金数额，适度举债。在未来啤酒产品结构逐步向高端过渡的大背景下，燕京啤酒应该像青岛啤酒学习，加大对中高档啤酒的研发投入，优化产品结构，提高产品使用效率，实现持续盈利。

六、小结

燕京啤酒和青岛啤酒作为两大啤酒生产企业，经营范围相似，但盈利能力表现迥异。采用杜邦分析法的结果表明，两家啤酒产业净资产收益率差异很大的原因在于两者的销售净利率以及权益乘数差距较大。燕京啤酒的销售净利率高于青岛啤酒的原因在于其管理费用控制欠佳致使该企业营业成本较高。对比燕京啤酒与青岛啤酒的应收账款周转率和存货周转率，发现存货积压严重、收回账款缓慢是燕京啤酒资产运营效率低的重要因素。同时由于没有充分运用财务杠杆导致资本结构不合理。基于上述问题，本文从净利润、成本费用控制、资产运营效率以及资本结构优化四方面提出了有助于提高燕京啤酒公司盈利能力的建议，旨在推动公司更好地发展。

参考文献

［1］韩建丽，白建勇．汽车行业上市公司盈利质量研究［J］．财会通讯，2014（14）：53-55.

［2］唐寻．新型社区化高度关联业务形态的深度互动视频网站盈利能力研究——以哔哩哔哩为例［J］．财会通讯，2023（1）：1-9.

［3］卫源，张文娟，白昊冉等．基于改进型杜邦分析法的人人乐企业盈利能力分析［J］．老字号品牌营销，2022（21）：150-152.

［4］黄金玲．杜邦分析体系下 A 企业盈利能力分析［J］．商场现代化，2022，977（20）：107-109.

［5］胡亚敏，蒲筱哥．洽洽食品与三只松鼠盈利能力比较研究［J］．中国管理信息化，2022，25（17）：11-14.

基于风险因子理论的上市公司财务舞弊研究

——以永煤控股为例

贺驿婷*

摘　要：近年来，上市公司财务舞弊现象被接连曝光，舞弊金额巨大引起社会关注，扰乱正常的市场秩序，现以上市公司永城煤电控股集团为例，根据迄今为止最完整的财务舞弊风险因子理论进行分析，针对性地为上市公司有效避免财务舞弊提供解决方案，维护资本市场的运作。

关键字：舞弊风险因子；财务舞弊；永煤控股

从獐子岛扇贝“逃跑”，悦达投资公司舞弊事件，到瑞幸咖啡财务报表造假，上市公司不断涌现出财务舞弊现象，不仅对投资者、债权人的利益造成损害，还导致恶劣的社会影响，进一步影响了经济的良好发展。因此，本文以永城煤电控股集团为例，从案例分析、舞弊手段分析入手，基于舞弊风险因子理论分析提出相关的防范建议，有效避免上市公司财务舞弊行为。

一、相关理论基础及文献综述

（一）理论基础

对于舞弊动因理论的研究，经过了四个阶段的演变。第一个阶段是美国学者和加拿大学者共同提出的舞弊冰山理论，在这一阶段中单纯考察目标公司行为和结构

* 作者简介：贺驿婷（1999—），女，重庆市人，北京联合大学管理学院在读研究生，研究方向：审计。

两个方面；第二个阶段，进一步完善理论，形成舞弊三角理论，舞弊三角理论中考虑了借口、机遇、压力三个方面的因素；第三个阶段，形成了 GONE 理论，这一理论在舞弊三角理论的基础上增加了暴露的因素，形成机会、需要、贪婪和暴露四个角度；第四个阶段，在前面三个阶段的基础上，形成了舞弊风险因子理论学说。

舞弊风险因子理论是伯洛格那（G. Jack Bologna）等在冰山理论、舞弊三角理论和 GONE 理论的基础上发展而来的，其中分为个别风险因子和一般风险因子，个别风险因子包括道德品质和动机，一般风险因子包括舞弊机会，被发现的可能性和被发现后的惩戒程度。

舞弊风险因子理论的提出增加了道德品质方面的因素考察，同时指出了暴露因子方面的研究内容。

（二）财务舞弊

在我国上市公司中，财务舞弊现象屡禁不止。证监会前副主席阎庆明曾指出，实体经济还是得上市公司发挥关键作用，上市公司披露的信息要做到及时性、真实性、完整性、准确性四个方面，上市公司是发展的重要载体，有助于证券市场有效运行。同时通过黄世忠等（2020）在对中国上市公司过去 10 年财务舞弊的特征进行了分析可知，只要财务舞弊预期收益大于财务舞弊预期成本，当前舞弊与反舞弊的博弈就难以被打破。罗党论等（2022）也认为财务舞弊直接扰乱了证券市场的公平性和正常管理秩序，严重侵犯了广大中小投资者的利益。认为财务造假是一种主观行为，对财务报告数据的真实性造成很大影响，属于欺诈行为，违反了法律规定。

根据财务舞弊现状的造成，不单单只有企业的原因，也与会计师事务所和政府监管部门有关，因此国家政府部门也从各个方面不断做出改善，2022 年 10 月 1 日起，财政部上线统一监管平台。所有会计师事务所出具的鉴证业务报告都会统一在监管平台上完成赋码和报备，出具审计报告得通过财政部监管平台的审核，从事务所的角度去加强对上市公司财务的监督管理。

本文以永城煤电控股的角度，基于舞弊风险因子理论的模型，对其 2016~2019 年财务舞弊现象进行分析。

二、永煤控股案例分析

（一）集团基本情况

永城煤电控股集团有限公司属于河南国有控股公司。河南能化集团和兴业国际信托联合成立，最终控制方是河南省的国务院国有资产监督管理委员会，主要经营业务是煤炭开采与挖掘。作为国有企业，在河南当地富有较高知名度。2000年7月，实现利润翻番，从末流企业成为一流企业。经过十余年的迅速发展，永煤控股集团经济规模持续扩大，国有资产保值增值。然而就是这么一家评级AAA的省级国企，2020年的财报出了问题，账面上有400多亿元的现金，却无法偿还10亿元债券，该企业多年进行的财务舞弊行为才被发现，虚增货币累计高达861.19亿元。

（二）舞弊事件被调查经过

2020年11月10日，上海清算所发布了永煤控股在2020年第三季度未能按期足额偿付本息的公告。在账面上有着超过400亿元货币资金，有较高流动比率的情况下，未能偿还10亿元到期债券，已形成实质性的违约行为。

事件爆出后，证监会经调查发现：首先是自2007年至证监会调查之前，货币资金已经出现严重问题。河南能化资金管理中心管理着永煤控股的所有银行存款，获得河南能化的审批同意后才能使用这些货币资金，但实际该笔资金已被统筹用于其他资金项目，并未在资金管理中心。其次是公司有其他信息披露违规行为。根据《非金融企业债务融资工具公开发行注册文件表格体系》的要求，永煤控股在2018年、2019年、2020年6月三年所发行的债务融资工具募集说明书中，所需披露范围中未将受限货币资金纳入，在所披露的信息中，导致对照不符的情况。

2021年6月15日，证监会对上述违法行为对永煤控股进行相应处罚，处罚如表1所示。

表1　证监会对永煤控股违法行业进行的处罚

处罚对象	相应处罚
永煤控股	警告并处以300万元罚款
党委书记、董事长强岱民	警告并处以55万元罚款
董事任树明	警告并处以50万元罚款
董事孙广建	警告并处以50万元罚款
董事张志勇	警告并处以50万元罚款
前党委书记侯世宁	警告并处以15万元罚款
前董事成雪梅	警告并处以10万元罚款

数据来源：证监会。

（三）舞弊手段分析

从证监会的处罚结果来看，永煤控股财务舞弊手段主要有：虚假披露货币资金、其他信息披露违规行为以及通过提供不合理的审计费用舞弊事项。

1. 虚假披露货币资金

根据《企业会计准则第30号》第九条的规定，性质或功能不同的项目，应当在财务报表中单独列报，但不具有重要性的项目除外。

永煤控股在2017年、2018年、2019年、2020年9月四次财务报表中，当期披露货币资金分别为208.66亿元、376.66亿元、420.87亿元及469.67亿元，如图1所示。

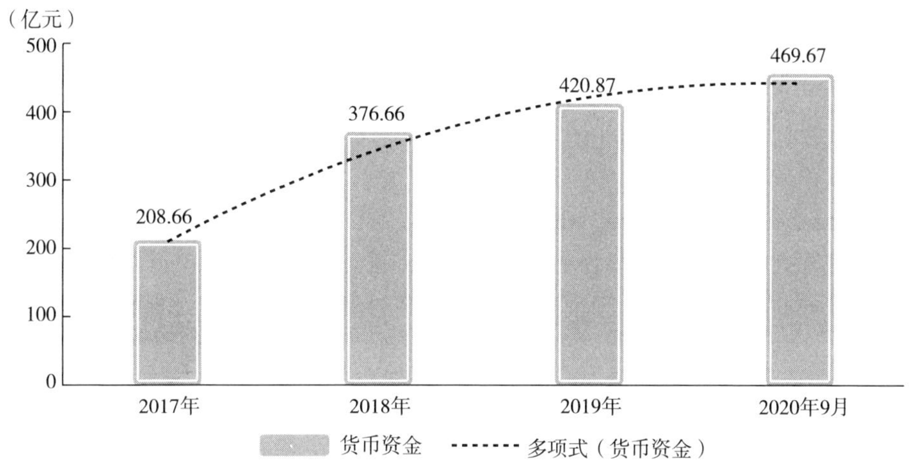

图1　2017~2020年9月财报披露货币资金情况

数据来源：2017~2020年年报数据。

在2017年、2018年、2019年和2020年9月30日财务报表中，货币资金分别虚增112.74亿元、235.64亿元、241.07亿元和271.74亿元，分别占其当期披露货币资金总额的54.04%、62.56%、57.29%和57.86%。

可以看出2017~2018年货币资金大幅度上涨，2018年货币资金增长率为80.52%，是因为将货币资金的债权货币化，从而达到大幅虚增货币资金的目的，如图2所示。

相关文件表示，被母公司资金管理中心统筹的资金是永煤控股债权性质的相关科目，但永煤控股错误地被归入货币资金科目，并在财务报表中予以披露。

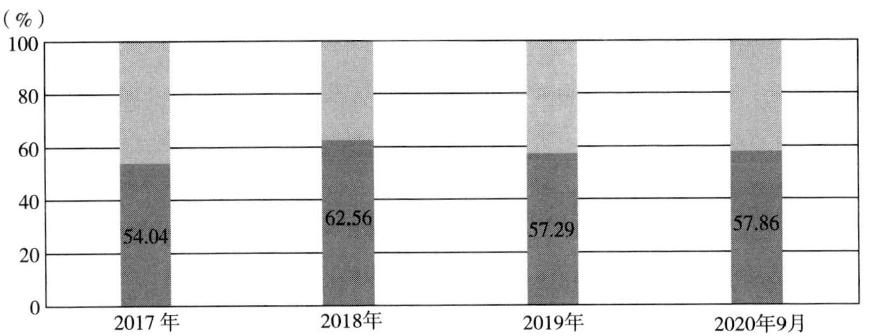

图 2　虚增部分占货币资金总额对比

数据来源：2017~2020 年年报数据。

2. 其他信息披露违规行为

2017 年，永煤控股将 9 亿股股权质押给交银国际信托，从而获得 30 亿元贷款，相应股权的价值约为 50 亿元，占其披露总资产的 3.62%。但未在募集说明书中披露股权质押事项。

3. 通过提供不合理的审计费用舞弊事项

通过调查可知，永煤控股支付了与实际审计业务量不符的审计服务费用，提供审计服务的是希格玛会计师事务所，五年审计费用共为 5 万元。永煤控股的审计报告包含纳入合并报表的子公司，子公司与希格玛所另行签订审计服务费用中，出现了高额审计费用，分别为 122.00 万元、122.00 万元、120.50 万元，合计 364.50 万元，应当进行各期审计费用分摊。

三、基于舞弊风险因子理论的分析

（一）个别风险因子

1. 道德品质因素分析

在永煤控股舞弊事件中，企业董事长、总会计师、总经理联合舞弊，高管缺乏正确的职业道德理念，没有树立好社会责任意识，对政治地位和经济利益的追求大于对企业责任，错误地把个人盈利放在首位。

同时在永煤控股进行财务舞弊的三年间，企业内部也进行了职位调动，可以看出进行舞弊的人员虽然发生了变化，但是参与舞弊的岗位还是董事长、总会计师、总经理三个职位，如表2所示。企业管理层财务法律观念薄弱，不排除上一任高管舞弊行为对公司下一任高管造成的行为惯性影响，通过舞弊损害中小股东的利益，最终导致了企业资产的损失。

表2 永煤控股舞弊高层

	党委书记/董事长	总会计师	总经理
上一任舞弊高管	侯世宁（2016年12月至2020年5月）	成雪梅（2017年1月至2019年8月）	张志勇（2016年12月至2020年5月）
现一任舞弊高管	强岱民（2019年5月至今）	任树明（2020年至今）	孙广建（2020年5月至今）

数据来源：证监会。

2. 舞弊动机因素分析

上市公司的经营状况可以通过公司披露的财务数据来体现。为了稳住债权人和投资者，永煤控股通过调整货币资金来粉饰财务报表。一般用速动比率来反映公司偿债能力，永煤控股2017~2019年速动比率分别为0.53、0.68、0.71，如表3所示。2017~2019年三年来偿债能力仍然不足但是可以看见通过违法调整财务数据后，速动比率在缓慢提升，由此来增强债权人与投资人的信心。

表3 永煤控股2017~2019年财务数据分析

年份	流动资产	流动负债	预付账款	存货	速动比率
2017	556.56	816.05	9.71	110.95	0.53
2018	723.08	895.15	11.87	102.10	0.68
2019	714.47	937.24	16.81	39.23	0.71

数据来源：2017~2019年年报数据。

由于永煤控股仅通过虚假披露货币资金来掩盖企业问题，所以可以运用其他财务指标。永煤控股的营业利润率从2017年的4.61%到2019年的2.98%，总资产报酬率从4.35%下降到4.14%，都能反映出永煤控股盈利能力逐渐下降，如图3所示。

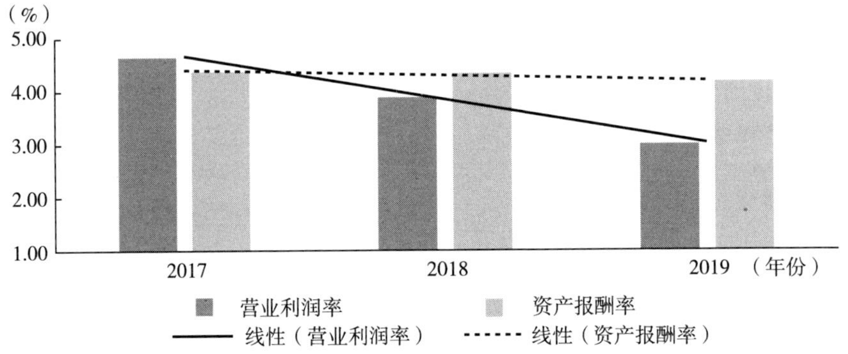

图 3　2017~2019 年永煤控股盈利能力指标

数据来源：2017~2019 年年报数据。

（二）一般风险因子

1. 舞弊机会因素分析

调查发现，永煤控股企业内部风险控制形同虚设，缺乏独立性，缺乏对资金和成本的有效控制。其中主要是成本测算和控制方法两个方面的缺失。公司结构日渐复杂，也为舞弊人员提供了机会。2017~2019 年河南能化为永煤控股的控制方，通过将资金集中统一管理的规定，违法将货币资金转移，虚增货币资金粉饰财务报表。

2. 被发现的可能性因素分析

通过行贿的方式与希格玛会计师事务所合谋，违法进行舞弊，导致暴露风险降低。行贿手段较为隐蔽，分为两步，永煤控股通过使用较低的审计费用聘请希格玛进行审计，并出具无保留意见审计报告降低暴露风险。运用拆分签署《审计业务书》的办法，通过子公司支付高额审计费用来进行行贿，这样就形成了业务闭环，暴露风险大大降低。永煤控股同样也抱着侥幸心理，认为监管部门力量有限，这么多上市公司的财务信息披露，监管机构不可能每年都严格认真地审核到位。总觉得即便财务造假被发现也只是少数公司，概率极低，不可能这么倒霉会被发现。

3. 被发现后惩戒程度因素分析

处罚成本远远低于其获得的收益。永煤控股通过虚增巨额货币资金，人为扩大了资产规模，获得发行债券的资格，达到其圈钱的目的。同时也向公众掩盖其经营不利的问题，显示其盈利能力。从证监会的处罚来看，处罚力度还远远不够，特别是对相关责任人的处罚，证监会决定对集团处以 300 万元罚款，相关人

员最高仅55万元的罚款。这样的处罚力度难以对永煤控股造假公司以及相关责任人起到警告的作用，当然对其他上市公司的震慑力也不足。

四、舞弊行为的治理对策

（一）培养企业内部人员职业道德素养

在永煤控股企业中，高层管理者自身品德较低，将自身利益位于企业利益之上，损害了企业的相关利益。企业文化建设较为欠缺，导致上任高管对下任高管形成了行为舞弊惯性。应在企业中对相关管理者，特别是新任高管，进行定期职业道德培训，增强企业的诚信道德建设，提高职业道德意识。同时制定奖惩机制，将职业道德考核纳入绩效考核，赏罚分明，有利于永煤控股形成良好的道德风气。

（二）完善内部治理机制

永煤控股需要增强企业内部控制管理，制定更为严格的制度，加强对资金成本的有效控制，在董事长、总会计师、总经理等重要岗位离职时，做好离任审计。防止企业内任何部门出现舞弊、欺诈等行为，进行严肃处理。在进行内部审计时，避免形式化审计，相关人员应保持应有的谨慎性及独立性完成审计流程。

可以增加永煤控股内部监督渠道，内部员工可以通过匿名制向监事会或者控股企业河南能化集团举报舞弊，并根据舞弊和举报行为进行奖惩。

（三）强化监督会计师事务所

永煤控股财务舞弊事件中，企业2016年是由立信会计师事务所出具的审计报告，2017年、2018年、2019年、2020年和2021年五年都是由希格玛会计师事务所进行审计业务服务，三年间均出具无保留审计意见，但调查发现了严重的财务舞弊现象。所以也应从会计师事务所的角度来避免上市公司财务舞弊行为，首先可以利用法律强制规定提供审计服务年限，来增强审计独立性，例如两年一换替代现有的轮换时间。同时应对同一企业进行审计的注册会计师进行监督，采取一年一换的办法，更能增强财务报表的可靠性。其次在永煤控股事件中，希格玛事务所在审计程序中未获取合理保证，没有获取充分审计证据，导致重大错报风险评估错误。因此会计师事务所的审计人员也应提高专业胜任能力，保持对异常财务数据的谨慎性，能提高审计质量。

（四）加大监督力度

永煤控股集团抱有侥幸心态，导致了财务舞弊事件的发生。政府和相关监管部门应进一步增强对上市公司的监管力度，可以采用扩大监管范围的方式；同时对上市公司所披露的信息，在原有的检查机制下，加上不定期抽查、全面检查、重点项目突击检查等方式，更能打击企业侥幸心理，降低财务舞弊风险。

此外，监管部门对上市公司财务舞弊的处罚力度弱，对其他上市公司难以形成强有力的威慑力。因此，通过加大监管部门对公司财务舞弊的惩罚力度，更有利于市场的良性发展。

参考文献

［1］张淞宁．我国上市公司财务舞弊的动因分析与治理研究［D］．北京交通大学，2016.

［2］胡梦谆．上市公司会计舞弊，审计失败与法律责任分析——以长生生物为例［J］．现代商贸工业，2022，43（4）：3.

［3］王杏芬，张彧．新舞弊风险因子理论下首例违法退市案研究［J］．会计之友，2020（22）：7.

［4］苗爱红．基于舞弊风险因子理论的上市公司财务舞弊治理研究——以尔康制药为例［J］．财会通讯，2020（20）：4.

［5］罗党论．上市公司财务舞弊的治理：经验与理论分析［J］．财会月刊，2022（2）：3.

［6］刘本利．基于舞弊风险因子理论的上市公司财务造假分析——以 H 影视传媒有限公司为例［J］．经营与管理，2021（4）：23.

基于哈佛框架的新奥股份并购新奥能源绩效分析

蒋远军*

摘　要： 在我国，环境保护越来越受到重视，使用清洁能源是保护环境的有效措施。清洁能源行业的企业并购应该注意哪些问题，并购后的绩效如何，是清洁能源企业迫切需要关注的问题。新奥股份作为清洁能源行业的巨头，近几年并购了同为清洁能源行业佼佼者的新奥能源。本文选择新奥股份和新奥能源的并购案例，基于哈佛框架分析两者的并购绩效，并提出相关建议，以期为其他新能源行业企业的并购提供借鉴。

关键词： 企业并购；哈佛框架；绩效分析

一、引言

我国越来越重视环境保护问题，强调在经济发展的同时也要保护环境。使用清洁能源是目前行之有效的环保措施，也获得了国家和政府的大力支持。随着越来越多的新能源企业应运而生，新能源企业的发展也备受关注。企业并购是企业发展的重要组成部分，新能源企业的并购同样应该引起关注和重视。本文通过研究新能源行业大型企业的并购案例，探究并购中出现的问题以及并购后对企业绩效的影响，进而提出建议，为今后新能源企业并购提供借鉴。

* 作者简介：蒋远军（1997—），男，河南省信阳人，北京联合大学管理学院在读研究生，研究方向：大数据会计。

二、文献综述

国内学者研究了企业并购对企业绩效的影响。殷爱贞等（2018）认为企业并购为航空业企业带来了经营绩效的改善。夏扬等（2018）通过研究半导体行业的企业并购案例发现，连续开展国内并购和跨国并购提升了企业的整体绩效。李艳琴（2017）研究了出版传媒企业的并购绩效，认为从短期来看，企业并购为企业股东增创了财富，从长期来看，企业并购有效提高了企业的中长期绩效。

当前的研究使用了丰富的企业绩效评价方法，胡海清等（2016）通过经济增加值 EVA 的方法研究了吉利汽车与沃尔沃的并购绩效。云昕等（2015）使用事件研究法分析了优酷并购土豆的企业绩效。朱秀芬（2018）采用平衡计分卡的方法研究了阿里巴巴并购恒生电子的并购绩效。钟宇嘉（2022）应用哈佛框架研究了苏宁易购并购家乐福的财务绩效。

哈佛框架能够综合定性与定量分析，从战略、会计、财务和前景四个角度充分把握财务分析的方向。战略分析能够从定性角度分析企业是否具备获利条件。会计分析基于战略分析，能够评价公司会计的反映职能。财务分析的目标是运用财务数据评价公司已经发生和正在发生的业绩。前景分析是对企业未来的预测。

已有的企业并购绩效研究文献对清洁能源行业的研究较少，所以，本文选用清洁能源行业的典型案例开展研究，希望能够丰富并购绩效研究的行业范畴。哈佛框架在研究企业绩效问题时考虑因素全面，本文使用哈佛框架分析并购案例，以期能够对案例企业进行系统全面的分析。

三、案例介绍

（一）公司简介

1. 新奥股份

1989 年新奥创立于河北廊坊，以城市燃气为起点，逐步覆盖了分销、贸易、输储、生产、工程智造等天然气产业全场景，贯通清洁能源产业链；目前新奥股份业务覆盖全国 21 个省，为 2681 万个家庭用户、21 万家企业提供能源服务。

2. 新奥能源

新奥能源为中国最大的清洁能源分销商之一，主要业务为在中国投资、建设、经营及管理燃气管道基础设施、车船用加气站及泛能项目，销售与分销管道燃气、液化天然气及其他多品类能源产品。

（二）并购过程介绍

2020 年 9 月，新奥股份通过资产置换、发行股份以及支付现金三种方式收购母公司新奥国际持有并控制的新奥能源共 3.69 亿股股份。9 月 22 日，此次并购的关键步骤包括新增股份登记、标的资产过户已经全部完成。此次并购交易的标的作价为 258.40 亿元。新奥股份通过置出联信资产 100%的股权，共 70.86 亿元的资产。同时以发行股份支付 132.5 亿元，余下的 55 亿元部分通过现金支付。

四、基于哈佛框架的新奥股份并购新奥能源绩效分析

（一）并购活动战略分析

1. 政治环境分析

我国一直以来都十分注重环境保护。使用清洁能源是环境保护的重要举措。党的十九届五中全会将“碳达峰、碳中和”目标列入“十四五”规划和 2035 年远景目标。以清洁能源推动绿色低碳发展是人类应对全球气候变化的根本路径，新奥股份并购新奥能源，顺应了国家的号召，抓住了未来行业发展的趋势。

2. 经济环境分析

2020 年国家的经济发展速度都不如之前，清洁能源行业相较于其他行业，受疫情影响没有那么大，新奥股份能够及时调整战略部署，将一部分资源用于并购重组发展清洁能源，很好地顺应了形势，尽可能减少疫情给新奥集团带来的损失。

3. 社会环境分析

全球面临的环境保护和节能减排压力与日俱增，大力发展清洁能源势在必行。截至 2019 年 10 月，我国北方地区清洁取暖率达到 50%，到 2021 年，北方地区清洁取暖率达到 70%，可见新能源在社会上应用越来越广泛。随着人们环保意识的增强，大众消费也更加偏向清洁能源。未来清洁能源拥有更广大的市场。

4. 技术环境分析

清洁能源主要包括太阳能、风能、水能等，能源获取比较容易，难度在于具体能源设备的布局和研发。好的能源设备要有更高的能源转化率、更低的成本，这就需要长时间的技术积累。新奥能源是能源行业的优质企业，并购以后能给新奥股份带来先进的技术和管理经验，有助于新奥股份打破技术壁垒，更快更好地发展清洁能源业务。

（二）并购活动会计分析

1. 资产质量分析

（1）货币资金分析。

根据现有研究，张荣艳（2006）认为盈利企业的业绩与货币资金占总资产比例之间呈正相关关系（见表 1、图 1）。

表 1　货币资金分析

年份	2018	2019	2020	2021
货币资金（亿元）	1.96	2.50	12.63	11.44
总资产（亿元）	23.51	24.35	109.52	127.93
货币资金/总资产（%）	8.32	10.25	11.53	8.94

数据来源：巨潮资讯网。

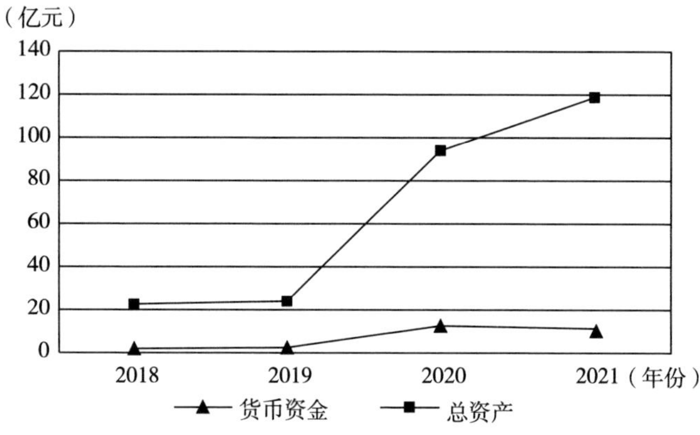

图 1　货币资金分析

数据来源：巨潮资讯网。

新奥股份收购新奥能源是 2020 年 9 月，由表 1 可知，2021 年货币资金占总

资产的比例开始下降，也就是企业的业绩下降。从图 1 中可以看出，合并前后，货币资金几乎持平，总资产大幅度增加，所以导致了货币资金占总资产的比重增加，这次并购为企业带来了大量的资产，但是并购后整合这些资产需要时间，所以短期内这些资产无法为公司带来可观的收益，因此表现为企业的短期业绩下降。

（2）固定资产分析。

计算新奥股份的固定资产在总资产中的占比和固定资产增长率，结果如表 2 所示。

表 2　固定资产分析

年份	2018	2019	2020	2021
固定资产增长率（%）	56. 22	-4. 07	11. 18	17. 89
固定资产/总资产（%）	29. 12	32. 76	48. 72	44. 24

数据来源：巨潮资讯网。

2020 年 9 月 22 日，新奥股份并购新奥能源的关键步骤已经完成。由表 2 可知，2019~2020 年新奥股份的固定资产增长率有较大增长，表明此次并购为公司带来了较多的固定资产，固定资产是企业的劳动手段，也是企业赖以生产经营的主要资产，固定资产的增加有利于企业扩大生产经营，增加企业自身价值，更有利于企业的融资。

2. 负债质量分析

如表 3 所示，2018 年以来，新奥股份的平均资产负债率为 66. 19%，根据普遍认同的观点，企业的资产负债率在 40%~60%是最合适的，新奥股份的资产负债率偏高，尤其是并购完成的 2020 年，资产负债率一度达到了 74. 76%，可见此次并购为企业带来了不小的债务压力。由于不同行业资产负债率有很大差别，因此对比同为新能源行业的领头企业宁德时代、比亚迪的资产负债率发现，宁德时代的平均资产负债率为 56. 63%，比亚迪为 67. 17%大于新奥股份。一次新奥股份的平均资产负债率是处在正常水平的，但是个别年份资产负债率偏高，应该加以管理。

表 3　负债分析

年份	2018	2019	2020	2021
负债合计（亿元）	14. 92	14. 20	70. 26	78. 01

续表

年份	2018	2019	2020	2021
总资产（亿元）	22.53	23.93	93.98	118.73
负债合计/总资产（%）	66.19	59.34	74.76	65.70

数据来源：巨潮资讯网。

（三）并购活动财务分析

1. 并购前后财务绩效的分析

（1）营运能力分析。

如图 2 所示，并购之前的 2018~2019 年，新奥股份的三项营运能力指标均呈下降趋势，表明并购之前企业的营运能力减弱，特别是固定资产的周转下降明显，总资产下降很少，说明企业重视流动资产的使用效率而轻视固定资产的受用效率。并购完成后，企业的营运能力指标迅速上升，尤其是应收账款的周转率提升较大，而被并购方新奥能源的应收账款周转率一直较高，表明并购以后新奥股份充分整合了新奥能源的营运能力优势，提升了整体的资产使用效率。

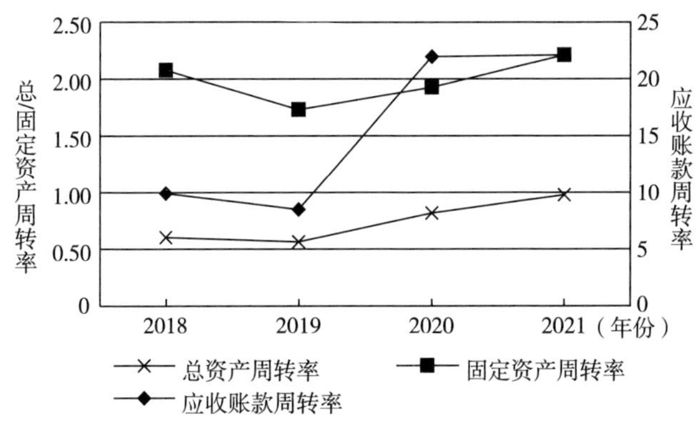

图 2　营运能力指标变动

数据来源：锐思数据库。

（2）发展能力分析。

如表 4 所示，可以发现，并购前（2018~2019 年），企业的发展能力迅速下降，主要原因是 2018 年营业收入增长率为 35.84%，处于一个比较高的水平，净利润增长率为 103%，企业很难长期保持这样高的盈利水平，所以 2019 年盈利水

平下降也属于正常。并购的2020年，企业的盈利能力小幅度下降，下降幅度与2019年基本持平，说明持此并购并没有影响到企业的发展能力。企业完成并购以后，各项经营活动可以正常展开，盈利能力转好。

表4　发展能力分析

年份	2018	2019	2020	2021
营业收入增长率（%）	35.84	-0.65	-0.62	31.58
净利润增长率（%）	103.00	-15.78	-6.24	34.44

数据来源：锐思数据库。

（3）偿债能力分析。

如图3所示，并购前的2018~2019年，企业的流动比率和速动比率均有小幅度上升，产权比率小幅度下降，表明并购前企业的偿债能力增强。并购的2020年，企业的偿债能力大幅下降，因为企业支付了大量的现金和股票用于并购，导致短时间内的偿债能力下降，这种现象常见于并购之后。并购后的2021年，企业的偿债能力指标均有所好转，逐渐恢复原有的经营状态。

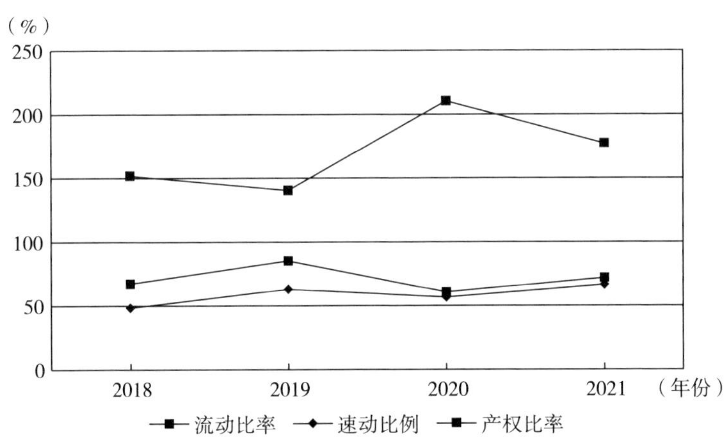

图3　偿债能力分析

数据来源：锐思数据库。

如图4所示，通过与新能源行业的优秀企业——比亚迪和隆基绿能的流动比率的对比发现，新奥股份的流动比率长期低于比亚迪和隆基绿能，面临更大的偿债风险，新奥股份应重视资产结构优化，降低偿债的压力。

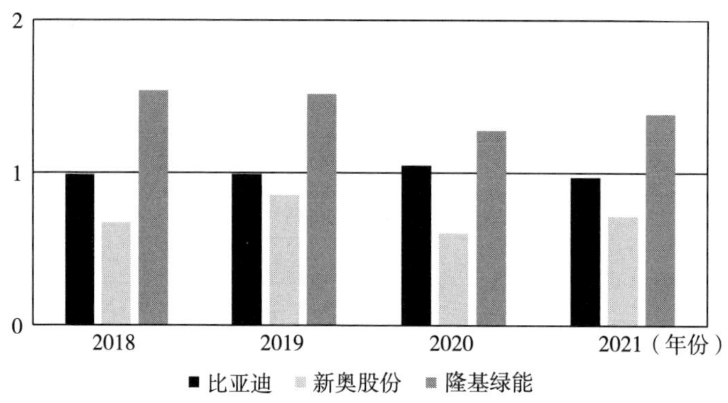

图 4　流动比率行业对比

数据来源：锐思数据库。

（4）盈利能力分析。

如表 5 所示，盈利能力的各项指标变动幅度很小，属于正常范围内的波动，表明此次并购没有影响到企业的盈利能力。通过与同行业的比亚迪、隆基绿能和天合光能等对比，新奥股份的盈利能力在新能源行业处于较高水平。

表 5　盈利能力分析

项目	2018 年	2019 年	2020 年	2021 年
总资产净利率（%）	5. 86	5. 03	3. 15	3. 45
销售净利率（%）	10. 31	8. 74	8. 89	9. 08
营业利润率（%）	11. 93	9. 32	12. 01	11. 67

数据来源：锐思数据库。

2. 并购前后 EVA 值的分析

EVA 的假设是：作为一个职业经理人，如果你经营的企业所创造的价值不能够抵冲资金成本，实际上你没有为股东创造任何价值。如表 6 所示，新奥股份 2018~2019 年 EVA 值显著提升，表明在此期间，企业为股东创造了大量的价值，能够更好地激励经营者和所有员工。2019~2021 年，企业的 EVA 值持平，保持在了一个较高的水平，说明并购有利于维持企业为股东创造价值的能力（见图 5）。

表 6　EVA 分析

年份	2018	2019	2020	2021
EVA（亿元）	0.44	6.47	6.11	6.62

数据来源：锐思数据库。

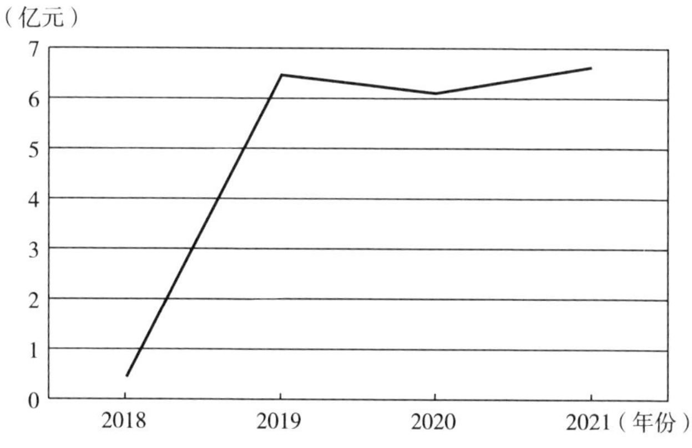

图 5　新奥股份历年 EVA 变动

数据来源：锐思数据库。

（四）并购活动前景分析

并购后企业财务绩效前景预测如下：

（1）清洁能源行业前景分析。

大力发展清洁低碳的产业。提出大力推动新能源行业的发展，使能源电力从高碳到低碳转变，在能源供给方面，建立多样化的能源供给体系，坚持绿色发展理念，促进化石能源清洁高效利用。提高清洁能源在能源供应中的占比。由此可见清洁能源行业前景广阔，是未来能源的发展方向。

（2）新奥股份前景分析。

公司上游资源获取优势明显。上游资源获取方面，天然气主要来源于管道气和非常规气。公司在管道气上与三桶油合作，可获得年均 360 亿立方米的供应，非常稳定。在非常规气方面，公司在两大非常规气产区均建设有 LNG 液化厂，总产能约为每年 30 万吨。且产地非常规气资源丰富，有很大的成长空间；全国性布局打造渠道优势。公司是最早从事天然气的民营企业，拥有先发和成规模的渠道优势，在公司发展的 20 多年中，精确把握了燃气、电厂、工业、交通能源方面的客户需求，并且能提供个性化的解决方案，最近 5 年公司燃气项目提升 50%，覆盖全国 20 多个省份。

五、结论与建议

并购后企业的总资产大大增加，资产负债率增加，并购有助于提高企业的营运能力，几乎不会影响企业的盈利能力和发展能力，会导致企业短期偿债能力的下降。建议清洁能源行业的企业并购后要重视并购后总资产使用效率的提高，以提高企业的业绩。并购以后资产负债率增加，企业应做好充分的准备以应对偿债风险。企业不必过多担心并购对盈利能力和发展能力的影响，并购时应多考虑其他因素的影响。

参考文献

［1］殷爱贞，马晓丽，于澎．基于并购动机的并购绩效评价——以东方航空并购上海航空为例［J］．财会月刊，2018，831（11）：107-114.

［2］夏扬，沈豪．基于长短期窗口的民企连续并购绩效研究——以均胜电子为例［J］．财会通讯，2018，775（11）：3-8.

［3］李艳琴．“互联网+”背景下出版传媒企业并购绩效探讨——以中文传媒并购智明星通为例［J］．财会月刊，2017，798（14）：74-78.

［4］胡海青，吴田，张琅等．基于协同效应的海外并购绩效研究——以吉利汽车并购沃尔沃为例［J］．管理案例研究与评论，2016，9（6）：531-549.

［5］云昕，辛玲，刘莹等．优酷土豆并购案例分析——基于事件分析法和会计指标分析法［J］．管理评论，2015，27（9）：231-240.

［6］朱秀芬．基于平衡计分卡的互联网企业并购绩效评价研究——以阿里巴巴并购恒生电子为例［J］．财会通讯，2018，766（2）：100-104.

［7］钟宇嘉．哈佛框架下苏宁并购家乐福中国财务绩效分析［D］．南京邮电大学，2022.

［8］张荣艳．上市公司货币资金占比与业绩相关性实证分析［D］．广西大学，2006.

基于绿色创新视角下海尔智家竞争战略研究

李国智[*]

摘　要： 竞争战略是企业发展战略中不可或缺的组成部分。近年来，家电行业发展迅猛，竞争激烈，企业为了稳步发展，必须制定竞争战略。本文旨在以绿色创新视角探讨海尔智家竞争战略，在系统梳理海尔智家竞争战略的基础上，从绿色创新视角分析海尔智家产品在市场竞争中的优势和存在的风险，进而提出绿色创新的有效策略，进一步提升产品在市场上的竞争力，实现企业可持续、高质量发展。

关键词： 绿色创新；竞争战略；海尔智家

一、前言

随着社会生产力的不断发展，我国家电市场由家电普及阶段逐步迈入了智能家居时代，家电成为我们日常生活中不可或缺的一部分。党的二十大明确指出加快发展绿色转型的重要性，推动实现经济社会绿色低碳化。近年，家电行业正面临着新形势下转型跨越、创新升级，尤其是疫情带来的巨大风险和挑战，人们更关注的是健康生活的理念，追求高质量产品服务，人们的工作方式和购物模式也发生了巨大改变，家电行业之间的竞争转向绿色创新，低碳多元化，生态可持续发展。本文选取白色家电行业领军行业——海尔智家作为研究对象，从绿色创新角度出发，分析其竞争战略，可能对我国目前家电市场的竞争战略的制定有一定

* 作者简介：李国智（1995—），男，山西省大同人，北京联合大学管理学院在读研究生，研究方向：企业价值。

的积极作用。

绿色创新是指可以减少环境污染、降低能源消耗并且改善生态的技术体系的创新。企业要想实现持续发展，离不了绿色创新。

竞争战略对企业发展战略来说非同小可。企业在实现高利润和企业价值最大化的过程中，竞争无处不在，激烈程度非同小可，竞争战略需要企业结合自身实际的资源情况，在充分分析了市场环境、了解其他竞争企业的基础上，制定切实可行的营销计划，为企业持续经营、发展壮大打下良好基础。企业在这个发展和实施的过程中，核心竞争力是提升市场竞争力的决定性因素。企业需要将竞争战略、管理策略等科学合理地紧密结合，从而实现长远收益。

关于企业绿色创新竞争战略方面的研究，鲍新中等（2014）发现竞争战略与创新研发投入的相互作用对企业绩效产生了显著影响。企业技术创新投入，积极承担社会责任能够促进企业的短长期财务绩效且其受制于组织冗余与组织惯性，当与财务报表相结合能产生更多的价值，因此企业在战略选择上会产生不同的风险承担水平研发费用加计扣除政策能增强环境规制对企业绿色创新的促进作用，目标级要素会通过政府补贴和企业研发资源作为资源级要素促进绿色创新。产业协同集聚通过人力资本流动和协同创新间接驱动工业绿色创新效率水平提升。

绿色创新、研发投入对企业的财务绩效和企业价值产生了深远的影响，这为企业竞争战略的制定提供了方向，而进行资源整合、产业协同、研发费用加计扣除政策、加强研发技术创新对企业的长短期绩效均有促进作用，这为企业实现高质量发展、生态圈建设有一定的积极意义，因此在绿色创新视角下研究制造业的龙头企业海尔智家竞争战略有一定价值。

二、绿色创新视角下海尔智家竞争战略

（一）海尔智家的绿色创新策略

1. 创新全生命周期绿色降碳，实现整体绿色转型

海尔智家基于6-Green战略实现了“设计、采购、制造、营销、回收、处置”的全链绿色升级（见图1）。海尔智家在建设高端场景、生态品牌的基础上，建立海尔中德智慧园区，在园区内管理智慧化、能源绿色化、设施共享化、资源循环化、产业低碳化，成立海尔莱西再循环互联工厂，未来将在废旧家电拆解方

面发挥重大引领作用。

海尔智家赋能外部企业节能降碳，节省资源浪费，提高综合利用率，售后服务提供安装、维修、清洗、延保、回收、置换，用绿色战略推动高质量发展。

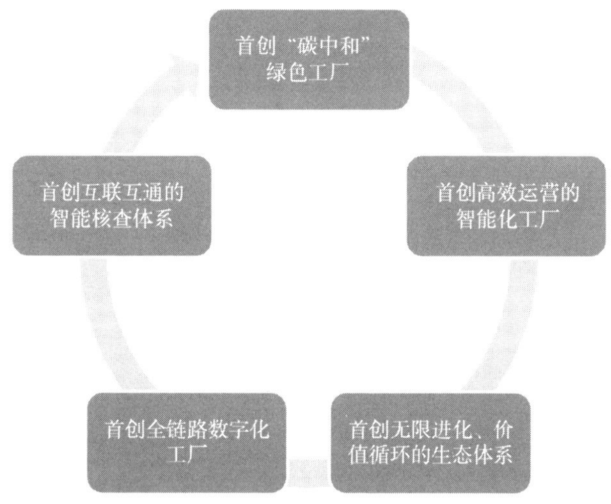

图 1 基于 6-Green 全生命周期绿色发展战略，海尔五大首创

海尔智家不断加大科技创新，五大首创标志着国内循环生态体系建设正走向国际先进水平。

2. 创新绿色家电全场景模式，打造智能化智慧家庭

传统家电只提供家电渠道，缺少场景的建设，海尔智家依托大数据和人工智能技术，让用户享受更智慧低碳生活。海尔智家成立了许多智慧家庭体验中心，例如当客户洗好衣物，三翼鸟阳台自动匹配干衣机，利用“智慧空气洗”技术呵护衣物；走进厨房，只需两步，买好食材，下单烹饪，就可以轻松享受美食；餐后联动洗碗机，轻松确保餐具清洁；累的时候只要唤醒机器人，让其自动选择热水器，调整合适习惯的温度，便可以享受沐浴；另外出门在外，可以操控扫地机器人清洁房间等（见图 2）。

在海尔智家“人单合一”模式下，可以极大地为客户提供智慧化、专业化家庭服务。

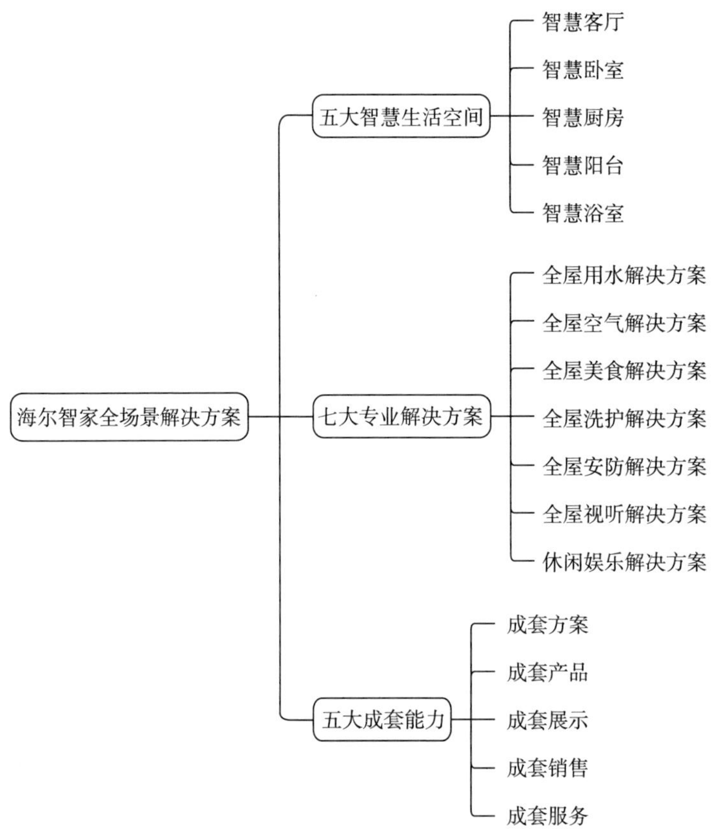

图 2　海尔智家全场景解决方案

3. 坚持物联网生态品牌战略，实现创新驱动和绿色发展目标

物联网可以通过网络设备，管理实现人与物以及物与物的交换。海尔智家立足物联网，构建起如卡萨帝、三翼鸟等诸多生态品牌，连续多年入选物联网生态品牌最具价值全球品牌 100 强，在整个行业遥遥领先。

在绿色双碳方面，承接国家双碳战略，在直流家电、氢能等绿色技术领域布局并突破，引领家电行业“双碳”发展趋势。成立中国造纸院联合创新中心，创新驱动发展、提升产品竞争力。生态联盟，通过深入用户洞察和产品定义，合作实现健康、智能、快乐小家电用户体验。

4. 积极践行 ESG 理念，实现全球高质量发展

ESG，主要是环境（Environment）、社会（Social）、公司治理（Corporate Governance），判断企业经营治理、可持续发展能力，结合全球权威机构评级，反映企业社会责任感。海尔智家在万得 AAA 级、MSCI 的 BBB 级，CDP 气候问

卷等上榜《财富》杂志，评级声誉均为国内行业最高水平，海尔智家用技术创新实现“低碳、零碳、负碳”，用公益事业持续回报社会，希望工程投入已超1.22亿元，援建346所希望中小学，覆盖全国26个省份，践行企业使命责任。坚持“人的价值第一”的理念，在国内招聘1500多名毕业人才奔赴181项高科技创新岗位，在海外广泛吸引人才，成立4000多个海创汇孵化项目。2022年，成为《福布斯》全球最佳雇主榜，不断提升其核心竞争力和国际影响力。

海尔智家不管是经济环境还是公司治理、社会奉献等方面总体价值显著增强，是积极践行ESG理念，承担社会责任的一种综合体现。

（二）海尔智家的绿色研发技术

海尔智家立足用户需求，建立全球领先的研发创新体系，将太阳能等可再生能源运用到“碳中和”工厂。

如空调方面，加强技术创新，行业首创3D除菌舱中央空调，公司申请专利达2597项。

“建筑热环境理论及其绿色营造关键技术”实现智慧创新突破，物联多联机节能标志实现行业首创。

热水器方面，利用燃烧技术、使用除菌材料，市场份额名列我国同行业第一。防油烟技术、小家电智能化、微孔送风技术、创新RO+矿泉水质水系统、热能回收、降压气悬浮技术、在可循环包装材料上下功夫，研发低碳相关技术，促进对环境的保护。

从表1可以看出海尔智家的研发投入还是比较大的，研发强度的提升帮助企业提升竞争力。根据表2，2022年海尔智家以5691件智慧家庭发明专利数量高居榜首，是同行业的美的集团两倍多。

表1　海尔智家各年度研发投入、营业收入、研发强度

年份	研发投入（百万元）	营业收入（百万元）	研发强度（%）
2017	4589	159254	2.88
2018	5398	183317	2.94
2019	6711	200762	3.34
2020	7220	209726	3.44
2021	8967	227556	3.94

资料来源：海尔智家公司年报。

表 2　2022 年全球智慧家庭发明专利排行榜（TOP100）

排名	申请人	专利数量/件
1	海尔智家	5691
2	美的	2732
3	LG	2634
4	格力	2118
5	三星	2021
6	海信	1218
7	谷歌	1113
8	三菱	1043
9	大金	1017
10	华为	988
11	苹果	859

资料来源：IPR daily 中文网。

从表 2 可以发现，海尔智家在专利方面加大力度，创新能力和综合实力也在不断提升。

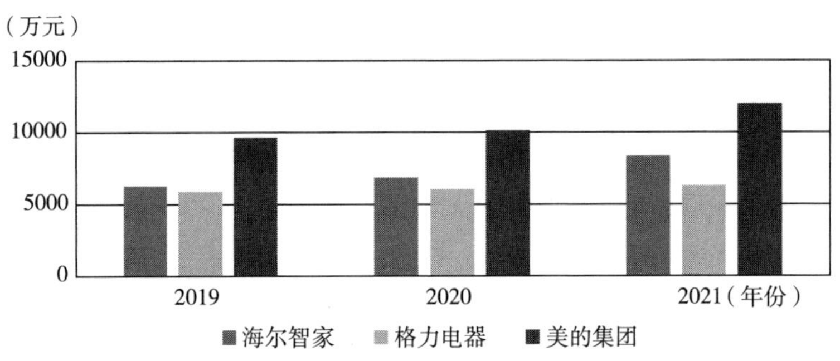

图 3　2019~2021 年海尔智家等三家研发费用对比

资料来源：海尔智家等三家 2019~2021 年年报。

从图 3 可以看出，海尔智家研发费用的投入还是比较大的，逐年增长，这使它在销售市场上取得了一定的竞争优势，但较美的集团还是有一定的差距。

（三）海尔智家的绿色营销策略

随着市场环境越发激烈，人们对健康产品的关注度也有了提升。倡导绿色消费的同时，要求企业科学合理实施营销组合策略，将绿色理念贯穿产品的始终。

站在企业角度看，海尔智家生产出低碳、循环、节能、减排健康、节能产品，可以增加营业收入，获得利润。如海尔智家的商用空调聚焦智慧节能、新能源使用等。

站在消费者角度看，如今，随着物联网的发展和应用，低碳观念已深入人心，倡导绿色消费，保护环境，人人有责，人们追求卓越的健康生活，如海尔智家用智慧科技在家庭用水方面实现净水、软水、热水，满足人们生活化需求。

站在社会角度看，积极履行社会责任，家电回收，废水处理、再循环利用等，选择更低排放的制冷剂，维护良好的绿色产品形象，可持续长期发展，2022年《财富》杂志显示，海尔智家成为全球最受赞赏的公司。

从图 4 可知，海尔智家非常重视产品销售，销售费用比较高，可能是绿色产品营销方面投入比较高，做得比较好。

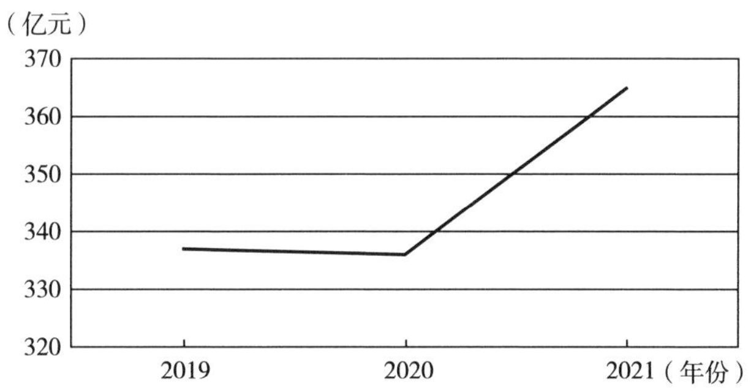

图 4　2019~2021 年海尔智家销售费用

资料来源：海尔智家年报。

三、绿色创新视角下海尔智家的竞争优势

（一）绿色产品和服务差异化

当我们打开海尔智家 APP，“和家人一起，体验智慧的家”映入眼帘，以用户为中心，从设计一个智慧家、建设一个智慧家到服务一个智慧家，给消费者带来的是全流程、全生命周期的服务。而对于一个企业来说，用户满意度越高，代

表客户对企业的信任度也越高。

根据图 5，海尔智家的产品连续多年排名第一，如冰箱已经 14 年夺冠，体现了海尔智家的产品优势。

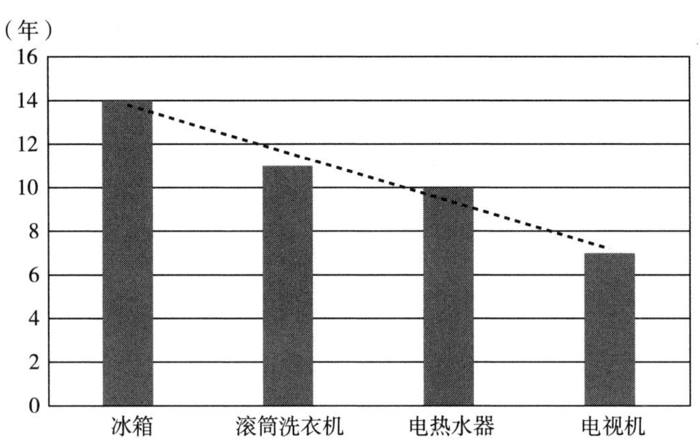

图 5　2022 年顾客满意度产品连冠数据

资料来源：新浪网。

随着智能产品的普及，功能单一的传统产品逐渐被取代，如大容量 T 门与法式冰箱竞争力不断增强，企业需要加强研发管理，创新产品，2021 年年报显示，在厨房美食和衣物洗护行业已经在国内站稳了脚跟。

海尔智家细分高中低市场，三翼鸟智慧家庭场景模式，设计上充分利用资源，提升空间使用效率，集艺术科技于一身的零距离嵌入冰箱，集洗护烘多功能于一体的卡萨帝。2022 年海尔卫玺智能马桶新产线的落成，更高效、更高质量地为用户提供产品服务。集健康智能于一体的墨盒洗衣机，开创绿色生态新格局。海尔智家深耕不同用户、不同场景制定差异化用户场景方案。海尔智家创建微改服务差异化模式，适应不同层次客户需求，实现了服务的信息化、更加智能化，优化消费举措，售后服务升级，不仅给用户带来美好生活体验，在一定程度上推动了整个家电服务行业的高质量发展。

（二）绿色品牌优势

在政府大力支持下，顾客信赖，绿色产品不仅满足环保节能，让消费者买得放心，用得放心，享受崭新、专业、美好、健康的生活。

海尔智家坚持“出口创牌”销售主流产品，成为全球消费者喜爱的品牌。海尔智家在国内品牌 500 强中涌现出了卡奥斯、三翼鸟等品牌，根据 2021 年年

报，海外坚持本土化经营，优化全球资源，完善全球产业链布局，让冰箱、洗衣机等绿色家电更加有效地走向世界。进入数字经济时代以来，海尔在生态品牌建设上鼓足干劲，同时顺应时代所需，从制造强国到品牌强国，打造高端品牌，场景品牌，不断价值引领，展现品牌的强大活力。

如表 3 所示，我们可以发现，海尔智家品牌价值非常高，达到了 4161 亿元，领先全国其他行业和企业，并且连续 19 年上榜，排名提升至全球第 35 位，位列中国入榜品牌第 2。

表 3 睿富 2022 年中国品牌价值 100 强榜单（前 7）

排名	公司名称	品牌名称	品牌价值（亿元）	主要业务
1	海尔智家	海尔	4161	物联网生态
2	阿里巴巴集团	阿里巴巴	3783	互联网
3	五粮液集团	五粮液	3669	白酒制造
4	腾讯控股	腾讯	2267	互联网
5	美的集团	美的	1537	家用电器
6	贵州茅台	茅台	1520	白酒制造
7	联想集团	联想	1452	电子计算机

资料来源：睿富全球排行榜。

根据图 6、表 4，可以体现海尔智家国际上的地位，在国内仅次于国家电网。

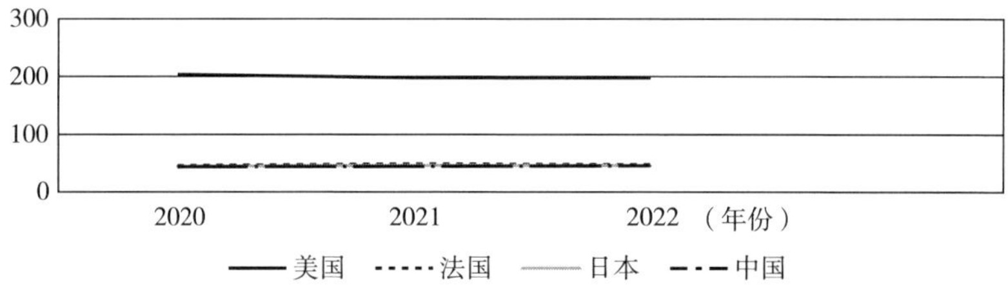

图 6 2022 年世界 500 强榜单

资料来源：新浪网。

表 4 2022 年世界 500 强榜单

排名	国家	品牌数量	代表性品牌
1	美国	198	苹果、微软、谷歌
2	法国	47	路易威登、香奈儿

续表

排名	国家	品牌数量	代表性品牌
3	日本	46	丰田、本田
4	中国	45	国家电网、海尔
5	英国	35	联合利华
6	德国	28	奔驰、宝马
7	瑞士	18	雀巢、劳力士

资料来源；新浪网。

（三）环保节能的技术优势

海尔智家将绿色作为生命底色和战略基色，坚持健康、节能、智慧产品理念，大力推进低碳生态，凭借其出色的环保节能技术优势，比如在 2021 年，海尔智家依靠技术实现节水 80867.32 立方米，节电 1296.74 万千瓦时，单位产值能耗下降 4.62%，单位产值水耗下降 3.86%，单位废水排放量减少 4.08%。

根据表 5，海尔智家的全球首个碳中和工厂实现绿色全覆盖，在二氧化碳排放上取得了重大成果。

表 5　2021 年海尔智家的海尔中德智慧园区　　单位：万吨

项目名称	光伏发电系统	低风速风机	智慧综合能源管理系统
二氧化碳排放减少量	1.3	3.5	3.22

资料来源：海尔智家官网。

四、绿色视角下海尔智家的竞争风险

（一）市场风险

在国内“双碳”目标、互联网与人工智能的时代背景下，越来越多的企业开始将绿色创新纳入公司战略，这就使得行业间对市场的份额竞争激烈，企业战略必须要与企业所处的环境相联系，面对市场变化，不断整合包括人才等资源。

海尔智家在全球市场规模巨大，建立了很多生产、营销中心，海外市场收益也发展良好。而这一市场容易受当地政治以及经济局势、法律制度的影响，企业面临一定的经营风险，若市场环境突变，要及时制定策略并实施，主动出击，不断完善改进，因地制宜与周期程序并存。购买者对于家电行业的议价能力较强。企业要以顾客需求为出发点，细分客户，需要通过政府出台的优惠政策引导鼓励消费者绿色消费，培养爱护家园、共建共享的意识。

（二）管理风险

我国家电的市场主要是格力、美的集团、海尔智家三足鼎立，从潜在进入者的威胁考虑，这在一定程度上增强了其他企业的进入壁垒。但随着电热毯等各种电供暖产品的出现，对家用电器的市场尤其是空调的销售产生了一定的影响，比如在北方更倾向于供暖，对于空调的需求并不是很大。所以可能会出现存货过剩的情况，在南方空调依赖程度比较大，空调的市场潜力大。

（三）技术风险

由于绿色产品在技术上要求比较高，这时供应商议价的能力比较强，新的产品、服务和技术通常伴随着较高的售价。而目前市场空调等产品同质化严重，这就要求企业在产品设计上加大创新力度，技术要足够成熟，让消费者满意，创造出竞争对手难以超越的新产品，在整个产品生产销售环节，攻坚克难。

五、结论与相关建议

本文尝试梳理当前海尔智家在绿色创新视角下的竞争战略以及今后的运营和改进方向，得出绿色创新对企业战略的制定有一定影响，并且可以提高企业的核心竞争力。因此，在当前竞争激烈的市场环境下，本文提出以下建议：

（1）降低市场风险，先要明确市场，针对不同客户进行专业化细分。随着生活水平的提高，顾客更青睐绿色节能低碳的产品，海尔智家要实现市场规模化，离不开技术，离不开绿色创新，帮助其实现绿色健康智慧化生活。

（2）面对管理风险，要根据市场做调整，例如采用降低产品价格，采用折扣销售、出口销售等方式解决存货过剩等问题，不断完善建立管理机制，要在实现资源的高效利用上下功夫。

（3）降低技术风险，企业实现高质量发展离不开科技人才，技术创新是企业低碳营销发展的驱动力和基础，需要提高企业的绿色创新技术，引进高科技、懂技术人才。市场环境充满着未知性，要从绿色创新的角度加大研发力度，顺应时代发展，最大限度地满足客户需求。

参考文献

［1］鲍新中，孙晔，陶秋燕等．竞争战略、创新研发与企业绩效的关系研究［J］．中国科技论坛，2014，218（6）：63-69.

［2］李至圆，钟熙，陈伟宏．业绩期望差距、管理自主权与企业竞争战略［J］．管理评论，2022，34（9）：285-296.

［3］李建凤．基于企业战略的财务报表分析——以格力电器为例［J］．财会通讯，2017，736（8）：67-71.

［4］朱乃平，朱丽，孔玉生等．技术创新投入、社会责任承担对财务绩效的协同影响研究［J］．会计研究，2014，316（2）：57-63+95.

［5］马宁，王雷．企业生命周期、竞争战略与风险承担［J］．当代财经，2018，402（5）：70-80.

［6］王芸，邓钊，张妍莹．环境规制、研发费用加计扣除与企业绿色创新［J］．会计之友，2023，701（5）：59-67.

［7］Wang Zhiwei，Sun Hui，Ding Chenxin，Xin Long，Xia Xuechao，Gong Yuanyuan. Do Technology Alliance Network Characteristics Promote Ambidextrous Green Innovation? A Perspective from Internal and External Pressures of Firms in China［J］. Sustainability，2023，15（4）.

［8］宋晓玲，李金叶．产业协同集聚、制度环境与工业绿色创新效率［J］. 科技进步与对策，2023，40（4）：56-65.

［9］梁运吉，韩瑞芬，梁梓潞．绿色技术创新、媒体关注与企业价值——来自重污染行业的经验证据［J］．会计之友，2023，702（6）：112-119.

［10］中国造纸院与海尔智家签署战略合作协议并成立海尔智家——中国造纸院联合创新中心［J］．中国造纸，2021，40（5）：22.

［11］李九斤，钟嘉宇，陶国煜．“双碳”目标下绿色创新对中国神华财务绩效影响研究［J］．财务管理研究，2023，41（2）：7-17.

［12］王锋正，刘向龙，张蕾等．数字化促进了资源型企业绿色技术创新吗?［J］．科学学研究，2022，40（2）：332-344.

股权分散型企业长期激励模式探索及效果研究

——以万科集团为例

李　猛*

摘　要：股权分散型企业实施长期激励，有助于缓解委托代理问题，助力企业长久持续发展，而合适的长期激励模式是实现这一目标的关键。本文以万科集团为例，从实施动因、模式选择动因、激励方案和实施情况等方面对经济利润奖金计划进行分析；并进一步从市场反应、公司治理、财务绩效等方面对万科集团经济利润奖金计划的效果进行分析；并以此提出建议与启示，期望能为股权分散型企业设计长期激励方案提供参考。

关键词：股权分散企业；长期激励；经济增加值

一、文献综述

近年来，随着我国资本市场不断发展，诸多学者探索中国企业如何转型向现代企业。其中刘学方（2015）指出，我国家族企业要从过去的“差序格局”治理方式，转向公平公正的现代企业治理模式，武晓玲（2013）指出我国股权分置改革完成后，应继续引进市场机制，形成分散性股权结构。但公司治理结构的转变带来新的委托代理、公司效率等问题，尹筑嘉（2015）指出分散持股模式的治理成本明显高于“一股独大”等持股模式的治理成本，在此背景下，刘菁（2006）指出将代理人所得的利益和企业价值增值挂钩，使经营者对个人效用的

* 作者简介：李猛（1999—），男，山东省济南人，北京联合大学管理学院在读研究生，研究方向：公司治理。

追求转化为对企业效用最大化的追求，从而较好地解决了两权分离下的代理问题。因此探索有效的长期激励模式就成为首要任务，不过由于我国长期激励起步较晚，大部分企业仍处在模仿的阶段，股权分散型企业应根据自身情况，选择与自己相匹配的长期激励模式，才能使激励效果最大化。所以，本文以万科企业股份有限公司（下文简称“万科集团”）长期激励模式为切入点，试图回答万科集团的经济利润奖金计划“为何采用该种模式”“效果如何”“如何改进”等问题。

二、长期激励实施

（一）实施动因

1. 对标先进企业，革新企业管理技术

至2010年，万科集团已成长为国内最具代表性的房地产企业，自然需要重新审视自身定位，通过与国际先进企业及同水平同行业企业对比分析，做出与公司发展阶段相匹配的改变。

2. 调整薪资体系，为股东创造价值

2000~2007年，万科集团的薪资结构为固定工资+奖金+年终奖，在这种结构下员工薪资与销售额、利润等直接相关，有利于成长期企业扩大规模。然而，随着万科集团的发展，仅企业规模扩大无法为股东创造真实的价值，因此薪资体系亟待调整。

（二）模式选择动因

目前最先进的管理技术，有三个关键词值得关注，分别是EVA（经济增加值）、对赌协议、合弄制。这些关键词构成了发达国家最主要的管理方式，那么万科集团基于此关键词做出对应调整。

EVA对应万科集团的经济利润奖金方案，EVA（经济增加值）20世纪80年代左右在美国出现，受到了非常大的关注，而且成为很多世界500强企业跨国公司选择或参考的一个重要的企业考核体系。EVA的意思是要从利润中扣除资本成本，即股东创造的回报高于社会平均水平的一部分，才是真正为股东创造的价值。它与利润对比，显然前者对于体现股东价值创造更有意义。同时正逢国资委“试点EVA”的要求，彼时作为万科第一大股东的华润也提出让万科试点，促成了经济利润奖金方案的落地。

（三）激励方案

万科集团经济利润奖金计划细则如表 1 所示。

表 1　经济利润奖金计划细则

<table>
<tr><td colspan="3">经济利润奖金计划</td></tr>
<tr><td>奖励对象</td><td colspan="2">万科集团全职工作的董事、监事、万科集团管理人员，以及业务骨干和突出贡献人员</td></tr>
<tr><td>奖金提取规则</td><td>每一年度经济利润奖金以公司当年实现的经济利润（EP）作为业绩考核指标和提取或扣减基数，采取正负双向调节机制，按照 10%的固定比例提取或返还</td><td>经济利润=投入资本额×（净资产收益率-加权平均资本成本率）（以各年 A 股全部上市公司加权平均的全面摊薄净资产收益率作为股权资本机会成本）</td></tr>
<tr><td>奖金递延发放</td><td>奖励对象委托第三方对受限奖金进行投资管理并获取投资收益，也相应承担投资损失。递延期满后，对公司不再承担任何义务</td><td>经济利润奖金实行递延发放，封闭三年不发放，在此期间递延奖金池内的经济利润奖金对公司承担或有返还的义务；原经济利润奖金的一部分分配员工，另一部分引入融资杠杆投资回购股票成为公司事业合伙人，现事业合伙人制度已取消</td></tr>
</table>

资料来源：年度报告。

（四）实施情况

万科集团经济利润奖金提取情况和分发明细见表 2 和表 3。

表 2　经济利润奖金提取情况

指标 年份	净利润（亿元）	加权平均净资产收益率（%）	经济利润（EP）	经济利润奖金计提情况
2010	72. 8	17. 79	10. 5	1. 05
2011	96. 2	19. 83	26. 1	2. 61
2012	125. 5	21. 45	43. 7	4. 37
2013	151. 2	21. 54	55. 9	5. 59
2014	157. 5	19. 17	76. 37	7. 637
2015	181. 2	19. 14	97. 69	9. 769
2016	210. 2	19. 68	—	—
2017	280. 5	22. 80	151	15. 1
2018	337. 7	23. 24	174	17. 4
2019	388. 7	22. 47	199. 97	19. 997
2020	415. 2	20. 13	190. 5	19. 05
2021	225. 2	9. 78	8. 5	0. 85

资料来源：年度报告。

表 3　经济利润奖金分发明细

单位：万元

<table>
<tr><th>年份
姓名</th><th>2010</th><th>2011</th><th>2012</th><th>2013</th><th>2014</th><th>2015</th><th>2016</th><th>2017</th><th>2018</th><th>2019</th><th>2020</th></tr>
<tr><td>王　石</td><td colspan="7">1679.83</td><td colspan="4">无奖金</td></tr>
<tr><td>郁　亮</td><td colspan="7">1496.12</td><td>1499.32</td><td>1930.93</td><td>2218.11</td><td>961.48</td></tr>
<tr><td>祝九胜</td><td colspan="7">无奖金</td><td>1241.70</td><td>1301.56</td><td>1345.4</td><td>836.12</td></tr>
<tr><td>解　冻</td><td colspan="7">594.88</td><td>966.1</td><td>1016.42</td><td>1015.98</td><td>623.9</td></tr>
<tr><td>张　旭</td><td colspan="4">无奖金</td><td colspan="3">735.73</td><td>1103.9</td><td>1158.99</td><td colspan="2">无奖金</td></tr>
<tr><td>王海武</td><td colspan="9">无奖金</td><td>1515.33</td><td>694.64</td></tr>
<tr><td>刘　肖</td><td colspan="10">无奖金</td><td>553.16</td></tr>
<tr><td>孙　嘉</td><td colspan="6">无奖金</td><td>886.77</td><td>1103.9</td><td colspan="3">无奖金</td></tr>
<tr><td>王文金</td><td colspan="7">646.31</td><td>966.1</td><td>997.13</td><td colspan="2">无奖金</td></tr>
<tr><td>韩慧华</td><td colspan="9">无奖金</td><td>375.92</td><td>557.05</td></tr>
<tr><td>朱　旭</td><td colspan="6">无奖金</td><td>409.37</td><td>571.15</td><td>448.61</td><td>722.31</td><td>447.05</td></tr>
<tr><td>周清平</td><td colspan="7">193.47</td><td>144.52</td><td>172.42</td><td colspan="2">无奖金</td></tr>
<tr><td>阙东武</td><td colspan="9">无奖金</td><td>609.02</td><td>447.05</td></tr>
</table>

数据来源：年度报告。

2014年，由于资本市场整体繁荣，公司股价持续低迷。为提振市场信心，公司主要股东及管理团队增持公司股票。当时“集体奖金”账户中的资金作为劣级资金，由盈安合伙通过国信金鹏一级和二号资产管理计划（以下简称“金鹏计划”）购买万科A股。

2014年5月28日至2015年1月28日，金鹏计划购买495934792股万科A股，占公司当期总股本的4.39%，并已进行自愿披露。

2020年3月31日，盈安合伙通过深交所大宗交易系统买入公司65000026股A股，占公司总股本的0.58%。

2021年4月29日，盈安合伙的联合行动成员深圳市德裕众实业有限公司在深交所通过集中竞价交易，以自有资金购买万科A股804.800万股，占万科已发行股份的0.01%，导致有表决权的股份总数达到公司已发行股份的5%。截至2021年4月29日，盈安合伙及其共同行动人共持有万科有表决权股份580886618股，占万科总股本的5.00%。

2021年9月10日，公司收到股东盈安合伙及其联合行动人出具的《通知函》。截至2021年9月10日，盈安合伙及其共同行动人共持有万科有表决权股份585985518股，占万科总股本的5.04%。

三、长期激励效果

（一）市场反应

2011年3月8日为万科集团首次在年度报告中披露引入EP（经济利润）作为卓越绩效奖金考核的指标，将其定义为事件日。通过收益模型，分别计算出事件期的AR和CAR。

如图1所示，从T=0开始，AR呈现上升趋势，但是T=1时AR开始回落，且存在波动。从CAR来看，T=0之后CAR呈现上升趋势，在T=5时，呈现出现高峰，整体幅度高于公布发布之前，由此可见市场对于万科集团的经济利润奖金计划公告有正向反应，但这种正向反应不稳定。

（二）公司治理

1. 代理成本

如图2所示，2010年实施经济利润奖金计划后，三费比率都有显著的下降，其中销售费用率的降幅最大，但在经过经济利润奖励计划几次修正后的2016年，万科集团的三费比率呈现上升趋势，说明经济利润奖金计划尚没有达到长久稳定状态，计划架构仍需要改善。

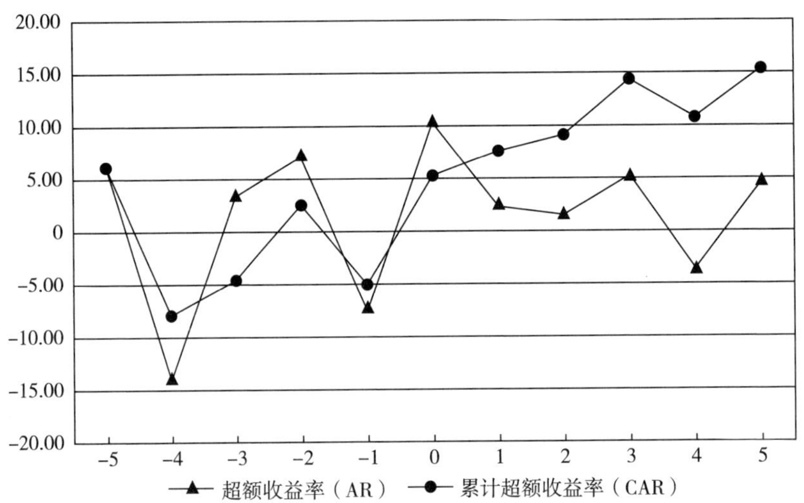

图1 经济利润奖金提取金额公布前后的AR和CAR变化趋势

资料来源：年度报告。

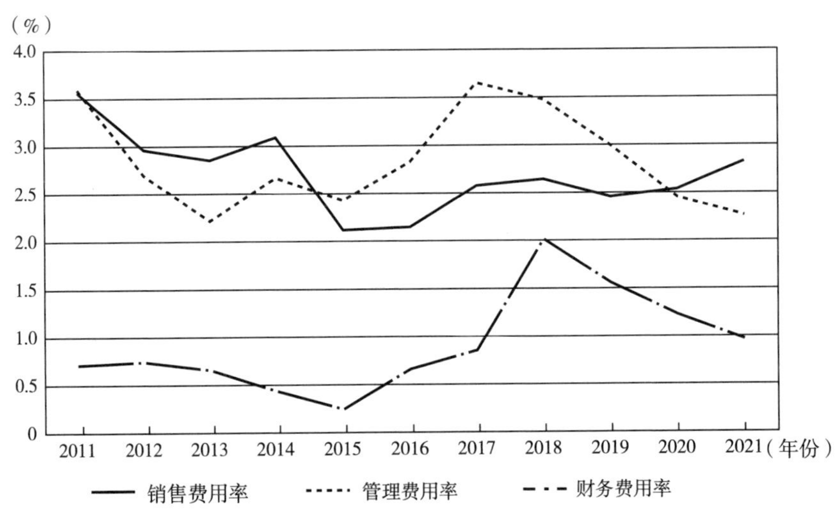

图2 三费比率变化趋势

资料来源：年度报告。

2017 年、2018 年，经济利润奖金计划于 2014 年实施的资管计划封闭期结束，得以实施，进而稳定受益者对于这一新计划的预期，同时得益于高管团队的履新，使得三费比率再次呈现下降趋势。所以总体来看，经济利润奖金计划的实施有效降低了公司代理成本，但因其创新性、独特性，尚没有形成标准化的体系，在不断的调整改进中出现调整反弹，因而对于经济利润奖金计划仍需要进一步优化标准及架构。

2. 代理效率

如图 3 所示，2010 年万科集团宣布革新薪资结构，引入经济利润奖金计划之后，由于计划前期准备不足以及受市场风向影响，集团高管普遍未充分认可该计划，总资产周转率并未有较为显著的下降，反而有小幅度上升趋势，导致计划并未达到理想的实施效果。但随着 2014 年、2016 年的数次方案优化，经济利润奖金计划整体架构越发合理，得以优化的薪资体系契合了集团与高管的利益诉求，2016 年后总资产周转率逐年下降也证实了这一点。

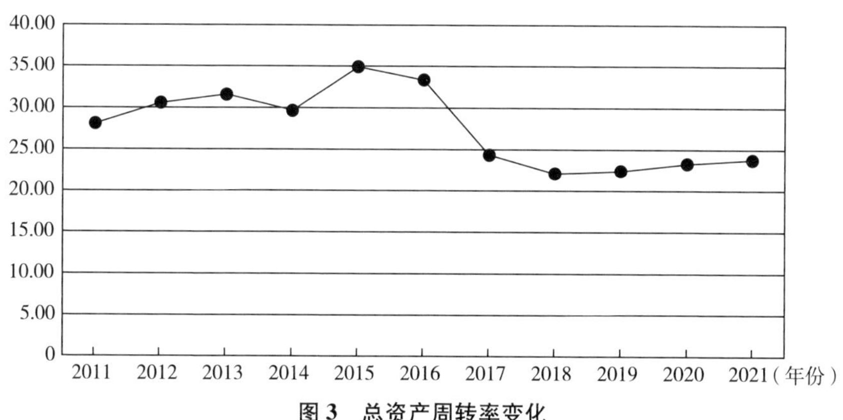

图 3　总资产周转率变化

资料来源：年度报告。

3. 财务绩效

基于万科集团的经济利润奖金计划规则和适配性的原则，选择了 12 个财务指标对其财务绩效进行评价，如表 4 所示。

表 4　万科集团财务绩效评价指标

项　目	指　标	指标属性
偿债能力	流动比率（X_1）	正向
	速动比率（X_2）	正向
	资产负债率（X_3）	逆向

续表

项　目	指　标	指标属性
盈利能力	销售净利率（X_4）	正向
	净资产收益率（X_5）	正向
	资产报酬率（X_6）	正向
营运能力	应收账款周转率（X_7）	正向
	流动资产周转率（X_8）	正向
	总资产周转率（X_9）	正向
成长能力	主营业务收入增长率（X_{10}）	正向
	净利润增长率（X_{11}）	正向
	总资产增长率（X_{12}）	正向

资料来源：年度报告。

通过整理2011~2021年万科集团的上述原始指标，并对其进行数据标准化后，通过熵权法绩效评价模型，计算出来的指标权重如表5所示。

表5　权重计算

指标编码	信息熵值	信息效用值	权重系数（%）
X_1	0.8873	0.1127	10.21
X_2	0.9344	0.0656	5.94
X_3	0.8860	0.1140	10.32
X_4	0.9516	0.0484	4.38
X_5	0.9594	0.0406	3.67
X_6	0.9538	0.0462	4.18
X_7	0.8486	0.1514	13.70
X_8	0.8751	0.1249	11.30
X_9	0.8504	0.1496	13.55
X_{10}	0.9093	0.0907	8.21
X_{11}	0.9543	0.0457	4.13
X_{12}	0.8851	0.1149	10.40

资料来源：年度报告。

计算历年综合得分如表6所示。

表6　综合得分

年份	2011	2012	2013	2014	2015	2016	2017	2018	2019	2020	2021
得分	0.64	0.67	0.59	0.48	0.72	0.65	0.46	0.46	0.37	0.37	0.24
排名	4	2	5	6	1	3	8	7	9	10	11

资料来源：年度报告。

为了使变化趋势更加直观，将深圳燃气历年得分变化趋势以折线图的形式呈现，如图 4 所示。

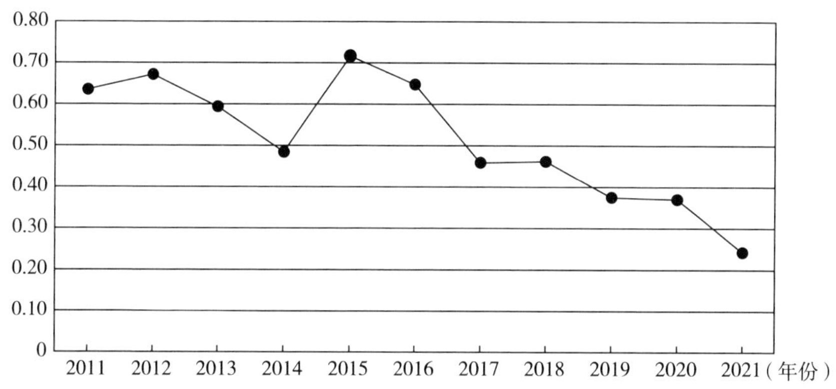

图 4　财务绩效综合得分

资料来源：年度报告。

由图 4 可知，在集团 2010 年实施经济利润奖金计划之后，综合得分有短暂的提升，后来由于 2014 年前后房地产市场遇冷，导致房企频频调整，疲于应对，经济利润奖金计划的实施效果大打折扣，但仍通过将封闭期奖金注入股市的方法，增强了市场对于万科集团的信心，随后经过 2016 年一系列的方案调整，计划结构暂时稳定，同时加之奖金的实际发放，使得 2015 年、2016 年的综合得分有所上升，2015 年综合得分在近十年排名第一，说明经济利润奖金计划的短期激励效果比较显著。但从 2017 年开始，综合得分开始下降，逐渐下降至经济利润奖金计划实施前水平，究其原因既有整个房地产市场的政策收紧，又有万科集团进入业务转型期导致经济利润奖金计划的长期激励效果不佳。

四、建议与启示

（一）从实际出发，探寻恰当激励模式

万科集团的经济利润奖金计划自推出就对标国际先进管理理念，以集体奖金、年功积分及封闭期等制度制定经济利润奖金计划的结构，但随着计划的不断深入，万科集团不断探索、优化该计划，取消了集体奖金及年功积分制度，计划

的预期不稳定让实施效果大打折扣，因此万科集团应当更加积极地、全面地调研探索全球案例，建设符合万科集团的行之有效的薪酬结构。

（二）以历史为鉴，正面应对现存体系漏洞

2010 年，万科集团开始推行经济利润奖金计划，但在执行后的第 3 年，房地产市场进入寒冬，股价不断下跌。为了应对股市危机，提振投资人对万科集团的信心，万科集团寻求集团内部增持集团股票，由于金额巨大，尚未发放的、正处于封闭期的归属于集团高管的经济利润价格奖金便成为首选资金。增持虽有效提振了股票市场，但也使得经济利润奖金计划未能够有效实施。万科集团应当及时处理资管计划的后续事项，以稳定集团高管对于经济利润奖金计划的信心，保障其能够持续实施，并进行不断的优化。

参考文献

［1］阿布都合力力·阿布拉．混合所有制企业高管激励与经营绩效间的 U 型曲线测算［J］．统计与决策，2018，34（9）：172-176.

［2］张晓亮．上市公司高管激励机制与公司绩效实证分析——对薪酬福利及持股比例激励机制的探讨［J］．财会通讯，2013，595（11）：29-31.

［3］董海军．浅谈国企混改中股权激励模式的选择［J］．财政监督，2019，445（7）：97-102.

［4］刘学方．企业管理模式的变化对企业绩效的影响分析——以家族企业为例［J］．经济学家，2015，196（4）：54-63.

［5］夏桂芳，王丽群，常媛．混合所有制企业股权激励模式及效果对比研究——以深圳燃气为例［J］．现代商业，2022，635（10）：146-148.

［6］武晓玲，翟明磊．上市公司股权结构对现金股利政策的影响——基于股权分置改革的股权变化数据［J］．山西财经大学学报，2013，35（1）：84-94.

［7］尹筑嘉，黄建欢，肖敏．一股独大不利于公司治理吗——基于持股模式和两类治理成本的经验证据［J］．广东财经大学学报，2015，30（6）：60-72.

［8］万科企业股份有限公司．2021 年度报告［R］．2022.

腾讯控股 ESG 信息披露探究

李若浩*

摘　要：2020 年，港交所发布新的《ESG 报告指引》，半强制港股上市企业披露 ESG 专题报告。随即，深沪两市也开始完善 ESG 相关政策指引以彻底贯彻落实“绿色、可持续发展”。在资本市场极度关心互联网行业发展的大环境中，互联网企业的 ESG 信息披露显得尤为重要。文章以腾讯控股为例，分析互联网企业 ESG 报告披露信息，发现其披露信息质量正在逐年提升，有“定量数据丰富”“报告真实性得到保障”等可为其他互联网企业借鉴之处。但是存在“负面信息回应不及时”“缺乏纵向可比性”等问题，并针对这些问题提出了建议。

关键词：ESG；腾讯控股；互联网企业

一、引言

近年来，大数据的飞速发展孵化出一批新的互联网企业，目前在全球范围内这类企业的发展如日中天。随着时代的发展，“绿色”“可持续发展”“双碳目标”等理念早以深入人心，越来越多的企业注重环保创新、节能减排，以此主动承担相关的社会责任。早在 20 世纪 90 年代，我国就开始贯彻“可持续发展”的观点。2020 年 9 月，我国明确提出“双碳目标”。中国市场 2005 年发布首只 ESG 指数（国证治理指数），自此 ESG 进入大众视野。ESG 包括环境（Environment）、社会（Social）、公司治理（Governance）三个维度，它起源于社会责任投资，最初是为了平衡经济发展和生态环境的问题而被提出。港交所 2019 年发

* 作者简介：李若浩（1999—），女，甘肃省兰州人，北京联合大学管理学院在读研究生，研究方向：ESG。

布《ESG 报告指引》，其中要求企业不披露 ESG 报告则要进行解释，推进了 ESG 理念在我国的彻底贯彻。许多知名互联网型企业都选择在港交所上市，比如美团、京东、阿里巴巴、腾讯等，这些企业作为我国互联网行业的头部企业，它们在 ESG 信息披露方面的作为值得我们研究。

本文以腾讯控股为案例，探究信息时代下互联网型企业腾讯 ESG 信息披露，分析对于其他互联网企业的可改进和可借鉴之处。

二、互联网企业 ESG 披露情况

（一）互联网企业 ESG 披露

1. ESG 指引

香港证券交易所（以下简称：港交所）相较于内地来说更早地引入了 ESG 这个概念，发展较 A 股市场更为超前，布局更为完善。本文以港交所发布的 ESG 报告指引作为研究互联网企业的 ESG 报告的参考标准。

港交所 2020 年新发布的《ESG 报告指引》中增加了许多细则，在 ESG 投资概念逐渐成为主流的背景下，促进了港股市场向国际 ESG 领域的靠拢，迈出了"强制披露"的一大步（见表 1）。

表 1　2020 年《ESG 报告指引》主要变化与影响

指引变化对报告的影响	内容
全面性	强制披露董事会层面的相关信息
及时性	提前 ESG 报告发布日期
强制性	将指引中的"建议披露"改为"不披露就解释"
可靠性	鼓励第三方机构对报告及逆行鉴证
可持续性	新增关于气候变化层面的信息披露

资料来源：整理自香港交易所官网。

2. 互联网企业 ESG 信息特征

基于港交所发布的《ESG 报告指引》和全球可持续发展标准委员会发布的

GRI 标准，本文认为互联网企业的 ESG 报告的信息应该具备以下特征：

（1）针对性。一方面，互联网企业属于新兴的互联网行业，公司高管年龄较其他行业来说更为年轻，服务、运营形式更加不同；另一方面，企业牵扯到以平台为中介的多个关联方。所以企业需要更有针对性地在《ESG 报告指引》的基础上披露带有行业特点的信息，比如管理层结构、网络安全、用户隐私安全、服务器碳排放等问题。

（2）可比性。企业完善自己的披露框架和衡量标准，保证信息的前后一致，不随意为了报告美观和自己的 ESG 实施情况删减或增加项目，保证报告的纵向可比性。

（3）可量化。报告中所披露的关键信息有定量分析而非仅文字定性描述，其中关键指标的计算和计量可以附注说明。过多的文字定性缺少数据支撑结论，存在美化企业 ESG 履责情况的可能，会使报告失去一定的真实性和说服力。

（4）真实性。企业应当主动找第三方鉴证机构鉴证 ESG 报告，以确保报告的真实性，以便向资本市场传达更加真实的信息。

（二）互联网企业 ESG 评价体系构建

ESG 在国内尚未形成十分完整的体系，本文参照 MSCI 的 ESG 评级体系，根据中国通信院发布的互联网治理报告，综合了互联网企业的运营特点，选取以下指标作为本文互联网企业的 ESG 披露质量探究体系。

1. 指标选择

MSCI 对企业进行 ESG 评级的体系总共包括三个维度，各维度下又分为不同的主题，每个主题又有不同的关键议题，总共有 10 个主题，35 个关键议题。本文以 MSCI 的 10 个主题为基准，删减了对互联平台企业而言不重要的主题，增加了部分更有针对性的议题，形成了互联网企业 ESG 披露质量评价指标体系（见表 2）。

2. 分数评定

本文采用指数评分法，互联网企业 ESG 报告披露中，如果有该项议题的文字定性描述或分子定量分析则赋予 1 分，若二者皆有则赋予 2 分，两种描述都没有则该项为 0 分。理论上，上述体系各议题通过相加总分最高应该为 40 分，但是由于供应链劳工标准、所有权及控制、商业道德这三个议题缺少可以进行定量数据描述的标准，所以在上述体系中，互联网企业 ESG 披露质量的最高得分应该为 37 分（环境维度总分为 12 分，社会维度总分为 15 分，公司治理维度总分为 10 分）。

表 2　互联网企业 ESG 披露质量评价指标体系

维度	主题	关键议题	议题的具体评估内容
环境（Environment）	气候变化	碳排放	公司在运营过程中产生的碳排放量，以及应对气候变化相关的风险和机遇的实践情况
	资源使用	资源和能量的消耗情况	公司运营过程中电力资源、水资源、生物资源等其他资源的消耗情况
		资源利用率	公司的资源利用效率如何，以及是否存在资源浪费
	污染物与废弃物	有害物排放	公司在生产运营过程中产生的对环境造成污染或者潜在影响的有毒或有致癌物质，以及该公司本身的环境管理战略和能力
		废弃物	公司在生产运营过程中产生的垃圾（其中包括互联网企业特有的电子垃圾），以及企业对其治理和管理的能力
	环境机遇	技术创新	在清洁技术、可再生资源等环保领域做出的技术创新贡献
社会（Social）	人力资源	员工待遇	公司支付的员工薪酬水平、员工的福利待遇
		员工教育	公司为员工提供专业培训、继续教育情况
		员工关怀	公司对员工的健康安全和特殊情况员工的关心情况
		员工结构	企业雇用不同种族、性别、信仰等员工的情况
		供应链劳工标准	公司供应链的管理情况和透明度，记忆公司上下游供应商所聘用劳工的标准
	产品责任	产品安全和质量	公司在潜在产品召回或产品安全隐患中的暴露风险
		用户隐私与数据安全	公司各平台或软件用户的心理隐私安全，隐私保护政策的完整度以及潜在数据泄露风险的程度和应对措施
	社会机遇	网络环境维护	公司严查和整治旗下平台的信息发布，避免网络侵权问题，杜绝虚假广告、产生不良引导的低俗内容等的发布和流传
治理（Governance）	公司治理	所有权及控制	公司的股权结构以及股东力量对其他潜在投资者的影响
		薪酬	公司管理层的薪酬以及其他股权激励政策与企业战略的一致性程度
		董事会	公司董事会结构及在监管、决策、保护投资者利益等方面的有效性

续表

维度	主题	关键议题	议题的具体评估内容
治理（Governance）	商业行为	商业道德	公司对商业道德方面的实践与监管情况，比如腐败、不当竞争等行为
		税务透明	公司自估税率差距和报告收入的透明度以及涉嫌税务争议的情况
		意识宣传	公司利用自身互联网平台的优势进行反洗钱、反腐败、反商业贿赂等行为的宣传

数据来源：香港联交所《环境、社会及管治报告指引》、MSCI 的 ESG 评级指标体以及中国信息通信研究院发布的《互联网治理报告》。

（三）互联网企业 ESG 信息披露分析

根据中国互联网协会发布的《中国互联网企业综合实力指数（2022 年）》，目前我国互联网行业综合实力发展态势蒸蒸日上，2022 年综合实力指数值高达 730.3 分，较 2021 年增长 18.5%。行业发展有以下趋势：一是员工规模持续增长，在成长型互联网企业中这种现象更为明显；二是研发投入和强度屡创新高；三是持续聚焦产业链服务。互联网迅猛的发展态势需要也吸引着存量或潜在资本市场的资金注入，资本市场的环境和趋势成为推动互联强企业 ESG 信息披露的重要因素。聚焦于该报告发布整理的前百名中国互联网企业，以前十名企业发布的 ESG 报告为主，剩余的企业发布的 ESG 报告为辅（见表 3），从报告的数量和质量两方面来分析互联网企业 ESG 披露现状。

互联网行业前百家企业中，披露 ESG 报告企业的企业不足半数，其中有 38 家企业未曾发布过 ESG（或社会责任）报告。

表 3　互联网前十企业报告披露情况

企业名称	社会责任报告	ESG 报告	MCSI 最新 ESG 评级（范围 CCC-AAA，AAA 为最佳）
腾讯	2014 年开始披露	2016 年开始披露	BBB
阿里巴巴	2007 年开始披露	2018 年开始披露	BBB
三快在线科技（美团）	2018 年开始披露	未披露	BBB
蚂蚁科技	未披露，但自 2016 年开始披露《可持续发展报告》		A
字节跳动	2018 年开始披露	未披露	—

续表

企业名称	社会责任报告	ESG 报告	MCSI 最新 ESG 评级（范围 CCC-AAA，AAA 为最佳）
京东集团	2017 年开始披露	2020 年开始披露	BB
百度公司	2021 年开始披露		BBB
寻梦信息技术（拼多多）	未披露		BB
快手	2018 年开始霹雳	未披露	—
携程	未披露	未披露	A

资料来源：企业官网信息整理。

从表 3 可以看出，互联网前十企业所披露的 ESG 报表数量还很少，甚至有 6 家企业从未披露过 ESG 专题报告，与该主题有关联的社会责任报告披露起始时间也普遍较晚。尽管蚂蚁科技等企业在官网披露了可持续发展相关的信息，美图、携程等企业仅在社会责任报告中提及了相关概念，并不能全面了解该企业 ESG 三个维度全方面的表现。整体 ESG 报告披露意识不足，有待加强。

企业 ESG 评级多在中下水平，国际互联网企业的 ESG 评级多在 BBB~A，且评级多呈稳定上升趋势。将国内外互联网企业相比，可以看出国内互联网企业的表现整体处于中下水平。但是，随着深沪两市的 ESG 政策的持续出台，互联网企业的相关表现正在与国际接轨。

上述报告更多叙述在社会责任或者 ESG 维度中的正面表现，很少提及具体的执行方法和标准，存在美化报表的可能，缺少真实性。并且仅有腾讯等少数企业关注到了其互联网企业拥有的双边或多边特性，在报告中披露了关于用户隐私、数据安全的保护措施，缺少针对性。

三、腾讯控股 ESG 信息披露分析

（一）案例简介

腾讯控股（下文简称腾讯）是一家知名的互联网公司，在中国互联网协会发布的《中国互联网企业综合实力指数》中，腾讯连续多年蝉联排行榜前位。企业的通信和社交服务连接全球逾 10 亿人，帮助他们与亲友联系，畅享便捷的

出行、支付和娱乐生活。此外，腾讯发行多款风靡全球的电子游戏及其他优质数字内容，云计算、广告、金融科技等一系列企业服务，支持合作伙伴实现数字化转型，促进业务发展。企业在 2004 年于港交所上市。

腾讯自 2014 年开始披露社会责任报告，2016 年开始披露 ESG 专题报告，但是 2016~2020 年的报告为繁体中文，且内容截自其年度报告中的相关部分。结合相关政策，2021 年之前，港交所发布的指引仅“建议披露”，此时企业的 ESG 报告并没有完整地依照国际标准构建自己的披露体系，仅是在年报中附带提及。说明企业 ESG 报告披露的自主性并不强，不排除是为了迎合资本市场的政策进行披露的可能。

2021 年，为迎合港交所 2020 年发布的新版《ESG 报告指引》，腾讯根据 HKE×ESG 指引、TCFD、SASB、GRI Standard 和 SDGs 发布的相关披露标准和建议，构建了属于自己的 ESG 披露体系，并聘请罗兵咸会计师事务所（普华永道香港分所）进行了第三方鉴证。第三方对腾讯 2021 年的 ESG 报告提出了合理保证意见。同年，企业还在官网披露了《腾讯碳中和目标及行动路线》《腾讯可持续社会价值》专题报告。值得一提的是，腾讯在官网中以“ESG”为名设立了单独一栏，上述的报告皆收录在此标题的页面中（见图 1）。

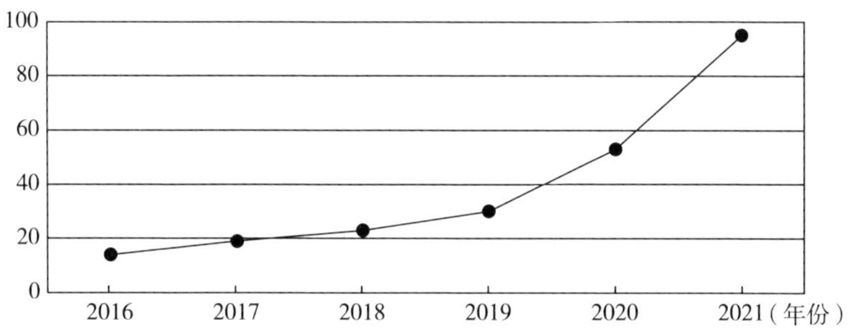

图 1　2016~2021 年腾讯 ESG 报告篇幅变化

资料来源：企业官网资料整理。

除了披露体系的改变，报告的设计和篇幅方面也有了很大的质量提升，观感体验更佳，报告字体也改为简体中文。结合 MSCI 的评级结果，腾讯的 ESG 表现仿佛并没有因为 2021 年的 ESG 报告质量的上升而变化，从 2018 年开始就一直保持在 BBB 的中下水平。根据企业官网给出的所有评级公司给出的结果来看，腾讯的 ESG 表现平平无奇，仍有很大的进步空间（见图 2）。

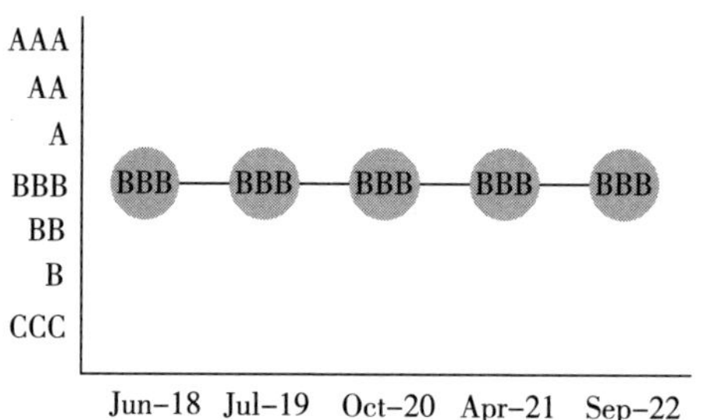

图 2　2018~2022 年 MSCI 对腾讯的 ESG 评级

资料来源：MSCI 官网。

四、腾讯控股 ESG 报告信息披露分析

本文依照上文所建立的 ESG 信息披露评价体系对腾讯 2017~2021 年的 ESG 专题报告进行分类打分，其中 2021 年结合了 ESG 报告、《腾讯碳中和目标及行动路线》和《腾讯可持续社会价值》专题报告的披露信息（见表 4）。

表 4　腾讯 ESG 信息披露得分情况

维度	议题	各年得分				
		2017 年	2018 年	2019 年	2020 年	2021 年
环境（Environment）	碳排放	2	2	2	2	2
	资源和能量的消耗情况	2	2	2	2	2
	资源利用率	1	1	1	1	2
	有害物排放	2	2	2	2	2
	废弃物	2	2	2	2	2
	技术创新	1	1	1	2	2
	小计	10	10	10	11	12

续表

维度	议题	各年得分				
		2017 年	2018 年	2019 年	2020 年	2021 年
社会（Social）	员工待遇	1	1	1	1	1
	员工教育	2	2	2	2	2
	员工关怀	1	1	1	2	2
	员工结构	1	1	1	2	2
	供应链劳工标准	0	0	1	1	1
	产品安全和质量	0	0	1	2	2
	用户隐私与数据安全	0	0	1	1	2
	网络环境维护	0	0	1	2	2
	小计	5	5	9	13	14
治理（Governance）	所有权及控制	0	0	0	0	1
	薪酬	0	0	0	0	0
	董事会	0	0	0	0	2
	会计与审计	0	0	0	1	1
	商业道德	1	1	1	1	1
	税务透明	0	0	0	0	0
	意识宣传	0	0	1	1	2
	小计	1	1	2	3	7
合计		15	15	21	27	33
得分率（%）		40.54	40.54	56.76	72.97	89.19

从表 4 可以看出，腾讯 ESG 报告披露质量逐年提升，尤其 2021 年报告中构建并说明了腾讯的 ESG 披露体系和参照标准，内容更加完整和完善。根据表 4 可以总结出腾讯 ESG 报告的披露信息质量对于其他互联网企业可借鉴之处，以及腾讯企业自身在本方面存在的问题。

（一）可借鉴之处

1. 社会维度关注内容更加全面

2017 年和 2018 年，企业的社会维度信息披露仅关注于社会公益事业和企业人力资源。随后几年企业关注到产品安全质量、用户数据隐私和互联网环境维护等针对互联网企业的社会责任。推进了企业社会责任履责的进程，同时为行业其他企业树立了标杆。

2. 定量数据比较丰富

企业环境维度综合得分较高，得益于企业在相关项目中都披露了数字定量分析，数据加文字的说明形式更加全面地反映了企业的履责情况，更具有说服力。

3. 真实性具有保障

腾讯积极聘请第三方机构对于报表进行鉴证，对于报告的真实性提供了有力的保障。规范了报告的披露程序，为行业其他企业树立了较好的典范。

（二）可改进之处

1. 存在负面信息披露回避现象

报告中信息多为正面信息，仅披露正面信息而回避负面信息会失去报告的真实性和完整性。例如，2021 年 7 月 24 日，腾讯被国家市场监督管理总局处罚 50 万元，因其收购中国音乐集团股权，构成违法实施经营者集中等行为。这些违反商业道德的行为可能影响企业的 ESG 表现评级，但是并未出现在 ESG 报告中，使得报告信服度有所下降。

2. 报告缺乏纵向可比性

企业各年披露的信息都有增有减，直至 2021 年之前并无一个完整的披露框架，这使得报告缺乏纵向可比性。

五、腾讯控股 ESG 报告披露优化建议

（一）持续完善报告披露内容和完整报告披露体系

随着时代进步和技术的发展，以及不同政策和指导方针的出台，社会的经济、政治、人文环境可能会出现变化，需要企业关注 ESG 履责内容，并完善完整企业 ESG 披露体系。以此提升企业的 ESG 标准化、规范化，并逐渐向国际资本市场靠拢。

（二）强化 ESG 理念管理以提升相关表现

报告只是一种表述载体，它更重要的是企业相关的表现。这就需要管理者真正理解社会环境、市场环境是经济利益的基础，需要企业贯彻落实 ESG 理念，才能真正提升企业相关表现。首先管理者应该认识到 ESG 的重要性并且根据 ESG 战略进行实践，其次将 ESG 表现纳入管理者绩效评价体系，从实践和监督

两个方面双管齐下，提高企业 ESG 表现的质量和主动性。

（三）对负面信息进行恰当的回应

作为行业的佼佼者，要具备更强的道德责任感和信息披露意识，这要求企业对于负面消息也要及时回应。一方面，企业回避网页和新闻中存在的负面信息会大大降低消费者和其他利益相关机构好感度；另一方面，会给行业其他企业带来不良影响。为促进企业自身和竞争环境的健康发展，企业应该恰当、及时地披露、回复负面信息的来龙去脉。

（四）完善 ESG 相关政策

为实现双碳目标、落实绿色可持续发展理念，政府应当对我国企业 ESG 披露及进行强制规定，对 ESG 披露体系进行统一，创建更标准、规范的 ESG 表现、披露的环境，推动我国企业更加国际化和科学化。

参考文献

［1］段濛．互联网企业的 ESG 体系构建——基于亚马逊与拼多多的双案例研究［J］．管理会计研究，2022（6）：44-54.

［2］方钰琳，王健姝．企业 ESG 信息披露案例研究——以中国农业银行为例［J］．商业会计，2022（19）：34-37.

［3］辛杰，卞江．共生视阈下平台企业社会责任评价体系构建［J］．经济管理，2022，44（6）：97-114.

［4］周怡平．互联网企业的社会责任信息披露质量分析［D］．北京外国语大学，2022.

电商企业战略研究和财务分析

——以拼多多为例

李叶梦*

摘　要：我国的电子商务行业正在蓬勃发展，目前的三大巨头为：阿里巴巴、京东、拼多多。电商行业仍然存在巨大的红利，使得当前市场的竞争日益激烈。但是许多电商企业仅仅是昙花一现，很快就不见踪影。主要原因是它们过于盲目地抢占市场而忽略了自身的战略发展模式，单纯地追逐短期利益，忽略了企业长期发展，导致公司在运营的过程中不断地亏损，最终资不抵债，公司破产，草草退场。拼多多作为电商界的“后起之秀”，异军突起，这离不开它的战略选择。本文以电商行业的“黑马”拼多多为例，进行战略研究和财务分析，再对比行业巨头（京东、阿里巴巴）分析其财务状况。希望为其他互联网企业提供借鉴经验。

关键词：拼多多；电商行业；战略研究；财务分析

一、文献综述

Andrews（1971）将战略划分为制定和实施两个部分，是平衡内外部环境的过程，并由此提出了 SWOT 分析法。陆正飞（1995）提出：企业应结合自身能力，避免盲目投资。朱丹等（2018）指出适度的战略变革对企业业绩的提升有帮助，过度的战略变革会带来相反的效果。马宁等（2018）指出企业在不同的生命周期应当有不同的战略选择。孙莹（2020）认为多元化战略的实施需要企业有强

* 作者简介：李叶梦（1996—），女，河南省信阳人，北京联合大学管理学院硕士研究生，研究方向：企业并购，财务舞弊。

大的核心业务。丁常香（2021）认为财务分析可以分为狭义财务分析与广义财务分析。在进行财务报表分析时，必须重视影响公司经营活动的各种因素，重点关注公司运营环境和公司战略。

二、拼多多公司简介

拼多多（上海）网络科技有限公司（以下简称“拼多多”）成立于2015年9月，创始人为黄峥。2018年6月，拼多多在美国上市，成为了继阿里巴巴、京东之后的三大电商平台之一。

拼多多是社交电子商务的典型代表之一，坚持以人为本，并且致力于为最广大的用户提供物超所值的商品以及有趣的互动式购物体验，专注于用户直连制造（Customer-to-Manufacturer，C2M）的商业模式，吸引用户和朋友、家人、同事等拼团来低价买到商品。通过这种创新的拼团模式，以及对技术的应用，实现了对现有商品流通环节的优化，提高了购买效率，为用户降低了购买成本，也推动了农业和制造业的发展。这种成功的商务思维正是受到了社交理念的启发，也正是因为这独特的思维，拼多多受到资本市场的青睐。

三、拼多多战略研究

（一）优势（Strengths）

（1）精准定位市场。

拼多多在成立之初，就找到了自身发展的最佳切入点，它们将目标集中在收入本身没有那么高，但是占比极大的人群。他们大部分都来自三四线以外城市或者农村，本身对价格比较敏感，愿意为了获得更加低廉的价格而花时间转发给好友进行拼团。这和淘宝、京东的目标定位是有很多不同之处的。淘宝的目标群体大多是女性、年轻人、时尚潮流的人。京东更加倾向于男性、喜爱电子产品、家用电器的人。淘宝和京东的定位都是中高端群体。给了拼多多一个很好的机会，深耕下沉市场。

（2）拼团的低价优势。

拼多多的核心竞争力之一是价格低廉。低廉的价格会刺激顾客做出非理智的选择，容易冲动消费。再加上拼多多上的低价商品主要是人们日常生活中的必需品，比如零食、农产品、卫生用品等，更容易刺激消费者的购物需求，给用户一种不买就是吃亏的感觉。商家卖出的商品虽然价格低，但是销售量大，仍然能获得可观的利益。

（3）社交的裂变优势。

在拼多多上可以和朋友拼单或者和陌生人拼单。和朋友拼单可以为其带来更多的用户流量，和陌生人拼单可以帮助其快速成单，增加销量。同时，拼多多策划的每日领现金、0 元砍价、助力免单等活动，都是抓住了客户的"侥幸心理"——万一自己能够免单成功，就是占了"大便宜"，如果不成功自己的金钱也没有损失。所以一个人分享多个人，为拼多多带来了免费的流量，同时这种流量也有着极高的转化率。而其他的电商平台并没有这种机制，它们的获客成本均高于拼多多，获客渠道也相对单一。

（4）新型的商业模式。

拼多多采用的是一个全新的商业模式：C2M（Customer-to-Manufacturer）模式，就是通过大数据对消费者进行分析研究，搜集信息并将信息汇总整合。同时直接与生产商建立联系满足消费者多样化、个性化的需求。C2M 的优点就是帮助生产商实现了"零库存"，减少销售风险，从而让利消费者形成规模效应。这种模式打破了传统零售业的运营模式，使得生产商和消费者直接建立关联，不仅解决了生产商的库存压力，同时也为消费者提供了低价高质的个性化商品。

（二）劣势（Weakness）

（1）商品品种受到限制。

消费者在选择购买家用电器、电子设备、奢侈品等高端商品的时候，并不会考虑在拼多多购买。拼多多主推的商品和被人们认同的商品大多是一些价格实惠的日常用品，拼多多想要开发高端路线还是比较困难的。

（2）商品质量把控不严。

消费者反映虽然拼多多的商品价格比其他平台更加低廉，但是商品的质量确实参差不齐。拼多多用降低平台的准入门槛、降低开店成本等策略吸引到了大量不同类型的商家。同时也吸收到了一些资质不好的、缺乏商业道德的商家，伤害了平台上其他店铺，出现了高信用风险的情况。比如，有些商家为了追求自身的利益最大化，以次充好，真假混卖。这些行为会使消费者失去再次购买的信心，甚至会对平台产生质疑。如果没有妥善解决好这些问题，拼多多就很难实现可持续经营。

（3）品牌形象受到质疑。

拼多多的社交属性是基于朋友与朋友之间的信任。如果长期透支这种信任，容易导致用户出现反感心理。当微信里充斥着“帮我砍一刀”这种聊天关键词，接收方很容易对拼多多产生排斥和反感。更何况拼多多“砍一刀”还存在着大量的套路，你永远不知道小数点后面到底有多少位，就算找到了许多朋友帮自己“砍一刀”，也不一定能够提现。最终导致网上充斥着大量关于拼多多的吐槽，戏称其为“坑多多”“拼夕夕”“并夕夕”等，影响了拼多多的品牌形象，给平台吸引新用户增加了难度。

（4）经营成本高。

拼多多对于老牌电子商务平台来说并不具有先发优势，靠的是自身的创新模式来抗衡强大的对手。由于大部分的消费群体都是中低端的消费者，他们更关心商品的价格。所以，拼多多只能通过大力投入、持续推广低价来维护用户活跃度和新用户增长速度。公司流动资金常年被占用，公司常年处于亏损的状态，这对公司的发展是极为不利的。

（三）机会（Opportunities）

（1）政府的政策支持。

政府工作报告中指出，我们要以互联网、物联网为基础积极发展电子商务，通过电子商务开展物联网交换，使社会更加趋近零库存、零废品、零附加交易成本，积极构建基于物联网的新贸易模式，要进入一个崭新的电子商务时代。在现实市场无法满足广大消费者更丰富需求的状况下，拼多多的 C2B 新型商业模式进一步开拓了网上市场，是大势所趋。

（2）线上购物普及。

随着居民可支配收入的不断增长，线上购物越来越受到大家的欢迎，人们在网上花费的金钱也越来越多。目前行业资源整合的趋势也显而易见，各个大企业都在争先恐后地布局自己的商业生态圈。这些对于拼多多来说，是机遇，也是挑战。

（3）下沉市场空缺。

淘宝经过了升级改造，淘汰了很多低端供应者。但是低端的消费人群依然存在。拼多多可以利用好这些低端供应链，将这些淘宝淘汰的低端供应者转化为自己的商家，利用现有的成熟的供应商家来丰富自己的供应链，吸引淘宝原有的低端消费人群，增加自己的消费群体。

（四）威胁（Threats）

（1）激烈的行业竞争。

拼多多的异军突起，让更多企业看到了社交电商的内在商机。许多竞争者都在效仿这种模式。比如阿里巴巴推出的“淘特”、京东推出的“京喜特价”。它们本身就已经拥有了大量高端用户，又来瓜分和挤占拼多多开拓出来的下沉市场，使下沉市场变得过于拥挤，对拼多多未来的发展必定会有一定的影响。

（2）过于依附微信。

拼多多成立之初就是利用微信来实现自己的社交属性，大多用户都是通过分享链接给自己的好友，从而完成拼单。它对微信有着极高的依附性，微信对它的快速发展也起着至关重要的作用，比如提供流量优势，但相反，拼多多也会受到微信平台带来的诸多限制，如果微信禁止拼多多进行链接分享，短时间内拼多多也难以寻找到其他替代平台。

（3）总体消费升级。

长远来看，经济在快速发展，人们购买能力不断增强，消费观也在不断发生改变，总体上必然有消费升级的趋势。在未来，追求低价的人会越来越少，更多的人会追求高质量的产品。这就意味着如果拼多多还是一直保持低价策略，势必会逐渐流失大量用户。

四、拼多多财务分析

本节将对2016~2021年拼多多的财务数据进行分析，纵向研究了拼多多的偿债能力、盈利能力、营运能力。并横向对比了拼多多与阿里巴巴、京东集团，判断了其在同行业能力的强弱。

（一）偿债能力分析

1. 纵向比较

从表1可以看出，拼多多2016~2021年流动比率、权益乘数、资产负债率都呈下降趋势，这说明拼多多的偿债能力在不断地提高，但是流动比率也不宜过高，过高的流动比率可能代表着企业现金利用率低。通过查年报可知，2020年拼多多的现金及现金等价物为224.212亿元，短期投资高达645.511亿元，进一步说明拼多多的现金利用率并不高。但是随着拼多多“重研发，降营销”战略

的不断推进，其资金利用能力在未来可能会得到一定的提升。从权益乘数和资产负债率这两个长期负债指标来看，拼多多的长期负债能力整体呈下降趋势，而且是在2018年突然呈现大幅下降。这说明拼多多正在积极调整资产结构，降低负债比例，提高企业偿债能力，降低财务风险。

表1 拼多多2016~2021年偿债能力纵向比较

项目	2016年	2017年	2018年	2019年	2020年	2021年
流动比率（%）	1.24	1.08	1.66	1.60	1.78	1.72
权益乘数	4.97	11.05	2.29	3.09	2.64	2.41
资产负债率（%）	79.87	90.95	56.41	67.59	62.13	58.50

数据来源：拼多多年报。

2. 横向比较

由图1可知，2016~2021年拼多多的流动比率均高于京东。拼多多与京东相比，流动比率每年均较高，说明短期偿债能力较好；而阿里巴巴在2019年和2021年略低于拼多多，其余均高于拼多多。因此可知拼多多短期偿债能力跟阿里巴巴和京东对比处于中间偏上的水平，有高过阿里巴巴的趋势，并且每年都高于电商巨头之一京东。

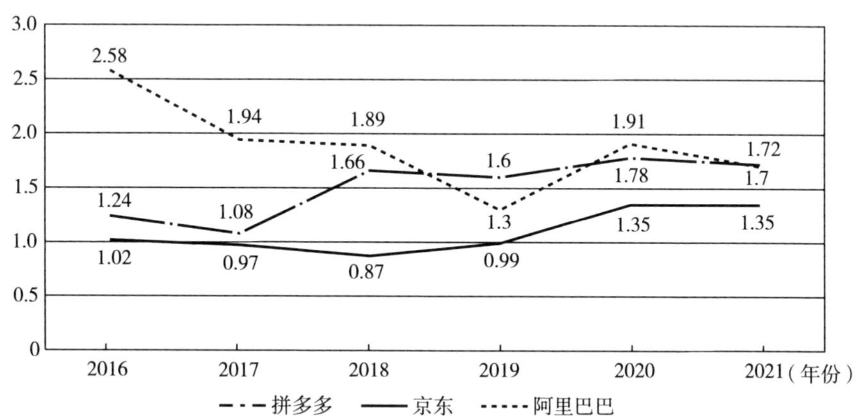

图1 2016~2021年拼多多、阿里巴巴和京东流动比率对比

数据来源：拼多多年报。

由图2可知，2016~2021年阿里巴巴长期偿债能力比拼多多的长期偿债能力强，京东资产负债率也基本上都高于拼多多。拼多多的特有属性使得它的流动资产占比较大，它的短期偿债能力强。但是拼多多在发展前期投入了大量资金，存续期没有其他企业长，因此长期偿债能力较低。

（二）盈利能力分析

1. 纵向比较

如表 2 所示，拼多多 2016~2021 年的盈利能力呈上升趋势。但是 2016~2020 年拼多多一直处于亏损状态，这可能和拼多多本身的发展战略息息相关。在拼多多成立的时候，它所关注的更多的是用户的数量、用户的增长速度、市场所占有的份额等，而并非财务指标。这就导致了拼多多花费了大量的营销费用，比如，冠名热门综艺、投入大量广告、加大平台补贴等。具体来看，这三大指标中销售净利率变动最大，即销售收入水平变得最突出。2018 年，销售净利率骤降 47.76%，通过年报可知 2018 年的营销费用为 134.4 亿元，比 2017 年上涨近 900%。具体是因为 2018 年的营销战略改为线上线下相结合，增加了线下投入。在 2019 年又有所回升，随后几年都是处于上升趋势，由此可知拼多多销售收入的获利能力是在不断增强。总体来看，拼多多的盈利能力呈向好趋势，并且在 2021 年企业开始扭亏为盈。

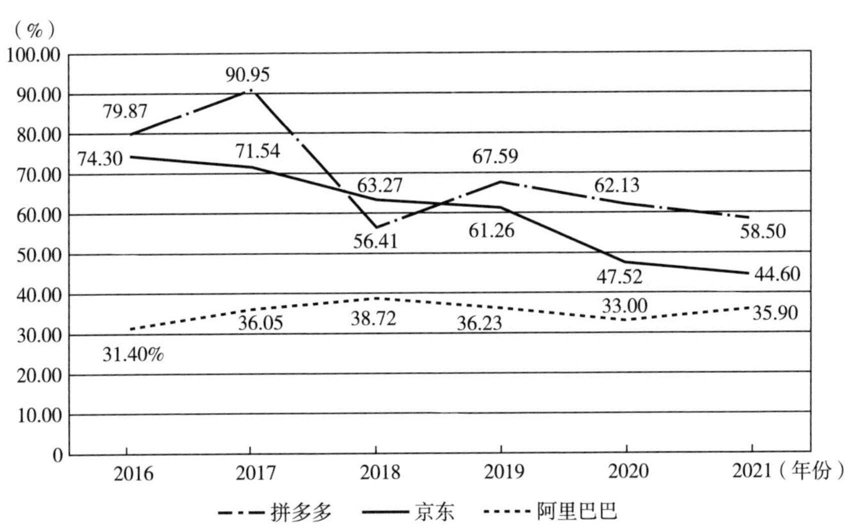

图 2　2016~2021 年拼多多、阿里巴巴和京东资产负债率对比

数据来源：拼多多年报。

表 2 拼多多 2016~2021 年盈利指标纵向比较

项目	2016 年	2017 年	2018 年	2019 年	2020 年	2021 年
销售净利率（%）	-57.83	-30.11	-77.87	-23.12	-12.07	8.27
资产净利率（%）	-16.49	-7.00	-35.80	-11.61	-6.25	4.62
净资产收益率（%）	-90.45	-64.57	-102.56	-31.80	-17.27	11.62

数据来源：拼多多年报。

2. 横向比较

从图 3 可知，拼多多销售净利率一直远低于阿里巴巴和京东，尤其是 2018 年，但是从 2021 年开始京东和阿里巴巴销售净利率开始下降，拼多多却在不断赶超，在 2021 年京东反而处于劣势地位。可见，互联网企业的流量红利已在逐渐消逝，拼多多也获得了一定数量的用户数，顾客对拼多多认可度也越来越高。

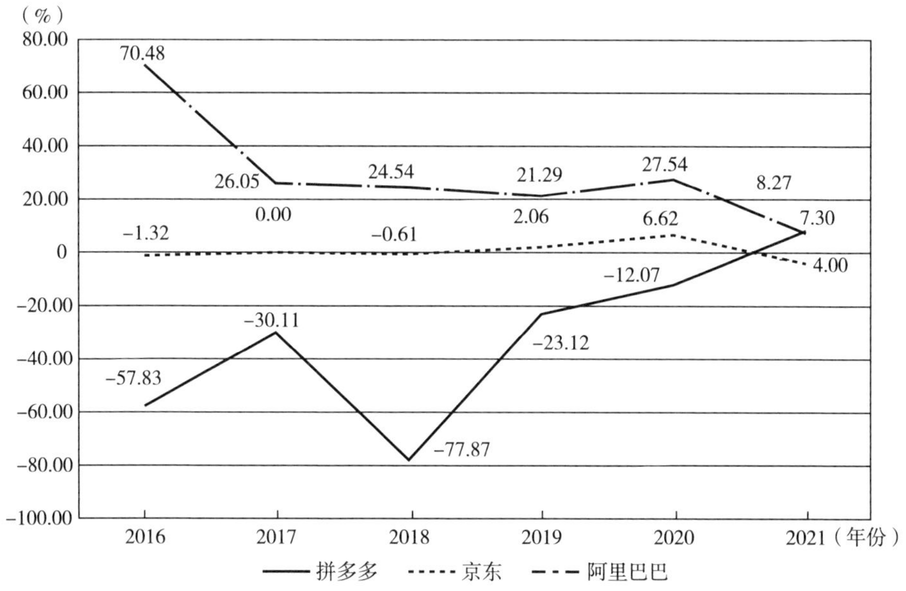

图 3 2016~2021 年拼多多、阿里巴巴和京东销售净利率对比

数据来源：拼多多年报。

（三）营运能力分析

1. 纵向比较

从表 3 可以看出，2017 年，企业处于刚刚起步的阶段，资产周转率整体偏

低，企业还没有形成一定的规模，营业收入低，资金投入量大，资产利用率低。随着时间的推移，拼多多的销售规模在不断扩大，营销能力也在逐渐增强。它的用户数量在迅速增长，营业收入也在不断攀升，资产周转率在 2018 年开始稳定。这也说明营运能力也开始趋于稳定。

表 3 拼多多 2017~2021 年营运能力比较

项目	2017 年	2018 年	2019 年	2020 年	2021 年
总资产周转率（次）	0.23	0.46	0.51	0.52	0.56
流动资产周转率（次）	0.23	0.49	0.53	0.53	0.61

数据来源：拼多多年报。

2. 横向比较

由图 4、图 5 可知，2017~2021 年京东的总资产周转率和流动资产周转率均远高于阿里巴巴和拼多多。这是因为京东的商品大多是京东直营，交易额直接计入京东营业收入，而且京东平台销售的大多是数码产品，本身单价就高。但是拼多多和阿里巴巴不是直营，而是通过广告费用和服务费用获利，它们的营业收入必然低于京东，资产周转率也低于京东。拼多多本身就聚焦下沉市场，营业收入低于阿里巴巴。而且阿里巴巴还有核心商业、云计算、数字媒体等业务，显然高于主营业务单一的拼多多。所以在目前网络购物用户增速放缓的趋势下，拼多多

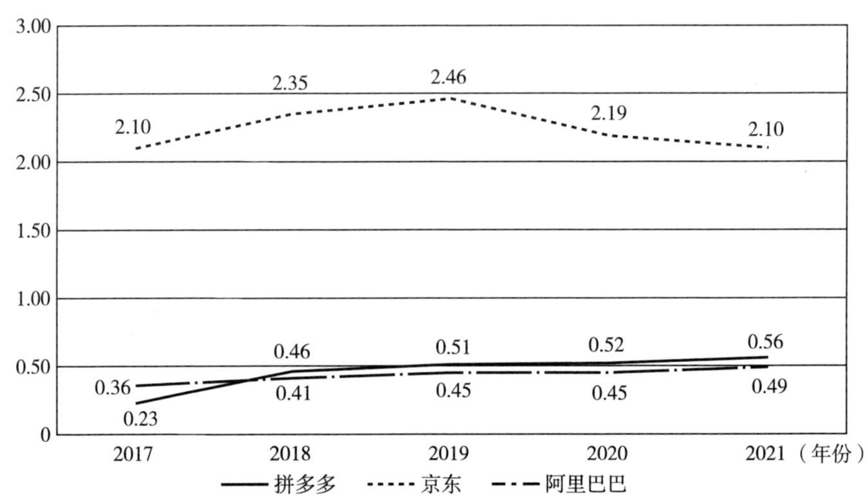

图 4 2017~2021 年拼多多、阿里巴巴和京东总资产周转率对比

数据来源：拼多多年报。

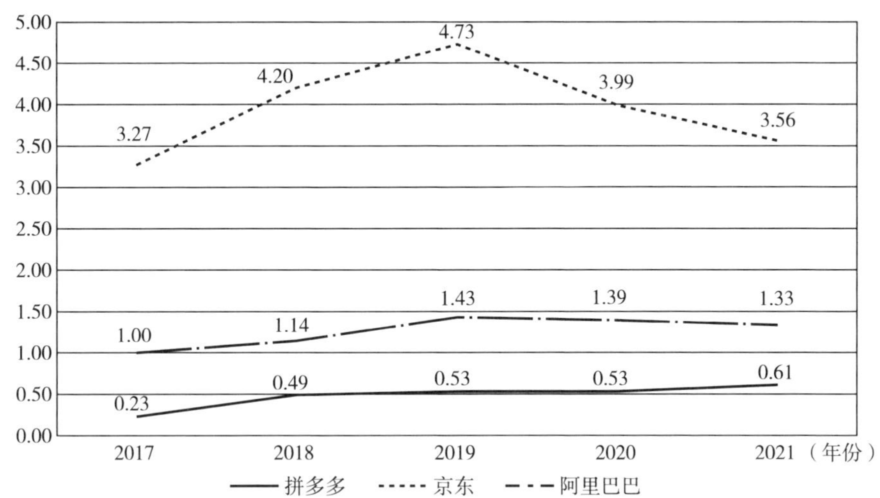

图 5 2017~2021 年拼多多、阿里巴巴和京东流动资产周转率对比

数据来源：拼多多年报。

想要提高营业收入，一方面，需要扩大口碑，引入更多的品牌合作，在已有流量基础上获得更多的在线营销服务收入；另一方面，在目前业务相对稳定的情况下，需要寻找新的增长点，适当拓展业务细分和业务领域。

五、结论

拼多多的成功既有偶然性也有必然性。拼多多在前期明确自己的发展定位，抓住下沉市场的空缺，随着自己的发展步伐，适当调整经营策略，最终造就了自身的成功。

在战略层面，拼多多目前处于稳定的政治和经济环境中，拥有独特的战略优势，始终坚持自身战略方向，正处于蓬勃发展中。但是拼多多也处于激烈的竞争环境中，企业本身存在着诸多问题，比如品牌形象受损、商品质量难以控制等。拼多多立足的基础就是用户，满足用户的需求应当放在首位。所以，一方面要从源头控制，加大审核力度，提高供货质量；另一方面也要加强对现有商家的培训，提升整体服务质量，给顾客带来优质的服务体验。

在财务方面，总体来看企业财务状况一般，财务结构有待完善。拼多多只在短期偿债能力方面存在一定的优势，但是在长期偿债能力、盈利能力、运营能力方面还有所欠缺。尤其是盈利能力上，拼多多自成立以来，营业利润一直处于亏损状态，一直到 2021 年才有所回转。企业将过多的资金投入营销费用当中，但其实营销活动是获得收入的一种短期的辅助手段，平台真正盈利还需要企业自身的创新能力。在以后的发展中，企业可以适当调整营销费用比例，增大研发支出，技术开发投资，增加企业的核心竞争力。在投放广告时，不能盲目海投，要科学评估，降低没有必要的营销费用。

目前，拼多多也正响应国家号召，加大对农产品的重视程度。资源、技术、人才都在向农业倾斜。并且拼多多利用自身优势，通过 C2M 模式建造出一条专属供应链；2021 年 6 月，拼多多还设立了“百亿农研专项基金”项目，致力于用技术的方式推动农业发展的现代化以及实行农村的振兴。未来拼多多要价格质量两手抓，将消费者的切身利益放在首位，推动企业的长久发展。

参考文献

[1] Clydeps. Financial Statement Analysis And Valuation: A Strategic Perspective [M]. Fort Worth: Dryden Press, 1999.

[2] P. M. Healy, K. G. Palepu. Information Asymmetry, Corporate Disclosure, and the Capitalmarkets: A Review of The Empirical Disclosure Literature [J]. Journal of Accounting and Economics, 2001, 31 (1): 405-440.

[3] 唐建红. 企业财务分析存在的问题及对策思考 [J]. 纳税, 2021, 15 (7): 78-79.

[4] 倪淑芹，方蔼峰. 财务报表分析在企业财务管理中的运用分析与研究 [J]. 商场现代化，2018 (2): 154-155.

[5] 李晋杰，曾繁荣. 企业战略差异、绩效波动与投资者信心 [J]. 财会通讯，2017 (3): 47-49.

[6] 王伟，于吉萍，张善良. “互联网+”情境下商业模式研究演进及 C2M 模型构建 [J]. 当代经济管理，2018, 40 (8): 19-24.

[7] 于婉婷. 拼多多的“百亿补贴”财务效果探析 [J]. 时代经贸，2020 (8): 39-41.

[8] 王景河，王阳，石媚. 社交电商平台拼多多盈利模式存在的问题及对策 [J]. 哈尔滨师范大学社会科学学报，2020, 11 (2): 62-69.

[9] 芦勇，李允，杨晶. 电子商务企业盈利模式优化问题探讨 [J]. 商业经济研究，2019 (24): 78-80

[10] 郭一冰. 基于消费者行为理论的拼多多营销策略优化研究 [D]. 郑

州大学，2020.

［11］王雅楠．拼多多电商平台营销策略的研究［D］．北京邮电大学，2021.

［12］Andrews K R. The Concept of Corporate Strategy（Homewood，Il：Irwin）［J］. Oxford Management Readers：Resource Firm Ang Strategy，1971（5）：51-59.

［13］丁常香．企业财务分析存在的问题及对策探究［J］．中国集体经济，2021（1）：153-154.

［14］陆正飞．论现代企业成本的战略管理［J］．会计研究，1995（7）：29-33.

［15］朱丹，周守华．战略变革、内部控制与企业绩效［J］．中央财经大学学报，2018（2）：53-64.

［16］孙莹．基于乐视网多元化战略的财务风险研究［J］．纳税，2020，14（1）：61-62.

重污染企业绿色战略与企业财务绩效

——以中国神华为例

李　颖*

摘　要：重污染行业在促进国家经济增长的同时，给社会造成了一系列环境问题。在当今“绿色发展”的大环境下，重污染企业若想取得长远的发展，应注重绿色技术创新，实施绿色战略。本文以煤炭企业中的上市公司中国神华为例，将企业 2007~2017 年实施的绿色战略划分为两个阶段，并结合企业的财务绩效进行分析。研究发现，企业实施绿色战略，虽然短期内会在一定程度上降低企业的财务绩效，但是有利于企业的长远发展。

关键词：重污染企业；绿色战略；财务绩效

一、引言

自改革开放以来，我国经济飞速发展。然而，以往粗放高速低质量的经济发展模式所带来的环境问题却日益凸显，出现了资源耗竭、环境污染、生态破坏等一系列问题，日趋严重的环境问题也使全社会广泛地意识到，只有通过绿色创新，才能在经济发展和环境保护之间保持平衡，实现可持续发展。在党的二十大报告中，习近平总书记还指出，要推进绿色发展，促进人与自然的和谐共生，要加快发展方式的绿色转型。重污染行业为国家的经济发展做出了巨大的贡献，在我国的国民经济中占有重要地位，但其资源消耗和排放量却占了我国一半以上，也是我国环境污染的主要来源。因此，重污染企业想要在绿色发展的背景下取得

---

* 作者简介：李颖（1998—），女，江苏省淮安人，北京联合大学管理学院在读研究生，研究方向：创新管理、战略管理。

进一步发展，就需要采取与之相适应的绿色战略，实现可持续发展。

为此，本文梳理了有关绿色战略与企业财务绩效方面的文献，并以中国上市公司中最大的煤炭销售商中国神华为例，对其实施的绿色战略进行深入分析，结合中国神华的财务绩效，总结二者之间的内在联系，给出一些建议，希望可以为重污染企业实施绿色战略提供一定的参考。

二、文献综述

“绿色战略”是一种根据外部环境和企业本身的经营状况，通过“绿色技术”或“清洁技术”，来改进或变革企业的生产经营活动，从而实现降低环境污染程度、有效利用资源、改善环境的战略。

对于企业实施绿色战略，进行绿色技术创新是否能提高企业绩效，目前主要存在两种不同观点。一种观点是，对企业的技术、产品等进行绿色创新，能够提升企业的资源利用率，降低企业的污染排放，同时能够改善企业的环境，从而有助于企业绩效的提高。赵树宽等（2022）从成本、收入和竞争优势的角度来分析，认为企业进行绿色创新能够提高企业绩效，原因在于绿色创新能够降低企业的经营成本，为企业创造新的销售收入，同时也有助于企业获得差异化竞争优势。李修东（2022）通过对煤炭企业的实证研究表明，煤炭企业的绿色创新对企业的财务绩效有积极的推动作用，而这一作用很可能是通过降低企业经营风险和吸引外部投资等方式实现。另一种观点是，企业进行绿色技术创新的行为与企业绩效之间存在着不确定的关系，可能是负相关的，也可能是非线性的。杨静等（2013）研究发现，实施绿色战略初期不利于企业绩效提升，不同所有制企业实施绿色战略的结果也有差异。

通过对相关文献的梳理可以发现，国内外很多学者都对绿色战略进行了区分，综合来看，主要分为被动型和主动型。由于近些年来我国环境治理体系不断完善，相关部门出台的环境政策更加具体，重污染企业为应对更严格的监管要求，会采取更加积极主动的战略。不过，考虑到企业的整体规划等，企业可能会采取不同类型的主动型绿色战略。基于此，本文将主动型绿色战略分为污染防御型绿色战略和环保领导型绿色战略两种。同时，本文将根据中国神华的财务数据，结合中国神华的案例，分析企业实施绿色战略以来的财务状况并提出相应的建议。

三、中国神华实施绿色战略概况

（一）中国神华简介

中国神华是一家以煤炭为基础的综合能源 A+H 股上市公司。截至 2021 年底，中国神华的总市值达 662 亿美元，资产规模 6071 亿元，员工人数 7.8 万。中国神华业务范围较广，目前主营煤炭、电力、新能源、煤化工、铁路、港口、航运七大板块。中国神华是中国上市公司中最大的煤炭销售商，其核定产能 3.4 亿吨，约占全国的 8%①。煤炭行业属于重污染行业中的一种，其污染程度相对于其他重污染行业要严重得多，污染范围要广得多。作为央企成员之一的中国神华，秉承绿色发展理念，始终坚持绿色、低碳的发展道路，出色的环保成果也使其先后获得责任信息披露卓越企业、中国碳公司“行业先锋”等荣誉称号。

（二）绿色战略实施概况

为了让利益相关方对中国神华的生产经营、社会责任等活动情况有更全面的了解，企业从 2007 年披露社会责任报告以来，到 2020 年，已经走过了 14 个年头。在此期间，中国神华始终实施主动型的绿色战略，积极开展绿色创新活动，注重环境治理。本文将对中国神华 2007～2020 年实施的主动型绿色战略进行进一步划分，分为主动防御型绿色战略阶段和环保领导型绿色战略阶段。企业在主动防御型绿色战略阶段对环境的治理更倾向于污染源头防御，持续提升企业的资源回收利用率，降低生产流程中污染物的排放。在环保领导型绿色战略阶段，企业进行绿色创新的主观能动性到达最大，企业倾向于将环境治理问题纳入企业的整体规划中。

1. 主动防御型绿色战略

2007～2013 年中国神华采取主动防御型的绿色战略，大力开展节能减排工作。企业不仅严格贯彻国家的各项环保法规、政策，还设立了专门的机构和岗位，负责对环境保护和节能减排进行管理。中国神华在这一阶段中不断完善节能减排体系建设，每年在脱硫脱硝除尘、废水治理利用、锅炉改造等环保节能工程上投入大量资金。中国神华非常重视企业在生产过程中产生的污染，坚持“源头

① 资料来源：中国神华官网。

预防、过程控制、末端治理”的原则，以达到降低污染的目的。煤粉尘是煤炭生产过程中产生的一种固体排放物，中国神华在生产作业过程中，为减少煤粉尘的产生，会采取多项有针对性的降尘措施。对于液体排放物，废水全部处理达标排放，并做到最大限度的回收利用。同时，积极进行污水处理技术的研究开发和利用，使污水处理效果不断提高。总体而言，中国神华在实施主动防御型的绿色战略阶段，注重对污染源头的治理，从根本上减少了企业污染物排放。

2. 环保领导型绿色战略

中国神华于2014年提出了“1245”清洁能源发展战略，致力于推进高碳产业的低碳发展，企业绿色战略上升到环保领导型绿色战略。中国神华把企业的社会责任贯穿于生产经营的每一个环节，将“供应清洁能源”作为履行社会责任的核心主题，始终坚持绿色低碳发展，为打造一体化绿色产业链、引领行业绿色升级而不断进行探索和创新实践。在这一阶段，企业不仅努力为客户提供清洁、优质的产品，也会提供相关的技术和咨询服务，以及清洁能源解决方案。同时，企业充分发挥自身在科技创新方面的优势，将技术优势转化为经济效益，形成企业强大的核心竞争力。这表明，企业实施环保领导型绿色战略，不仅能降低企业对环境的影响，还能提升企业的竞争力，使企业的经济效益和环境效益同时得到提高。

四、中国神华实施绿色战略对财务绩效的影响分析

（一）偿债能力分析

流动比率是一种反映公司短期债务偿还能力的指标。通常情况下，企业的流动比率越高，其资产的变现能力就越强。中国神华的这一指标总体呈先下降后上升的趋势，2013年中国神华的流动比率达到了最低点，仅为0.92（见图1）。原因可能在于企业实施的绿色战略。当公司在进行绿色创新的时候，前期需要投入大量资金来进行研发，或者是对公司原有的生产流程进行重新评估，并设计新的方案等。企业需要资金投入来开展绿色创新活动，这会占用企业一定量的现金流。如果企业选择举债的方式进行绿色创新活动，将导致企业负债增加，从而使企业的偿债能力有所下降。

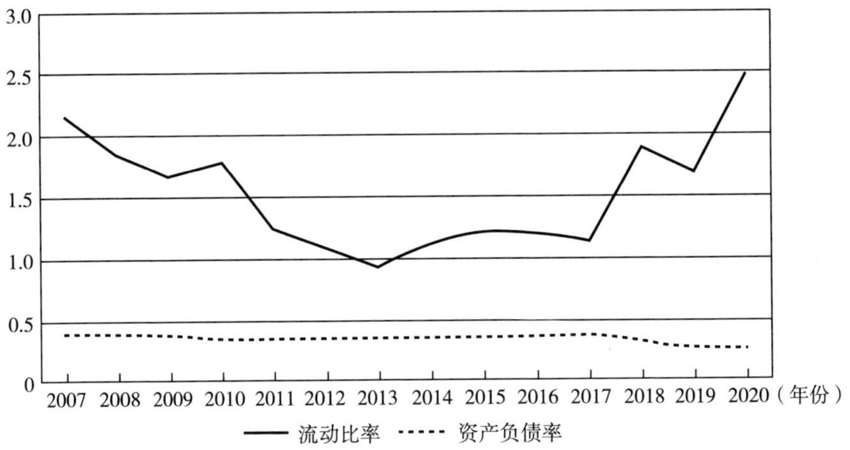

图 1　中国神华 2007~2020 年偿债能力

数据来源：同花顺财经。

资产负债率作为衡量企业长期偿债能力的指标，与流动比率相反，这一比率越低，说明企业的长期偿债能力越强。2007~2017 年这一指标一直处于较为稳定的状态，2018 年开始逐年降低。中国神华每年披露的社会责任报告，有利于利益相关者对企业有更充分的了解，而企业开展的相关环境治理工作，也能为企业树立良好的形象，这些对扩大公司的融资渠道、减轻公司的债务负担也有一定的帮助。

（二）营运能力分析

本部分选取存货周转率对中国神华的营运能力进行分析。受煤炭行业大环境的影响，中国神华 2012~2015 年的存货周转率一直处于下降的状态。此外，企业实施绿色战略，需要前期投入大量资金，这些都会在产品的生产成本中体现，增加了企业的成本。同时，企业绿色技术创新的效益存在滞后性，创新的成果应用到日常生产经营中也需要较长的时间，而企业还需继续生产储备存货以满足客户或市场的需求。这些都会导致存货周转率的下降。随着企业绿色技术创新效果的显现，企业的生产成本也会随着各项技术、设备的改进而下降，还可以缩短生产周期，从而增强企业的营运能力。中国神华的存货周转率从 2016 年开始上升，2018 年更是超过了 14 次（见图 2），说明实施绿色战略有利于改善企业的营运能力。

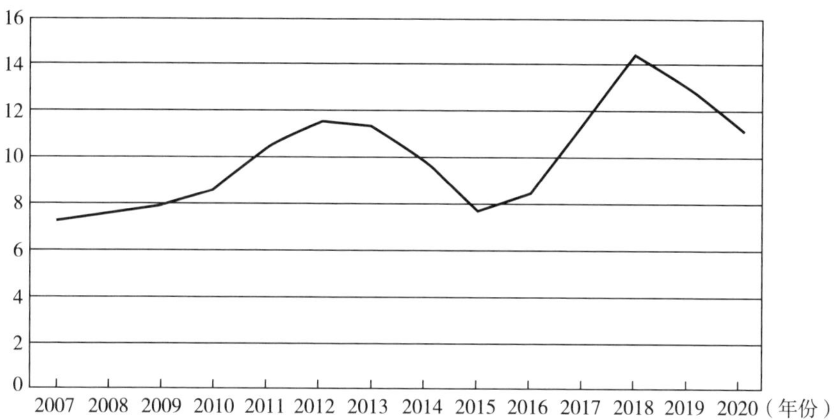

图 2　中国神华 2007~2017 年营运能力

数据来源：同花顺财经。

（三）盈利能力分析

本部分选取净资产收益率这一指标来衡量企业的盈利能力。中国神华 2012~2015 年的净资产收益率持续下降，2015 年更是下降至 5.48%（见图 3），除了在这一期间整个行业发展不景气这一原因外，还有可能是因为中国神华实施绿色战略，在此期间投入了大量的资金用于开展绿色创新，企业的盈利能力也会因此受

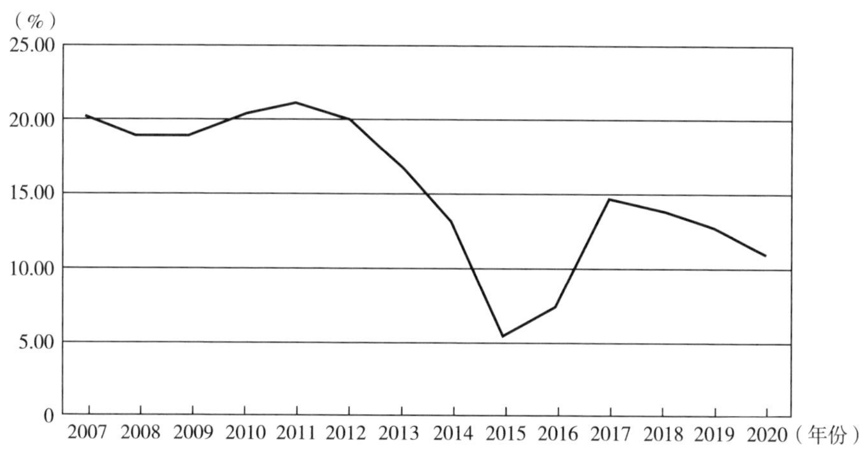

图 3　中国神华 2007~2017 年盈利能力

数据来源：同花顺财经。

到影响。但从长期来看，企业进行的绿色技术创新，节约资源，提高了资源的利用率，减少了因污染物排放而产生的环境问题，既能降低企业因环境问题受到处罚的成本，又能因企业积极开展绿色创新活动而获得政府的补贴。随着企业的绿色技术创新水平日趋成熟，绿色创新成果在日常生产过程中得到很大的应用，2015 年后中国神华的净资产收益率开始回升。总体而言，绿色战略有利于提升企业盈利能力。

五、结论与建议

本文以中国煤炭行业中的上市公司中国神华为例，将企业实施主动型绿色战略的历程划分为两个阶段，并结合企业的财务绩效进行相关分析，可以看出，企业实施绿色战略，虽然短期内会给企业财务造成一定负担，但从长期来看，并不会降低企业的财务绩效，还能形成企业的竞争优势。

像中国神华这样的重污染企业，传统的发展模式普遍存在高污染、高排放的弊端，企业要想在绿色发展的大环境下取得竞争优势，就必须实施绿色战略，走可持续发展之路。据此，本文提出以下建议：①增加对科技创新的投入。自实施绿色战略以来，中国神华一直注重绿色技术创新，并在环保方面投入了大量的资金，而这些投入有效提高了公司的资源利用和生产效率，还有利于公司的社会形象和整体效益的提高。②积极披露环境、社会和治理报告。中国神华从 2007 年就开始披露企业社会责任报告，并对企业开展环境治理的各项工作进行详细说明，这不仅可以让企业的利益相关者更加清楚地认识公司，也可以帮助公司建立起更好的形象，提升投资者和客户对企业的信任。

参考文献

［1］王飞，吕莎莎．绿色战略与企业绩效关系研究评述［J］．环境与可持续发展，2015，40（4）：138-139.

［2］赵树宽，张铂晨，蔡佳铭．绿色创新对企业绩效的影响：基于中国上市公司面板数据［J］．科技管理研究，2022，42（6）：211-220.

［3］李修东．煤炭企业绿色创新、内控质量与财务绩效关系研究［J］．煤炭经济研究，2022，42（5）：76-82.

［4］杨静，施建军，李曼，刘健．绿色战略如何影响企业绩效——基于转型

经济情境的研究［J］．科学学与科学技术管理，2013，34（7）：141-149.

［5］滕晓菁，刘梅娟，蒋琦．煤炭企业环保投入动因及绩效研究——以中国神华为例［J］．绿色财会，2022（9）：25-29.

［6］李九斤，钟嘉宇，陶国煜．“双碳”目标下绿色创新对中国神华财务绩效影响研究［J］．财务管理研究，2023（2）：7-17.

舞弊三角理论视域下财务造假案例研究

——以瑞幸咖啡为例

刘　昊*

摘　要： 近年来，我国资本市场快速发展，日益严重的财务造假问题随之而来。财务造假行为微观上损害广大投资者的切实利益，宏观上破坏资本市场的正常秩序，不利于社会主义市场经济高质量发展。本文以瑞幸咖啡作为研究对象，以舞弊三角理论作为理论基础，以文献研究法和案例研究法作为基本方法，通过分析瑞幸咖啡财务造假手段以及财务造假动因，深入研究上市公司财务舞弊现象频发的问题，并且提出相关应对措施，为减少上市公司财务舞弊提供借鉴。

关键词： 舞弊三角理论；财务造假；瑞幸咖啡；上市公司

一、引言

（一）案例简介

随着资本市场快速发展，许多企业为避免被淘汰，通过业务转型和研发创新等合法途径来获得在激烈竞争中生存和发展的机会。但是在资本市场利益的驱动下，为了达到利润预期和维护企业地位，许多公司频繁实施财务舞弊行为，瑞幸咖啡就是其中一员。2020 年 4 月 2 日，瑞幸咖啡出面自爆 2019 年后三个季度虚假交易的问题，折合人民币共计 22. 46 亿元，虚假增加收入 21. 19 亿元，虚假增加成本费用 12. 11 亿元，虚假增加利润 9. 08 亿元。前 CEO 钱治亚和数名管理人

---

* 作者简介：刘昊（1998—），男，北京市人，北京联合大学管理学院在读研究生，主要研究方向：战略管理。

员参与财务造假行为，随后其在纳斯达克交易所停牌并且开展退市备案。一方面，瑞幸咖啡在营业收入上造假。首先是虚增门店日均销售量，门店采用取餐码人为跳号的方式，使销售量虚假增加；其次是虚增产品单价，使计算利润时售出产品的计入价格都是虚高的。另一方面，瑞幸咖啡在成本费用上造假。利用虚增广告支出虚增成本费用。

（二）理论基础

作为应用最广泛的财务舞弊动机理论，舞弊三角理论将舞弊动机概括为压力、机会和自我合理化三个方面。第一是压力因素，即企业管理者面临的经营问题或行业困境，表现形式为经营业绩和现存资金的压力；第二是机会因素，即内外部环境监控不力给企业管理者舞弊提供机会，表现形式为内部控制的不健全和外部审计的不完善等问题；第三是自我合理化因素，即企业管理者以本人性格和管理模式以及价值判断和价值选择为理由，从而为自己的舞弊行为提供合理化动因，表现形式为财务舞弊人员为自身错误行为找出各种合理的借口。财务舞弊行为的概念具有明显特征，包括伪造财务报告和挪用企业资产等行为，这些行为的出现是因为压力因素、机会因素和借口因素同时存在，并且舞弊程度基于三个舞弊因素的实施强度，舞弊三角理论为研究“瑞幸咖啡为实现特定目标，虚假陈述或恶意篡改财务报表数据、事项、附注等信息的舞弊行为”提供重要的理论支撑和分析工具，进而成为本文研究“瑞幸咖啡财务舞弊”的核心理论。

二、瑞幸咖啡财务舞弊动机分析

（一）压力因素

首先是资本市场融资压力巨大。瑞幸咖啡采用快速扩张模式，短短两年全国线下门店数量就突破 4000 大关。店铺租金高昂、店面维护成本、门店雇员工资等压力迫使企业亏本投入大量资金，因此通过外部融资来弥补资金缺口成为瑞幸咖啡快速扩张门店的必然选择。瑞幸咖啡持续补贴培养客户数量的商业模式离不开巨额资金支持，初期扩大市场份额可以依靠“烧钱”补贴，但是没有培养客户的忠诚度，没有增加客户黏性。只有在大量融资支持下，快速扩张以及高额补贴的“烧钱”战略才能够得以实现，因此为获取多轮融资走上财务舞弊的道路。

其次是咖啡行业内部竞争激烈。现磨咖啡有星巴克和 Costa 等代表性品牌对瑞幸咖啡的生存和发展构成威胁，即饮咖啡有雀巢等品牌对瑞幸咖啡的生存和发展构成威胁，速溶咖啡市场中现磨咖啡、即饮咖啡和新兴品牌在同场竞争。不少汽水品牌以及饮用水品牌也跨越门槛进入咖啡行业，咖啡行业内部竞争品牌一方面呈现出数量众多的特点，另一方面呈现出品牌效应强大的特点，因此瑞幸咖啡在产品和品牌上都不具备足够的竞争优势，不惜财务造假铤而走险。

（二）机会因素

首先是信息不对称问题。瑞幸咖啡在美国注册上市，但是其营业地在中国，地域差异是信息不对称问题出现的重要原因。海外投资者由于注册地和营业地的差异，难以认知瑞幸咖啡的实际经营业绩，空间距离和控制成本的影响极大降低了外部利益相关者的控制效果。中国和美国文化背景不同，美国是世界消费咖啡及其制品最多的国家，在海外投资者的意识中，咖啡属于生活必需品，在瑞幸咖啡主观上美化财务报表的前提下，投资者受到信息不对称的误导，以为瑞幸咖啡的未来非常乐观，因此为其财务造假提供机会。

其次是内部控制失效问题。瑞幸咖啡内部是由陆正耀和钱治亚控制半数以上股份，股权结构失衡导致监督效果大打折扣，内部控制系统失灵。在面对浑水的做空报告时，瑞幸咖啡否认其披露的财务造假问题，表明公司高层可能对此并不知情，或者可能已经意识到财务造假问题而介入交易，同时面对浑水披露坚决地进行否认。真实情况现在已经不得而知，但是内部控制和监督制度存在严重缺陷，为其实施财务造假创造机会条件。

最后是外部监督不力问题。审计机构的外部监督没有在瑞幸咖啡财务造假的事件中充分发挥作用，瑞幸咖啡财务造假的真相没有被审计机构发现。当今社会是信息时代，人工智能和大数据是重要资源，极大地影响了信息时代社会经济发展。知名会计师事务所都有大数据审计部门，但是安永作为瑞幸咖啡的审计单位，并没有通过大数据系统获得瑞幸咖啡的跳单操作，大数据审计的义务没有得到有效履行和实现，因此给瑞幸咖啡财务造假创造可乘之机。

（三）自我合理化因素

首先是公司发展模式的不合理。快速扩张模式是瑞幸咖啡成立以来始终坚持的发展模式，激进的门店扩张思想成为瑞幸咖啡管理者实践的指导方针，以至于需要不断融资和持续烧钱维持门店扩张的进度。因此，公司高层将财务造假行为合理化、合法化，以此维持企业持续扩张，追求短期发展利益。

其次是公司管理风格的不合理。瑞幸咖啡上至高管下至员工，许多人参与财务造假，作为团队领袖的公司高管诚信意识缺乏以及法律意识淡薄，将财务造假

行为堂而皇之地合理化、合法化，使得财务舞弊成为公司自上而下的管理风格和现实状况。公司管理风格的不合理表面瑞幸咖啡内部作风呈现出自我管理缺失和道德约束薄弱的特征，成为其财务造假的重要动因。

三、瑞幸咖啡财务舞弊影响分析

（一）对公司的影响

财务造假导致公司股价严重下跌。瑞幸咖啡自成立坚持快速扩张和烧钱补贴，上市后短暂破发随后股价暴涨，但是在 2020 年 4 月财务造假事件爆发后，瑞幸咖啡的股价开始飞速下跌，市值直接蒸发 350 亿元。瑞幸咖啡的财务造假事件是企业严重的失信行为，长期以来投资者对瑞幸咖啡培养起来的良好信任荡然无存，股市对其发展势头的预期和信心大幅度减少，因此投资者减少对瑞幸股票的购入，甚至大量抛售所持有的瑞幸股票，造成严重的股价下跌，导致瑞幸咖啡在纳斯达克交易所停牌。此外，造假事件引起市场监管部门对相关公司的严厉处罚，罚款金额共计 6100 万元，由于瑞幸咖啡财务造假事件的恶劣程度，公司内部从上到下都参与其中，因而公司相关责任人不得不辞去职务，等待法律的严厉制裁。

（二）对投资者的影响

企业经营状况的重要来源就是财务信息，财务信息中的各项财务指标是判断企业偿债能力、营运能力、盈利能力、发展能力的重要依据，同时也在投资者判断企业经营状况和选择投资目标的过程中发挥至关重要的作用。财务信息必须真实公正地反映企业的经营状况，作为一家上市公司，瑞幸咖啡夸大经营状况，通过编造虚假的财务数据、美化财务报表、利用信息不对称误导投资人和股民，严重损害了广大投资者权益。如果企业像瑞幸咖啡一样编造虚假财务信息，投资者的合法利益就得不到保障，甚至会严重损害投资者的利益，打击投资者的信心，产生严重的社会信用危机。市场迫切要求加大财务造假处罚力度，通过加大处罚力度，提高企业财务造假成本，目的就是保障投资者的利益，保护投资者对市场的信心，避免股市的不合理波动，影响投资者的当期收益和预期收益。

（三）对社会的影响

瑞幸咖啡财务造假事件对资本市场的良性发展和整个行业的公平竞争产生严重的不良影响，特别是瑞幸咖啡作为在美国上市但在中国经营的企业，对国家信誉也造成了严重的负面影响。瑞幸咖啡为持续获得融资和取得竞争优势，通过财务造假夸大企业实际经营成果，使广大财务报表使用者无法获得真正的财务状况，传递错误的市场信息欺骗投资者，扰乱资本市场秩序，对未来企业融资的信誉造成损害，破坏行业内部公平竞争的良好态势，不利于实体经济的健康成长。如果财务造假行为得不到有效控制，国家宏观调控就会逐渐失去市场信息依据，国家利益将受到巨大损失，严重阻碍社会经济高质量发展。

四、瑞幸咖啡财务舞弊治理启示

（一）完善内部控制机制

企业内部控制出现问题会给财务造假行为提供机会。首先是建立合理有效的内部权力监督机制，约束管理人员的财务舞弊行为。如果管理人员股权集中程度过高，那么就会存在权力行使失控的潜在可能，同时中小股东的切实利益无法得到有效保障。因此企业在股权设计过程中，必须不断优化股权结构，完善权力运行和决策监督机制，充分发挥内部监督部门的作用，强化内部审计的重要角色，约束管理人员行使权力的边界，避免出现管理人员权力过于集中，造成权力滥用和财务舞弊。其次是提出合理可行的企业发展目标，兼顾企业、消费者、投资者、社会和国家等利益相关者的切实利益，兼顾企业发展环境与企业资金情况，坚持以长远稳定健康发展为目标，避免盲目追求短期利益而抛弃长远发展。

（二）强化外部监督体系

外部监督体系存在漏洞会给财务造假行为创造条件。首先是提高外部审计的质量，注册会计师必须坚守自己的职业素养，根据实际情况独立做出审计报告，同时不断增强发现财务报表错报事项的专业能力，通过独立性和专业性的审计师实现审计质量的提高。提高审计质量可以有效发现企业财务造假行为，减少企业财务造假的侥幸心理，从而让企业不敢造假。其次是加强法治体系和监管体系的建设。一方面是完善法治体系，通过完善财会立法填补企业实施财务造假行为的

法律漏洞，通过加大对财务造假行为的惩处力度，对于企业参与财务造假的相关责任人绝不姑息，震慑其他企图实施财务造假行为的商业主体。另一方面是加强跨国监管，通过强化国际会计监管部门之间的协调合作，完善上市公司财务信息跨境监管体系，建立国际财务监管制度，弥补监管漏洞，实现监管目标。

五、结论

资本市场融资压力巨大以及咖啡行业内部竞争激烈是瑞幸咖啡财务造假的压力因素，信息不对称、内部控制失效以及外部监督不力是瑞幸咖啡财务造假的机会因素，公司发展目标和管理风格的不合理是瑞幸咖啡财务造假的借口因素。瑞幸咖啡财务造假对公司、投资者和社会都造成严重不良影响，因此必须吸取其中的经验教训，企业要完善内部控制机制，建立合理有效的内部权力监督机制，同时提出合理可行的企业发展目标，国家要强化外部监督体系，提高外部审计的质量，加强法治体系和监管体系的建设，以减少上市公司财务造假行为的发生，维护资本市场正常秩序，促进社会经济健康发展。

参考文献

[1] 韩盼盼，杨思瑞．基于舞弊三角理论的商业伦理与道德风险治理探究——以瑞幸咖啡为例［J］．西部财会，2022（6）：43-46.

[2] 孙治娟，潘鹏杰．基于GONE理论的中概股财务造假分析与治理——以瑞幸咖啡为例［J］．国际商务财会，2022（11）：76-80.

[3] 范芯菱，胡北忠．上市公司财务舞弊动因及对策探析——以瑞幸咖啡造假事件为例［J］．中国管理信息化，2021，24（23）：30-31.

[4] 李孟苏．瑞幸咖啡财务造假案例分析［D］．中南林业科技大学，2022.

[5] 张凤凤．瑞幸咖啡财务舞弊与治理研究［D］．昆明理工大学，2022.

[6] 厉成程．瑞幸咖啡财务造假案例研究［J］．投资与合作，2022（3）：46-48.

[7] 杨卫．社会信任度对会计舞弊的影响研究［D］．安徽大学，2014.

[8] 张潇丹．基于舞弊三角理论的瑞幸咖啡财务造假案例研究［J］．中国林业经济，2021（3）：117-120.

［9］励贺林，赵玉．基于 COSO－ERM 新框架的瑞幸咖啡财务造假分析［J］．商业会计，2021（3）：72-76.

［10］陈杰．企业债券融资的发展趋势与潜在风险研究［J］．商场现代化，2019（19）：112-113.

［11］李儒奇，李晓冬，葛东升．企业短寿的“六大死因”［J］．企业标准化，2006（12）：72-76.

［12］赵子坤．公司治理结构与会计信息失真［J］．山东行政学院山东省经济管理干部学院学报，2004（4）：102-103.

［13］张道峰，马爱霞．中国制药业上市公司智力资本对企业绩效影响研究［J］．现代商贸工业，2011，23（4）：1-2.

［14］潘立生，陈杭茜．上市公司财务造假动因及对策分析——以瑞幸咖啡为例［J］．中国管理信息化，2021，24（3）：38-42.

［15］张丽萍．上市公司财务舞弊对注册会计师审计的影响［J］．投资与创业，2020（2）：2.

［16］翟奇凡．舞弊三角理论下上市公司财务舞弊研究——以瑞幸咖啡（中国）有限公司为例［J］．企业科技与发展，2021（4）：128-130.

［17］戴金．在美上市企业财务造假行为的影响与控制——以瑞幸咖啡财务造假事件为例［J］．中国商论，2020（24）：90-91.

［18］安芮坤．浅析上市公司财务信息披露问题［J］．陕西青年职业学院学报，2020（3）：80-82.

［19］张道峰，马爱霞．中国制药业上市公司智力资本对企业绩效影响研究［J］．现代商贸工业，2011，23（4）：1-2.

［20］吕斌．上市公司财务报表失真与治理对策［J］．现代经济信息，2015（9）：251.

上市公司信息披露违法违规的市场反应分析

——基于 ST 辅仁分红暴雷事件

刘金颜*

摘　要：作为中国整体注册制度改革的一部分，资本市场对企业信息质量的要求越来越高。然而，由于造假的机会成本低、制裁力度不够、制度不完善，企业信息失真形式很多，包括内幕交易、财务造假等，不能客观公正地反映企业的实际经营状况，影响投资者的准确决策，从而降低了资本市场的资源配置效率。

本文以上市公司 ST 辅仁分红暴雷事件为背景，通过具体案例分析，运用事件研究法，探究 ST 辅仁信息披露违法违规事件的短期市场反应，研究发现，上市公司内控缺陷，比如股权结构不合理，组织结构不完善等问题都会提高信息披露违法违规事件发生的可能性，信息披露违规不仅会造成证券市场波动，也会让投资者对该公司失去信心，降低公司的价值。并在此基础上，为监管机构和政府职能部门提出相关的对策建议，为上市公司的监管与治理提供理论支持和经验借鉴。

关键词：信息披露；市场反应；违法违规

一、引言

资本市场的良好运作离不开信息披露制度的完善，上市公司加强信息披露势在必行，但是，仍有一些违规信息披露事件，不仅给投资者利益造成损害，也给

* 作者简介：刘金颜（1998—），女，山东省烟台人，北京联合大学管理学院在读研究生，研究方向：公司财务。

我国证券市场发展运行带来了不利影响。上市公司可以通过信息披露这一重要纽带与投资者取得联系，同时也为投资者进行资本面分析提供重要的信息来源，有利于投资者做出正确的投资决策。上市公司信息披露违法违规行为包括披露信息不真实、不准确、不完整、不及时、存在重大遗漏等，虽然现如今对财务造假等方面的监管不断趋严，但上市公司信息披露违法违规问题依然十分严重。越来越多的公司由于信息披露失误而“暴雷”，致使这些公司的股价大幅下跌，不仅给投资者带来了巨大的损失，也严重损害了投资者对整个证券市场的信心。

二、文献回顾与事件背景

（一）文献回顾

Jing（2019）提出信息披露是讲求时效性的，事实上，公司在短时间内越是频繁地发布真实信息，其披露的价值就越高。投资者需要定期、及时地了解有关事件，否则这使得股东意料之外的损失更加的严重。Alsaeed（2006）认为企业盈利能力越强，信息披露水平越高；公司规模越大，信息披露的水平越高。有较高盈利水平的公司，为了向投资者传递出经营良好的信号，会向外界披露高质量的信息，以此来吸引投资，赢得市场信心。对于信息披露原因分析，松鹤（2022）提出以下几点：上市公司为获得 IPO 融资资格或便于获得再融资；避免公司退市；上市公司大股东高位减持套现，维持公司股价；便于公司大股东股权质押融资。杨建峰（2018）认为股权结构不合理等内控原因造成了信息披露违规现象的产生。关于信息披露违法违规现象的研究，胡国恒（2014）认为，被认定为信息披露违法违规的上市公司利用关联方交易来操纵利润，因此要建立健全信息披露制度，使资本市场有效健康运行。

（二）ST 辅仁分红暴雷事件背景介绍

辅仁药业集团制药股份有限公司（以下简称：ST 辅仁，股票代码 600781. SH）成立于 1993 年 8 月 13 日，公司法定代表人为蒋志华，实际控制人为朱文辰，注册资本 6. 272 亿元。其经营范围广泛，包括抗生素、生物制品、中成药、化学药等医药产品的生产、研发、销售，并一直处于行业的前端。2014~2017 年，辅仁集团入围“中国医药工业百强企业榜单”，排名逐年上升。ST 辅仁是辅仁集团旗下的核心医药企业，是集团内唯一一家上市公司，地位举足轻重。辅仁集团一直

致力于打造辅仁品牌，始终以“人民医药，辅仁造”为企业使命，使辅仁良好的品牌形象深入人心，“辅仁”商标也被认定为驰名商标。辅仁集团在河南省内享有良好声誉，而其实际控制人朱文臣拥有雄厚的资产，因此入股辅仁集团也吸引了众多中小投资者。

辅仁药业成立以来，公司名称发生多次变动，但股权结构较为稳定。参照图1，截至 2022 年 1 月 6 日，辅仁药业集团有限公司为 ST 辅仁第一大股东，持股比例为 10.74%。研究 ST 辅仁控股层级关系发现，ST 辅仁第一大股东 ST 辅仁药业集团有限公司由辅仁科技控股（北京）集团有限公司 100%持股。公司第一大股东为朱文臣，由此可知，ST 辅仁的控股股东为辅仁药业集团有限公司，ST 辅仁的实际控制人为朱文臣。

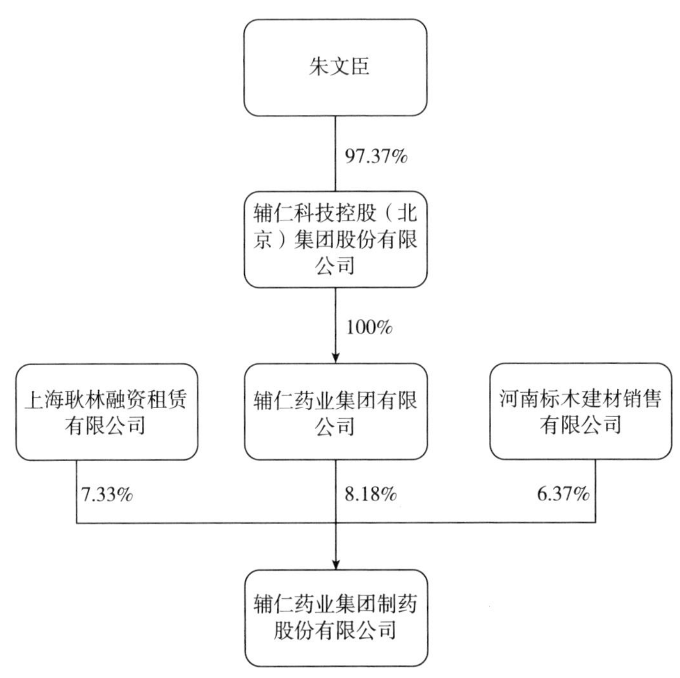

图 1　ST 辅仁股权结构

资料来源：企查查官网。

虽然目前 ST 辅仁的大股东持股比例仅为 8%左右，但研究 ST 辅仁的历史股权结构可以看出，ST 辅仁的主要股东辅仁药业集团有限公司持股比例接近 50%，为第一控股股东，直至 2019 年 7 月，ST 辅仁分红“暴雷”事件的发生，引发了市场和监管机构对 ST 辅仁的高度关注。之后，辅仁集团多次减持辅仁股份有限公司的股票，其持股比例已从2019年高峰期的45.03%下降至8.18%。虽然其对辅仁集团的持股比例仅比第二大股东高出3.41%，但其长期为ST辅仁集团的第一大股东，得以对ST辅仁集团实施真正的长期控制。2019年5月，辅仁药业召开2018年度股东大会，审议通过了2018年度利润分配预案，需现金分红总额约6000万元。参照结合辅仁药业2019年第一季报显示，公司期末现金资金余额为18.16亿元，6000万元的分红对辅仁药业来说压力不大。但在7月22日分红日到来时，辅仁药业表示，鉴于公司财务状况不佳，现金分红不能及时派发。这一公告一出，随即引发了上交所对辅仁药业出具问询函，问询函要求辅仁药业对未能按时派发现金分红做出明确解释。辅仁药业称，截止到2019年7月19日，公司及子公司现金合计1.27亿元，其中受限现金1.23亿元，非受限现金377.87万元。也就是说，辅仁药业的可用资金只有377.87万元。同年7月27日，辅仁药业收到中国证监会立案调查通知书，公司涉嫌违法违规，并开始接受证监会调查（见表1）。

表1　ST辅仁分红暴雷时间线

时间	事件
2019年5月21日	ST辅仁发布了2018年度股东大会决议公告，会议审议通过了2018年度利润分配的议案
2019年7月16日	ST辅仁发布《2018年度权益分派实施的公告》，公布了此次利润分配的方案，每股派发现金红利0.1元（含税），共计派发现金红利6271余万元红利
2019年7月20日	ST辅仁发布公告，公司因资金安排原因，无法按照原定计划发放现金红利并且发布停牌公告。同日发布的还有收到上海证券交易所问询函的公告，要求ST辅仁说明本次权益分派相关资金安排的具体过程，以及未能按期划转现金分红款项的具体原因
2019年7月25日	公司停牌3天之后，于25日复牌，并且发布了上海证券交易所问询函的回复公告，回复称公司及子公司拥有现金金额1.27亿元，其中受限金额1.23亿元，资金尚未筹措到位，无法按期发放现金股利
2019年7月25日	上交所再度向ST辅仁发出问询函，要求ST辅仁就公司资金情况，主要资产经营情况以及公司控股股东，实际控制人情况，进行核实并予以充分披露
2019年7月27日	中国证监会决定对ST辅仁因涉嫌违法违规进行立案调查

资料来源：巨潮资讯网。

三、样本案例解析与研究设计

（一）ST 辅仁分红暴雷事件中存在的信息披露违规问题与成因分析

1. 信息披露违规问题

2013~2019 年 7 年内，ST 辅仁为主要股东及关联方提供违规担保，担保对象则是其第一大股东辅仁集团和其关联方宋河实业，担保集中发生在 2018 年，但是公司并未对这一重大事项进行披露。例如，公司于 2018 年为郑州农业担保公司予以反担保，郑州银行与宋河实业以郑州农业担保公司的担保为基础，签订了合同金额 3000 万元的《流动资金借款合同》，该担保事项没有经过公司内部决策程序，未及时披露。ST 辅仁早在 2013 年就违规向大股东提供担保，但直至 2019 年，ST 辅仁一直未对外披露违约情况，并继续隐瞒自己的违规行为。

同时存在未及时披露债务逾期，债务逾期是公司面临的重大风险事项中的一种，当发现公司的财务状况无法按时清偿债务时，上市公司的临时公告披露机制应该立即启动。2019 年 3 月，辅仁药业累计逾期债务金额已达到应披露的违约额度，但辅仁药业并未采取任何行动。经核查，公司于五个月后披露此事。我国相关信息披露的规章制度规定，为保证投资者自身的合法权益，上市公司一定要全方位、及时、完整地披露相关信息。但 ST 辅仁未能及时、真实披露其关联交易、违规担保，所以 ST 辅仁不仅存在披露时间延后的问题，而且还存在披露不真实的情况。

2. 信息披露违规原因

（1）一股独大的股权结构导致内控失效。

我国的上市公司普遍存在一种股东独大的现象。上市公司股东大会实行“一股一票”的原则。上市公司 ST 辅仁长期保持大股东地位。辅仁集团母公司辅仁科技的主要股东为朱文臣，持股比例达 97.37%，由于其长期任职，能对公司经营决策形成重大影响。这种股权结构使 ST 辅仁已然成为个人控股公司。辅仁集团的持股比例在较长一段时间内维持在 40%以上，除第一大股东之外，其他股东持股均不超过 10%，持股比例之间的距离悬殊之大，并不能对其形成有效制衡，形成了“一股独大”的局面。图 2 是 2019 年分红暴雷事件发生之前公司的股权结构，可以明显看出，大股东“一股独大”的局面成为信息披露违规的重要因素。

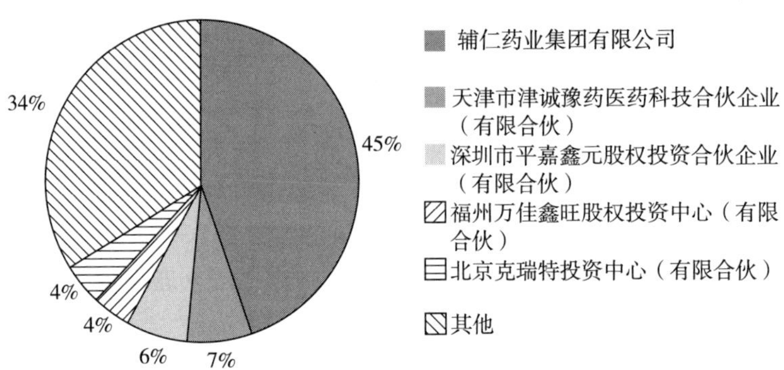

图 2　ST 辅仁 2019 年股权结构

资料来源：CSMAR。

（2）董事会缺乏独立性。

公司董事会成员由股东大会选举产生，有责任代表公司全体股东的利益，依据股东的意愿作出上市公司的经营决策。而 ST 辅仁公司的大股东辅仁集团持股近 50%，因此在股东大会上拥有更大的决策权，能够从董事会成员中选出更符合自己利益的人选。在公司董事会中，如果与大股东有共同利益的董事占董事会的半数，则大股东能够依据自己的意愿操纵董事会，从而致使公司独立性丧失董事会决策，已然成为大股东利益的代表。图 3 是 ST 辅仁与其母公司辅仁药业集团管理层上面的人员重合，ST 具有明显的家族式企业特征，除了朱家人占据公司大部分公司要职之外，其母公司的管理职位也由相同人员担任，以此，整个辅仁集团形成了以朱文臣为核心的利益集团，在经营决策中，无法对朱文臣形成有效的监督制衡，董事会形同虚设，同时家族式企业带有明显的利益一致性，管理集团倾向于做出一致的利益决定，侵害中小股东的利益。图中还有一点值得注意，朱文臣不仅担任董事长同时兼任总经理，也就是说，从公司战略决策的指定，到董事会的批准，都是一手承办，从制定、执行到监督环环相扣，更利于朱文臣做出利己不利公的决策。

（3）外部监督职能失效。

我国证监会成立于 1992 年，与西方发达国家相比，成立时间较晚，在监管流程、监管能力、处罚等方面并不完善。在 ST 辅仁大股东侵占的过程中，存在监管不到位和惩戒不到位两个问题，这也是造成大股东侵占的重要原因。一般情况下，大股东侵占被证监会发现时，通常已经存在 4~5 年，而证监会完成调查取证和数据收集并出具处罚通知，也要在事件发生后的 1~2 年，证监会监管不到位，处罚有效性较低，没有起到处罚应有的警示和震慑作用。这让很多上市

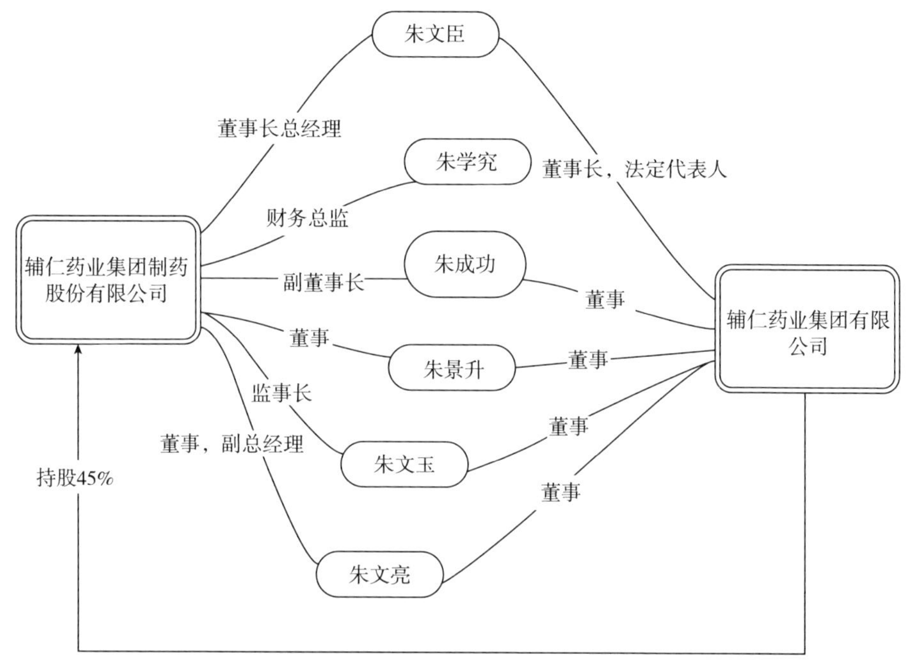

图 3　ST 辅仁高管职位

资料来源：CSMAR。

公司的大股东都冒了险，近年来，大股东侵占事件不仅没有减少，反而频频发生。本案中，ST 辅仁大股东的挪用行为始于 2015 年，但上交所直至 2019 年 7 月才首次出具《问询函》。在被挪用的四年多里，证监会没有对大股东 ST 辅仁起到应有的监督作用。时隔一年多，2020 年 10 月 14 日，证监会才发布对 ST 辅仁的行政处罚决定。整个过程历时一年零三个月。可见，对于此类违法违规行为的处罚效率也比较低。在此案中，证监会对 ST 辅仁处以合计 120 万元的罚款，对辅仁集团处以 60 万元的罚款，对 ST 辅仁的现任控制人朱文臣处以 150 万元的罚款。其中，朱成功、朱文亮被处以最高 35 万元的罚款。与预想不同的是，ST 辅仁 2015 年以来已挪用 16 亿余元，至今未全部归还。ST 辅仁大股东挪用上市公司和中小投资者的私人收益，其所受到的处罚明显超过其受到的处罚。由此可见，我国现行法律法规对大股东挪用公款的处罚力度很小，从而致使违法行为的成本极低，无法有效遏制大股东挪用公款行为。违法行为带来的惩罚远大于实施挪用公款行为谋取私利。

（二）研究设计

1. 研究方法

事件研究法以有效市场假设为基础，主要用于某一事件或信息的发布对投资人决策的影响，进而反映在股票价格或交易量的变化趋势。应用事件研究法第一步要确定事件窗口期，窗口期是公司事件公告前后股价变动区间，通常情况下窗口期被确定为事件公告的那一日。第二步是确定样本，选择纳入研究范围的公司之后，样本要尽可能防止和剔除可能影响检验结果的其他信息，提高研究的准确性。第三步是计算正常收益和超额收益。第四步是估计参数模型，选择恰当的收益率模型，然后采用被称为估计窗口的样本数据来计算模型的参数。最普遍采用的是用事件窗口以前的时期作为估计窗口。第五步计算结果及其检验。有了正常收益模型的估计参数就可以计算超额收益了，之后，通过一定的方法对超额收益进行检验，根据检验判断事件对市场产生的影响。

2. 定义事件及事件窗口期

事件和事件窗口的确定。公告日选择事件首次公开披露的时间且必须为交易日，若披露时间恰好为样本企业停牌期或股票市场休市期，则将往后顺延至首个交易日作为公告日。有关事件节点的确定，由于 ST 辅仁发布无法按期发放现金股利的公告以及收到上海证券交易所问询函公告时间为股市休市期且往后的首个交易日为股票停牌期，所以把 7 月 25 日即公司分红暴雷事件后的首个交易日且收到上海证券交易所问询函的日期作为事件日也就是公告日（t=0）。在确定事件窗口期时，以下两个因素通常被列入考虑范围内：一是事件发生后所产生影响力的大小及时间长短；二是尽可能排除其他干扰项的影响，为了避免其他因素的影响，研究者通常会将特殊影响因素从样本中剔除，或者尽可能缩短窗口期。本文采用的事件窗口为［T-10，T+10］，共 21 个交易日。其中，T+0 表示事件日，T+1 表示事件日后一日，T-1 表示事件日前一日，本文将窗口期向前推进 120 个交易日作为清洁期。

3. 计算步骤

（1）正常收益模型与累计非正常报酬率的计算。本文选用市场调整模型来计算 *ST 辅仁的预期收益率。该模型有一定的假设前提，即在事件期内案例公司每一天的预期收益率就是市场收益率，因此，事件期内 *ST 辅仁的超额收益率=ST 辅仁 t 日的实际收益率-（t-1）日的市场收益率。

对于累计非正常报酬率，首先，计算 ST 辅仁在股票事件窗口期内的实际收益率。*ST 辅仁的实际收益率=［ST 辅仁股票 t 日的收盘价-ST 辅仁股票（t-1）日的收盘价］/ST 辅仁股票（t-1）日的收盘价。

由表 2 可知，ST 辅仁在公告事件之后，尤其是在（0.3）窗口期内，股票收益率出现了大幅度下降，通过对比同一时期上证综指市场收益率，可以排除是市场因素造成的股价波动，综合来看，在事件日发生前，公司的股票收益率一直保持平稳波动，但是从事件日开始，公司股价和收益率大幅度下跌，很显然，上交所的问询函给公司带来了很大的负面影响。在窗口期（5，10）内，由于公司发布了股票异常交易公告，并声称公司未存在应披露而未披露的重大信息，此公告发出之后，公司股价逐步回归到正常收益率水平（见图 4、图 5）。

表 2　窗口期内上证综指市场收益率和 ST 辅仁收益率对比

事件节点	交易日期	上证综指收益率（%）	ST 辅仁实际收益率
-10	2019-07-05	0. 19	-2. 35
-9	2019-07-08	-2. 58	-3. 24
-8	2019-07-09	-0. 17	-2. 58
-7	2019-07-10	-0. 44	-2. 06
-6	2019-07-11	0. 08	1. 20
-5	2019-07-12	0. 44	-0. 50
-4	2019-07-15	0. 40	0. 90
-3	2019-07-16	-0. 16	3. 95
-2	2019-07-17	-0. 20	-1. 52
-1	2019-07-18	-1. 04	-2. 80
0	2019-07-25	0. 48	-10. 02
1	2019-07-26	0. 24	-10. 03
2	2019-07-29	-0. 12	-10. 05
3	2019-07-30	0. 39	-5. 31
4	2019-07-31	-0. 67	-5. 76
5	2019-08-01	-0. 81	-2. 90
6	2019-08-02	-1. 41	-5. 19
7	2019-08-05	-1. 62	3. 98
8	2019-08-06	-1. 56	-3. 19
9	2019-08-07	-0. 32	-2. 97
10	2019-08-08	0. 93	0. 85

资料来源：CSMAR。

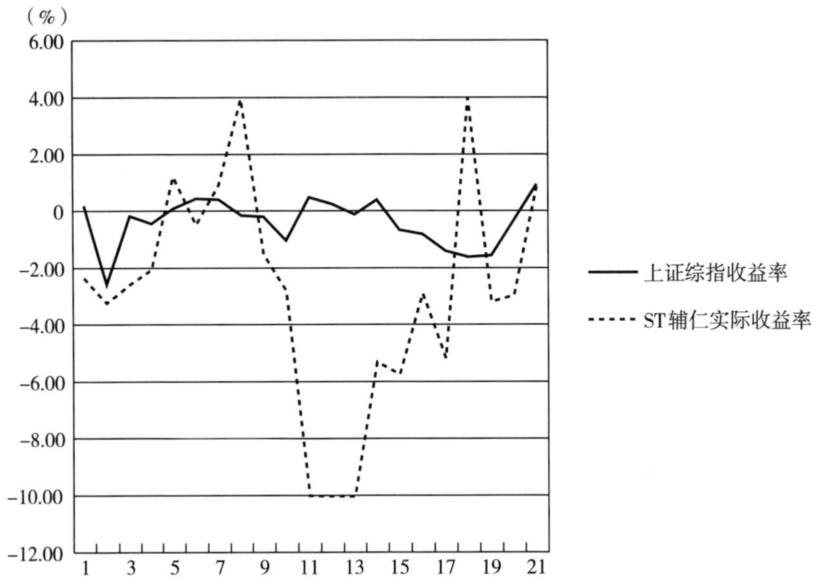

图 4　市场收益率与实际收益率变化趋势

资料来源：CSMAR。

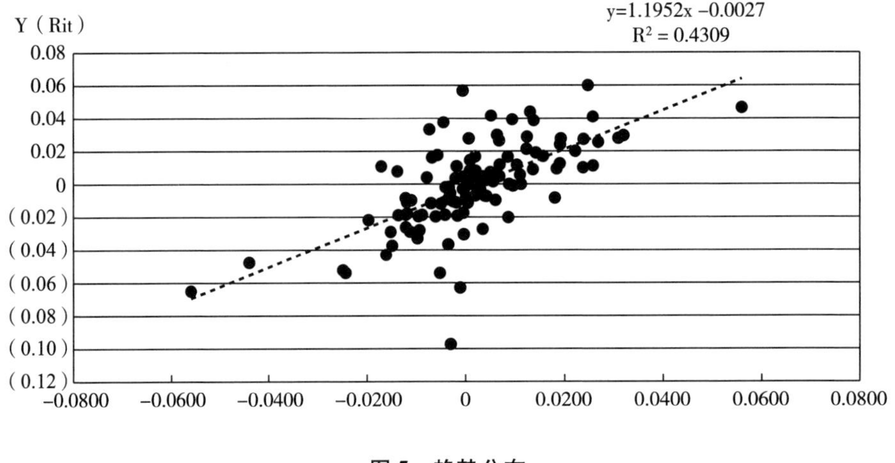

图 5　趋势分布

资料来源：CSMAR。

最后，计算事件窗口期内 ST 辅仁的超额收益率。本文利用市场调整模型来求取 ST 辅仁公告证监会立案调查后的超额收益率（AR）和累计异常收益率（CAR），如表 3 所示。

表 3　窗口期市场反应变化

窗口期	异常收益率（AR）	累计异常收益率（CAR）
-10	-0.0231	0.0231
-9	0.0011	0.0243
-8	-0.0210	0.0032
-7	-0.0127	-0.0094
-6	0.0137	0.0043
-5	-0.0075	-0.0032
-4	0.0069	0.0037
-3	0.0440	0.0477
-2	-0.0101	0.0377
-1	-0.0128	0.0248
0	-0.1033	-0.0784
1	-0.1006	-0.1790
2	-0.0964	-0.2753
3	-0.0550	-0.3304
4	-0.0468	-0.3772
5	-0.0166	-0.3938
6	-0.0323	-0.4262
7	0.0619	-0.3643
8	-0.0106	-0.3748
9	-0.0231	-0.3980
10	0.0001	-0.3979

资料来源：CSMAR。

在此次选取的事件窗口中，ST 辅仁累计异常收益率在公告收到上海证券交易所问询函后呈明显下降的趋势，如图 6 所示，这说明，信息披露违规不仅让投资者对该公司失去了信心，也造成了证券市场剧烈的波动，上市公司违规不仅给投资者造成了损失，同时也降低了公司市场价值。

（2）显著性检验。本文为单案例研究，若想要检验上述结果中体现出来的数据波动是否由此次信息披露违规行为引起，即要对累计异常收益率进行单样本 T 检验，本文运用 SPSS 检验了 CAR 与 0 是否有显著差异，结果如表 4 所示。

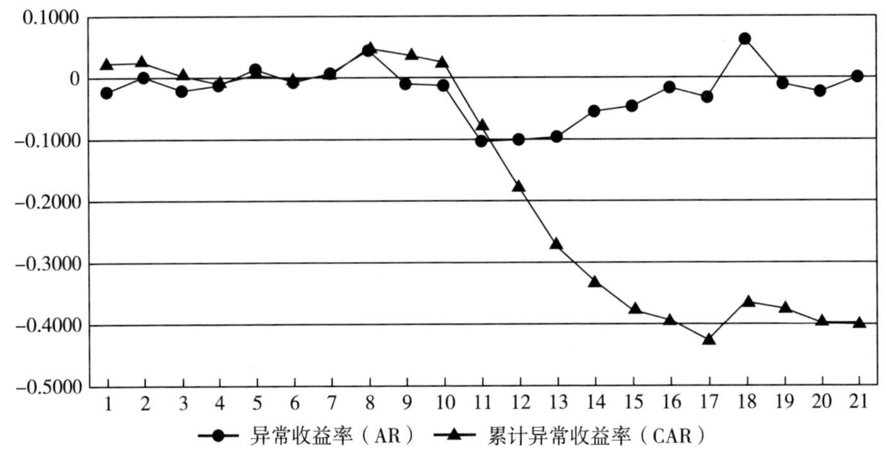

图6　市场反应趋势

资料来源：CSMAR。

表4　T检验结果

单样本T检验分析结果							
名称	样本量	最小值	最大值	平均值	标准差	T值	p值
累计异常收益率（CAR）	21	-0.426	0.048	-0.164	0.192	-3.916	0.001**

注：* 表示 $p<0.05$　** 表示 $p<0.01$

资料来源：CSMAR。

从表4可知，累计异常收益率（CAR）全部均呈现出显著性（$p<0.05$），意味着累计异常收益率平均值均与数字0有着统计意义上的差异。这代表事件期内企业股票市场的价格波动是由此次分红暴雷事件引起的，并对短期股票市场带来了负面效应。

四、结论与建议

本文以ST辅仁分红暴雷事件为研究背景，整理分析了其信息披露违法违规的原因，并对此事件发生后的市场反应进行了相关分析，根据分析结果，得出结论并提出整改意见。通过研究发现，上市公司内控缺陷，比如股权结构不合理，组织结构不完善等问题都会提高信息披露违法违规事件发生的可能性，比如大股

东为关联方提供违规担保，利用虚假交易进行非经营性资金占用。此次分红暴雷事件，作为 ST 辅仁长期以来信息披露违法违规的导火索，成功将公司长期以来掩盖在经营良好假象下面的造假行为揭露出来，给证券市场带来了强烈的波动以及给上市公司带来极大的负面影响。

ST 辅仁未发现公司长期存在的财务问题，也未进行相关披露，不能为投资者提供准确的信息，不能让投资者和公司的利益相关者了解公司的经营情况并做出投资决策。因此，首先，上市公司应增强内部控制建设，进一步增强控制意识和管理风险意识，构建高效、内部控制制度可靠，独立、严格执行，确保控制目标的实现。其次，要保持内部控制体系的独立性，ST 辅仁家族企业管理严重，内部控制体系已经完全失效，给内部控制的有效运行和独立性带来潜在风险。上市公司一定要推进部门或内控组人员的优化和适配，以促进和保证内控活动质量的发展。最后，对于信息披露职能的实际履行，ST 辅仁应当需要相关内外部相关机构和人员共同监督公司信息披露工作。一方面，ST 辅仁可对于信息披露事项设立专门的监督小组，确保相关部门履行内控信息披露职能受到监督小组的监督。同时，ST 辅仁还应增强对公司监事会和独立董事的内部监督，要求相关机构和人员对 ST 辅仁内部控制的有效性提出建议，同时对此事发表意见评价。另一方面，证监会要大力推进事中事后监管，兼顾事前监管，推动市场监管转型，持续提升上市公司信息质量。

参考文献

[1] 覃秘，吴正懿．濒临退市仍不作为*ST 辅仁收到交易所监管函［N］．上海证券报，2022-11-04（006）．

[2] 岑清云．制造业企业内部控制建设中存在的问题及对策分析［J］．中国集体经济，2022（29）．

[3] 张金豆．中公教育异常派现行为的短期市场反应分析［J］．江苏商论，2022（10）．

[4] 王琳，李欢，高伊琳，余鹏翼．信息披露质量对企业声誉的影响及作用机制——基于上海电气财务爆雷事件的案例分析［J］．管理评论，2022，34（8）．

[5] 苏鹏华．ST 辅仁公司大股东利益侵占与公司治理困境［D］．河北金融学院，2022.

[6] 吴雪筝．大股东违规占款问题研究——以 ST 辅仁为例［J］．现代商业，2021（35）．

［7］牛瑞雪．控股股东挖空 ST 辅仁的原因与防范对策研究［D］．河北地质大学，2022.

［8］程燕芳．股东违规行为的成因及市场反应分析研究——以康尼机电并购龙昕科技为例［J］．全国流通经济，2019（28）．

［9］邱玥．关于我国上市公司的会计信息披露问题及优化策略［J］．商场现代化，2016（25）．

基于平衡计分卡的企业绩效评价

——以李宁为例

刘梦娇*

摘　要： 随着全民健身的普及，体育用品的市场正在逐步扩大，李宁是体育用品行业中少数发展较好的民族品牌之一，利用平衡计分卡工具对其绩效进行评价与分析，并根据分析结果为其提供有用建议，可以在促进其持续高质发展的同时，为行业内其他企业提供参考，以期进一步帮助其完善管理体系，促进民族体育品牌的高质量发展，弘扬文化自信的精神内核。

关键词： 平衡计分卡；李宁；企业绩效

20 世纪 90 年代之后，管理会计工具大量涌现，如 BSC、TQM、ERP 等。平衡计分卡作为管理会计工具之一，其更加全面的考核维度弥补了单独使用财务指标进行绩效评价的不足，可以更好地激发和调动员工积极性、为企业提供更多有用的管理信息，从而促进企业的高质量发展。

改革开放以来，我国体育用品行业依托国内资源优势和人口红利获得了长足的发展，我国也逐渐成为全球最大的体育用品制造国家。随着经济的发展和人民生活水平的提高，全民健身蔚然成风，体育用品的市场也正在逐步扩大。近些年来，安踏、李宁、鸿星尔克等体育用品企业在口碑和设计等方面做出了许多突破与改变，敏锐抓住了文化自信的信号，民族品牌因此逐渐回归了大众视野，有了新的发展。

关注体育用品企业的绩效评价，可以为相关企业提供更加全面的管理信息，进一步帮助企业完善管理体系，促进民族品牌的高质量可持续发展，弘扬文化自信的精神内核。但目前少有学者基于平衡计分卡对体育用品企业进行绩效评价，

* 作者简介：刘梦娇（1999—），女，山东省滨州人，北京联合大学管理学院在读研究生，研究方向：企业创新与绩效。

行业差异也限制着主要研究方法。因此，本文基于平衡计分卡工具，选取李宁为研究对象，对其绩效进行评价与分析，并根据分析结果为其提供有用建议，以期促进李宁持续高质发展的同时，为行业内其他企业提供参考。

一、理论基础与文献综述

平衡计分卡是 Kaplan 和 Norton 提出的一种绩效考核办法，被认为是绩效管理理论发展的里程碑，目前被全球 500 强企业中超过 70%企业所采用①，是目前常见的绩效考核方式之一。

平衡计分卡从财务、客户、内部运营、学习与成长四个维度（Kaplan，1993），利用可操作与衡量的指标和目标值来落实企业战略，平衡了企业的财务与非财务指标、长期与短期目标、内部与外部群体等，令企业能够上下“讲同一种语言”，使同一份管理报告中包含众多能够促进企业提高核心竞争力的事项，促使管理人员在决策时思考一方面的提高是否会以另一方面的降低为代价，从而减少管理人员的短视行为，促进企业全面高质量发展。

在知网中以平衡计分卡（含平衡记分卡）为检索词，可以搜索到 17703 篇中文文献②，从发文趋势（见图 1）也可知，近些年国内学术界对于平衡计分卡的讨论一直未停。

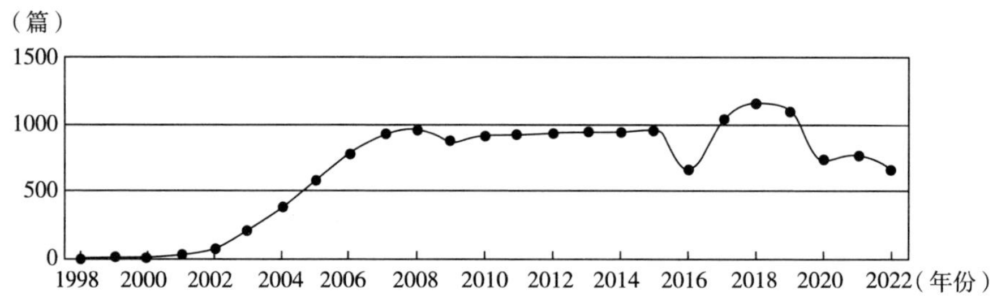

图 1 “平衡计分卡”发文量趋势

国内对于平衡计分卡的研究前期主要集中于根据中国国情对理论原理、框架

① 资料来源：MBA 智库百科。
② 资料来源：中国知网。

等的探索、思考与评价，例如胡玉明（2010）认为平衡计分卡是一种逐渐走向成熟的战略绩效评价理念，其在描述平衡计分卡基本框架的基础上，论述了平衡计分卡的实践运用问题。

研究后期学者们主要集中于探讨平衡计分卡本身或者结合其他管理会计工具在不同行业、不同情境中的应用。王碗等（2022）基于平衡计分卡理论构建了高校科研的绩效评价指标体系，张晨等（2022）以科大讯飞为例基于平衡计分卡和哈佛框架创新了企业的综合绩效评价体系，除高校、企业之外，还有许多学者从医院（刘玥，2022）、税收（付树林，2022）等角度入手，运用平衡计分卡构建了其绩效评价体系，为各行业的高质量发展提供了优质建议。

对于体育行业学者们多探讨平衡计分卡在体育场馆、社团、俱乐部等绩效评价中的运用，对于体育用品制造企业，多研究其营销策略、战略转型等内容，少有学者基于平衡计分卡对体育用品企业进行绩效评价。

二、案例分析

平衡计分卡的运用会因企业的业务性质不同而存在较大差异，并不适合“一个模板套全部”。根据 Euromonitor 的数据，在中国市场内，李宁的市场占有率 2020 年便占据了第三名，前两名分别是耐克和阿迪达斯。李宁依靠其悠久的历史和惊艳时装周的出圈设计，在全国体育用品行业中占据重要地位，作为少数发展较好的民族品牌之一，其进一步的高质量发展定会引领行业的更好发展。因此本文选择李宁为研究对象，使用案例分析法分析基于平衡计分卡的体育用品行业内企业绩效评价，以期为行业内其他企业的绩效评价提供建议，促进体育用品企业管理体系的完善。

平衡计分卡有财务、客户、内部运营、学习与成长四个维度，接下来本文将从以上四个方面分别展开。

（一）财务维度

财务方面的目标是告诉企业管理者他们的努力是否对企业的经济收益产生积极的作用。

盈利与营运能力方面，本文选取李宁的毛利率、净资产收益率、存货周转天数三项指标与行业均值和安踏体育进行对比。

由表 1 可知，2007~2021 年李宁的毛利率不断提高，高于行业均值的同时低于安踏体育，表明李宁的生产效率与成本控制水平等虽处于行业较高水平，但是与其竞争对手相比仍有差距。李宁的净资产收益率方面波动增长，近些年维持在20%左右，均在行业均值以上，但明显低于安踏体育，说明李宁获取收益的能力在行业中处于较高水平，仍可继续提升。李宁的存货周转天数一直远远低于行业均值，同时也低于安踏体育的存货周转天数，表明李宁的周转和管理水平处于领先地位。也就是说，李宁的盈利能力和营运能力总体而言均保持在一个较好的状态，但是仍有进步空间。

表 1　盈利与营运能力相关数据

年份	李宁			行业均值			安踏体育		
	毛利率（%）	净资产收益率（%）	存货周转天数	毛利率（%）	净资产收益率（%）	存货周转天数	毛利率（%）	净资产收益率（%）	存货周转天数
2017	47.06	10.16	80	35.80	6.47	130.3	49.37	22.53	75
2018	48.07	12.30	78	31.04	1.18	132.45	77.42	26.00	81
2019	49.07	21.05	68	36.11	-13.97	178.44	55.00	26.61	87
2020	49.07	19.55	68	34.12	-45.14	182.62	58.15	21.50	122
2021	53.03	19.01	54	34.68	14.99	148.78	61.64	26.69	127

数据来源：李宁有限公司年报、安踏体育年报、同花顺。

偿债能力方面，本文选取流动比率、速动比率和资产负债率指标与行业均值进行对比。

由表 2 可知，2017~2021 年李宁的速动比率均大于 1，短期偿债能力能够较稳定的保持，但其短期偿债能力在行业内其实较差，也就是面临着较大的短期偿债压力，原因为其流动和速动比率长期低于行业均值。长期偿债能力方面，李宁的资产负债率近年来在行业平均水平上下浮动，总体上处于正常比率内，长期偿债风险较低。

发展能力方面，本文选取营业收入增长率作为衡量指标。由表 3 可知，2017~2021 年李宁的营业收入增长情况整体上高于行业均值且不断提高，可见发展能力正在持续增强且在行业内处于较高水平。

表 2　偿债能力相关数据

年份	李宁			行业均值		
	流动比率	速动比率	资产负债率（%）	流动比率	速动比率	资产负债率（%）
2017	2.4	1.88	30.70	2.75	1.91	43.08

续表

年份	李宁			行业均值		
	流动比率	速动比率	资产负债率（%）	流动比率	速动比率	资产负债率（%）
2018	2.3	1.85	33.32	2.89	1.93	39.16
2019	1.81	1.51	43.22	2.70	1.89	42.84
2020	1.95	1.68	40.46	3.12	2.26	42.90
2021	2.42	2.19	30.29	3.57	2.58	26.16

数据来源：李宁有限公司年报、同花顺。

表 3　李宁营业收入增长率情况

年份	2017	2018	2019	2020	2021
李宁（%）	10.71	18.45	31.85	42.30	56.13
行业均值（%）	15.86	-3.08	-16.83	-15.16	24.96

数据来源：李宁有限公司年报、同花顺。

（二）客户维度

客户方面的目标是站在顾客的角度从时间、质量、服务和成本几个方面关注市场份额以及顾客的需求和满意程度。本文选取品牌影响力和客户满意度作为此维度的衡量指标。

在品牌影响力方面，2022 年 C-BPI 中国品牌力指数中，李宁在运动鞋和运动服装品类中均位居第二，比 2020 年均提高一个名次，得分也高于安踏、鸿星尔克等其他国产品牌，相对来说具有较高的品牌影响力（见图 2、图 3）。

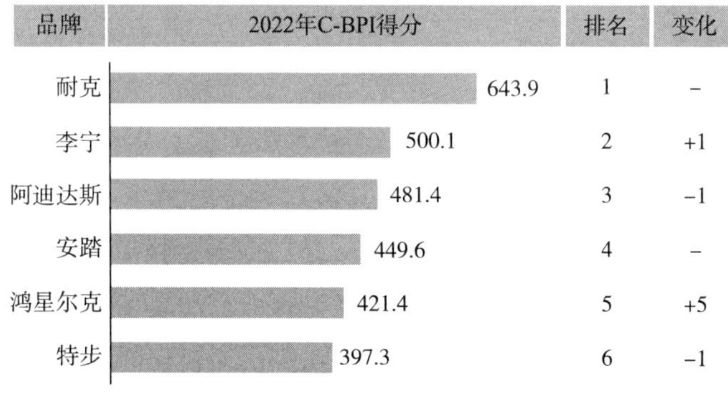

图 2　2022 年 C-BPI 运动鞋品牌排行榜前 6 名

数据来源：Chnbrand 2018-2022 年中国顾客满意度指数SM。

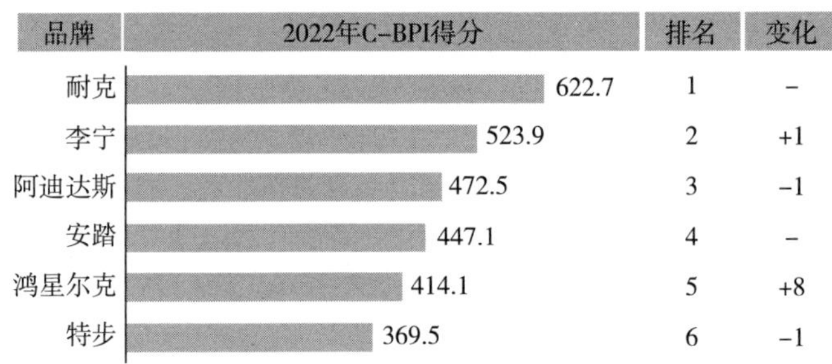

图 3　2022 年 C-BPI 运动服装品牌排行榜前 6 名

数据来源：Chnbrand 2018-2022 年中国顾客满意度指数SM。

在客户满意度方面，李宁的产品设计、服务、体验等坚持从客户出发，在多地开设体验店，极大提升客户的体验感。李宁还积极与众多潮牌合作推出符合当前青年消费者口味的产品。此外，李宁通过安排客户热线、主动调查了解消费者、开通企业微信在线辅助反馈通道，努力打通渠道与消费者进行沟通，其客户满意指数近几年一直保持在较高水平，排名较为靠前，运动服装市场更是连续 3 年居于前三（见表 4）。

表 4　2018~2022 年李宁中国顾客满意度指数与排名

年份		2018	2019	2020	2021	2022
运动鞋	满意度指数	71. 3	72. 9	73. 0	82. 5	84. 2
	排名	3	6	9	9	4
运动服装	满意度指数	70. 1	73. 1	77. 7	86. 1	81. 8
	排名	4	4	1	1	3

数据来源：Chnbrand 2018-2022 年中国顾客满意度指数SM。

（三）内部运营维度

内部运营的目标是关注导致企业整体绩效更好的过程、决策和行动。本文选取人均产出水平和经销与行政开支占比作为此维度的衡量指标。

分析企业的人均产出可以了解企业是否存在明显的人力资源浪费现象。根据李宁的年报可以看出，李宁一直坚持为其员工提供多样化的培训条件和机会，致力将员工打造成高质量的全方位人才。近些年其人均产出虽有波动，但均维持在较高水平，2021 年更是达到了约 5616 万元，工作效率和人力资源利用效率较高（见表 5）。

表5　李宁近5年员工人均产出水平

年份	2017	2018	2019	2020	2021
营业收入（万元）	887391	10510898	13869630	14456971	22572281
员工人数（名）	2182	2412	3783	3625	4019
人均产出（万元）	40	4358	3666	3988	5616

数据来源：李宁公司年报。

在经销与行政开支方面，过高的占比意味着企业内部运营效率较低，企业内部管控能力差。2017~2021年李宁经销开支与行政开支占比整体上呈下降趋势（见图4），这表明李宁开始通过严格控制相关费用来降低部分的成本支出，进而提升企业整体的运营效率。

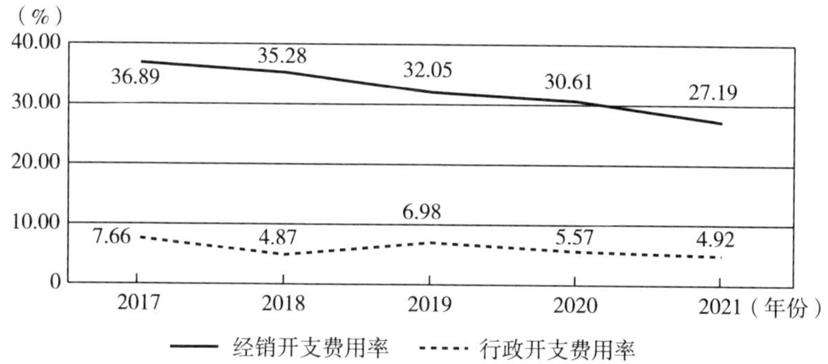

图4　2017~2021年李宁经销与行政开支费用率

数据来源：李宁公司年报。

（四）学习与成长

在当前市场环境下，只有竞争优势是不够的，保持这种优势，就需要不断地学习、创新、改进和成长。本文通过分析李宁研发资本投入和员工培养情况来衡量此维度。

在研发资本投入方面，李宁高比例的研发投入为其对进行产品升级改进提供了坚实基础，一系列核心技术被开发、被用于提升用户体验，“国潮”系列产品就是其支持创新的最好证明。虽然李宁近些年的研发投入在缩减开支的基础上不减反增，但安踏和李宁2021年的财报显示，李宁的研发投入为4.06亿元（见图5），研发强度为1.8%，而安踏则投入了11.16亿元，占当年收入的2.26%，安踏的研发投入是李宁的2倍还多，也就是说李宁在此方面做得显然还不够，还需继续努力。

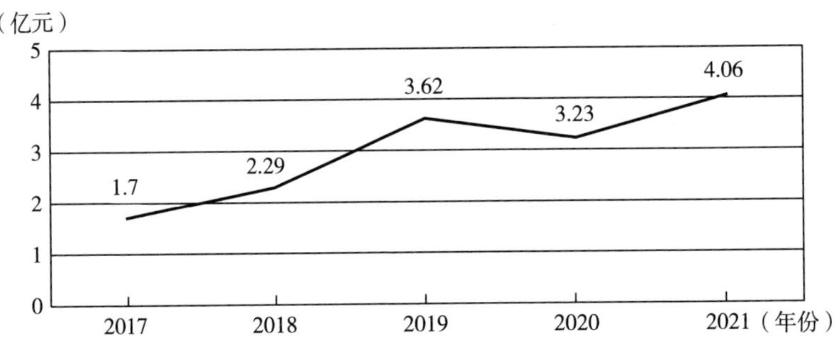

图5 2017~2021年李宁研究及产品开发开支情况

数据来源：李宁公司年报。

在员工培养方面，李宁为员工提供多元化的学习机会与全方位的发展空间，鼓励和引导员工不断提升岗位专业技能与综合素养，培训具备全员性、针对性、计划性、全程性、全面性和跟踪性六个基本原则，李宁2021年员工无论是管理层还是非管理层均100%受训，每人平均受训10~11小时①。

此外，李宁还根据行业特点，制定了科学的薪酬管理制度，及时调整员工的薪资水平与结构，吸引来了、保留住了优秀的员工，从而提高了企业的竞争力和可持续发展能力。

三、研究结论与建议

从财务维度来看，李宁的盈利、营运和发展能力在行业中均处于领先水平，总体上保持一个良好的状态，需要在继续保持良好态势的基础上争取行业龙头的位置。但其也面临着较大的短期偿债压力，需要通过合理规划可变现资产规模来提高短期偿债能力，警惕相关风险。

从客户维度来看，李宁的相关举措十分有效，品牌影响力和客户满意度较高，可以继续保持。但仍有进步空间，可以在拓宽销售渠道的同时，保证全渠道

① 资料来源：李宁公司2021年度报告。

的产品质量与优惠相同、会员权益与库存共通共享等，继而提升客户的消费满意度，给消费者更加完美的购物体验，获得品牌影响力和客户满意度的再一次提升。

从内部运营维度来看，李宁的人均产出近些年一直稳定保持在比较优秀的水平，员工的劳动效率和人力资源效率均较高。就经销与行政开支费用率的下降而言，李宁对相关开支进行了合理规划，内部运营效率正在逐步提升。

从学习与成长维度来看，李宁一直以来在观念和行动上都十分重视对员工素质的培养和产品技术的研发，但相比行业内其他公司，李宁的研发投入规模仍较小。目前李宁所在体育用品行业的产品已经呈现较为严重的同质化现象，是否能够设计出新颖的、更加满足消费者需求的含有核心技术的产品将会在很大程度上决定企业未来的发展。如果李宁想在未来获得进一步发展，必须要在之后的时间里注重其研究及产品开发开支。

李宁作为行业龙头之一，其存在的问题也极有可能出现在行业内其他企业中，因此其他企业也有必要根据自身特点建立自己的绩效评价体系，通过深度分析自身财务与非财务指标、长期与短期目标等，开辟出适合自己的评价之路。但总体上，行业内所有企业必须不断改善财务状况，重视一切客户，优化消费者的购物体验，以提高其满意和忠诚度。同时还要优化内部运营流程，重视研发与对员工的培养，能聚核心竞争力，进而实现企业的高质量可持续发展。

参考文献

[1] Kaplan Rs, Norton Dp. Putting The Balanced Scorecard To Work [J]. Harvard Business Review, 1993 (25): 30-32.

[2] 胡玉明. 平衡计分卡：一种战略绩效评价理念 [J]. 会计之友（下旬刊），2010 (4): 4-11.

[3] 王碗，李薪茹，陈雪平. 基于平衡计分卡的高校科研绩效评价体系及应用研究 [J]. 科技管理研究，2022，42 (2): 52-60.

[4] 张晨，于斯齐，肖文娟. 基于 BSC 和哈佛框架的绩效评价体系创新——以科大讯飞为例 [J]. 会计之友，2022 (22): 55-61.

[5] 刘玥，许志文，赵凯. DRG 和 RBRVS 二维绩效管理框架下医院平衡计分卡的重构 [J]. 中国医院管理，2022，42 (9): 71-73.

[6] 付树林，何强. 论平衡计分卡理论在税务绩效管理中的运用 [J]. 税务研究，2022 (5): 112-120.

本量利分析法在高铁营运管理中的应用研究

——以兰新高铁为例

刘千汇*

摘　要：兰新高铁的运行对助推“丝绸之路经济带”建设和产业结构优化升级、加快西部人员流动、促进西部物流发展有着重要作用。本文通过分析兰新高铁的收益与成本支出情况，运用本量利分析计算其运行保本趟数，并在此基础上识别影响兰新高速铁路盈亏平衡运量的主要因素，再通过敏感性分析测算各因素对兰新高铁经济效益指标的影响和敏感性程度，从而为兰新高铁降本增效提出可行性建议。

关键词：本量利分析；兰新高铁；敏感性分析

一、引言

高速铁路作为关乎国计民生的重要基础设施和我国国民经济的大动脉，在服务经济社会发展大局中发挥着越来越重要的作用。而本量利分析是高速铁路项目财务分析的重要组成部分，其本质是通过对盈亏平衡点的测算，从而分析判断特征年度项目收益和成本的平衡关系。在高速铁路的项目中，通过运行趟数这一指标来表达项目保本点最为常见，即在特征年度分析测算使项目总收入与总支出相等的线路运行趟数水平。本文结合运行趟数，采用了五个变量因素，利用客运收入、单价、单位变动成本和固定成本构建分析模型，以说明各变量因素与净营业

* 作者简介：刘千汇（1999—），女，河南省平顶山人，北京联合大学管理学院在读研究生，研究方向：企业财务。

利润之间的定量关系，并确定兰新高铁运营活动的内在逻辑及规律。

由于兰新高铁地处西北，盈利情况并不可观，本文的创新点则在于梳理兰新高铁营运状况之后，通过敏感性分析对影响保本点的因素进行敏感性测算，以进一步探求减少兰新高铁运营成本、提升业务收入的有效路径，从而缩小兰新高铁实际运行情况与保本运行之间的差距，为兰新高铁降本增效提出有效措施，并为兰新高铁实现盈利而寻求方法。

二、兰新高铁盈亏平衡分析

（一）兰新高铁简介

兰新高铁，又名兰新铁路第二双线，是世界上一次性建成通车里程最长的高速铁路，横跨甘肃、青海、新疆 3 省区，起至甘肃省兰州市，终至新疆维吾尔自治区乌鲁木齐市。其全长 1786 千米，设 22 个车站，成本造价 1435 亿元。主要业务为铁路客货运输及相关服务业务等。兰新高铁采用和谐号动车组，每组列车采购价格为 1.4 亿元，折旧年限为 25 年，运营时速为 200 千米每小时，和谐号满员 848 人，全程票价一等座是 658 元、二等座是 548.5 元。单程运行时间 11 小时 50 分。满座率 40%。

（二）盈亏平衡点计算

1. 成本性态分析

由于高铁盈亏平衡运行趟数的计算涉及兰新高铁的固定成本、客票收入、单位变动成本，因此在计算其盈利平衡运量之前需要将所涉及的数据进行成本性态分析。进行成本性态分析要解决两个关键的问题：

一是何谓兰新高铁的业务量？在高速铁路项目中，由于运行趟数的指标较为直观地反映高速铁路项目运行趟数与财务盈亏的关系，易于理解和比较高铁年度实际运行趟数与对应年度的盈亏平衡运行趟数，可以快速把握二者之间的差距。因此，本文将兰新高铁的业务量确定为考虑上座率和加权平均票价后的每年运行趟数。

二是用什么方法进行成本性态分析？由于兰新高铁的成本性态可以通过其运营和能源消耗来追踪，因此本文采用直接分析法。

从成本属性的角度分析，运营成本可分为固定成本和变动成本两部分。其中，固定成本是与线路基础条件和投资情况相关的成本，不随运营量的变化而变化；变动成本是与线路使用方式相关的成本，受运营量影响，与列车开行对数、旅客流量等变量相关，主要包括人工成本、电力成本、维修成本。在此根据成本属性，本文将兰新高铁的铁路折旧支出以及动车折旧支出区分为固定成本；将其能源支出、动车组使用服务费以及高铁运输能力保障费区分为变动成本。

2. 计算参数取值

为了保证数据的可靠性，更准确地确定兰新高铁盈亏平衡点的界限，本文采用了铁路总公司计划统计部《关于深化铁路建设项目经济评价工作的通知》中描述的基准，选择了10多个不同地区、不同地形条件、不同功能定位的时速为250千米的高速铁路项目，对其基础数据及财务分析基本参数进行统计与整理，确定本次研究所采用参数取值如表1所示。

表1　计算兰新高铁保本运行趟数基本参数

项目	参数取值
满座人数	848人
上座率	40%
加权平均票价	0.0585万元
铁路投资额	14350000万元
铁路折旧/年（45年）	318888.89万元
动车采购价格	14000万元
动车折旧/年（25年）	560万元
每趟能源费	4.3万元
每趟动车组使用服务费	5.2万元
每趟运输能力保障费	3.2万元
每天实际运行趟数	54趟

数据来源：国家铁路局公示信息。

3. 保本量计算及说明

保本量计算公式：保本量=固定成本/（单价-单位变动成本）。

根据上述公式及相关参数，我们整理数据可得兰新高铁每年的固定成本为每年铁路折旧支出与动车折旧支出之和；单价为加权平均票价、满座人数与上座率之乘积；单位变动成本则为每趟动车组使用服务费、每趟运输能力保障费与每天实际运行趟数之和。

因此，兰新高铁每年的盈亏平衡运行趟数=（铁路折旧+动车折旧）/[（加权平均票价×满座人数×上座率）-（每趟动车组使用服务费+每趟运输能力保障费+每天实际运行趟数）]=（318888.89+560）/[（0.0585×848×40%）-（4.3+5.2+3.2）=

44720.69 趟，则兰新高铁每天的盈亏平衡运行趟数为 44720.69/365＝122.52 趟。但这一数据与兰新高铁目前每天的实际运行 54 趟可谓差之千里，可见兰新高铁目前处于亏损状态，盈利情况不容乐观。

而兰新高铁在亏损的情况下之所以还在运营，是因为兰新高铁的效应远不止促进人力及物资流通，更重要的是投资兰新高铁对西部地区及辐射区域所带来的经济溢出效应。任通先等研究发现高铁开通带动本地 GDP 增长 1.96 个百分点，同时推动其他城市的经济增长，可见高铁建设促进了消费增长并带动周边城市的消费经济；岳阳等认为高铁正在深刻改变和影响我国区域空间格局，兰新高铁作为丝绸之路经济带上重要交通线，对西北地区经济发展具有重要推动作用。

（三）关键因素敏感性分析

兰新高铁作为“丝绸之路经济带”的骨干通道，为丝绸之路经济带的建设注入了新鲜活力，因此兰新高铁的溢出效应不断引发学者们的关注，而我们作为会计人，更应该尽己所能为兰新高铁降本增效出谋划策。因此本文通过对固定成本、单位变动成本以及单价这三个影响保本量的关键因素进行敏感性分析测算，研究收支平衡情况下工作量变动、单价变动对收入的影响。掌握有关因素变动对经营目标的影响，从而精准确定成本控制关键点，有效管控成本，以此为突破口寻求使兰新高铁达到盈亏平衡状态的科学举措。

依据保本量公式推导过程，用相同的思路进行保本单价、保本成本公式的推导。则可以得出：

保本单价＝现有单位变动成本+现有固定成本现有销售量

$$=(4.3+5.2+3.2)+\frac{318888.89+560}{54\times365}=28.91\text{（万元）}$$

保本单位变动成本＝现有单位变动成本+现有固定成本现有销售量

$$=(0.0585\times848\times40\%)-\frac{318888.89+560}{54\times365}=3.64\text{（万元）}$$

保本固定成本＝(现有单价−现有单位变动成本)×现有销售量

$$=[(0.0585\times848\times40\%)-(4.3+5.2+3.2)]\times54\times365$$

$$=140792.472\text{（万元）}$$

笔者根据计算结果构建本量利动态模型，以便更加清晰直观地观察各因素发生变化时对保本点的影响。兰新高铁本量利动态模型如图 1 所示。据上述计算结果以及本量利动态模型变动情况可知，在单因素分别变动的影响下，保本单价增长至 28.91 万元，或者保本单位变动成本控制在 3.64 万元之内，或者保本固定成本降低至 140792.472 万元时，才可以在其他条件不发生变动的情况下达到盈亏平衡状态。但由于兰新高铁的铁路投资额与动车组购置费都需计提固定的折旧支出，从固定成本中降低支出对于兰新高铁来说效果甚微且不便操作，而且通过兰新高铁动态本量利关系图的变动情况，可以清晰地看到单价和变动成本的变化对兰新高铁收益的影响程度较大。结合上述测算结果，本文将从单价和单位变动成本两个着力点发力：一是提高营运收入；二是降低电力消耗、人工劳务以及维修成本的支出，为兰新高铁的后续运营提出针对性建议，从而实现兰新高铁降本增效的预期效果。

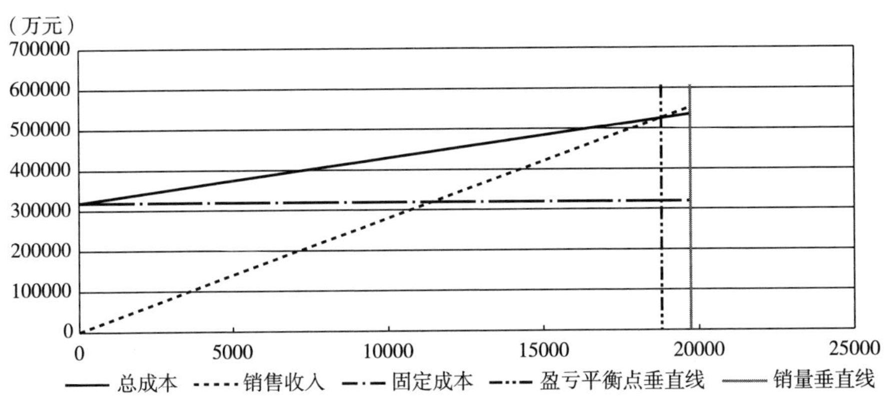

图 1　兰新高铁本量利动态模型

数据来源：国家铁路局公示信息及计算分析。

三、兰新高铁降本增效的可行性建议

（一）实行浮动票价

浮动票价是符合目前兰新高铁运营情况的更合理的票价调整方式。鉴于目前的低上座率，盲目提高票价很可能会使那些因价格较低而选择乘坐高铁的乘客望而却步，从而导致上座率进一步下降。而实行浮动票价可以根据市场需求来控制票价，充分体现市场化区间弹性。而在市场需求预测方面，可以提取出全部用户多年同期的出行结构化信息，推算该月份客流潜在需求，对比现行列车开行方案运能供给，制定精准的列车开行方案调整策略。

作为三大运输方式的航空运输和公路运输早已实行价格浮动政策，在现在的市场环境下，高铁票价遵循市场规律实行浮动机制或是大势所趋。兰新高铁如果想要提高客票收入，行之有效的途径便是实行浮动票价，当高铁的乘坐需求处于旺季的时候，可以适当提高客票单价；而当高铁的乘坐需求处于淡季的时候，可以保持现有票价或适当降低票价，以刺激旅客选择高铁出行的积极性。对不同速率、不同服务、不同时点的车次可制定不同的价格，如此一方面有利于提升兰新高铁运营的整体收入，另一方面也可以有效调节峰谷间的需求波动。

（二）数字化赋能

兰新高铁想要实现降本增效，第二个切入点是控制变动成本，降低电力消耗、人工劳务以及维修成本的支出。在实现这一目标的过程中，兰新高铁可以进行数字化赋能，进一步对铁路数据加以管理和应用。2015 年国铁集团建设了铁路主数据平台，通过高铁与智能科技相融合，已积累了旅客出行、货运物流、安全监测、工程建设等数据；2018 年智能国铁问世，“北斗+高铁”采用云计算物联网、大数据、北斗定位、人工智能等先进技术与高速铁路技术集成融合。案例研究表明，数据资产有效应用能降低成本、提高效率、促进销售、精细化管理，实现企业价值提升。兰新高铁若要节流，则应着眼于运输过程中的降本减耗，利用北斗卫星导航系统机器人对动车组进行巡检，进一步提高工作效率，降低日常运行成本；并通过大数据环境下高铁使用过程中磨损程度的分析，对任意一趟运输中车辆使用维护成本进行有效核算，从而尽可能地降低变动成本。

在不断数字化转型的过程中，国铁集团积累了大量数据，采用云计算、物联网等先进技术，全面感知、融合处理和科学决策，将客运直接和间接成本形态属性进行进一步深入研究，完善信息数据平台全面性和系统性。这不仅有助于兰新高铁实现更加安全、准时的运行，扩大高铁运输效益，降低运输成本；而且更可能推动铁路数字化、智能化发展，使未来的铁路服务更加人性化和现代化，满足人们对美好旅程的要求。

（三）项目后评价

兰新铁路通道在我国铁路网中具有十分重要的地位和作用，不仅加快了中西部地区人口流动，为广大群众的出行提供便利，也加强了西部地区的货运能力水平。在发挥兰新铁路在西部高铁的主通道作用时，应尽快安排项目后评价，处理高铁运行方案实施过程中所出现的问题与不足，总结经验，再根据新情况安排更为合理的开行方案，并提出增效减负等措施。同时，选择不同有示范典型意义的高铁项目开展后评价，通过后评价反馈的信息，既可改善经营管理，完善“放、管、服”措施，又可通过经验教训的反馈，修改完善发展规划和运行网格，以提高兰新高铁决策与建设管理水平。

通过敏感性分析得出的关键因素，应针对各因素的管理实际，制定不同的考核管理办法，出台、建立长效机制，精准掌握成本运用过程中费用的实际支出情况，并根据月度、季度周期分别予以分析、考核，建立完善考核管理体系，完善制度实施流程，从制度上落实成本管控点，提高管理效率。

四、结论

本文通过分析兰新高铁的收益与成本支出情况，运用成本性态分析高铁运行过程中的固定成本与单位变动成本支出，并运用本量利分析计算兰新高铁运行的盈亏平衡趟数，从而更为合理地安排列车发行趟数，也为地方政府和铁路部门科学决策提供了数据支撑。

随后通过敏感性分析测算单价、单位变动成本以及固定成本三个关键因素对兰新高铁经济效益的影响程度，并建立了兰新高铁动态本量利关系图，发现单价对兰新高铁收益的影响程度大于单位变动成本和固定成本。最后，在此基础上本文为兰新高铁降本增效提出实行弹性票价、数字化赋能以及项目后评价的可行性建议，助力兰新高铁降本增效，提高其盈利能力。

参考文献

［1］刘建丽，李先军．中国铁路行业改革成效、现实问题及高质量发展思路［J］．理论学刊，2020（2）：71-82.

［2］宋凌．本量利分析在铁路客运产品决策中的应用［J］．中国铁路，2020（4）：23-30.

［3］张骥翼，吴立宏，万超．高铁盈亏平衡分析法的探究与思考［J］．中国铁路，2019（6）：1-6.

［4］孟保江，徐鹏达，崔中奇．收支平衡下铁路企业清算收入敏感分析应用——以大秦铁路股份有限公司 X 机务段为例［J］．会计之友，2017（21）：115-120.

［5］任通先，林娟运．高铁开通对城市经济增长的空间溢出效应研究——基于 277 个核心城市的证据［J］．数理统计与管理，2022，41（3）：444-459.

［6］岳洋，曹卫东，姚兆钊，张大鹏，余慧敏，任亚文．兰新高铁对西北地区可达性及经济联系的影响［J］．人文地理，2019，34（1）：131-139.

［7］徐晨宸．西北寒旱地区铁路桥梁施工期生态环境影响评价研究［D］．兰州交通大学，2021.

［8］王新钟．货运铁路企业数据资产管理的实践探索［J］．铁路通信信号工程技术，2020，17（11）：96-101.

［9］黄平．数据驱动的高速铁路列车晚点传播机理及模型研究［D］．西南交通大学，2020.

平台企业滥用市场支配地位的动因分析

——以美团“二选一”为例

刘姝含*

摘　要：平台经济逐渐成为我国经济发展的核心动能，但是随着平台经济的强势发展，头部平台企业滥用市场支配地位的行为屡禁不止，不仅扰乱了我国市场的运行秩序，更不利于我国经济的发展。因此亟须剖析平台企业滥用市场支配地位的动因以制定针对性措施，防止此类行为的发生。本文选取美团作为案例研究对象，分别从企业角度、行业角度以及政府角度深入分析平台企业滥用市场支配地位的动因，并据此提出以下建议：第一，选择合理途径竞争，落实企业主体责任；第二，干预不良市场结构，打造良好平台生态；第三，健全监管制度规范，加大违法惩罚力度。

关键词：平台经济；二选一；滥用市场支配地位

一、引言

近年来，随着互联网技术的不断升级迭代，平台经济的发展态势也十分强劲，对经济的高质量发展以及人民生活质量的提高都起到了极大助力。但是由于平台经济存在双边市场、网络外部性以及规模经济等特性使得平台企业容易使资源集聚到头部平台，为平台企业滥用市场支配地位的行为提供了基础，某些大型平台企业会要求入驻商家对平台进行“二选一”，也有消费者反映平台存在“大数据杀熟”的问题，甚至有关垄断的投诉也日渐增多。滥用市场支配地位这一行为严重影响了我国经济的健康发展以及市场的平稳运行，因此厘清平台企业滥用

---

* 作者简介：刘姝含（1999—），女，北京市人，北京联合大学管理学院在读研究生，研究方向：平台经济。

市场支配地位的动因，并基于动因提出具有针对性的建议极为重要。为此本文采用案例研究法，选择美团作为案例研究对象研究其滥用市场支配地位的动因，并据此提出针对性建议。为日后对美团“二选一”这一案例进行研究的学者提供一定参考，并对我国平台企业的健康发展具有一定现实意义。

二、理论基础

（一）双边市场理论

双边市场就是指一个平台作为中介连接两个及以上的市场主体进行不同群体的资源交换。在平台经济中，双边市场尤为常见，比如淘宝、京东等购物平台，存在入驻商家及注册买家两个市场主体，而以饿了么、美团为代表的外卖平台则包含餐饮商家、外卖骑手以及消费者三个市场主体。

（二）网络外部性理论

在平台经济领域，网络外部性可以理解为平台用户的数量越多，对于平台的其他用户而言，该平台所能够提供的价值便越大。比如说针对外卖平台，平台入驻商家的数量越多，消费者饮食种类的可选择性越大，越能吸引更多的消费者在点外卖时选择该平台，而该平台的消费者越多，对于入驻商家而言机会便越多，进而吸引到更多商家入驻到该平台。

（三）规模经济理论

规模经济指的是随着规模的扩大，该公司的每单位生产成本会降低，因此效益会得到提高。应用到平台经济领域，便是该平台的网络用户规模越大，所能带来的利润便越高。

三、案例选择

（一）公司情况

美团是一家平台型企业，2010 年 3 月 4 日成立，当时是一个提供团购服务的网站，2015 年与大众点评合并，2018 年正式于港交所上市，并且最终更名为美团。其业务主要集中在本地生活，覆盖了人们生活中的吃喝玩乐，其中最大的业务板块便是餐饮外卖，这也是美团最大的营收和利润来源。餐饮外卖的市场规模从 2015 年起呈快速增长的态势，在 2017 年 8 月饿了么收购百度外卖之后，外卖市场的格局便趋于稳定，由美团和饿了么两家企业分庭抗礼，其中美团居于首位。2021 年市场监管总局收到举报后，依法对美团立案调查，结果发现美团从 2018 年起，在外卖平台服务市场存在通过多种途径强制商户“二选一”的行为，认定其存在滥用市场支配地位的违法行为。因此本文选取美团作为案例研究对象，深入分析其滥用市场支配地位行为的动因。

（二）案例情况

1. 饿了么诉美团“二选一”

2020 年 5 月 21 日，饿了么起诉美团不正当竞争的案件正式立案。缘由为饿了么调查发现其在入驻某一地区后，美团外卖会联系在入驻美团外卖之后又入驻饿了么平台的商户，若仍然选择入驻饿了么，就利用平台权限，通过将平台商户配送范围进行重新划分、使商户的曝光率降低、差别对待不同商户参加的优惠活动等方式对商户进行惩罚，强迫该商户停止使用饿了么平台，逼迫商户只使用美团外卖。法院经审理认为，美团外卖对非独家合作商户的诸多行为，目的是强迫商户与其独家合作，这不仅影响了商户的入驻自主选择权，导致饿了么平台流失了部分商户，还会阻碍消费者从不同平台自主选择商品和服务的权利。这一行为妨碍了其他平台经营者合法提供的网络服务，构成了不正当竞争。因此，最终法院判决美团向饿了么赔偿经济损失及合理开支。

2. 市场监管局调查美团“二选一”

2021 年 4 月，市场监管总局对美团在中国境内的外卖平台服务市场中滥用市场支配地位的行为正式进行立案调查。经过调查，美团自 2018 年以来滥用在中国境内外卖平台服务市场的支配地位，通过多种方式逼迫平台内的商户与其独家合作，并通过数据技术手段采取多种惩罚措施，以保障其“二选一”行为的顺利实施，不利于市场的健康竞争生态和平台的创新动力，损害了平台内入驻商户和消费者的合法权益，构成了“没有正当理由，限定交易相对人只能与其进行交易”的滥用市场支配地位行为。

2021 年 10 月 8 日，市场监管总局最终对美团作出行政处罚决定，责令美团停止违法行为，全额退还独家合作保证金 12.89 亿元，并处以其 2020 年中国境

内销售额1147.48亿元3%的罚款，计34.42亿元[①]。同时，向美团发出《行政指导书》，要求其围绕完善平台佣金收费机制和算法规则、维护平台内中小餐饮商家合法利益、加强外卖骑手权益保护等进行全面整改，并连续三年向市场监管总局提交自查合规报告，确保整改到位，实现规范健康持续发展。

四、案例动因分析

（一）企业角度

由于平台经济发展迅速并且已经成为未来经济发展的主要趋势，所以源源不断的企业选择进入该行业，使得该行业竞争激烈，并且用户是有限的，从图1中不难发现，外卖平台经过多年的发展后，其用户规模增速从前几年的飞速增长到现在已经放缓，头部平台为了抢占有限的用户资源以保证自己的市场份额，便有动机选择挤压行业内中小企业或是通过不法途径抢占用户资源。再加上这些企业自身缺少合法经营以及社会责任意识，便产生了逼迫入驻商家“二选一”等滥用市场支配地位的行为。

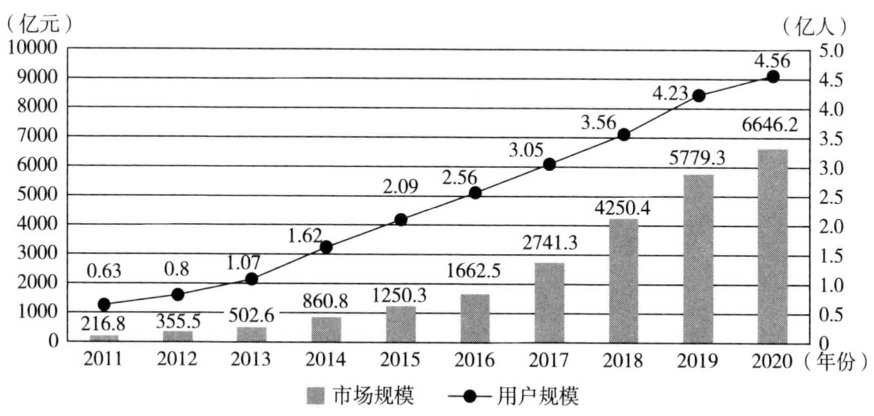

图1　2011~2020年中国在线外卖行业发展情况

资料来源：艾媒咨询。

① 资料来源：国市监处罚〔2021〕74号。

（二）行业角度

由于平台企业的市场结构属于双边市场，双边市场特性会使得用户黏性增加，进而使得资源集聚在这一平台，令头部平台的行业领军地位越发稳固，而网络外部性的存在可以使平台形成良性循环，容易造成一家平台吸引市场绝大多数商家及消费者的情况。头部平台往往相较于同行业其他平台会拥有更大的用户规模，而规模经济的存在，会使得原本就用户规模较大的头部平台企业迎来更大的用户群体，进而不断扩大市场规模，逐渐形成行业内“一家独大”的格局，这一行业特性在外卖平台中也得到了突出的体现。2020 年第一季度，外卖平台总交易额中的 98.2%均来自于美团和饿了么这两家头部外卖平台，其他外卖平台的交易额仅占总交易额的 1.8%。基于以上，由于平台经济存在双边市场、网络外部性以及规模经济等行业特性，行业内更容易出现“一家独大”的情况，为头部平台滥用市场支配地位提供了动机及条件（见图 2）。

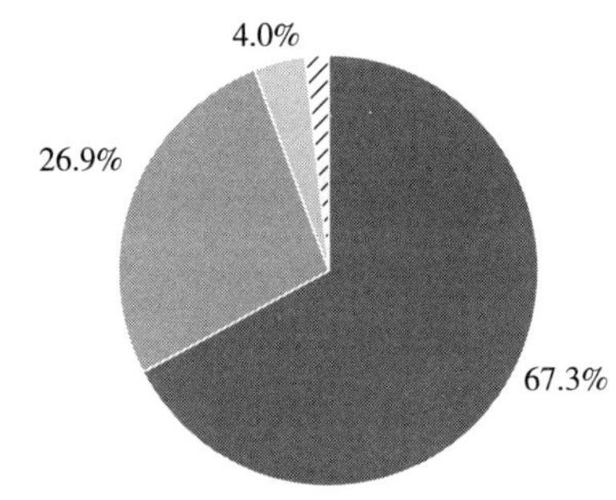

图 2　2020 年 Q1 主流外卖平台交易额占比分布

资料来源：Trustdata 移动大数据监测平台。

（三）政府角度

由于平台经济目前仍然处于不断摸索及调整的阶段，因此政府监管还要保证不影响平台经济的创新与其规模的发展，这给政府监管的实施带来了相应挑战。虽然国家陆续出台了多部法律法规，但是平台经济的发展迅速，监管理念很难追上平台经济的发展，因此监管理念往往具有滞后性，并且虽然法律法规仍然在不断完善，“二选一”“大数据杀熟”等概念在其中都有所提及，但是并没有明确的判定标准，并且对违规行为的处罚力度较弱，整改的要求不够全面和具体，企

业仍然抱有侥幸心理。在对美团滥用市场支配地位实施“二选一”的处罚决定中，仅仅要求美团要遵守公平、合理、无歧视的原则，但是没有具体提及哪些行为没有遵守该原则，也没有明确禁止美团对独家合作商户的优待以及提及后续应当如何整改。如果美团没有为之前的“二选一”行为对商户进行补偿或是承诺，未来会对所有商户统一待遇，那么这部分商户并没有从中受益，之前的独家合作商户仍然有可能会对美团保持独家合作，这样仍然会对其他平台造成不利影响。

五、结论与建议

通过选取美团作为案例研究对象进行分析，得到了平台头部企业出于企业、行业、政府这三个角度的动因滥用市场支配地位。这一行为不仅干扰了消费者的更多消费选择、打压了行业内中小企业，更不利于我国市场的平稳运行及平台经济的良好发展，因此本文针对这三个角度动因提出以下建议：

（一）选择合理途径竞争，落实企业主体责任

面对日趋激烈的竞争，企业应当选择合法、合理的途径提高自身的核心竞争力，针对用户需求不断创新，不断升级技术手段以给用户提供更好的服务，而不是使用“二选一”这种恶劣竞争手段来抢占用户资源。除此之外，要明确平台企业不同主体的责任，每个主体都应当承担起属于自己的责任，身为头部企业更应当起到榜样作用，提高以身作则的意识，自觉维护市场的健康运行。

（二）干预不良市场结构，打造良好平台生态

对于该行业存在的不良市场结构，政府应当积极采取干预措施。由于目前的外卖市场属于双寡头垄断，存在进入壁垒，很难出现新进入的竞争者。所以政府应当采取措施降低外卖行业的进入壁垒，吸引更多新竞争者加入其中，以缓解当下的垄断态势，比如放宽市场准入标准，使企业能够平等进入，在外卖市场中公平竞争，打造平台的良好生态。

（三）健全监管制度规范，加强违法惩罚力度

平台经济发展迅速，仅仅依靠某一法律法规难以解决其发展过程中出现的所有问题，因此政府在监管过程中要具体问题具体分析，有针对性地根据平台经济的发展规律制定相应的监管制度，并可以选择借鉴其他国家在平台经济方面的成

功治理经验，加强平台经济领域中违法行为的处罚力度，震慑企业滥用市场支配行为。

参考文献

［1］郭全中．互联网平台经济反垄断的动因、现状与未来思路探析［J］．新闻爱好者，2021（9）：26-30.

［2］李凯，李相辰．谈判势力视角下平台独占交易行为效应研究——兼论中国 B2C 市场的“二选一”与反垄断规制［J］．管理评论，2021，33（11）：238-248.

［3］杜津宇，董艳莉．外卖平台“二选一”行为市场支配力研究［J］．长白学刊，2022（1）：107-115.

［4］蔡祖国，李世杰．互联网平台“二选一”策略性行为的垄断机理研究［J］．世界经济，2022，45（12）：76-98.

XY 会计师事务所对乐视网收入审计失败案例研究

刘奕琳*

摘　要：本文以 XY 会计师事务所为案例，探讨了导致会计师事务所审计失败的原因及预防措施。经过分析，XY 会计师事务所在风险评估、控制测试等方面都有不足之处。本文针对审计项目组在进行审计的过程中存在的问题进行了分析，并提出了相应的防范对策。

关键词：审计失败；财务舞弊；互联网

一、引言

我国互联网行业的多元化发展，已成为资本市场不可或缺的一环，但其弊端也日益凸显。由于互联网企业种类繁多、收入形式繁杂，导致其收入的会计资料结构比较复杂，收入的确认和后续处理很难统一，从而为互联网行业收入造假提供了机会。近几年，互联网公司的财务造假事件时有发生，审计失败的案例也在不断增多。而财务造假和审计失败，不但会使公司声誉受损，还会让会计师事务所面临巨大的经营风险，进而影响资本市场的正常运转。所以在这种背景下，探讨会计师事务所审计失败的成因并提出相应的预防措施，是非常必要的。

在上述背景下，本文结合 XY 会计师事务所对乐视网的审计案例，对导致本次审计失败的成因展开深度研究，并提出具有针对性的对策，以期为今后进一步完善我国互联网企业的收入审计工作提供借鉴，从而达到提高审计质量和预防审

* 作者简介：刘奕琳（1998—），女，黑龙江省佳木斯人，北京联合大学管理学院在读研究生，研究方向：审计。

计失败的目的。

二、乐视网信息技术（北京）股份有限公司收入审计案例介绍

（一）审计关系人介绍

1. 被审计单位简介

乐视网信息技术（北京）股份有限公司（以下简称“乐视网”）是我国大型互联网公司之一。其成立于2004年，经过多年的发展，成为全球第一家IPO上市的视频公司，于2010年在深交所创业板上市。但是在2016年，公司出现巨额亏损，同时关联交易和大额坏账也被大众所质疑，导致公司出现了资金链断裂的情况，市值大幅缩水。之后的裁员、离职、拖欠货款、坏账准备等一连串事件，让公司陷入了一场信用危机。2017年4月，公司停牌，至今仍被深圳证券交易所暂停上市①。

2. 事务所简介

XY会计师事务所是中国成立时间最早、存续时间最长的会计师事务所，其经营范围涵盖审计、税务、管理咨询、工程管理咨询等大业务板块，在全国各大城市及13个国家或地区设立了80多个分公司，员工超过8000人，合伙人400余人②。

（二）XY会计师事务所审计人员存在的过失

经中国证监会调查发现，乐视网2015年虚增了营业及相关收入39922.39万元，虚增了利润38295.18万元；2016年虚增了营业及相关收入51247.00万元，虚增了利润43276.33万元。而XY会计师事务所作为乐视网2015年、2016年年度财务报表审计所，却没有发现被审计企业的财务造假行为（见表1），甚至为其出具了无保留意见审计报告以及带强调事项无保留意见审计报告，其中强调事项段与收入及利润均无关。

---

① 资料来源：乐视网的百度百科。

② 资料来源：信永中和会计师事务所的百度百科。

表 1 乐视网 2010 年至 2016 年年报存在的虚假记载

年份	虚增收入（万元）	虚增利润（万元）	虚增利润占当期披露利润总额比（%）
2010	9961.80	9443.42	126.19
2011	6937.65	6529.13	39.75
2012	8965.33	8445.10	37.04
2013	19998.17	19339.69	78.49
2014	35194.19	34270.38	470.11
2015	39922.39	38295.18	516.32
2016	51247.00	43276.33	-131.66

资料来源：中国证监会官网。

（三）处罚情况

中国证券监督管理委员会在乐视网重大财务舞弊事件曝光的第一时间就对其进行了调查。2021 年 3 月 26 日，证监会下发了《中国证监会行政处罚决定书（乐视网、贾跃亭等 15 名责任主体）》，责令其改正、警告、罚款 24060 万元；贾跃亭和其他有关人员被处以 24120 万元到 3 万元不等的罚款。随后，于 2022 年 4 月 18 日对 XY 会计师事务所作出行政处罚，责令其改正其违规行为，没收其营业收入 1509434 元，罚款 3018868 元，并对签字会计师处以 50000 元的罚款①。

三、XY 会计师事务所审计失败原因分析

（一）审计人员胜任能力不足

专业胜任能力是指注册会计师必须具有相应的知识、技术和经验，以便有效地完成所委托的审计工作。注册会计师要不断积累能力，全面了解被审计对象所在行业的知识，以便有充分的职业能力去发现被审计对象的舞弊行为。

方舟系统是乐视网的广告业务系统，在这个案件中，注册会计师从该系统中抽取了 40 个广告客户，调取了他们 2016 年全年的订单信息，其中中荷德昌盛网

① 资料来源：中国证监会官网。

络技术（北京）股份有限公司、北京懿利文化传媒有限公司两家广告客户在方舟系统中均没有搜索到。在经过一系列审计程序后，得出没有在方舟系统中搜索到两家广告客户公司的原因如下：北京懿利文化传媒有限公司、中荷德昌盛网络技术（北京）股份有限公司是分别代替北京迅鲨科技有限公司以及海南阿洋科技有限公司进行广告的投放，广告业务系统中的数据没有进行更新。但是，审计项目组没有在合同台账中调取这两家客户的相关业务合同、广告订单等审计证据证明其合理性。经过证监会另案调查，中荷德和懿利文化都是乐视网 2016 年虚构的广告客户。

同时，审计项目组对乐视网的内部控制进行了测试。“销售与收款循环”的控制目标为“在主要风险与报酬转移后再确认销售收入”，企业的控制措施如下：在广告投放后，应收账款主管应定期进行对账，频率为每个月一次，向业务客户寄出对账单，并及时确认是否已全部收回、回复金额是否与明细账一致。但审计项目组在进行穿行测试时，发现这一控制措施没有得到有效的落实，在没有收到客户公司相关核对证据的情况下，仍然得出了“未发现销售与收款循环中有缺失的环节”的审计结论，这表明该项目中审计人员的专业素质有待进一步提升。

（二）项目组风险评估程序设计不当

注册会计师应该对被审计单位及其所处的环境有足够充分的了解，能够及时、准确地判断和评价公司财务报告中的重大错报风险。

在此案例中，审计项目组在对营业收入进行实质性程序时，选择了 10 家金额较大的广告客户，并从中抽取了 261 笔广告业务订单，用订单中所拟定的单价乘以广告业务系统中所显示的投放量，得出的金额与业务订单上的金额进行比较，以核对每笔广告业务金额是否正确，但在审计底稿中显示出了重大差异。有多笔广告业务订单的差异率偏高，其中负向差异率最大的为-99.91%，正向差异率最大的为 2343.52%。在这些订单中，广告业务客户北京鸿鑫元熙智库信息技术有限公司有 2 笔订单的差异率均为-50%①，但据证监会披露，该公司从未与乐视网有过任何形式的广告交易合作，是乐视网 2016 年虚构的客户。在底稿中广告业务订单存在重大差异率的情况下，审计项目组没有采取进一步的审计措施，而是得出了“未发现异常”的审计结论。底稿中的重大差异说明乐视网广告业务系统投放量数据的真实可靠性有待进一步考证，但审计项目组并没有对这些数据进行重新验证和评估，导致审计工作产生漏洞。

① 资料来源：中国证监会官网。

（三）事务所质量控制执行不力

在审计的整个过程中，XY 会计师事务所缺乏严格、科学的审计质量控制系统，项目组仅完成了部分日常审计质量审核工作，项目主要负责人也没有认真地按照质量管理标准进行复核。事务所对审计风险的把控流于形式，特别是在此次项目中，审计质量问题一旦发生，解决问题的效率会大打折扣。审计机构的质量管理体系一旦失效，就很有可能会导致审计失败。

四、防范审计失败对策

（一）提升审计人员专业胜任能力及防范风险能力

在审计工作中，审计人员要重视被审计单位在经营活动中所面临的内部、外部风险。首先，可以通过对被审计单位所在行业中比较有影响力的企业的信息进行分析，来判断被审计单位经营风险的大小。其次，在面对愈加激烈的外部竞争时，审计项目组应特别关注重要财务指标的变化，并对其变化进行预判。同时，当企业面临巨大的经营压力时，应更加注重对业务交易真实性的判断，以防止其利用关联方交易进行舞弊，一旦发现蛛丝马迹要及时追加审计程序，以降低审计风险。

（二）充分了解企业内部环境，有效实施控制测试

审计项目组应当对企业环境进行充分的了解，并对其内部控制的有效性进行全面的评估。内控一旦被认定有效，审计项目组应进行控制测试，可以遵循以下方法：①了解被审单位在进行岗位设置时，是否遵守了不兼容的岗位分开原则，例如，在财务部门，负责现金和银行存款的职责与出纳是否由不同人担任；合同的制作、签订和保存，是否完全由同一工作人员负责。②审查销售原始凭证时，重点关注有无遗漏、少页的现象。③对被审计单位在审计期间内所召开的股东大会、董事会等重要会议的记录进行审查，了解公司近期有没有重大的业务往来，以及是否有重大的诉讼案件。另外，项目组在被审计单位现场工作期间，可以利用访谈的形式与被审计单位实际经营者、负责人沟通，来判断其内部控制的运作情况，并根据被审计单位内部各个部门的协作情况来评价其内部控制的效果。

综上所述，如果审计项目组在项目的承接阶段便对被审计单位进行控制测

试，结果显示其内部控制是无效的，那么项目负责人应对被审计单位内部所提供的相关资料进行重新评估，必要时可对重要性水平进行调整。

（三）重视领域内相关专家协助工作

当会计师事务所在承接一些专业性比较强、难度较大的业务时，可以调用在相关领域更有经验的注册会计师，以打破由于专业性的限制而导致的审计障碍。在此案例中，互联网企业有自己的业务系统，给审计人员带来了由于认知偏差而导致的审计失误。所以，当审计项目组感到能力有所欠缺时，可以由会计师事务所进行协调，从外部聘请相关领域内有经验的专家，通过外部的中介机构来帮助项目组提高审计的效率和质量。

（四）建立有效的质量复核机制

建立高效的监督机制，确立合伙人的风控责任，是每一家会计师事务所赖以生存的基础。同时，会计师事务所还应该建立独立的部门，对内部进行监督和风险评估，定期对审计成果进行监督，使事务所形成一种自上而下的自查氛围。另外，要定期检查内部监管流程，注意可能存在的问题，使有效的监管机制能够充分发挥作用，从而有效地防止合伙人或项目负责人与被审计单位进行相互勾结等影响审计独立性的行为。同时，还要树立高标准的审计质量意识，让其扎根于会计师事务所的文化之中，并得到所有从业人员由内而外的认同。

参考文献

［1］刘启亮，邓瑶，陈惠霞，李洋洋，俞浩岚．上市公司财务舞弊的演变：1990~2022——基于典型个案的研究［J］．财会月刊，2023，44（1）：122-130.

［2］毛英铮．乐视网财务舞弊行为成因及治理策略研究［D］．北京化工大学，2022.

［3］张贺婷．乐视网关联方交易舞弊审计案例研究［D］．河北经贸大学，2021.

［4］马晓天．浅谈高新技术企业财务报告舞弊识别及防范——以乐视网为例［J］．现代商业，2019（33）：166-167.

［5］邹丹阳．基于乐视网关联方交易舞弊行为的审计研究［D］．长春理工大学，2020.

注册会计师审计失败的原因及对策研究

——以中兴财所审计蓝山科技失败为例

马可心*

摘　要： 注册会计师审计对资本市场的发展有着重要作用，审计失败不仅会影响信息使用者决策，也阻碍了审计行业的发展，使公众对审计事务所失去信心，审计事务所的声誉也会受到影响。由于审计失败会带来很多负面影响，本文运用案例分析法，对中兴财所审计失败典型案例进行分析，发现中兴财所在审计过程中存在独立性缺失等问题。通过研究，本文将其审计失败的原因归为审计主体、审计对象和外部审计环境，并在此基础上提出了预防审计失败的建议以避免类似审计失败的再次发生。

关键词： 注册会计师；审计失败；财务舞弊

一、引言

随着经济的快速发展和资本市场的成熟，审计也越来越重要。但是随之而来的还有屡禁不止的审计失败现象。失败的审计，不仅会对公司的利益相关者造成重大伤害，而且会使人们对审计事务所编制的审计报告产生怀疑，影响相关会计师事务所的名声，更甚者破坏利益相关者对公司的信任。为了促进审计行业的健康发展以及维护利益相关者权益，研究审计失败的原因及对策就显得至关重要。

本文通过对中兴财所审计蓝山科技失败案例原因的分析，针对注册会计师以及监管机构提出了一些关于如何防止审计失败的建议及对策，希望可以在某种程

* 作者简介：马可心（1999—），女，内蒙古自治区呼和浩特人，北京联合大学管理学院在读研究生，研究方向：审计。

度上，提高审计报告的准确性和可信度，减少审计失败的可能性，从而维护各利益相关者的权益，稳定市场环境。

二、中兴财所审计蓝山科技失败案例基本情况

（一）蓝山科技和中兴财所概况

1. 蓝山科技股份有限公司简介

蓝山科技，全称为北京蓝山科技股份有限公司，成立于2005年，主营业务为光纤通信领域传输接入设备的研发、生产和销售及通信智能工程一体化解决方案。2014年在新三板挂牌，蓝山科技在上市三年后连续四年均在创新层，发展速度十分可观。2019年4月，蓝山科技准备转入选择层，随后向全国股份转让计划（新三板市场）提出申请，并准备被股份转让公司控制部和证监会调查。2019年底，证监会宣布对该公司展开调查。

2. 中兴财光华会计师事务所简介

中兴财光华会计师事务所1983年成立于北京，通过查阅中注协发布的2020年度全国排名前100家事务所为新三板公司提供服务的数据可知，共服务企业8000多家，中兴财所在服务新三板公司的事务所中位列第一（756家）。蓝山科技就是其中一家。

（二）蓝山科技造假手段

1. 蓝山科技2017~2019年年度报告存在虚假记载

（1）蓝山科技2017~2019年度虚增银行存款余额见表1。

表1 蓝山科技银行存款

年份	2017	2018	2019
财报披露银行存款（万元）	8864.99	4743.07	—
实际银行存款金额（万元）	630.05	333.87	—
虚增银行存款金额（万元）	8234.94	4409.2	—
虚增银行存款占财报披露银行存款的比例（%）	92.89	92.96	—

资料来源：证监会官网。

根据蓝山科技2017年、2018年年度报告可以看出其财报披露银行存款与实际银行存款金额严重不符，蓝山科技运用虚假记载银行存款的手段，虚增大量银行存款。其中，2017年、2018年分别虚增银行存款余额8243.94万元、4409.20万元，虚增比例高达92%以上，分别占当期净资产的10.19%、4.92%。

（2）蓝山科技虚增收入、利润和资产见表2。

表2　蓝山科技虚增收入、利润、资产

年份	2017	2018	2019	合计
虚增销售收入（万元）	29224.26	18740.36	33127.64	81092.26
虚增销售利润（万元）	10031.72	5449.07	9078.17	24558.96
虚增存货（万元）	6070.71	4539.97	—	10610.68
虚增应收账款（万元）	400.39	2768.77	3134.17	6303.33

资料来源：证监会官网。

蓝山科技通过虚构销售循环业务，进行全链条造假。蓝山科技与其关联方以及其他外部客户、供应商进行勾结，虚构了多笔销售业务，但其实并没有发生实际生产，也没有实物流转。虚假记载了部分环节的账务。由上表我们可以看出蓝山科技在2017~2019年分别虚增销售收入、销售利润、存货以及应收账款，且金额巨大。

（3）蓝山科技虚增研发支出和管理费用见表3。

表3　蓝山科技虚增研发支出、管理费用

年份	2017	2018	2019
虚增研发支出（万元）	5144.39	13172.78	6541.63
虚增管理费用（万元）	4682.12	3032.16	3534.44

资料来源：证监会官网。

2017~2019年，蓝山科技花费了4.42亿元用于科技研发。然而，其研发支出较大的供应商，如成都蜀晟、拓普星际等公司都是蓝山科技的关联方。在科技项目研发过程中，研发人员以及验收人员实际上并没有参与研发以及验收，研发成果也没有实际运用于企业生产当中，并且在回复中介机构和全国股转公司的审查时伪造现有关地点和相关研发信息，实际上并未发生研发业务。

（4）蓝山科技虚增运费见表4。

表4　蓝山科技虚增运费

年份	2017	2018	2019	合计
虚增运费（万元）	1363.29	1259.42	1524.04	4146.75

资料来源：证监会官网。

北京新月联合汽车有限公司作为蓝山科技物流服务的唯一提供者，并且由其自主安排并承担运费。但事实上它并没有为蓝山科技提供运输服务，也没有收到实际的运输费用。

2. 蓝山科技虚构处置出售资产

2019年12月，蓝山科技在对其生产模式进行调整后，向其关联公司中经赛博出售资产，金额超4000万元，占2019年期末净资产的4.89%。

三、中兴财所审计蓝山科技失败成因分析

（一）审计人员独立性缺失

审计的独立性是审计基本原则之一，它要求注册会计师进行审计工作时保持精神上与实质上的独立，构成了实现审计目标的基础。审计师和公司保持独立，有助于维护经济秩序，促进资本市场的公平发展，为信息使用者提供准确可靠的信息，维护利益相关者的权益，并使得注册会计师审计得到认可。

表5　2011~2019年蓝山科技审计信息

企业名称	会计截止日	审计意见类型	审计师	审计事务所
蓝山科技	2011-12-31	标准无保留意见	姚庚春、王荣前	中兴财光华会计师事务所
蓝山科技	2012-12-31	标准无保留意见	姚庚春、王荣前	中兴财光华会计师事务所
蓝山科技	2013-12-31	标准无保留意见	姚庚春、王荣前	中兴财光华会计师事务所
蓝山科技	2014-12-31	标准无保留意见	姚庚春、王荣前	中兴财光华会计师事务所
蓝山科技	2015-12-31	标准无保留意见	王荣前、刘永	中兴财光华会计师事务所
蓝山科技	2016-12-31	标准无保留意见	刘永、李丽君	中兴财光华会计师事务所
蓝山科技	2017-12-31	标准无保留意见	刘永、李铁庆、赵海滨	中兴财光华会计师事务所

续表

企业名称	会计截止日	审计意见类型	审计师	审计事务所
蓝山科技	2018-12-31	标准无保留意见	刘永、李铁庆、赵海滨	中兴财光华会计师事务所
蓝山科技	2019-12-31	标准无保留意见	刘永、李铁庆、赵海滨	中兴财光华会计师事务所

资料来源：国泰安数据库。

从表5可以看出，自2011年中兴财光华会计师事务所开始为蓝山科技提供审计服务以来，其均对蓝山科技出具了标准无保留的审计意见，并未发现2017~2019年蓝山科技存在重大的财务舞弊情况。且在二者合作的九年中，刘永作为主要的签字会计师与蓝山科技合作了五年，他与李铁庆、赵海滨三人都负责了存在财务舞弊问题的三年的审计工作，在长达九年的审计中，作为蓝山科技的事务所审计师，毫无疑问，他们对蓝山科技十分了解。作为专业的审计师，三位注册会计师，特别是刘永，理应知道蓝山科技过去几年的问题，但他们没有揭露这些问题，这说明注册会计师的独立性存在一定问题。

（二）审计程序存在缺陷

1. 中兴财所审计人员的函证程序存在缺陷

（1）中兴财所审计人员未对银行询证函的异常情况保持职业怀疑。中兴财所对于蓝山科技及其下属子公司中经赛博、蓝山量子2017年、2018年审计底稿中伪造的中国工商银行大屯路支行的银行询证函没有给予应有的关注，没有保持应有的职业怀疑，未能发现虚假询证函的余额与真实情况存在不符的现象。

（2）中兴财所审计人员未能对银行函证过程保持控制。中兴财所审计人员在对银行进行函证程序时，没有独立发函询证，在调查过程中没有对异常情况进行专业的处理，致使其获取了蓝山科技伪造的银行询证函，未能发现蓝山科技虚增银行存款。

（3）中兴财所审计人员对客户和供应商函证程序存在缺陷。中兴财所对部分供应商和客户的函证程序存在缺陷，并未发现审计底稿中存在的部分函证并非被询证单位出具，部分询证函的公章与被询证单位实际使用公章不符，部分函证存在虚假记载财务数据的情况，这就进一步导致了中兴财所在对蓝山科技的审计工作中没有发现其在应收账款、预收账款、研发支出等方面存在舞弊的问题。

2. 中兴财所审计人员未审慎获取审计证据，未有效查验审计证据

中兴财所没有确保蓝山公司对销售和收货的内部控制得到适当执行，就该公司的销售活动而言，没有根据蓝山公司的收入确认政策了解和核实收货的业务流程；此外，中兴财所还忽略了蓝山科技与天悦五洲等公司的电话号码相同、地址

相邻等异常情况，没有发现蓝山科技与上述公司之间的关联交易，进而没有察觉其对外销售和研发活动造假。

中兴财所在知悉蓝山科技出售的生产设备所有权归民生金融租赁股份有限公司的情况下，未进一步前往民生租赁开展核查，导致中兴财所未能发现资产处置并未经民生租赁同意，进而没有发现蓝山科技虚构出售处置资产。

（三）审计执业环境影响

1. 市场竞争激烈

由财政部数据可得，我国审计行业市场竞争激烈。截至 2018 年底，我国共有 7000 多家会计师事务所（不含分支机构），其数量远大于中国上市公司数量。我国激烈的市场环境可能导致一些事务所为了盈利而失去独立性，从而使得审计失败。

2. 惩罚力度不足

在目前的市场监管环境下，审计师和会计师事务所作为“理性经济人”，在做决定前会权衡利弊。正如一家公司在进行财务欺诈之前会考虑风险披露的后果和收益一样，会计师事务所也会考虑审计项目各种情况下所带来的收益，如果会计师与事务所发现出具虚假报告带来的利益远远高于被发现后所应承担的后果，那么注册会计师或事务所便可能会接受贿赂，出具虚假的审计报告。

四、中兴财所审计蓝山科技失败的影响

（一）对中兴财所的影响

对于会计师事务所来说，审计失败会遭到国家对事务所的处罚，更重要的是损害了它们的形象（见表 6），使它们在公众中的信誉受到质疑，削弱了公众对审计师的信心。

表 6　中兴财所审计蓝山科技失败处罚

当事人	身份职位	处罚结果
中兴财光华会计师事务所	审计公司	责令改正，没收业务收入 55 万元，并处以 110 万元罚款
李永	签字会计师	给予警告并处以 30 万元罚款

续表

当事人	身份职位	处罚结果
李铁庆	签字会计师	给予警告并处以 30 万元罚款
赵海滨	签字会计师	给予警告并处以 20 万元罚款

资料来源：证监会官网。

行政处罚对公司的业绩和整体评级有负面影响。除了重大损失之外，审计公司在审计失败的情况下还要承担民事和刑事法律责任。除了经济损失外，审计师还面临国家监管机构的行政处罚，包括撤销其专业执照。这两者在社会上产生的负面影响需要会计师事务所付出更多的时间和精力去获得公众的认可，这对会计师事务所来说也是巨大的损失。

（二）对市场环境的影响

涉及蓝山科技造假的中介机构为华龙证券、北京天元律师事务所和中兴财光华会计师事务所。受中介机构被查因素影响，有多达 34 家拟 IPO 创业板公司集中变更审核状态为“中止”，原因是包括出具会计报告的中兴财光华会计师事务所等机构被证监会立案调查。中兴财所对蓝山科技的审计失败不仅给投资者造成巨大损失，而且对正在上市的其他公司也产生了巨大的影响。使得投资者对新三板公司的投资信心减少，也违背了新三板为中小企业服务的形象和初衷。

（三）对信息使用者的影响

审计失败导致审计信息不准确、不完整，导致预期使用者做出错误的投资决策，给公司或资本市场带来经济损失。反复出现的审计错误会使信息使用者对审计结果产生怀疑，对各种公司的考核产生怀疑，使投资决策难以进行，导致资源的低效配置。

五、对策及建议

（一）对审计人员的建议

1. 加强职业道德建设

为了给出公正的审计意见，审计人员需要提升其职业道德、职业操守，遵守职业纪律，保持他们的独立性，并确保他们在实践中而不仅仅是在形式上应用审计程序。

2. 提升专业胜任能力

审计工作需要较多的实践经验和较高的专业能力。注册会计师需要不断发展和更新专业理论知识，普通审计人员也需要积极学习，以不断拓宽知识面，提高工作经验。保证审计人员的专业性，才能在审计过程中保持职业怀疑，执行合理的审计程序，以出具正确和恰当的审计报告。

3. 勤勉尽责保持怀疑

每位注册会计师都应严格遵守审计准则，保持适当的专业怀疑态度，工作时尽职尽责。注册会计师在开展特定的审计项目时应始终采取公正、客观和基于事实的观点，确保对客户和公众负责，并避免根据个人喜好和利益来分析和评价审计工作。

（二）对监管机构的建议

1. 抑制恶性竞争，抵制行业乱象

为了将审计费用控制在合理水平，国家审计局、财政部和其他相关部门应结合当地实际情况、审计工作量和公众收入水平等，科学合理地确定审计费用的区间。

2. 完善法律法规，提高违法成本

监管部门应加大对严重证券犯罪的处罚力度，对重点关注领域进行加大执法力度，对涉嫌不当行为和欺诈的案件进行重点分类，严肃追究董事、监事、实际控制人和控股股东的法律责任，对参与欺诈的中介机构和从业人员进行问责。同时，要加大对非法证券咨询活动的整治力度，清理非法券商，对债券市场欺诈行为进行统一起诉，以零容忍态度加大对侵占资产、集资等各类违法行为。

参考文献

［1］孟涛．会计师事务所审计失败案例分析——以蓝山科技为例［J］．老字号品牌营销，2023（1）：87-89.

［2］刘晋丽．审计失败案例探析——以中兴财所审计蓝山科技失败为例［J］．老字号品牌营销，2022（19）：115-117.

［3］陈仕杰．上市公司审计失败因素与应对策略分析［J］．商讯，2023（4）：133-136.

［4］袁聪．蓝山科技财务造假案例研究——基于 GONE 理论［J/OL］．中国

市场，2022，1124（25）：150-152. DOI：10. 13939/j. cnki. zgsc. 2022. 25. 150.

［5］田冲．注册会计师审计失败的原因及对策研究［D/OL］．四川师范大学，2022. DOI：10. 27347/d. cnki. gssdu. 2022. 000230.

［6］曾丽颖．我国上市公司关联方交易审计失败的原因及建议［J/OL］．现代商贸工业，2023，44（1）：144-147. DOI：10. 19311/j. cnki. 1672-3198. 2023. 01. 044.

并购中控股股东股权质押行为研究
——以浙富控股为例

马子涵*

摘　要：上市公司控股股东进行并购中存在的股权质押行为蕴含着大量的利益输送。文章介绍了浙富控股并购的案例，同时，本文还对本案中出现的控股股东股份质押现象进行了剖析，从而揭示了其股份质押的动机及其给公司带来的后果。最后，通过对实例的分析，得出结论并对股权质押规范化提出建议。

关键词：控股股东；股权质押；并购

一、引言

近年来，不少上市公司的控股股东都通过股权质押这种形式来进行融资或套现，其原因在于其具有流动性好、变现能力强、操作程序简单等诸多优势。另外，在上市公司中，控股股东往往通过股权质押和兼并收购相结合的方式获取自身利益，扩张其“商业帝国”。

蒋腊、毛晓怡、易阳（2020）以沪深 A 股上市公司（2008~2017 年）为样本，基于企业并购情景，考察了控股股东持股质押行为的动因、影响因素及后果。结果显示：控股股东持股质押和企业兼并收购相结合，可以作为控股股东套利的工具。所以，本文选择了浙富控股在其并购过程中进行了股份质押的案例，对此进行了分析，并给出了一些相关的建议。

* 作者简介：马子涵（1999—），女，浙江省温州人，北京联合大学管理学院在读研究生，研究方向：企业并购。

二、案例介绍与分析

（一）浙富控股并购情况（见表1）

表1　浙富控股并购情况

时间	事件
2019-3-12	浙富控股股份停牌，发布《关于筹划重大资产重组暨关联交易的停牌公告》。按照最初的交易计划，在交易结束后，公司将会拥有申联环保100%和申能环保40%的股份
2019-4-30	对公司的相关事项进行了公开，包括《关于披露重大资产重组预案后的进展公告》
2019-9-10	公司公告了《发行股份及支付现金购买资产暨关联交易报告书（草案）》，并对其进行了披露
2020-1-22	公司还公布了《关于公司发行股份及支付现金购买资产暨关联交易事项获得中国证监会核准批复的公告》
2020-6-10	公司还公布了《关于发行股份及支付现金购买资产暨关联交易之相关方承诺事项的公告》。到目前为止，公司已完成了发行股份购买资产的全部工作

资料来源：浙富控股年度报告。

（二）浙富控股股东情况（见表2）

表2　浙富控股股东交易前后股权对比

股东姓名或名称	重组前		新增发行股利数（股）	重组后	
	股份数量（股）	股份比例（%）		股份数量（股）	股份比例（%）
孙毅及其一致行动人合计	444303423	22.45	1375667422	1819970845	33.89
孙毅	424015644	21.43	—	424015664	7.90
西藏信托-智昂6号集合	20287759	1.03	—	20287759	0.38
桐庐源桐	—	—	1375667422	1375667422	25.62

资料来源：《关于本次重大资产重组涉及控股股东、实际控制人及其他5%以上股东权益变动的提示性公告》。

根据公司发布的公告，从表2可以看出：在本次股权变更前，孙毅直接持有本公司股份424015644股，并通过其主导的西藏信托-智昂6号集合资金信托计划间接持有股份20287759股，合计持有本公司22.45%的股份。由于此次股权变更，孙毅将直接持有本公司股份424015664股，通过其控制的桐庐源桐间接持有股份1375667422股，并通过其主导的西藏信托-智昂6号集合资金信托计划间接持有股份20287759股，合计持有本公司总股本的33.89%，其仍然是公司的控股股东，对公司具有事实上的控制权。

（三）并购中浙富控股股东股权质押情况

据浙富控股发布公告称，浙富控股在并购行为实施的数月内，控股股东孙毅多次质押其股权。本文的研究集中在控股股东的股权质押问题，选取时间段为2020年上半年，仅6个月时间，控股股东孙毅股权质押五次（见表3）。

表3　2020年上半年控股股东股权质押情况

公告日期	出质方	出质方与上市公司关系	质押数量（万股）	占其持有上市公司股份比例（%）	占上市公司总股本比例（%）
2020-1-14	孙毅	控股股东	4976	11.74	2.51
2020-1-22	孙毅	控股股东	5446.8086	12.85	2.75
2020-2-28	孙毅	控股股东	2200.23	5.19	1.11
2020-3-27	孙毅	控股股东	4202.7843	9.91	2.12
2020-5-25	孙毅	控股股东	1300	3.07	0.66
总计	—	—	18125.8229	42.76	9.15

数据来源：国泰安数据库。

从表3中可见，2020年1月14日，控股股东孙毅出质4976万股，占其所持上市公司股份的11.74%，占上市公司股份总额的2.51%；2020年1月22日，控股股东孙毅质押股份5446.8086万股，占其所持上市公司股份的12.85%，占上市公司股份总额的2.75%；2020年2月28日，控股股东孙毅质押股份2200.23万股，占其所持上市公司股份的5.19%，占上市公司股份总额的1.11%；2020年3月27日，控股股东孙毅质押股份4202.7843万股，占其所持上市公司股份的9.91%，占上市公司股份总额的2.12%；2020年5月25日，控股股东孙毅出质1300万股，占其所持上市公司股份的3.07%，占上市公司股份总额的0.66%；控股股东孙毅在公司并购后，质押非常迅速，且质押数量多。截至2020年5月

25 日，孙毅股票质押累计 18125. 8229 万股，在其所持上市公司股份中约占 42. 76%，约占上市公司总股本的 9. 15%。

三、并购中控股股东股权质押动因及对公司的影响

（一）控股股东股权质押动因

1. 获取私利

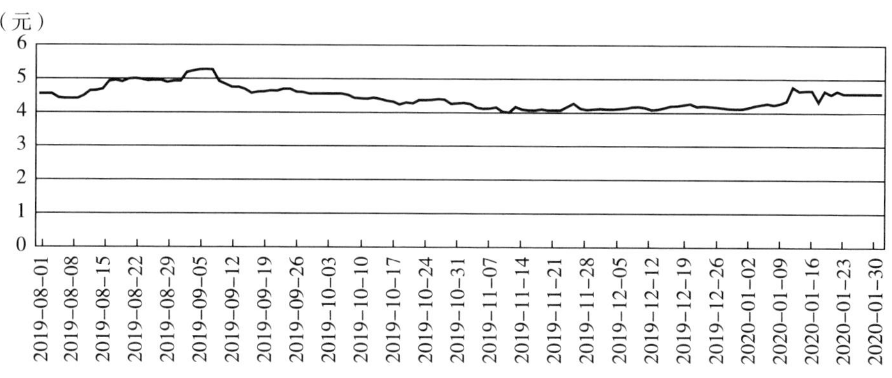

图 1　浙富控股并购期间股价走势

数据来源：国泰安数据库。

股权质押是一种以股权的价值为质押标的的融资活动，其所能融入的资金数量与在质押时所持股权的价格有很大关系，而股票价格又是反映股票价格最直观的一个指标，因此，在股票价格比较高的时候，就可以进行股权质押，从而获得最多的资金，在更早实现变现的同时还不至于有太多利益损失。

观察图 1 可以发现：2019 年 9 月，浙富控股在完成并购短期内实现业绩提升和市值管理。4 个月后控股股东已经开始质押上市公司股权进行融资，也就是在 2020 年 1 月股价涨到高峰，1 月内孙毅累计质押了 10422. 8086 万股。由于信息不对称，公众对上市公司信息的获取总是滞后的，这给了上市公司控股股东高位质押股份的动力和机会。因此，控股股东随后进行了密集的股份质押，直到 2020 年 5 月，孙毅持有 18125. 8229 万股，累计占上市公司股份的 42. 76%。结合控股股东股权质押的时间点（见表 3），可以看到股权质押交易是在股价上涨到制高

点时发生的。2020 年 1 月 22 日是控股股东质押比例最大的一次股权质押的时间点，可以看出控股股东是希望在股价较高的时候通过股权质押融入更多的资金从而获取更大的利益。

2. 两权分离导致掏空成本降低

现有研究表明，控股股东在并购过程中既可能为谋取私利产生壕沟防御效应，也可能因个人私利小于并购交易成本而转而为企业创造价值产生激励效应。根据委托代理理论，大股东有可能为了一己之私而侵犯其他股东的权益，而控制权与现金流量的分离又进一步加剧了大股东的侵害。

从表 3 中可以看出，2020 年 1 月浙富控股控股股东孙毅质押的股票占其持股比例为 24.59%，截至 2020 年上半年，控股股东已达到了所持公司股份的 42.76%。高比例的股权质押加剧了控制权和现金流权的分离，因为控股股东并没有失去对公司管理决策的控制权，而现金流权却转移到了债权人手中，而控股股东却没有动摇。随着两权分离程度的加深，控制股东的现金流权在取得控制权的费用与监管费用上都降低了，而在获取私有收益的过程中，控制股东的现金流权则变弱，从而增加了其运用控制权为公司谋福利的动机。

（二）并购下控股股东股权质押对公司的影响

从上文分析可以看出，并购中控股股东进行股权质押的行为背后暗藏着各种动机，可能会导致严重的经济后果。四项能力是衡量一家上市公司财务状况的重要指标，能进一步了解并购下控股股东股权质押对公司财务状况的影响。

表 4　2019~2020 年浙富控股部分财务指标

财务指标		2019. 9. 30	2019. 12. 31	2020. 3. 31	2020. 6. 30
偿债能力	流动比率	0. 8321	0. 8297	0. 8993	0. 8725
	资产负债率（%）	41. 3527	39. 8665	38. 9313	52. 8134
营运能力	应收账款周转率	3. 028	4. 6465	0. 7329	10. 2276
	总资产周转率	0. 0983	0. 135	0. 015	0. 2517
盈利能力	营业利润率（%）	14. 0392	22. 9894	68. 366	23. 6803
	净资产收益率（%）	2. 46	4. 8	1. 52	5. 43
成长能力	净利润增长率（%）	-19. 9501	36. 4445	20. 557	738. 8053
	净资产增长率（%）	1. 3233	3. 4337	5. 0348	81. 1786

数据来源：新浪财经网。

偿债能力是指利用自身资产来偿还债务，是决定企业能否持续发展的关键因素。通过流动比率分析浙富集团的短期债务，并利用资产负债率评估其长期偿债能力。根据表4，浙富控股的流动比率从83.21%上升至87.25%，这表明其短期债务偿还能力有所提升。随着流动比率的提高，企业的资产流动性也会更强。资产负债率是企业运用财务杠杆的重要指标，它可以反映出企业的资本运作能力和贷款安全性。资产负债率越低，企业偿债就越有保障，负债越安全，举债也就越容易。如果资产负债率超过50%，债权人的利益就得不到保护，因为在破产清算中，资产不会以超过账面价值的50%出售。从表4中可以看出，浙富控股的资产负债率从2019年的41.3527%上升至2020年的52.8134%，财务风险较高，严重影响了公司的长期偿债能力。高溢价并购可以增强浙富控股的偿债能力，但随着后续控股股东更大规模地进行股权质押，浙富控股的偿债能力就会减弱。

企业的营运能力可以通过资产周转率来衡量，它反映了公司资产的管理水平和效率。资产的流动越快，公司的经营状况就越稳定。应收账款周转率反映了公司收回应收账款的速度，反映了公司使用和管理资金的能力以及将资金转化为现金的效率。浙富控股应收账款周转率和总资产周转率在控股股东股权质押期间波动较大，这表明控股股东股权质押行为可能会影响公司的运营能力。

盈利能力指的是企业在日常运营中产生的收益，而长期稳定的收益则是保证公司偿还能力和股东利益的保障。从表4可以看出，浙富控股2019~2020年的营业利润率波动较大，从2019年3月的14.0392%上升至2020年3月的68.366%，6月又降至23.6803%。公司因溢价并购而增加了盈利能力，但控股股东的股权质押行为却导致了盈利能力的下降。控股股东的股权质押行为会影响公司的盈利能力。

成长能力是企业发展的重要指标，它可以直观地反映出企业的潜力，可以衡量企业在未来扩大规模、提升竞争力的可能性。净利润增长率是衡量企业发展潜力的重要指标，也是衡量企业盈利能力的重要指标。净资产增长率反映出公司规模的变化和增长情况。根据表4，浙富控股的发展能力指标波动较大，特别是净利润增长率，从2019年9月的-19.9501%猛增至2020年6月的738.8053%，说明并购申联环保给浙富控股带来了利润增长。浙富控股的净资产增长率总体上呈现出上升的趋势，这表明它具有更强的发展能力和更强的市场竞争力。2020年第一季度，控股股东进行频繁股权质押，净利润增长率下降了15.8875%。

通过分析浙富控股的四项能力，可以发现控股股东的股权质押行为影响浙富控股的各项指标，损害了公司的利益。

四、结论与启示

本文以浙富控股为例，希望能对股权质押及并购等行为起到一定的理论补充作用，同时也希望能给有这类问题的上市公司带来一些现实启示。文章分析了并购中控股股东股权质押产生的动因及由此产生的经济影响，研究表明该行为能够为控股股东创造收益，但是对公司利益不利。

依据研究结果提出相关建议。

监管者应提高警惕，密切注意控股股东在上市公司并购过程中的股权质押动因，跟踪资金走向。公司要加强监督和管理，从股权质押数量、质押率、履约预警和担保定价等方面对公司在股权质押期间的经营状况进行分析，并且制定相关的风险处理方案来避免企业承受较大的风险。有关部门应密切注意并购双方所采取的估值方式，对价合理性，注意甄别溢价率偏高案例，认真考察并购双方真实情况，严格考察并购全过程。并购结束时，要密切注意双方尤其是标的公司经营状况，并观察它们的后续动态和对并购资产评估的不同预测，以及相应惩罚不符合期望发展业绩的公司。

上市公司要强化内部控制、增强信息透明度、严控股权质押风险程度。强化控股股东信息操纵与内部交易惩罚。我国资本市场上存在着成本较低的不法行为，违法者可借助“趋利”手段获得收益。我国监管部门对违法主体采取公开谴责，禁止上市的行政手段进行惩罚，很少涉及民事赔偿与刑事诉讼。在欧美市场上，民事补偿高、惩罚重是与违法行为作斗争的一种行之有效的方法。

参考文献

［1］龙勇．并购套利视角下高溢价并购与大股东掏空行为——以金一文化为例［J］．财会通讯，2021（20）：116-119.

［2］辛磊，宋玉霞．创业板上市公司高管大股东减持状况及经济后果分析［J］．财会通讯，2020（10）：67-71.

［3］傅颀，傅晔姿．上市公司“高送转”与大股东减持行为研究——以天龙集团为例［J］．财会月刊，2020（15）：50-56.

［4］黄嘉俊．金一文化股权质押下高溢价并购的动机及经济后果研究［D］．广东财经大学，2021.

［5］芦依．高溢价并购下股权质押融资风险管控研究［D］．广东外语外贸大学，2020.

［6］蒋腊，毛晓怡，易阳．控股股东股权质押与高溢价并购［J］．财务研究，2020（1）：91-102.

南北车合并的战略绩效

乔天慧*

摘　要：中国南车于2014年12月宣布与中国北车合并，这将提升中国高铁的国际竞争力，缓解中国高铁在国际上的竞争压力，促进中国高铁的国际化。本文基于战略绩效管理思想，根据南北车合并前后9年的部分指标，利用战略绩效评价工具——平衡计分卡，构建合并战略绩效分级的指标体系，对南北两车合并前后的各项指标进行分析，从财务、内部流程、客户、学习和成长这四个方面对合并绩效进行了评价，对中国南北两车的合并效应进行了较为完整的评估。

关键词：中国中车；中国南北车；合并战略；平衡计分卡；战略绩效

一、引言

2014年12月，中国南车对外宣告通过吸收合并方式合并中国北车，自此学者们开始了对这一合并案的研究，主要集中在合并整合之后的绩效分析、合并收益与风险的对比、财务协同效应的研究等。这些案例研究大都是从一个方面进行研究，并没有进行全面分析，研究内容都聚焦在中国中车的发展评价上。

然而大量合并案例表明，企业合并后能够有效地进行整合才是最大的挑战，整合的质量也决定了合并的成功与否。合并真正的挑战是合并后整合工作能否带来有效的结果。所谓“有效的结果”，包括合并后企业的运作、双方组织和文化的整合、企业战略目标的制定和实施等。

本文重点引用战略绩效评价体系，结合中国南北车合并后的整合工作，对其

* 作者简介：乔天慧（1999—），女，内蒙古自治区兴安盟乌兰浩特人，北京联合大学管理学院在读研究生，研究方向：企业并购。

合并现状分析其战略性绩效，同时提出一些参考性意见。

二、研究设计

平衡计分卡围绕企业的战略和愿景，把企业的长期目标分解成企业的具体行动战略，寻找企业成功的主要因素，并把它转换成一个可测量的指标系统，包括客户、内部流程、财务、学习和成长，借此对企业合并前后的绩效进行系统评价，这种体系能够弥补财务指标体系的不足。本文对平衡计分卡加以改进，构建了南北车合并的战略绩效评价体系（如图 1 所示），用此体系来评价南北车合并后的中国中车的战略绩效。

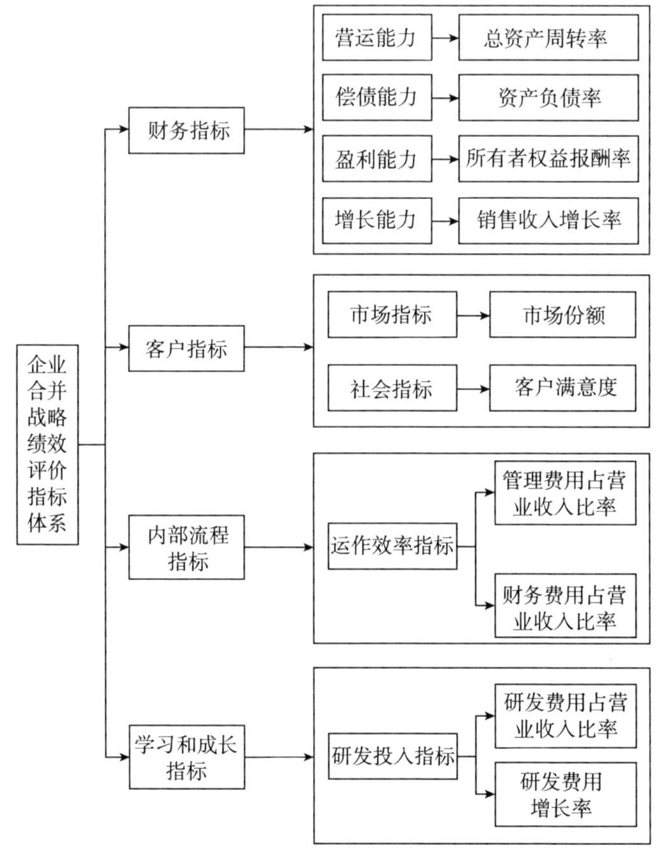

图 1　企业合并战略绩效评价指标体系

三、案例概况

（一）合并方背景介绍

2000年，中国铁道部将中国南北车一分为二。尽管14年来各自一直在稳定发展，其营业收入、总资产以及总收益都在不断增长，但是其国际竞争能力还很弱，与发达国家还有很大的差距。因此，国家希望能够通过合并来提升中国高铁的国际竞争能力。

1. 中国南车概况

中国南车集团（以下简称“中国南车”）于2007年创立，是一家在国际上有一定影响力的轨道交通装备制造商。中国南车股份有限公司于2008年在沪港上市，并于2010年3月9日更名为中国南车集团公司。其经营范围主要为铁路机车（含动车组）、客车、火车和城市轨道交通的车辆以及重要零件的研发设计、生产制造及维修业务，还有一些新兴产业。

2. 中国北车概况

中国北车股份有限公司（以下简称“中国北车”）。2002年成立北车集团，2008年成立股份有限公司，2009年12月在A股上市，2015年12月在中国香港上市。主要业务包括战略性新兴产业产品、铁路机车（含动车组）、客车、城市轨道交通车辆及相关零件的开发设计、研制、生产；机电设备、工程机械。

（二）合并过程

1. 南北车2015年合并时间轴（如图2所示）

2. 合并方式

采取中国南车吸收合并中国北车的合并方式：中国北车A股和H股股票予以注销；合并的换股比例为1∶1.10，即每股中国北车A/H股票换取1.10股中国南车发行的A/H股票；定价基准以首次董事会决议公告日前20个交易日的均价。

（三）动机分析

（1）国有企业改革。中国政府一直在推进国有企业的改革和优化，旨在提高其效率和竞争力。南北车的合并是其中的一部分，旨在整合两家公司的资源，减少冗余，提高效率，从而更好地服务于国家战略和发展。

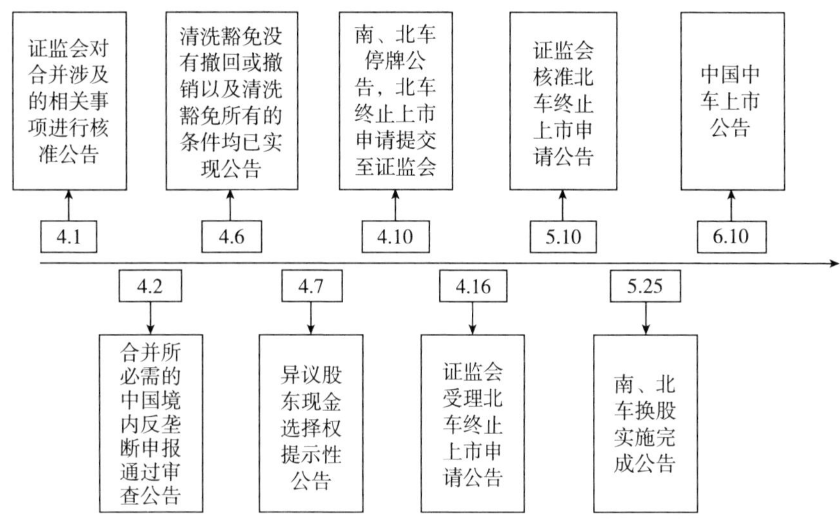

图 2　南北车合并时间轴

（2）产业集中度提升。合并后的南北车将是世界上最大的轨道交通装备制造企业，拥有更多的市场占有率，更强的竞争力，能更好地适应国内外的需要，促进中国铁路设备制造业的迅速发展。

（3）技术创新能力增强。南北车合并后将拥有更多的技术和研发资源，能够更好地进行技术创新和研发，推动中国轨道交通装备制造业的升级和转型。

（4）资源整合和优化。这次的合并，将使双方在生产线、供应链、销售网络、人才等方面达到最优，从而达到节约资源、提高效益的目的。

（5）推动“一带一路”建设。南北车合并后，将能够更好地服务“一带一路”建设，为参与国家提供更好的轨道交通装备和解决方案。

四、案例分析——合并活动战略绩效分析

（一）财务指标

1. 营运能力

在对轨道交通装备生产企业进行分析时，总资产周转率是一项比较适合于衡量公司营运能力的指标，它能够反映公司在运营过程中，所有的资产从输入到输

出的运转速度，也能够反映出公司所有资产的使用效率和管理质量。本文选择中国中车在合并之前的 3 年和合并之后的 7 年的总资产周转率，如图 3、图 4 所示，合并后中车的总资产周转率大幅提升，说明中车对被合并方的资产使用效率较好，投入新的固定资产的进度较为妥当，结构也较为合理。根据总资产周转率变化情况可以看出合并后南北两车的营运能力有所提高，从合并前平均 0. 468 次提高到 0. 673 次，且在合并后期也基本保持了比较理想的资产使用效率与管理质量。

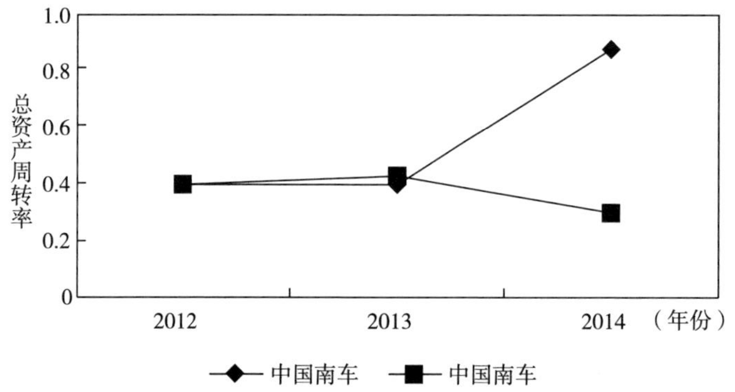

图 3　南北车总资产周转率变化趋势

数据来源：企业财务报表。

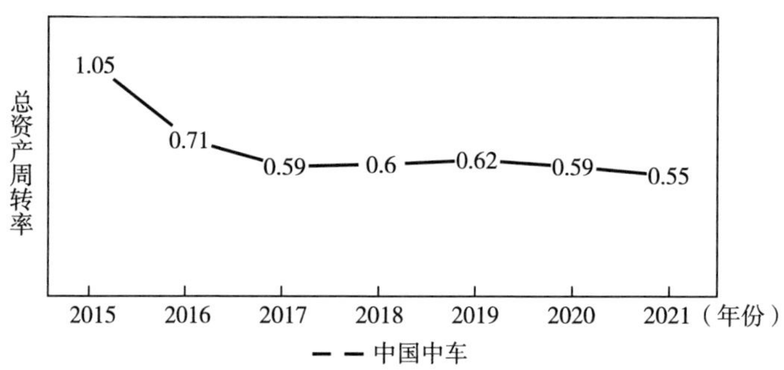

图 4　中国中车总资产周转率变化趋势

数据来源：企业财务报表。

2. 偿债能力

资产负债率指的是企业债务占企业总资产的比重，也就是企业的资产对于债权人的保障程度。一般认为，资产负债率的适宜值应在 60%以内。本文根据中国中车官网发布的财务报表计算了合并前后几年的中国中车资产负债率，如表 1 所示。南北两车合并前长期负债率较高，均超出了 60%。经新浪财经数据统计，同期同行业的平均资产负债率为 52%，说明从南北两车的长期来看偿债能力较弱。而在合并后，资产负债率有所下降，且趋于稳定，一直在合理范围内波动，这表明，南北两车的合并将使其资本结构得到优化，从而提高了其偿还债务的能力，减少了财务风险。

表 1　合并前后中国中车资产负债率变化情况

年份	2013	2014	2015	2016	2017	2018	2019	2020	2021
中国南车	0.64	0.62							
中国北车	0.69	0.60							
中国中车			0.636	0.634	0.621	0.582	0.586	0.569	0.573

数据来源：国泰安数据库。

3. 盈利能力

所有者权益报酬率是指在一段时间里，企业的净利润与所有者权益的比例，一般用它来衡量企业自有资本获得净收益的能力，这个指标值越大，意味着企业的盈利能力越强。南北车合并前，南车的所有者权益报酬率略高于北车，说明南车的投资能力要强于北车。但在合并后中车的所有者权益报酬率有所下降，说明中车在规模投资方面略有不足。中国中车官网的财务报告显示，中车的所有者权益报酬率在 2016 年出现下滑（见表 2），主要是由于这个比率的分子，也就是净利的增幅低于股东权益的均值增幅，而当年的净利也为负增长，这一点也可以归结为南北车的合并弥补了北车的不足。从整体上看，南北车合并后，中国中车在投资收益方面有所不足，中车股东得到的投资回报明显减少。从盈利能力上看，南北车的合并效应并不理想。

表 2　中国南车、北车、中车所有者权益报酬率（%）

合并前			合并后						
年份	2013	2014	2015	2016	2017	2018	2019	2020	2021
中国南车	11.32	13.12							
中国北车	10.93	11.26							
中国中车			12.47	11.21	9.14	9.06	8.92	7.93	6.71

数据来源：企业财务报表。

4. 增长能力

销售收入增长率可以体现企业生产经营水平与市场势力情况，能够预测企业未来的经营规模。如表 3 所示，合并前南车的销售收入增长率略高于北车，总体来看，北车的经营状况不如南车。合并当年，中国中车的销售收入增长率有所提高，主要原因是国内外对于中国南北车合并这一经济活动较为看好，使得中车的订单暴增，据财经数据显示，2015 年中车的市场签约额约为 2800 亿元。但合并后期的销售增长率出现下滑，主要原因是中车的业务发展速度与资产规模发展速度不匹配所造成的。因此，中国中车如果想在长期维持着较好的合并协同效应，应该适当调整其经营状态。

表 3　中国南车、北车、中车销售收入增长率（%）

合并前			合并后						
年份	2013	2014	2015	2016	2017	2018	2019	2020	2021
中国南车	8. 21	22. 31							
中国北车	5. 2	7. 25							
中国中车			8. 98	−5. 04	−8. 14	3. 82	4. 53	−0. 59	−0. 85

数据来源：企业财务报表。

（二）客户指标

1. 市场指标

南北车合并后继续向国外拓展，业务数量每年都会有超过 28%的增长，使得中车在国外的市场份额超过了 9%。中国中车 2015 年度财报显示，中国中车的国际业务较上年同期增加了 61%，实现了 111 亿元的营业收入。产品遍布六个大洲。合并当年中国中车的顾客关系这一无形资产也得到了增长，尽管随后数年里这一数字一直在减少，但是仍然比合并前更高。

2. 社会指标

中国中车很注重与客户、媒体之间的沟通，一直在展现中车良好的品牌形象，再加上“高铁外交”也促进了中车品牌的推广。良好的品牌形象使中国中车的客户投诉率一直很低，用户的使用满意度逐年升高。此外，企业年报中的新订单量维持在 2500 亿~3500 亿元，前五名大客户销售额占年总销售额的比例维持在 55%左右，说明南北车合并前后，企业与老客户之间的关系较为稳定，合并没有产生消极影响。

（三）内部流程指标

本文选取了南北车合并前后九年的内部流程指标如图5所示。2014年南北车合并后，其管理费用在合并当年显著增多，影响管理费用占营业收入比率的主要原因是合并时所产生的合并费用、宣传品牌、升级改造等方面的支出。合并后两年管理费用的增长说明了中国中车在合并后加强了内部运营力度。2016年以后，在经过了两年的自身管理与磨合，管理费用有所下降。

财务费用占营业收入的比率的变化趋势与上述比率较为相同，合并后第一年显著增加是因为大量资金投入管理，企业闲置资金有所减少，因此其利息也减少。2016年后，该比率有所下降，主要原因是其经过一年整合后，中车的财务状况逐渐稳定，利息随着存款的增加而增多，这同样也验证了南北两车合并后对于内部流程的投入有所增加。

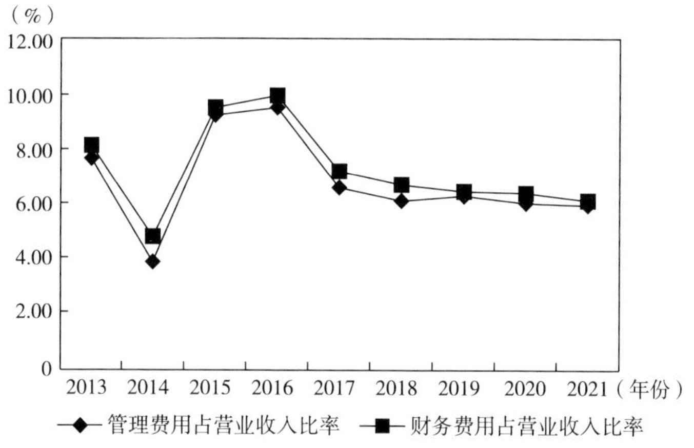

图5　中国中车内部流程指标

数据来源：国泰安数据库。

（四）学习和成长指标

研发投入量可以反映企业创新能力，研发费用率可以衡量企业在科研活动上的投入程度，借此可以对比企业在将来市场上本企业产品竞争力的强弱。研发费用占营业收入比率越高，代表企业大概率在将来研发出具有市场竞争力的产品。中国中车在2015年的研发投入额显著提高，研发费用占营业收入的比率一直稳定在4%以上（见图6）。中车近几年财报显示，中国中车取得众多科研成果，例如 2015 年完成了两列时速 350 千米中国标准动车组试验；2016 年成功研发了世界首例智能化高速列车、混合动力高速列车、永磁驱动高速列车、时速 500 千米实验高速列车；2017 年时速 350“复兴号”投入使用等。由此可得出南北车合并后更加注重创新与技术的研发（见表 4）。

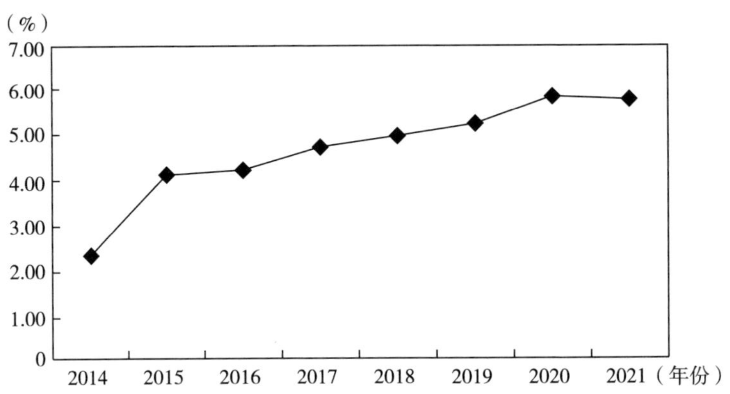

图 6　中国中车研发费用占营业收入比率

表 4　中国中车合并前后研发费用增长率

年份	2015	2016	2017	2018	2019	2020	2021
增长率（%）	94.34	-2.67	3.03	9.22	10.28	11.09	-1.99

数据来源：国泰安数据库。

五、结论

经过上述分析，对于中国南北车合并的绩效评价如下：

（一）从财务角度看

南北车合并后，优化了其资本结构，偿债能力得以提升，财务风险也会随之降低。与此同时，中车对被合并方的资产使用效率较好，投入新的固定资产的进度较为妥当，合并后两车的营运能力有所提高，且在合并后期也基本保持了比较理想的资产使用效率与管理质量。但是除了合并当年，中车的订单暴增外，合并

后期的销售增长率出现下滑。相对应地，由于经营情况发生变化，合并后期的盈利能力有所下降，说明中车在规模投资方面出现了问题。南北车合并后长期来讲，在盈利能力方面的合并效应并不理想。

（二）从客户角度看

在合并后的客户关系上来分析，企业依然保持着与大客户的联系，说明其满意度较高。除此之外，中国中车较为注重提升其品牌价值，再结合相关政策，其品牌认知度也在不断提升。

（三）从内部运营角度看

合并后两年管理费用与财务费用的增长都说明了中国中车在合并后加强了内部运营力度。经过了两年的自身管理与磨合后，两项费用有所下降，且说明两车合并后注重完善其内部流程，结果较为乐观。

（四）从学习与成长角度看

通过展示两车合并后相关费用与突出成果的相关数据，可以得出两车合并后非常注重创新与研发，且效果不错。

综上研究，中国中车成立后部分绩效有所提高，但仍然存在问题，例如扩张规模跟不上订单数量，利润增长的不明显，等等。中国中车接下来仍然要拓展其销售渠道，完善销售模式，加快利润的增长。两车合并的长期合并绩效仍然有待于研究。

参考文献

［1］郭新东，张欣，王晶晶．企业并购的战略绩效——联想并购 IBM PC 业务部的案例再研究［J］．管理案例研究与评论，2013（4）：282-295.

［2］陈劲，魏巍．中国中车：整合式创新践行者［J］．企业管理，2022（1）：66-70.

［3］李刚．上市公司并购重组动因及结果分析——以中国南北车合并为例［J］．财会通讯，2018（20）：96-100.

［4］李雪，刘洁，陆星廷．央企并购重组绩效研究——基于南北车合并的案例分析［J］．现代商业，2016（13）：92-94.

［5］李睿君．中国南车和中国北车合并绩效研究［D］．西安石油大学，2020.

雅戈尔金融化过程及经济后果研究

石浩洋*

摘　要：实体企业金融化是实体企业为了应对宏观经济环境波动与市场需求变化，获取主营业务以外的高额利润的一种措施，它可以帮助企业更好地实现资源配置。然而近年来，在宏观经济环境波动的背景下，企业由金融化引发的过度“脱实向虚”问题层出不穷。基于此，本文通过梳理文献，以雅戈尔金融化的过程为研究对象，分析企业金融化的过程、成因和经济后果。经研究发现，过度金融化会影响企业主营业务发展和核心竞争力的提升，并据此提出了对策建议。

关键词：金融化；脱实向虚；案例分析

近年来我国对于促进经济实现稳步提升的举措由强调高速发展变为强调高质量发展，由此给实体企业带来的金融化问题也开始逐渐凸显出来。2000~2008 年我国经济进步实现了很大飞跃，GDP 也呈现出上升趋势，尤其 2005 年前后更是呈现出突飞猛进态势，但在 2013 年后的增长幅度有所放缓，在此经济增速放缓期间，不少实体企业的业绩也随之表现出走低的趋势，从而许多企业便开始寻求主营业务或者实体经济之外的能够获取更多利润的方法和渠道。2017 年召开的党的十九大会议中提到了实体企业金融化改革，指明了企业金融化如何服务好企业实体经济的要求。虽然国家对于企业金融化与实体经济如何配合做出了具体的解释和要求，但在具体的执行过程中，一些实体企业并没有集中精力发展其实体经济，相反，在企业金融化方面投入了大量的成本，目的是赚取更高利润，这也造成了许多企业纷纷“脱实向虚”，企业的金融化带给企业一系列的利与弊也成为了近几年专家学者们研究的方向。2020 年我国提出了双循环的发展新格局，引导实体企业重新重视自己的实体经济，进一步实现资源的高效利用。

---

* 作者简介：石浩洋（2000—），男，河北省保定市涿州人，北京联合大学管理学院在读研究生，研究方向：公司治理。

为此，在国家如此重视由企业金融化给实体经济带来的不利影响的背景下，本文选择了一家具有典型金融化特征的民营服装企业——雅戈尔集团股份有限公司进行案例研究，为了从微观视角来研究实体企业金融化的动因以及实体企业选择金融化给企业带来的影响后果，从而进一步探究其出现的问题，进而提出相关建议。

一、文献综述

对于企业金融化的定义，业界许多学者发表了自己的看法，其中，Arrighi（1994）的研究指出，除了传统意义上的商品交换，金融也是实现利润的方式之一。此外，也有学者发现，金融化的定义为金融产业在社会中的地位上升，金融化程度决定企业的经营成果，以及金融资产是企业与社会的主要资产构成（Orhangazi，2008）。同样地，对于金融化的定义研究，我国学者也提出了自己的见解，以王广谦（1996）为代表的学者团队最早给金融化下定义为“经济金融”与“经济虚拟化”，即由金融化带来的收益在企业与社会收入中所占的比重越来越大。与王广谦学者看法相似，成思危（1999）认为金融化是独立在企业实体经济以外的虚拟资本运作。

针对企业金融化对企业所带来的影响，目前主要有以下三种观点：第一种观点认为金融化对企业有着积极影响。Corpataux（2010）认为，通过企业资金分配的视角，企业把部分剩余资金用于金融化，有利于企业资金的高效分配，并通过“蓄水池”理论为企业降低未来可能会面临的各种风险。宋建波（2019）站在企业投资结构的角度上认为，企业充分利用金融资产有利于企业进一步进行实体投资，提高企业估值。第二种观点认为金融化对企业有负面影响，Tori D 在研究了欧洲国家上市公司之后发现，企业过度的金融化行为会使企业实体投资减少，并且使企业实体产业的生产效率降低。陈赤平（2020）站在企业创新层面上进行研究发现，企业金融化会抑制企业的研发投入，导致企业创新能力不足，阻碍企业进一步发展。第三种观点认为金融化与企业发展之间为倒“U”型关系，吕芝兰（2019）通过实证研究发现，企业的财务杠杆水平与企业金融化对企业价值之间存在负相关关系。蔡艳萍（2019）的研究也发现了企业金融化水平过高或过低都会阻碍企业发展。

基于此，本文立足于前人的研究观点，继续拓展目前研究现状，结合雅戈尔金融化的具体案例，根据其金融化的不同阶段探究企业金融化的成因以及后果，并希望通过研究结论给出具体建议，防范企业金融化过程中出现的风险，减少金融化对企业发展的阻碍。

二、雅戈尔企业金融化案例

（一）雅戈尔金融化概况

通过雅戈尔公司 2000～2021 年披露的财报显示，雅戈尔公司在此期间金融化的程度呈现出波动式上升后又下降（见图 1、图 2）。1991 年我国成立了上海证券交易所和深圳证券交易所，金融化市场开始向规范化发展，雅戈尔公司在 1999 年向中信银行投资 3.2 亿元，于同年获取了中信银行 1854 万元，两年后继续获得了其分红 7600 万元。2006 年我国股市迎来牛市，股票行情趋于向好，在 2007 年时，雅戈尔的金融资产占到了总资产的一半左右，高达 49%；2009～2013 年期间，同样受股票市场价格下降的影响，雅戈尔公司也随之适当减少了金融资产的投资，尤其在 2011 年到 2013 年期间，金融资产占比的变化幅度平缓。根据雅戈尔公司 2007 年年报信息显示，公司股权投资成效显著，计划将其打造为公司的另一主业。由此雅戈尔公司投资业务、地产业务和服装业务的三驾马车初见雏形。雅戈尔公司董事长李如成在 2016 年对外宣称要回归主业，但数据显示直到近几年，雅戈尔公司金融资产占比仍然可以达到其公司总资产的接近三分之一，可见其去金融化成效并不显著。

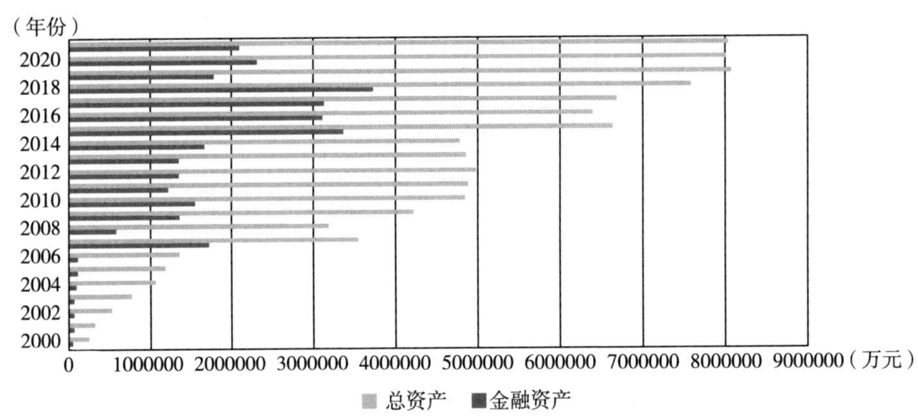

图 1　雅戈尔公司金融资产与总资产概况

数据来源：国泰安数据库。

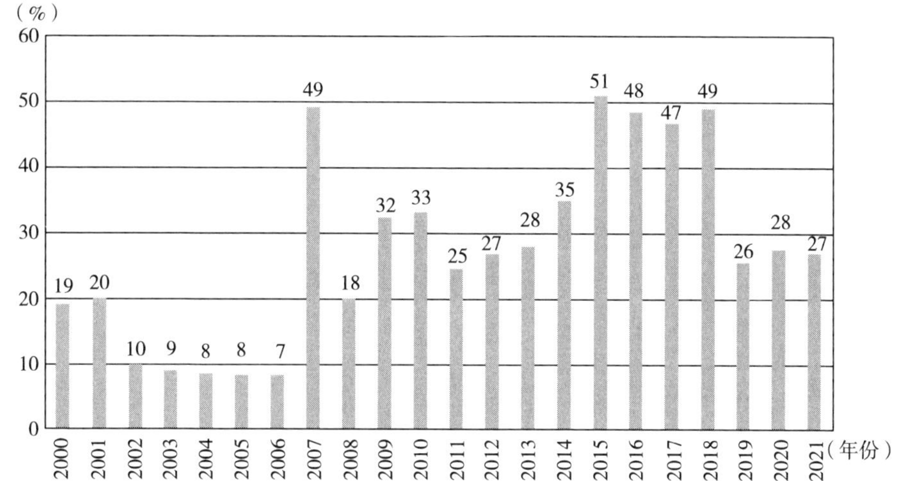

图 2　雅戈尔公司金融资产占总资产比例

数据来源：国泰安数据库。

（二）金融化成因分析

1. 外部动因分析

（1）宏观经济环境不乐观促使企业选择金融化。国家整体经济环境的向好或下行会影响企业进行战略决策，当宏观环境向好时，市场需求增多，企业选择投资实体以加强企业的核心竞争力；当经济环境下行时，企业无法从实体经济中获取高额利润，于是投资一些金融资产以备不时之需，同时可以更加合理地分配企业资源，起到分担风险的作用。雅戈尔 2006 年之后金融资产占比虽有所下降但也保持较高比例，很大原因是由于经济环境周期变化，为了减少市场需求不足带来的压力，对金融资产的投资欲望有所增强。同样雅戈尔在 2019 年金融资产占比增多，一部分原因也是受疫情影响，为了应对市场环境带来的对实体经济的冲击，雅戈尔公司选择提高金融资产比重。

（2）金融行业景气。1991 年我国分别成立了上海证券交易所和深圳证券交易所，金融行业发展趋向规范化，我国金融体系逐步完善，2006 年前后我国股市出现牛市，股价行情好，2021 年我国又分别成立了广州期货和北京证券交易所，为我国的经济发展提供动力。同时，我国服装企业面临竞争激烈、市场需求下降所带来的营业利润额下降的局面，于是借助金融行业发展前景好的红利，很多企业希望通过金融化来达到资源的高效分配。

2. 内部动因分析

（1）企业的逐利动机。由图3可以看出，雅戈尔金融化投资业务的收益显著，2000~2021年，投资业务为雅戈尔带来的利润收益基本每年都可以占到其当年利润总额的1/3甚至更多。2002年，雅戈尔金融化为其带来的收益利润占到了其利润总额的90%，2007~2008年，分别抛售了中信证券股票实现收益2464846万元和25.78亿元，其投资收益也分别占到了利润总额的74%和93%，2017年雅戈尔处置创业软件、广博股份、金正大、浦发银行等金融资产，产生投资收益112010.21万元，较上年同期增加53965.58万元，投资收益比例达到了395%，是其利润总额的四倍之多，由此可见，金融化为雅戈尔带来了丰厚收益，出于企业的逐利动机，雅戈尔倾向金融化的程度也日益加深。

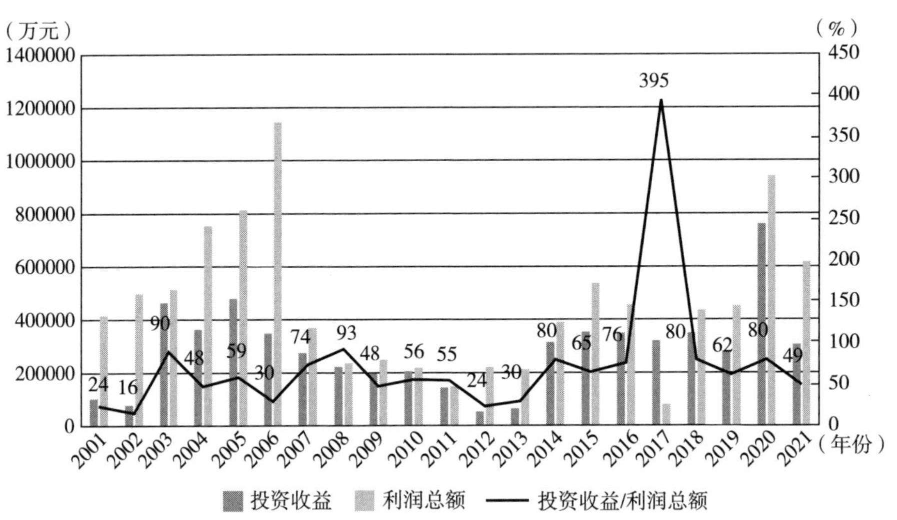

图3　雅戈尔公司投资收益占其利润总额比重

数据来源：公司年报。

（2）利用金融机构股东的协同效应。有研究表明，企业与金融机构进行业务互助，达成合作关系，或者以成为公司股东的形式参与到其经营决策的制定当中，有利于利用好金融机构的优势资源帮助企业进一步完善资源配置，达到股东协同效应。结合表1，雅戈尔董事长李如成在投资金融机构的同时，比如在宁波商业银行股份有限公司与中信证券股份有限公司，同时分别担任董事一职，在持股比例达到了会计核算方法变更的要求后，能够对其投资的金融机构的经营决策具有重大影响，并同时领取报酬津贴，在李如成被投资金融机构中的任期届满并没有选择连任时，由其女李寒穷继续担任被投资金融机构的董事一职。

表 1 雅戈尔投资金融企业投资占比情况

时间	投资金融机构名称	持股比例（%）
2004 年	中信证券股份有限公司	8.06
	宁波商业银行	9.00
	交通银行宁波分行	<5
2005 年	中信证券股份有限公司	7.40
	宁波商业银行	9.00
	天一证券有限责任公司	14.97
2007 年	中信证券	4.18
	宁波银行	7.16
	交通银行	0.001
2010 年	中信证券	1.01
	宁波银行	8.65
	浦发银行	0.96
2013 年	宁波银行	10.10
	浦发银行	0.63
	中信证券	0.37
2017 年	宁波银行股份有限公司	13.17
	浙商财产保险股份有限公司	21.00
2019 年	宁波银行股份有限公司	14.15
	浙商财产保险股份有限公司	21.00
2021 年	宁波银行股份有限公司	8.33

数据来源：公司年报。

（三）金融化形成过程

（1）雅戈尔初步金融化阶段（1999~2006 年）。1999 年投资 3.2 亿元投资参股中信证券，标志着雅戈尔金融化阶段的开始，2004 年起，雅戈尔公司董事长李如成着手企业第三大板块业务的建立，在此之前，雅戈尔对中信证券的投资取得了丰厚的利润，达到了 80 亿元，这也为雅戈尔过度金融化阶段埋下了伏笔。到 2006 年，伴随着股权分置改革的政策基本落实，雅戈尔三驾马车业务的局面逐渐成型。

（2）雅戈尔过度金融化阶段（2007~2018年）。雅戈尔公司将战略方向调整到三驾马车之一的金融化后，便开始向银行与证券行业进军，增加对这些领域的投资，同时从年报中披露的数据也不难看出，2007~2018年，投资收益所带来的利润每年基本可以占到雅戈尔公司利润总额的1/3。

（3）雅戈尔"脱虚向实"阶段（2019~2022年）。2019年雅戈尔公司董事长李如成提出了回归主业的口号，表明雅戈尔"脱虚向实"的意图，根据其年报披露信息，在2019年宣布去金融化之后，雅戈尔当年便大量向外抛售金融资产，使其金融资产占其总资产的比重有所下降，从2018年的49%下降到26%；2020年其金融资产占比上升2%，达到28%，整体占比还是在三分之一左右，这也意味着雅戈尔虽然有去金融化的意愿，但要真正进入到"脱虚向实"阶段，可能还需要再做进一步的努力。

（四）金融化的影响后果

1. 积极影响

（1）为企业经营分散了风险。在雅戈尔进行初步金融化阶段之前，其主营业务为服装业务，但是仅仅依靠实体服装业务一是很难实现高额利润，二是难以应对突发的经营风险，因为服装业务受制于资金流和宏观环境的影响，若是企业只有服装业务，那么资金流相对很难充足妥善应对市场需求与宏观经济环境的变化。雅戈尔选择进行金融化首先为其获取了高额的利润，同时也为其提供了充足的资金，确保其日常经营所需资金。其次，带来高额利润后成为了雅戈尔三大业务之一的投资业务，也分散了企业的经营风险，为应对可能发生的环境变化所带来的冲击提供保障。

（2）发挥协同效应获取高额利润。利用投资金融机构，与金融机构达成合作伙伴关系，派驻董事对其经营决策实施影响的举措，充分利用金融机构的优势资源，帮助雅戈尔公司进一步加大对金融化的投资力度，以获取高额利润。雅戈尔公司2004年的净利润为5.58亿元，2007年为24.76亿元，呈现出倍数增长的原因得益于2007年雅戈尔公司投资业务带来的2464846万元的收益，由此可见在短期内金融化对雅戈尔的业绩起到了提升促进作用，帮助雅戈尔实现进一步发展。

2. 消极影响

（1）过度金融化挤占主营业务发展。由图4可以看出，首先，在雅戈尔初步金融化阶段（2000~2006年），投资收益增长趋势与服装业收入增长趋势呈大致一致的趋势，说明此时金融化程度并不高，两大业务之间并未有太多交集，互不影响。

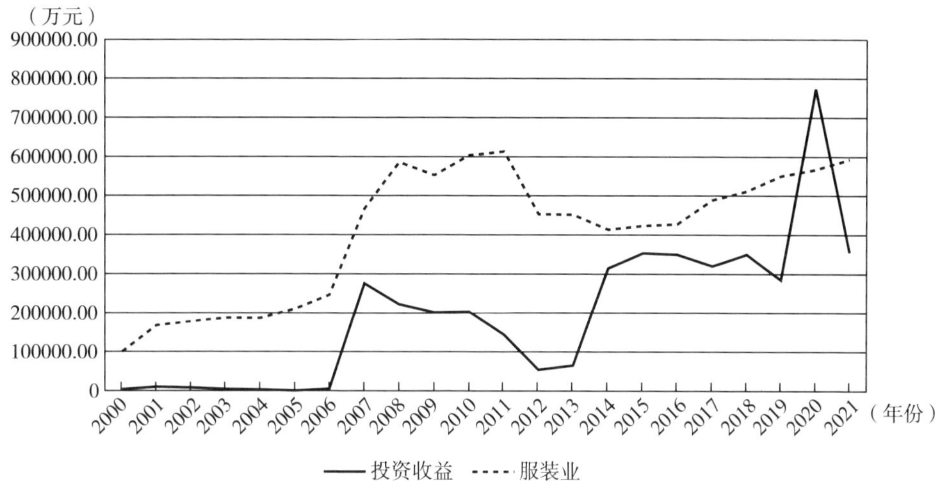

图 4　雅戈尔投资收益与服装业收入趋势对比

数据来源：公司年报。

其次，在雅戈尔过度金融化阶段（2007～2019 年），投资收益趋势与服装业收入趋势呈现反比趋势，如 2009～2011 年，投资收益呈现下降趋势，但同时服装业收入却呈现出上升趋势；同样地，2013～2019 年，投资收益呈现出上升趋势，但同时服装业收入却呈现出下降趋势，可以看出两者之间的增长趋势呈现出相反方向的变动。由此可知在雅戈尔进行投资业务时，服装业务所需的资源被侵占，投资业务抑制了服装业的收入增长。由此得出，雅戈尔投资收益并没有充分利用到主营业务服装业的拓展上，相反，还在一定程度上抑制了其服装业务的发展，影响了服装业务的业绩。

最后，在雅戈尔"脱虚向实"阶段（2019～2022 年），2019～2020 年雅戈尔投资收益增长趋势与服装业收入增长趋势保持一致，说明雅戈尔意识到了过度金融化所带来的不利后果，开始将投资业务获得的收益向服装业务划分，尤其是在 2020 后，从图 4 中看到其投资收益显著下降，这是因为雅戈尔开始大量抛售金融资产，但同时有更多的资金资源流通到了服装业，服装业收入又呈现出增长趋势。

除了对比雅戈尔金融化不同阶段的投资收益与其服装业收入趋势的对比，本文还从其固定资产的占比情况与同行业可比企业以及行业均值做了对比，因为企业的固定资产占比水平可以在一定程度上反映出企业购买生产设备设施与生产厂房等固定资产的情况，同时也反映出企业对于其主业，尤其是实业方面的投入程度，故选取此指标来评估雅戈尔在不同金融化阶段对实业与主业的投入程度，具体情况见图5。

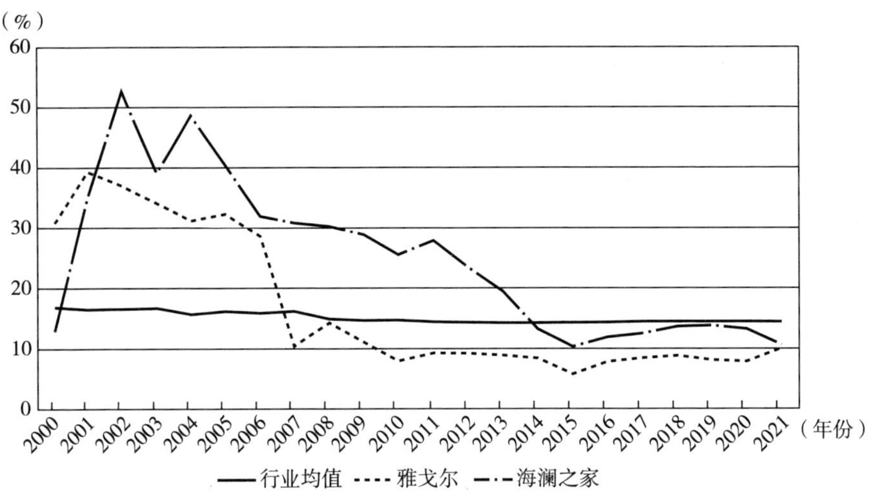

图5　雅戈尔固定资产比率与同行业可比企业以及行业均值对比

数据来源：公司年报。

从图5可以轻易看出，在初步金融化阶段（2000~2006年），雅戈尔与海澜之家的固定资产比率都较高，并且远远高于行业均值水平，说明此时雅戈尔在没有开始过度金融化，还是比较关注主业服装业与实业的发展的，虽然呈现出下降的趋势但总体水平还是相对较高的。

在过度金融化阶段（2007~2018年），可以看出雅戈尔的固定资产比率变化趋势与海澜之家的固定资产比率变化趋势呈现出相反的关系，如2006~2016年，海澜之家一直注重服装业实业的发展与企业核心竞争力的培养，于是其固定资产比率一直在雅戈尔与行业均值水平之上。反观雅戈尔，在其步入过度金融化阶段之后，其固定资产比率在2006年马上就呈现出大幅下降的趋势，在2007年跌破了行业均值，并且在未来的十年间其固定资产比率始终没有再次高于海澜之家和行业均值，更是在2015年达到了历史最低比率，不仅如此，其固定资产的比率在过度金融化阶段呈现出比较平滑的直线，在整个阶段内几乎没有变化，在一定程度上忽视了服装业主业的投入和发展。

在雅戈尔“脱虚向实”阶段（2019~2021年），其固定资产比率虽依旧低于海澜之家和行业均值，但由于其2019年才宣布大举抛售金融资产，使企业进入到去金融化阶段，所以在2019年和2020年这两年固定资产的比率并未得到大幅提升。但从图5可以看到，2021年雅戈尔的固定资产比率呈现出上升趋势，并与

海澜之家持平，有进一步超过行业均值的态势，所以可以看出在去金融化阶段雅戈尔回归主业，有提高固定资产比率的计划，重新关注实业和企业核心竞争力的培养。

（2）过度金融化阻碍企业研发创新。根据图6、图7，我们可以清楚地看到，首先，雅戈尔在初始金融化阶段（2000~2006年），无形资产总量于2005年达到顶峰，无形资产占比虽有升有降，但总体占比2000~2021年达到最多，可见此时雅戈尔还存在一些达到预计可使用状态的无形资产，也一定程度上反映出此时雅戈尔还存在一定量的研发支出；并且在其他无形资产近乎为零的同行业可比企业中也首屈一指。

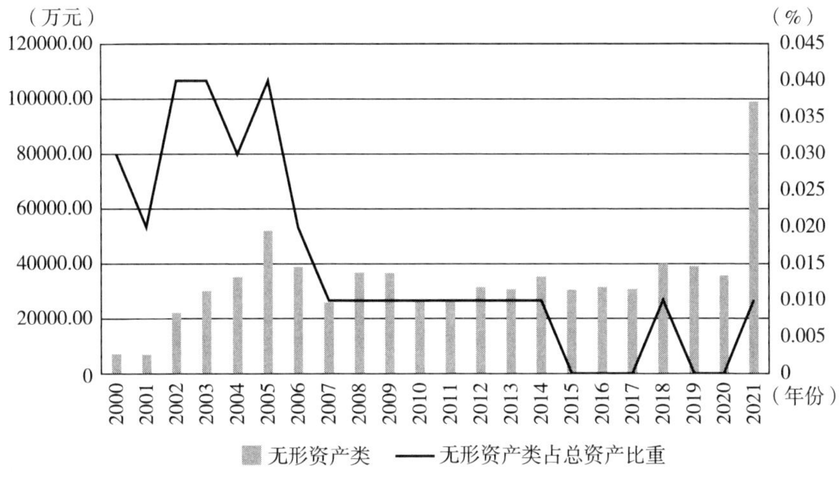

图6　雅戈尔无形资产变化趋势

数据来源：公司年报。

其次，在雅戈尔过度金融化阶段（2006~2019年），无形资产总量变化很小，占比也呈现出一条平滑的直线，几乎趋近于零，甚至2015~2017年占比为零，可见在此过度金融化期间，雅戈尔能够符合资本化支出的研发创新项目极少。但是反观此期间的其他同行业企业，如森马服饰和海澜之家，两者在此期间无形资产的总额都有所增加，并且在2015年，海澜之家率先反超雅戈尔，紧接着在2016年，森马服饰也迎头赶上，无形资产总额超过雅戈尔和海澜之家，可以看出森马和海澜之家将企业的核心竞争力放在了其服装主业上，坚持科技的自主研发，反观专注金融化的雅戈尔则在一定程度上忽略了其核心竞争力的培养。

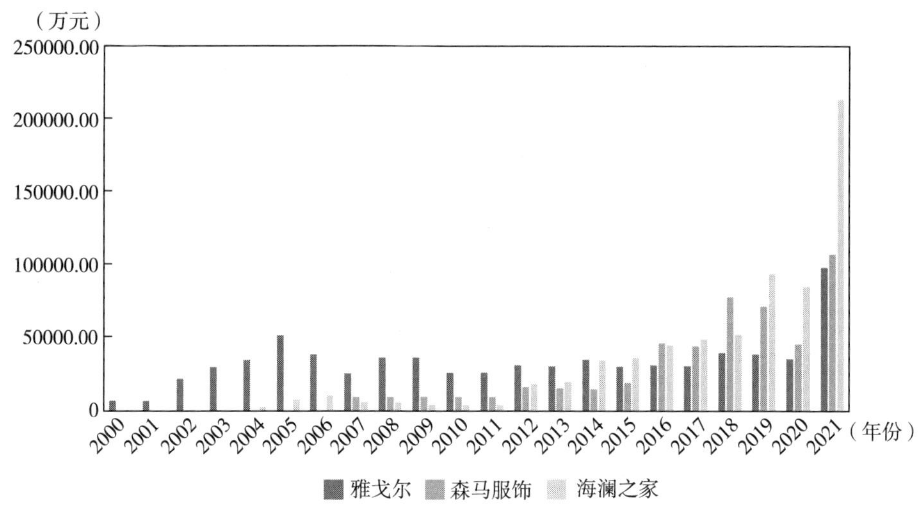

图 7　雅戈尔无形资产变化与同行业企业对比

数据来源：公司年报。

最后，在雅戈尔去金融化阶段（2019~2022 年），在此期间同行业的森马和海澜之家自主研发的无形资产都得到了显著提高，尤其海澜之家无形资产由 85729 万元达到了 211034 万元，而雅戈尔此时由于抛售了大量金融资产，无形资产的研发得以提高，在 2021 年增长迅速，可以看出雅戈尔在逐步去金融化的过程中也重视了企业主业核心竞争力的提高，开始将精力重点放在企业的主营业务上。

三、结论与建议

本文以雅戈尔金融化案例具体分析了其金融化的动因以及后果，发现企业适度的金融化有利于企业获利、发挥股东协同效应，但过度金融化会导致金融化挤占企业主营业务、阻碍企业长远发展和核心竞争力的提升。由此，本文提出以下建议：

（一）避免过度金融化对其他业务的资金侵占

雅戈尔可以根据生命周期理论，在其发展的不同阶段对其过度的投资行为进

行管控，避免由于投资支出过大而导致的对无形资产研发支出的不利影响。首先可以在决定进行投资业务之初，对企业资金的分配利用进行严格合理的规划，避免出现由于资金的单方面使用导致其他业务的支出被挤占的局面。其次可以是公司主要股东与负责人参与到企业投资业务的日常决策中来，同时由专门的财务人员对各阶段企业的投资情况对董事进行汇报，使企业管理层更好地全面了解投资业务的支出与收益，以及由于投资而带来的给其他业务的影响，减少由于过度投资而带给其他业务的消极影响。

（二）端正企业的投资动机

根据对雅戈尔金融化的动机和过程进行梳理，我们发现金融化投资为雅戈尔带来了丰厚收益，尤其是对于中信证券和宁波银行的投资，这也是其进行金融化的动机之一。但是通过分析其金融化的经济后果发现，雅戈尔在大举金融化的进程中，忽视了主营业务和无形资产的资金投入，对于主营服装业务带来的收入并未在意，而是在意金融化所给企业带来的收益，这一点通过上文中提到的金融资产投资收益与服装业务收入的变化趋势关系图也可看出。所以，企业在金融化的过程中不要一味追求获取高利润，避免被金融化带来的短期业绩的增加而蒙蔽双眼，同时根据代理理论，减少企业的短视行为，可以改善企业的激励模式，比如通过发放股票期权的方式来对管理层进行激励，尽量采取长期激励的方式，使企业的业务齐头并进，避免出现过度专注于投资业务给企业发展带来的不利影响。

参考文献

［1］宋军，陆旸．非货币金融资产和经营收益率的 U 形关系——来自我国上市非金融公司的金融化证据［J］．金融研究，2015（6）：111-127.

［2］张慕濒，孙亚琼．金融资源配置效率与经济金融化的成因——基于中国上市公司的经验分析［J］．经济学家，2014（4）：81-90.

［3］戚聿东，张任之．金融资产配置对企业价值影响的实证研究［J］．财贸经济，2018，39（5）：38-52.

［4］彭俞超，黄志刚．经济“脱实向虚”的成因与治理：理解十九大金融体制改革［J］．世界经济，2018，41（9）：3-25.

［5］王红建，曹瑜强，杨庆，杨筝．实体企业金融化促进还是抑制了企业创新——基于中国制造业上市公司的经验研究［J］．南开管理评论，2017，20（1）：155-166.

数字化转型对财务绩效的影响研究

——以新宁物流为例

史晶晶*

摘　要：随着新一轮技术革命和产业转型的到来，数字化正在给全国的物流企业带来重大变化。与其他国家一样，中国已经认识到数字化转型的重要性，促进数字化转型的措施也得到了进一步加强和落实。数字技术的蓬勃发展和数字化水平的不断提高，为物流企业的转型和现代化提供了机遇。本文以新宁物流为例，结合文献研究和比较分析，研究数字化转型对新宁物流财务绩效的影响。研究表明，较高的数字化水平可以促进公司财务绩效的提高。抓住数字化的机遇，全面拥抱数字技术，推动企业转型和现代化发展。随着数字化研究的深入，我们将看到，数字化可以对企业产生更持久、更深远的影响。

关键词：财务绩效；数字化；新宁物流

互联网、大数据、人工智能等数字技术的出现使社会的数字化程度不断提高，为经济的发展注入新的活力。党的二十大报告提出“要加快数字化发展，打造数字经济新优势，协同推进数字产业化和产业数字化转型”。我国数字经济向着深化应用、规范发展、普惠共享的新阶段发展，面对新阶段带来的新挑战，数字经济在提高发展能力，提升经济质量等方面发挥着重要作用。

物流业作为国民经济支柱，是产业数字化的重要领域。数字化转型对物流业发展的重要性已被国际公认，世界各国都在根据自己的实际情况，积极探索和推进数字化建设。但是，国内学者在数字化对企业财务绩效的影响机制上还没有形成统一的结论。大多数学者认为，数字化转型对财务绩效有积极影响，而另一些学者则持相反观点。

---

* 作者简介：史晶晶（1999—），女，山西省晋中人，北京联合大学管理学院在读研究生，研究方向：数字化转型与公司财务。

在此背景下，本文将企业财务绩效与数字化转型联系起来，选取了一家数字化转型较为成功的现代物流企业——河南新宁现代物流股份有限公司（以下简称“新宁物流”），以案例分析的方式分析其财务绩效。在综合研究企业盈利能力、营运实力、成长能力和偿债能力四个维度的基础上，研究并分析了企业数字化转型对公司财务绩效的影响，并为同行业的其他企业提供参考材料。

一、文献综述

目前，越来越多的研究表明，数字化转型对企业发展有积极的贡献，如减少企业的信息不对称，创新商业模式和推广绿色技术，提高全要素生产率，加强对社会责任的承诺。然而，关于数字化转型直接有助于提高企业财务业绩的观点是有争议的。一方面，一些研究声称，数字化转型大大改善了公司的财务业绩。例如，Bryn-jolfsson 等（2011）发现，数据驱动的生产力提升的实际效果比 ICT 技术的使用要高 5%左右，数字化对企业财务绩效有积极影响，而陈春花等（2019）发现，数字技术加速了企业创新转型，对企业绩效的贡献显著。另一方面，一些研究表明，数字化转型并不能显著提高财务绩效。例如，Hajli 等（2015）发现，数字化转型只对一些公司有效，对另一些公司则无效。徐梦周等也认为，数字化转型作为一种高度不确定的变革，会带来高额的隐性成本而导致财务业绩不佳。从以上分析可以看出，相关研究的结果存在明显差异。因此，数字化转型与企业财务绩效之间的关系还需要从过程的角度进一步研究。

二、案例介绍

（一）新宁物流简介

新宁物流成立于 1997 年，2009 年 10 月上市。目前，公司主要从事综合物流业务，包括电子元器件进出口保税仓库的运营、物流解决方案的开发与实施以及相关国际物流代理。近年来，公司不断改造和加强物流业务，通过提高物流运作效率和降低物流成本，使其更加智能和快捷。公司旨在推动智能物流和供应链技术在中国的蓬勃发展，坚持技术和服务两大核心优势，通过独特的产品和服务创新、出色的供应链管理能力和卓越的执行能力，成为中国最具竞争力的综合物流集团。

（二）新宁物流数字化发展状况

图 1 对比了 2012 年以来物流行业与新宁物流的数字化转型程度。由图 1 可以看出物流行业数字化转型程度逐年提高，新宁物流数字化转型程度整体上也呈上升趋势，在 2012 年数字化程度与同行业平均水平相比存在一定的差距。自 2013 年新宁物流实施数字化转型新政策以后，企业数字化水平逐步上升，2014~2019 年一直高于行业平均水平。2019 年之后随着越来越多企业进行转型升级，导致新宁物流前期优势减少，竞争加剧。

图 1　数字化转型程度

现阶段在对企业进行数字化转型阶段进行分类时，使用最多的有三步走和五阶段两种观点。三步走观点将数字化的发展分为三步：数据化、数字化和智能化。数据化是数字化转型的基础，将数据经过筛选、整理，变成可用的信息。通过数字化对数据进行科学的分析和判断，最后发展到智能化。结合我国物流业发展的基本特征，以及新宁物流数字化发展的实际情况，本文借助五阶段理论，将新宁物流数字化发展分为三个阶段。

（1）第一阶段——管理数字化（2012~2015 年）。新宁物流紧跟时代发展步伐，以智能化、国际化、平台化战略构建新型发展模式，成立专业的供应链管理模式研发团队及智能化运作团队，2015 年企业研发人员数量占比 10.0%，而 2013 年仅占 1.43%，2015 年企业研发投入金额为 14070491.66 元，与 2012 年的 7398984.63 元相比增长了 90.17%，实现大幅提升仓库管理自动化水平。稳步推进物流服务智能化、平台化及拓展海外业务迈向国际化，开启中国智造 2025 供

应链管理发展下的全新格局，为打造新时代物流优越环境做出了良好的保障。

（2）第二阶段——技术数字化（2015~2019 年）。在技术革新的浪潮中，原有的商业体系已经逐渐失去在市场上有效竞争的能力。随着技术升级和研发举措成为新的战略发展目标，一些有远见的企业开始对原有的技术进行改造，希望能够大幅提升企业的核心竞争力。现阶段新宁物流的“智能仓储”和“智能运输”两大业务齐头并进，共享京东物流的“天狼”系统，升级无人技术仓库，促进共同发展。5G 是改变产业格局的新突破口，作为一项技术，它不仅有助于物流业的创新发展和转型升级，还能推动大数据、人工智能和物流相关技术的进步，全面促进智能物流的发展。

（3）第三阶段——服务数字化（2019 年至今）。武汉新宁智能化仓于 2020 年投入运行，整合了 WMS 仓储管理系统、机器人调度系统以及现场看板系统等多项先进的物流技术，实现了商品从进入、出货等多种过程中的自动包装、自动搬运，以及可视化控制。由此提高了仓储的操作有效性、准确性，完成了由单一仓库服务向多功能、一体化、智能仓库服务的过渡。企业于 2021 年成功入选为国家“物流业制造业深度融合创新发展典型案例”单位，企业不断加强供应链一体化平台研发，对软件架构、主数据系统及其产品本身都进行了充分总结、重新设计和开发，并逐步完成对企业系统的迭代升级，更精确高效地向客户提交信息服务，进而进一步提高公司的智能化水平。

三、案例分析

本文借助新宁物流 2012~2021 年的年报数据，在盈利能力、营运能力、成长能力、偿债能力四个方面的基础上分析数字化转型对企业财务绩效的影响。此外，考虑对于物流企业来说，现金流量比会计利润更能反映企业的经营情况，因而在分析上述四种能力时加入了反映企业现金流量的指标。

（一）数字化转型对盈利能力的影响

本文在评价盈利能力时选取了净资产收益率、总资产报酬率、盈余现金保障倍数和成本费用利润率四个财务比率。

（1）第一阶段——管理数字化（2012~2015 年）。2012 年企业的净资产收益率最大，达到了 3.06%，此后两年比率有所下降，但依然为正值；2015 年的净资产收益率最小，为-13.87%。总资产报酬率和成本费用利润率呈现同样的变化趋势，即 2012 年的比率最大，分别为 4.90%和 6.62%，阶段低谷出现在 2015 年，分别为-8.12%和-17.05%（见表 1）。究其原因，首先是企业在数字化转型第一阶段实施了“智能化、平台化、国际化”等发展新策略，成立了专业的供应链管理模式研发团队及智能化运作团队，聘请专业研发人员并购入大量相关设施设备，更为专业和高效的管理运营体系为企业拓宽了市场，进而带来利润的稳定增长，但由于处于数字化转型初期，数字化转型对财务绩效的影响存在“滞后效应”，因此影响甚微；2015 年第四季度，企业对广州亿程交通信息有限公司进行并表，致使企业处于利润负增长状态。

表 1　2012~2021 年新宁物流盈利能力指标

年份	净资产收益率（%）	总资产报酬率（%）	盈余现金保障倍数	成本费用利润率（%）
2012	3.06	4.90		6.62
2013	1.86	4.76		4.70
2014	2.39	3.77		4.42
2015	-13.87	-8.12		-17.05
2016	4.75	4.78	0.56	11.22
2017	10.52	8.06	-0.08	18.50
2018	4.60	4.61	1.18	7.74
2019	-50.66	-23.83	-0.01	-61.07
2020	-111.82	-33.87	0.01	-60.70
2021	-128.33	-14.01		-17.87

数据来源：国泰安数据库。

（2）第二阶段——技术数字化（2015~2019 年）。在企业数字化转型的第二阶段，企业的净资产收益率、总资产报酬率以及成本费用利润率的走势基本一致，在 2017 年达到阶段巅峰，分别为 10.52%、8.06%和 18.50%（见图 2）。与企业数字化转型的第一阶段相比情况有所好转，转型第一阶段实施的发展策略给企业带来的经济效益在这几年逐渐得到体现。同时，行业内的物流需求稳中向好，同时新宁物流及时进行技术改革，进一步实行“智能仓储”“智慧交通”的新发展策略，使得物流成本趋降，市场供需增长，服务价格提升，最终企业的经济效益得到提升。

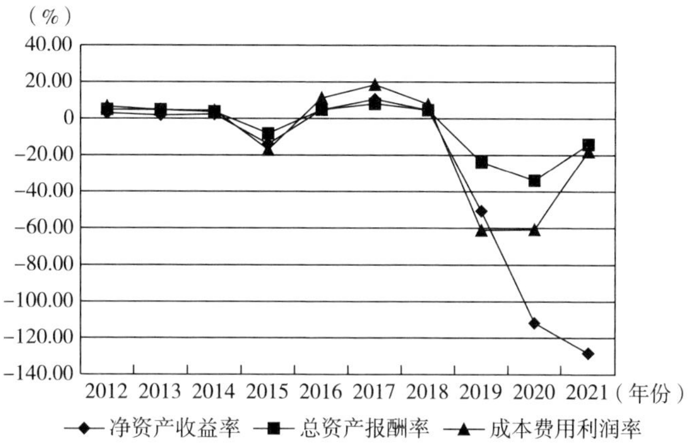

图 2　2012~2021 年新宁物流净资产收益率、总资产报酬率和成本费用利润率

盈余现金保障倍数指标变动没有规律（见图 3）：2016 年为 0.56，是因为新的发展策略的实施以及技术进步使得业绩提升，进而致使现金流入增加；2017 年为-0.08，是由于公司净利润虽然增加，但经营活动现金净流量因购买数字化设备、支付劳务等事项支付现金增多而为负值；2018 年的盈余现金保障倍数为 1.18，是阶段的最大值，这是由于企业在这阶段收回保证金和借款从而使经营现金净流量变大。

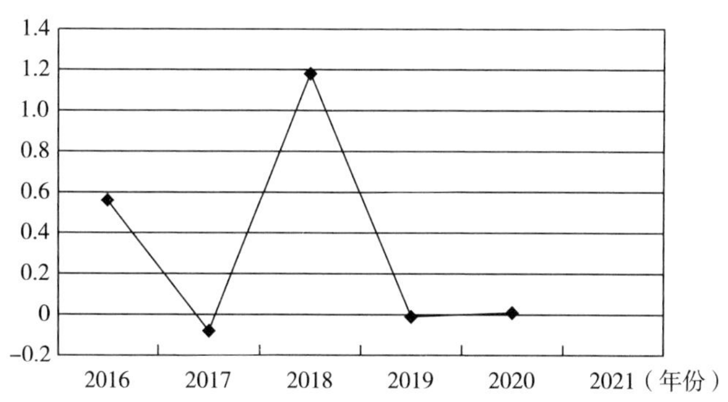

图 3　2012~2021 年新宁物流盈余现金保障倍数

（3）第三阶段——服务数字化（2019 年至今）。企业在 2019 年、2020 年和 2021 年指标下降，其中净资产收益率的变化最为明显，从 2019 年的-50.66%下降到-128.33%，变动幅度超过 153%。在企业进行数字化转型的第三阶段，虽然转型第一、第二阶段实施的发展策略给企业的财务绩效带来了一定程度的正向影响，但由于物流模式革新，更多的公司参与到智慧物流领域，公司原有的领先地位略微下降，所以公司需要加速转型开放；公司的报关报检运输的业务量有所减少、费用上升使得经营收益下降，使得净资产收益率、成本费用利润率和总资产报酬率整体呈现下滑态势。

总的来说，数字化转型在整体上对企业的盈利能力有积极影响，但是竞争加大、业务减少、成本上升限制了新宁物流盈利能力。

（二）数字化转型对营运能力的影响

本文通过对应收账款周转率、总资产周转率和流动资产周转率三个财务比率分析企业的运营能力。

（1）第一阶段——管理数字化（2012~2015 年）、第二阶段——技术数字化（2015~2019 年）。如表 2、图 4、图 5 所示，新宁物流企业在 2012~2014 年的应收账款周转率维持在 4 次以上，最高可达到 4.54 次，表明这段时间企业的账龄较短、收账迅速；资产的流动性、短期偿债能力以及减少坏账损失的能力比较强。但是在企业数字化转型第二阶段，该指标整体而言是下降的，2016 年最高仅有 2.25 次，这说明公司款项归还不及时，资金流动性也较差，此时企业易于产生坏账，而研究其成因可知是企业在并购之后，赋予了部分客户较长的信用期限，从而使得应收账款余额逐渐上升。总资产周转和流动资产周转情况在企业数字化转型的前两个阶段整体较为稳定，分别维持在 0.5 次和 1 次上下。这说明在初级阶段，企业数字化转型对营运能力正向的影响是有限的，甚至可能产生负向影响。

（2）第三阶段——服务数字化（2019 年至今）。第三阶段企业应收账款周转率开始回升，在 2021 年已经达到 3.24 次，这说明上述情况在转型的第三阶段有所好转。总资产周转以及流动资产周转情况在前两个阶段的基础上有明显的上升趋势，2021 年达到了数字化转型以来的最高值，分别是 0.89 次和 2.01 次。以上说明了新宁物流企业在转型初期实施的数字化战略以及“智慧仓储·智慧交通”发展新战略对企业营运能力的负面影响逐渐降低，并且开始产生积极的影响，对存货等资产的使用效率提高，有利于企业发展。

表 2　2012~2021 年新宁物流营运能力指标

年份	应收账款周转率	总资产周转率	流动资产周转率
2012	4.54	0.72	1.09

续表

年份	应收账款周转率	总资产周转率	流动资产周转率
2013	4. 39	0. 73	1. 16
2014	4. 29	0. 66	1. 08
2015	2. 81	0. 49	0. 90
2016	2. 25	0. 41	0. 83
2017	2. 17	0. 44	0. 90
2018	1. 95	0. 44	1. 04
2019	1. 61	0. 39	0. 90
2020	1. 95	0. 53	1. 03
2021	3. 24	0. 89	2. 01

数据来源：国泰安数据库。

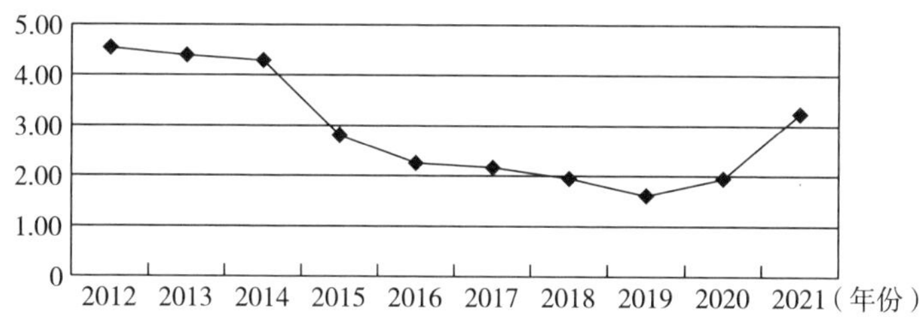

图 4　2012~2021 年新宁物流应收账款周转率

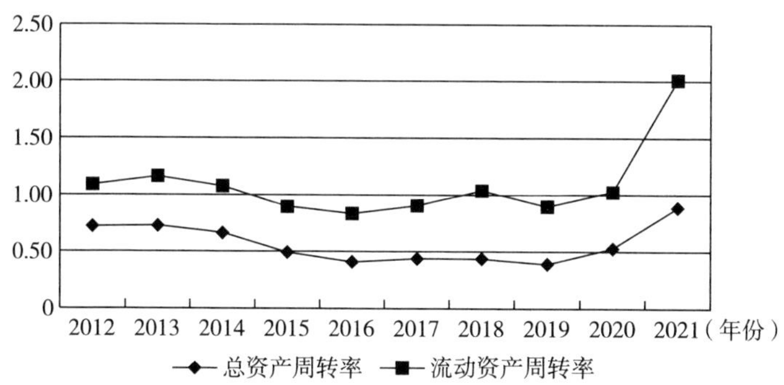

图 5　2012~2021 年新宁物流总资产周转率和流动资产周转率

总之，该数字化转型对企业提高营运能力方面有着积极影响。

（三）数字化转型对成长能力的影响

本文通过净利润增长率、营业收入增长率和总资产增长率三个财务比率分析数字化转型对企业成长能力的影响。

（1）第一阶段——管理数字化（2012~2015 年）、第二阶段——技术数字化（2015~2019 年）。由表 3 可知，2018~2020 年企业净利润增长率连续三年为负值，2019 年甚至达到-984.82%。总资产增长率在 2018 年以前始终保持正向增长的趋势，在 2015 年增长最多，达到了 151.89%（见图 6、图 7），一部分原因是购买数字设备和扩大业务规模导致企业净利润变动幅度较大。

表 3　2012~2021 年新宁物流成长能力指标

年份	净利润增长率（%）	营业收入增长率（%）	总资产增长率（%）
2012	16.60	13.05	10.99
2013	-37.88	13.02	12.98
2014	30.56	9.76	26.73
2015	-1352.36	46.00	151.89
2016	155.82	28.53	16.13
2017	139.07	18.93	6.49
2018	-54.69	15.80	25.09
2019	-984.82	-14.00	-27.00
2020	-5.21	-10.23	-42.85
2021	68.92	9.51	-20.47

数据来源：国泰安数据库。

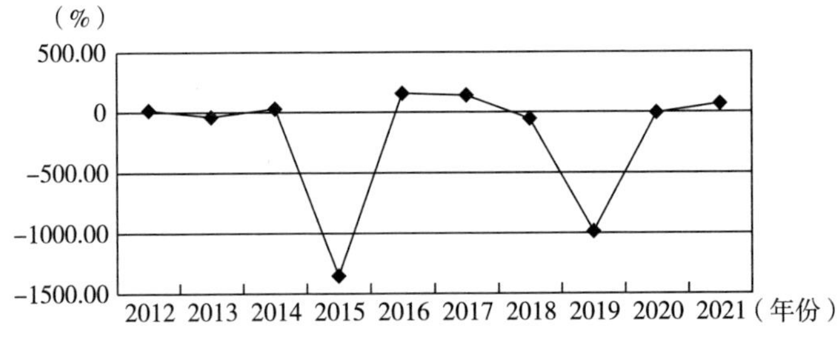

图 6　2012~2021 年新宁物流净利润增长率

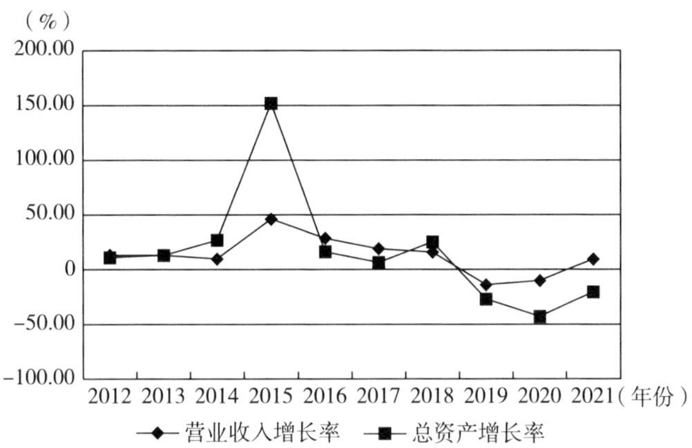

图7　2012~2021年新宁物流营业收入增长率和总资产增长率

(2)第三阶段——服务数字化(2019年至今)。营业收入自企业数字化转型第三阶段开始出现下降,从2019年的898624297.50元下降到2021年的883432248.04元,说明公司的资产规模、扩张能力、成长性在一定程度上都衰退了。公司资本积累缓慢、资产规模偏低的主要原因是公司数字化转型的第二阶段,智能物流行业的进入者越来越多,导致竞争加剧,企业面临进一步转型和现代化改造和市场份额,以及业务扩张导致的增长动力不足,为使嘉信仓储成为全资子公司而支付的大量现金,以及成本和费用的增加。

(四)数字化转型对偿债能力的影响

本文通过流动比率、速动比率、资产负债率和利息保障倍数四个财务比率分析数字化转型对企业偿债能力的影响。

由表4可以看出,公司流动比率从2012年的2.58下降到2021年的0.73,下降了71.71%;速动比率从2012年的2.57下降到了2021年的0.73(见图8、图9),下降幅度达到了71.59%,这意味着数字化转型使企业资金流动性变差,短期付现能力减弱。长期偿债能力方面,资产负债率逐年递增,在企业数字化转型第三阶段更是达到94.80%,说明公司的举债经营程度已处于较高水平,债权人承担的风险提高,因此公司的财务结构还有待改善;利息保障倍数变动幅度较大,从企业数字化转型第三阶段开始连续三年为负值,说明公司经营所得不足以偿债及支付利息,但这种情况有逐渐好转的趋势。

表 4　2012～2021 年新宁物流偿债能力指标

年份	流动比率	速动比率	资产负债率（%）	利息保障倍数
2012	2. 58	2. 57	26. 05	12. 63
2013	1. 78	1. 78	33. 21	3. 32
2014	1. 42	1. 42	46. 50	4. 06
2015	1. 90	1. 67	30. 40	-31. 10
2016	1. 63	1. 57	32. 42	11. 47
2017	1. 58	1. 51	34. 22	12. 81
2018	1. 27	1. 20	45. 60	3. 18
2019	1. 25	1. 20	56. 69	-8. 18
2020	0. 79	0. 74	77. 52	-14. 15
2021	0. 73	0. 73	94. 80	-4. 84

数据来源：国泰安数据库。

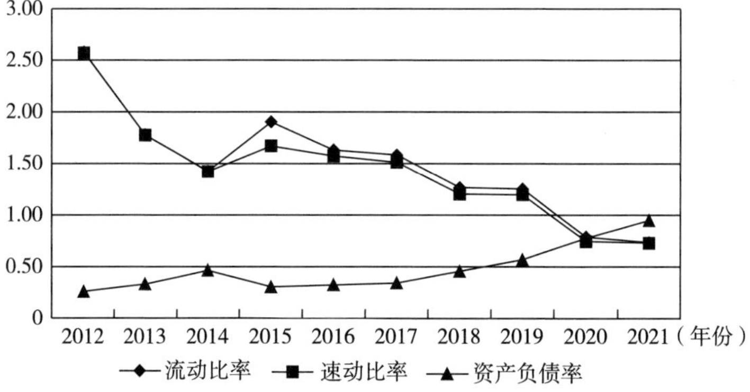

图 8　2012～2021 年新宁物流流动比率、速动比率、资产负债率

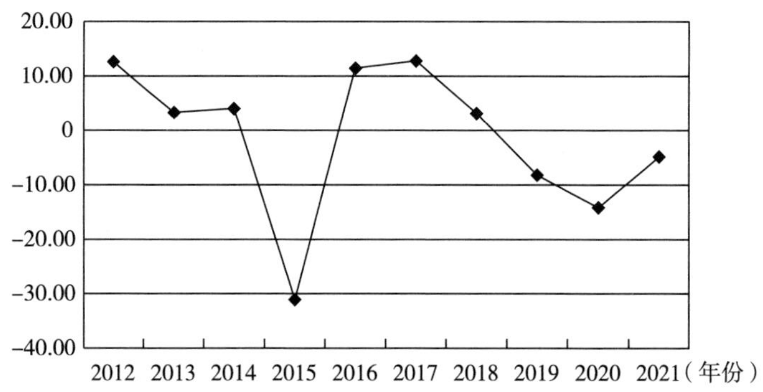

图 9　2012～2021 年新宁物流利息保障倍数

综上，可以得出数字化转型对新宁物流的偿债能力在短期内有负面影响。

四、结论与建议

通过上述分析可以看出，企业数字化水平的提升从长远来看能够促进企业财务绩效的提升，但不是一蹴而就的。一方面数字化投入的提升使得企业数字化水平得以提升，另一方面也增加了企业的费用支出，因此可能存在滞后效应，当数字化融入公司日常业务的其他方面时，对公司财务绩效的积极影响会不断增加。目前，新宁物流的财务管理能力明显滞后，面临着潜在的危机。要想在现代化转型、提高效率、持续创新和服务发展的基础上把握住持续增长的机会，唯一的办法就是仔细研究公司的优势，避免其弱点。综上所述，本文提出了以下三个方面的观点。

（一）发挥已有优势助力企业数字化转型

一是政治支持，加快业务拓展。在强大的政策支持下，新宁物流正在大力推进公司的数字化转型。作为行业领导者，新宁物流加快了业务拓展，利用规模效应、支持力度、海外布局和新零售优势，持续发展。二是作为数字化的行业领导者，新宁物流正在加大研发投入，2021 年公司的研发支出将达到 3468 万元。

（二）重视数字化建设，提升智能化水平

企业要不断提高其供应链的智能化。通过支持数字技术，整合各种社会资源，实现更大的价值。新宁物流获取数字化设备、人力资源、数据等资源，并对现有资源进行分析和整合，提高企业决策的科学性。要积极探索 5G、人工智能、大数据、云计算等数字技术在物流行业的应用。经过多年的沉淀，应携手利用产学研的优势，克服物流业复杂的技术升级、信息资源互通的困难和数字化的困难。

（三）加强数字化转型时期对利润的回收和使用

企业需要充分利用自身的资源优势，利用并购和数字化转型实现财务、运营管理、业务多元化拓展等各方面的有效合作，同时要注意多头部署带来的负面影响。企业在进行数字化投资时要慎重，选择投资回报率高的项目，同时要调整支付和收款方式，确保有足够的资金用于数字化转型，减少流动资金的压力。

参考文献

［1］吴非，胡慧芷，林慧妍，等．企业数字化转型与资本市场表现——来自股票流动性的经验证据［J］．管理世界，2021，37（7）：130-144.

［2］张振刚，张君秋，叶宝升，等．企业数字化转型对商业模式创新的影响［J］．科学进步与对策，2022，39（11）：114-123.

［3］王锋正，刘向龙，张蕾，等．数字化促进了资源型企业绿色技术创新吗？［J］．科学学研究，2022，40（2）：332-344.

［4］赵宸宇，王文春，李雪松．数字化转型如何影响企业全要素生产率［J］．财贸经济，2021，42（7）：114-129.

［5］赵宸宇．数字化转型对企业社会责任的影响研究［J］．当代经济科学，2022，44（2）：109-116.

［6］Bryn Jolfsson E，Hitt L M，Kim H H. Strength in Numbers：How does Data-driven Decision Making Affect firm Performance［J］. Social Science Electronic Publishing，2011，4（22）：1-18.

［7］陈春花，朱丽，钟皓，等．中国企业数字化生存管理实践视角的创新研究［J］．管理科学学报，2019，22（10）：1-8.

［8］胡青．企业数字化转型的机制与绩效［J］．浙江学刊，2020，58（22）：146-154.

［9］Hajli M，Sims J，Ibragimov V. Information Technology（IT）Productivity Paradox in the 21st Century［J］. International Journal of Productivity and Performance Management，2015，64（4）：457-478.

［10］徐梦周，吕铁．数字经济领先市场建构：支撑机制与实践策略［J］．学习与探索，2019，41（7）：92-98.

绿色创新视角下比亚迪企业价值研究

史一鸣*

摘　要：随着绿色创新的不断推进，新能源汽车已经成为汽车行业蓬勃发展的重要方向。为了推动新一代汽车行业的蓬勃发展，国家政府部门支持和鼓励企业开展创新活动，但是随着补贴政策的逐渐减少以及外资车企的激烈竞争，新一代汽车行业面临着极大的挑战。比亚迪是国内外民族自主品牌，早期就涉及新能源汽车产业，并构建起完整的创新生态体系，但近年来，创新成果缺失以及盈利下降等现象引发了广泛的注意和探讨。本文从绿色创新的视角来探究比亚迪的新能源汽车创新生态体系对企业价值的创造力，以期为未来的绿色技术创新提出更多的思考和未来发展战略调整。

关键词：绿色创新视角；比亚迪；企业价值

一、引言

中国许多新能源汽车企业都在寻找最有效的方法来减少生产成本、扩大盈利余地、提升创新能力和竞争力。比亚迪始建于1995年，以电池业务起家，最初通过对相关公司的资产重组与并购，获得传统燃油汽车制造技术，于2003年成立专门从事汽车业务的公司，由此开启进军汽车领域的步伐。比亚迪是我国较早涉足新能源汽车生产研发领域的自主品牌车企。2006年，比亚迪F3e纯电动汽车研发成功并推向市场，此款车型是比亚迪自主研发新能源汽车里程上的标的物，标志着比亚迪在新能源汽车领域崭露头角。

* 作者简介：史一鸣，男，1996年9月20日生于北京，退役士兵，2022年毕业于北京联合大学应用科技学院，同年9月考入北京联合大学管理学院研究生，研究方向：会计。

2002 年 7 月，比亚迪在中国香港主板上市，2008 年，知名投资商巴菲特投入 10%股权，这一举动引起了全球范围内对比亚迪增长能力的热烈探讨，也为比亚迪完成国际知名度的飞跃提供了重要支撑。比亚迪公司已经建设成为一家横跨 IT、汽车行业和新能源三个方面的企业，其中汽车业务占据着最重要的地位，并且具有巨大的发展潜力。为了提升营收，北京、长沙、青岛等地都建立了大规模的汽车产业基地，以满足行业增长的需求。比亚迪在“绿色理念”的指导下，以其出色的战略眼光，完成了新能源汽车的研发、生产和应用，并利用电动汽车大巴的先进技术，快速开拓了海外市场。截至 2022 年，比亚迪集团公司净收入达 1277. 39 亿元，其中电动汽车及有关产品业务的净利润占比超过 632. 66 亿元，占比接近一半，新能源汽车服务更是贡献了超过 1/3 的营业收入。

二、绿色创新视角下比亚迪企业价值分析

（一）比亚迪企业价值主张

比亚迪新能源汽车创新生态系统的全面拓展阶段下，创新活动的展开以用户需求为导向，因此比亚迪价值主张强调在多方面契合用户需求。比亚迪品牌主张“向新而行”，主要包括三个方面：新能源汽车核心技术及时更新、汽车外观设计新颖以及服务水平升级。在技术方面，比亚迪在产品技术迭代时，掌握行业风向，及时更新汽车电机、动力、能耗方面的关键技术，追求高性能汽车产品的开发。除了产品性能提升，比亚迪近年来对汽车外观设计方面做出了更多改善，比如唐、宋 MAX、秦 Pro 等车型采用家族化设计，设计元素更符合消费者审美；聘请沃尔夫冈 · 艾格等国际知名设计大师对汽车外饰、内饰进行改观。在服务方面，比亚迪基于消费者需求升级的现状进一步完善渠道建设，现有多家比亚迪 4S 店全面采用全新店面形象，硬件、软件方面全方位提升，提升顾客服务感知。比亚迪构建自身为主导的创新生态系统时，主要以收购兼并与合作创新的方式吸纳参与创新活动的系统成员，打造成本可控、效能较高的创新链，拉动产品生产与创新能力升级。比亚迪进入汽车行业后，通过收购兼并的方式，迅速掌握汽车制造技术。一方面是传统汽车技术领域的转移嫁接，为进入新能源汽车创新生态系统奠定基础；另一方面兼并收购将其他企业非专利技术收入囊中，加以自家研发团队的改良，实行模仿式创新，控制了研发与生产成本。以收购兼并方式，比亚迪在整车制造、模具开发、车型设计等方面进行技术积累，打造自己的研发、

生产链条，如表1所示。

表1　2002~2010年比亚迪收购重组一览表

年份	收购事件
2002	与北京吉驰汽车模具有限责任公司资产重组
2003	收购西安秦川汽车有限责任公司
2004	收购北汽集团旗下模具公司
2008	收购半导体制造企业宁波中纬
2009	收购美的集团旗下的三湘客车
2010	收购日本狄原旗下大型模具生产公司

（二）新能源汽车创新生态系统是比亚迪企业价值提升的保障

比亚迪构建的新能源汽车创新生态系统对其创造技术能力产生了重要影响，这种影响不仅体现在财务方面，也体现在非财务方面。五个关键价值驱动因素对新能源汽车的财务表现产生了重要影响，其中包括：营业收入和营业成本费用的增长、毛利率的稳定性、R&D支出的增长以及总资产周转率的下降。价值驱动在非财务工作领域包含客户、企业内部业务流程、学习和成长。比亚迪在新能源汽车创新生态体系的协助下，不仅进一步提高了顾客产品满意和服务质量满意程度，而且有望进一步扩大行业份额；此外，新能源汽车创新生态体系还为比亚迪的内在业务流程层面利益驱动提供了正向拉动作用，包含效率、售后业务准时率和生产通过率，但比亚迪仍需要关注COP能力的优化。

（三）绿色技术创新促进企业价值提升

所谓绿色技术是指遵循生态原理和生态经济规律，节约资源和能源，避免、消除或减轻生态环境污染和破坏，生态负效应最小的“无公害化”或“少公害化”的技术、工艺和产品的总称。其内容主要包括：污染控制和预防技术、源头削减技术、废物最少化技术、循环再生技术、生态工艺、绿色产品、净化技术等。可见绿色技术是一种与生态环境系统相协调的新型的现代技术系统。绿色技术创新也称为生态技术创新，属于技术创新的一种。一般把以保护环境为目标的管理创新和技术创新统称为绿色技术创新。对绿色技术创新的界定，主要有两种方式：从绿色技术创新特征入手，概括主要特征得出定义；从生产过程考虑，对绿色技术创新过程作系统描述。在新能源技术研发上，比亚迪投入了大量的资金用于研发，如表 2 所示。

表 2　2018~2022 年比亚迪部分财务数据　　单位：亿元

项目	2018 年	2019 年	2020 年	2021 年	2022 年
利润总额	37.95	65.68	56.21	43.86	44.31
财务费用	14.46	12.22	23.14	26.35	30.14
研发支出	—	—	37.39	49.89	56.29

数据来源：比亚迪公司官网年报。

比亚迪需要与国际知名车企、研究机构等展开技术合作，通过建立合资公司、产学研等方式，进一步丰富创新生态系统内成员多样性。合作研发充分利用比亚迪与合作伙伴的技术及平台优势，提升新能源汽车性能与用户体验好感度。同时，诸如座椅业务剥离、合作电池销售等业务，可以在一定程度上分担比亚迪自身生产营销压力，集中更多资源用于核心部件开发。

（四）绿色营销趋势企业价值提升

绿色营销是一种能辨识、预期及符合消费者的社会需求，并且可带来利润及永续经营的管理过程。绿色营销观念认为，企业在营销活动中，要顺应时代可持续发展战略的要求，注重地球生态环境保护，促进经济与生态环境协调发展，以实现企业利益、消费者利益、社会利益及生态环境利益的协调统一。从这些界定中可知，绿色营销是以满足消费者和经营者的共同利益为目的的社会绿色需求管理，以保护生态环境为宗旨的绿色市场营销模式。

比亚迪新能源汽车创新生态系统通过纳入经销商及服务人员体系、完善配套实施等方式进一步实现价值创造。比亚迪“以人为中心”构建服务价值体系，对销售业务人员进行系统培训，建立公众号构建买卖双方的信息交流平台，提供促销活动通知、售后服务预约、品牌宣传、消费者建议反馈等活动渠道。同时与合作伙伴共同构建二手车平台，完善新能源汽车二手车的价值体系与交易模式。新能源汽车推广过程中，充电问题始终是广大客户关注的焦点。比亚迪研制出集约用地的 3+3 循环式立体充电机以及空中纯电动车充电塔等配套设施，为电动车充电问题提供解决方案。同时通过多方协作，推进充电配套设施普及。

（五）绿色财务为企业价值提升保驾护航

所谓绿色财务管理是将资源的有限性（要充分利用有限的自然资源）、社会的效益性（有利于人类的生存和发展）、环境的保护性（使环境不受破坏，保持

生态环境平衡）以及企业的盈利性综合考虑的一种财务管理，其目的是在保持和改善生态资源环境的情况下，实现企业价值最大化以及企业与社会的协调和发展。绿色财务管理的发生基础是绿色管理，而绿色管理思想主要是解决企业与社会的生态环境问题。它是从资金运动的角度考虑企业的目标与社会效益及生态环境问题的一种财务管理。

构建新能源汽车创新生态系统，能够实现高效率的技术与产品升级，最终还是作用于企业价值。对于绿色财务创新生态系统功能完善，应坚持价值创造导向。对于比亚迪来说，现阶段的绿色财务创新生态系统已帮助其提升了价值创造能力，但仍有进化空间——新能源汽车创新生态系统对比亚迪总资产周转率的改善不佳，且全球市场份额与国外车企相比仍有差距。现如今，比亚迪大规模拓展产能的战略已略显激进，可基于现有生产制造的规模，进一步借力创新生态系统升级新能源汽车动力系统、电池、安全性能等方面的核心技术，只有真正形成技术优势，才能真正吸引顾客，使技术吸引力对抗补贴退坡后新能源汽车单价上升引起的负面顾客效应。同时需优化系统产品推广与销售功能，感知创新环境动态变化并及时做出战略调整，规避系统内外风险，对财务维度与非财务维度价值驱动因素施加更有效的影响，实现企业价值创造。

三、绿色创新视角下提高比亚迪企业价值的对策建议

从上文中可以看出，在绿色创新视角下比亚迪企业价值正在逐步提升，而其价值的提升过程中，难免会出现一些问题，下文则针对绿色创新视角下提高比亚迪企业价值的对策，提出可供参考的建议。坚持价值创造导向、构建兼容性协作平台、需求主导下开展全面性产品创新、完善应用设施配套、进一步加强战略协同作用。

（一）坚持价值创造导向

建立一个完善的新能源汽车创新生态系统，不仅可以提高技术和产品的升级效率，而且能够为企业带来更多的价值。为了实现这一目标，比亚迪应该坚持以价值创造为导向，不断改进和完善这一生态系统。比亚迪在创新生态系统的推动下，已经取得了显著的价值创造能力，但仍有改进空间，尤其是在新能源汽车领域，比亚迪的总资产周转率仍有待提高，而且与外国车企相比，其国际市场也存在较大差异。比亚迪正在大力拓展产能，以提升其生产制造规模，并利用创新生

态系统来提升新能源汽车的关键技术，如动能管理系统、电池和安全技术特性。只有形成技术优势，才能真正吸引消费者，并抵抗补贴退坡带来的新能源汽车单价上涨的负面影响。为了提升企业的竞争力，比亚迪需要不断优化系统产品的推广和销售功能，并密切关注创新环境的变化，及时调整战略，避免体系内外的风险。比亚迪还需要对财务和非财务方面的价值驱动因素施加更有效的影响，以实现企业的价值创造。

（二）构建兼容性协作平台

随着新能源汽车创新生态体系的不断发展，比亚迪面临着更加复杂的协作创新活动，因此，必须建立一套相容性强、开放性高的技术创新网络平台。在这个网络平台上，多样化的人员架构可以有效提升科技和企业的创新效率，而且人员之间的合作联系也可以得到良好的调节，从而有效抵御外部不确定性的风险，维持新能源汽车创新生态体系的安全。兼容性协同网络平台可以大大增强系统的开放性，加强企业研发和品质控制能力，优化产品结构，促进集团经济利润的增长，提高企业价值。对于新能源汽车行业来说，关键核心技术是企业可持续发展的基础。为了提高核心技术模块的研发能力，比亚迪必须克服技术难点，有效地聚集组件和配套企业，推动内容协作平台的体系优化。同时，比亚迪还要丰富新能源汽车产品种类，满足多样化用户需求，加强创新生态系统的内外部协作，打开零部件的海外供应，积极开展汽车智能领域的合作。

（三）需求主导下开展全面性产品创新

比亚迪新能源汽车创新生态体系正在朝着全方位开拓的方向发展，以满足用户需求为核心，将需求方纳入到技术创新活动中，以提高创新效能，实现双方协同发展。为了提高创新生态体系的创造价值力量，比亚迪必须更多地满足用户要求，并以需求导向原则为基础进行生产技术。通过全方位的生产技术，比亚迪可以克服客户要求短缺的实际问题，更多地适应客户需求的不确定性，并满足用户多样化的需求。这样，比亚迪就可以在有效技术的时候，开拓生产交易市场，避免各种资源耗费，并更多地产生经济社会价值。比亚迪在产品技术创新中一直坚持针对性和全方位的原则，以适应各种用户需求人群多样化的要求。“有要求的技术创新”的实施可以有效地抑制需求不确定性，从而避免盲目扩张和低效技术创新。

通过对比国内外市场的特点，比亚迪可以有针对性地研发产品，以实现创新与需求的高效匹配；同时，比亚迪还要深入了解公共机构和私家车用户的需求特点，以便更好地满足他们的用车偏好。此外，比亚迪还要不断拓展产品的功能，以满足用户的需求。通过与政府和知名品牌的合作，企业不仅可以提升自身形象，还可以充分利用品牌效应来拓展市场需求。此外，企业还可以根据市场反馈和潜在多样性需求信息，对市场需求进行细分，实现多功能需求的覆盖，让用户拥有更多的选择权，并通过系列化产品和多样化创新来满足用户的需求。

（四）完善应用设施配套

由于全面拓展的推进，公共部门和系统内外环境的作用变得更加重要。新能源汽车虽然价格适中、环保等优势显而易见，但其充电特性却大大降低了使用便利性，从而影响了消费者的体验。为了推广新能源汽车，政府和相关部门正在努力寻找解决充电设施短缺的方法，主要是引入社区资金、制定政策指导、确定居民小区和停车位匹配设备的数量等。随着新能源汽车科技的发展，越来越多的城市建立起了服务网点。在政府政策的支持下，比亚迪加强了对配套设施的投入，其产品开发的循环式立体充电机受到了广泛的认可；充电设施的普及率也在不断提升，为新能源汽车业务的发展提供了良好的环境基础。

（五）进一步加强战略协同作用

比亚迪一直致力于新能源汽车技术和产品的开发，以确保多样性和专属性。为此，比亚迪主动寻求战略合作伙伴，与戴勒姆、北京环卫集团、新加坡科技宇航有限公司等公司共同研发多种新能源乘用车和专用车，以实现“7+4”策略的最终目标。比亚迪正在积极调整其经营策略，优化开放供销体系，并与汽车零部件公司弗吉亚公司合资成立一家新公司，以“外包”模式剥离非核心业务，将企业资源集中用于研发核心技术。

四、结语

比亚迪是中国新一代电动汽车界的领军企业，其新能源汽车事业在集团事业中占有重要地位。比亚迪早早地建立了一个创新的新能源汽车生态系统，为其他新能源汽车企业提出了有价值的指导。本文对绿色创新视角下比亚迪企业价值进行研究分析，在文中研究后提出了坚持价值创造导向、构建兼容性协作平台、需求主导下开展全面性产品创新、完善应用设施配套、进一步加强战略协同作用。

参考文献

［1］郭林英，王子豪．影响重污染企业绿色创新的因素［J］．新理财（政府理财），2022（1）：32-34.

［2］谢乔昕，黄梦霞，鲍宗客．环境规制下绿色创新对股价波动的防御效应研究［J］．商学研究，2022，29（6）：50-59.

［3］陈开军，李鹏飞，宋莹敏．碳排放权交易政策对上市公司企业价值影响的实证研究［J］．当代金融研究，2022，5（10）：39-52.

［4］席龙胜，赵辉．企业 ESG 表现影响盈余持续性的作用机理和数据检验［J］．管理评论，2021，34（9）：313-326.

［5］叶陈毅，黄灿，王上．绿色创新对制造企业价值的门槛效应研究［J］．会计之友，2021（19）：117-124.

［6］严永焕．企业创新的驱动因素及对企业价值的影响：研究述评与展望［J］．商业会计，2021（18）：58-61.

［7］于芝麦．"言由心生"还是"言不由衷"：管理层语调是绿色创新的信号吗？［J］．外国经济与管理，2021，44（6）：18-33.

［8］杨洁，武亚平．绿色技术创新的非线性价值效应研究［J］．常州工学院学报，2020，35（4）：42-48.

［9］张悦，杨乐，李心怡．规模以上工业企业环保投资与研发投入：促进还是抑制？［J］．生态经济，2020，38（8）：129-138+145.

［10］韦琳，马梦茹．数字经济发展与企业绿色创新——基于"智慧城市"试点建设的准自然实验研究［J］．现代财经（天津财经大学学报），2020，42（8）：24-40.

［11］杨菁菁，胡锦．ESG 表现对企业绿色创新的影响［J］．环境经济研究，2020，7（2）：66-88.

顺丰速运公司客户满意度评价及改善研究

王　梦*

摘　要：在国家政策支持以及电商平台的营销刺激下，物流企业快速发展，业务量连年突破纪录。即使在新冠疫情暴发、多数行业停摆的情况下，2021 年我国快递企业总业务量累计完成 1083 亿件，同比增长 29.9%①，有效地拉动了经济增长。物流企业对我国经济发展的重要性不言而喻。然而，物流市场中服务产品同质化问题日益严重，企业间的竞争也愈加激烈。作为企业发展的命脉，顾客满意度的研究尤为重要。顺丰作为物流标杆企业，拥有良好的口碑和客户基础，但在其经营发展过程中仍然面临着一些服务问题。本文以顺丰速运公司为调查对象，通过问卷调查的方式，对其客户满意度进行研究，找出企业存在问题并提出改善建议。

关键词：客户满意度；客户满意度评价体系；客户满意度综合测评

一、引言

电子商务作为商贸经济活动的重要平台，无疑为物流行业的发展注入了不竭动力。在电子商务活动的推动下，从 20 世纪 90 年代开始，我国出现了众多实力雄厚的物流企业，例如顺丰、圆通、韵达、中通等。然而在激烈角逐的市场环境中，“客户满意”是物流服务企业发展的命脉，客户是物流企业创造财富的源

* 作者简介：王梦（1997—），女，江苏省徐州人，北京联合大学管理学院在读研究生，研究方向：公司治理。

① 数据来源：前瞻产业研究院。

泉。所以，物流行业更重视客户资源。虽然顺丰的口碑和服务是行业内的领头羊，但是客户更多关注的是顺丰物流提供的服务质量能否满足自身的实际需求以及价值。然而，在顺丰速运的经营管理过程中，客户关系管理仍存在诸多问题，对客户满意度的评价与保持也存在不足之处。因此，基于以上背景，本文主要根据顺丰企业自身的发展特点，从企业形象、服务质量、服务价格、服务挽救、员工质量和客户忠诚六个维度构建顺丰公司客户满意度指标评价体系，并对各个指标的满意度水平进行测评分析，进而探究顺丰服务中存在的问题以及提出相应的改善对策。

二、相关理论基础

（一）客户满意度

客户满意度调查近年来得到世界各国的重视，特别是以顾客满意为依存的服务行业。1965 年 Dardozo（1965）最早将其引入营销学，20 世纪 70 年代初以来，全球的专家学者开始广为研究。Howard 和 Seth（1969）认为："客户满意是一种经由比较得出的心理感受状态，这种比较是客户付出的代价和收获的合理性感受的比较。"盖青霞（2019）认为物流企业经营管理的目标就是服务质量，服务质量会因客户的不同而要求各异，因此将客户满意度作为衡量物流企业所提供的产品或服务质量的一个标准。本文认为客户满意就是客户的付出与获得与客户心理预期的对比程度：超出心理预期，客户非常满意；在心理预期之中，客户一般满意；当结果低于心理预期，客户就会不满意，这时，企业要立即采取补救措施，避免客户流失。

（二）客户满意度指数模型

瑞典先整理了全国 30 多个行业的 100 多家企业的年度客户调查数据，并衡量这些数据对整个国家产出质量的影响，最后建立了瑞典客户满意度晴雨表 SCSB。美国质量协会建立了美国顾客满意指数模型 ACSI，该模型包括顾客期望、感知质量、感知价值、顾客抱怨和顾客忠诚五个指标。1999 年，欧洲质量组织建立了欧洲客户满意度指数 ECSI。该模型不仅包括 ACSI 所涉及的指标，还包括企业形象、客户形象等。中国质量协会联合北京大学、清华大学、中国社科院等一流研究机构，构建了适合中国的顾客满意指数模型 CCSI，主要包括感知质量、

期望质量、品牌形象、感知价值和顾客忠诚度等六个维度。

三、顺丰速运公司客户满意度评价体系的构建和测评

（一）客户满意度评价体系的构建

杨玉英、马文霏等（2020）结合了 CCSI 指数模型、我国国情以及 S 快递公司的特点，构建了包含企业形象、服务质量、服务价格、顾客抱怨和顾客忠诚五个维度的二级指标。邓必年、覃慧（2017）在 CCSI 模型的基础上，最终构建了由公众认知、服务质量、服务价格和顾客忠诚 4 个二级指标所组成的顺丰速运公司客户满意度评价体系。

基于以上文献梳理，本文参照中国满意度指数模型 CCSI 并结合顺丰物流服务的特点，构建了其客户满意度指标体系。具体如表 1 所示。

表 1　顺丰速递公司客户满意度评价指标体系

一级指标	二级指标	三级指标
顺丰速递公司客户满意度评价指标体系	企业形象	品牌效应
		企业信誉
	服务质量	发货到货准时性
		货物完好性
		提货安全性
		投递覆盖范围
		货物跟踪查询
		订单下达简捷
	服务价格	价格合理公正
		与同类企业相比
	服务挽救	客诉解决时效性
		解决结果满意性
	员工质量	业务技能熟练性
		服务态度与沟通
	客户忠诚	再次消费的可能性
		向他人推荐的可能性

其中，二级指标分为6个主要因素，分别是企业形象、服务质量、服务价格、服务挽救、员工质量、客户忠诚。针对二级指标细分了16项三级指标，16项指标也是问卷的主要内容。

（二）客户满意度综合测评分析

1. 问卷调查设计与统计结果

鉴于电子问卷的制作与收集方便快捷，本文通过问卷星发放电子问卷开展调查。问卷的设计分为两部分：一是调查对象的基本信息，包括性别、年龄、顺丰服务月使用频率；二是根据上述三级指标设置的16个相应问题，并采用李克特量表让被调查者对顺丰速运公司服务的满意程度进行量化，满意程度分别为非常满意、满意、一般、不太满意、十分不满意，对应赋值为5~1分。

经过统计，本次共收集了74份有效问卷，调查数据都是由"问卷星"自主分析得出。数据显示，本次调查中女性占的比例最大，被调查者多以20~30岁的年轻人为主。选择顺丰速运的月使用率最高为1~3次，占总人数的52.7%①。

2. 信度和效度分析

信度分析的目的主要是保证所测变量以及整份问卷的可信度，一般采用Cronbach's α系数对整体问卷的可信度进行测量，当α系数在0.7以上，则问卷的可信度比较好。本次问卷的20项指标的α系数都在0.9左右，整体问卷的α系数也在0.927②，所以这份问卷的可信度较高。

效度检验也是衡量量表有效性的依据之一，一般采用KMO系数对效度进行检验，当KMO值在0.6以上，则可以认为量表的效度较高。本次问卷的效度检验如表2所示。

表2 效度分析检验

KMO 和 Bartlett 球形度检验		
KMO 值		0.885
Bartlett 球形度检验	近似卡方	1173.131
	df	136
	p 值	0

数据来源：SPSS 平台分析。

① 数据来源：调查问卷整理分析。
② 数据来源：SPSS 平台分析。

表 2 显示，KMO 值为 0. 885>0. 6，所以本次问卷有效性较好。

3. 各项指标权重的确定

首先，本文设计了顺丰速运公司客户满意度指标权重调查问卷来确定各层级指标的权重。本次邀请 6 位专家（由高校老师和顺丰速运公司员工构成）填写调查问卷，对各项指标进行打分。最终构建的评价指标判断矩阵如表 3 所示。

表 3　二级评价指标判断矩阵

指标	企业形象	服务质量	服务价格	服务挽救	员工质量	客户忠诚
企业形象	1	1/9	1/5	1	1/2	1/2
服务质量	9	1	5	9	7	5
服务价格	5	1/5	1	5	3	5
服务挽救	1	1/9	1/5	1	2	1/2
员工质量	2	1/7	1/3	1/2	1	1/2
客户忠诚	2	1/5	1/5	2	2	1

同理可得，企业形象、服务质量、服务价格、服务挽救、员工质量、客户忠诚的三级指标评价矩阵。

其次，通过 SPSS 软件的运用，选择 AHP 层次分析法功能，将各项判断矩阵对应的数据填入软件中，平台会自动计算指标权重并进行一致性检验。计算结果如表 4 所示。

表 4　客户满意度指标权重

结构变量		权重（%）	评价指标	权重（%）
客户满意度	企业形象	4. 480	品牌效应	12. 500
			企业信誉	87. 500
	服务质量	51. 526	发货到货准时性	20. 079
			货物完好性	47. 445
			提货安全性	4. 138
			投递覆盖范围	4. 224
			货物跟踪查询	20. 323
			订单下达简捷	3. 790
	服务价格	22. 822	价格合理公正	83. 333
			与同类企业相比	16. 667

续表

结构变量		权重（%）	评价指标	权重（%）
客户满意度	服务挽救	6.204	客诉解决时效性	25.000
			解决结果满意性	75.000
	员工质量	6.699	业务技能熟练性	12.500
			服务态度与沟通	87.500
	客户忠诚	8.269	再次消费的可能性	75.000
			向他人推荐的可能性	25.000

数据来源：SPSS 平台分析。

计算结果显示，各指标矩阵的 CI 值均小于 0.1，CR 值均小于 0.1①，说明各指标矩阵均通过检验，具有良好的一致性。

4. 客户满意度计算

各级指标的客户满意度计算过程如下：

（1）计算三级评价指标的得分。

令 A_i 为第 i 个评价指标的平均得分，Z_i 为第 i 个评价指标的总分，N 为有效问卷份数，则：

$$A_i = Z_i / N$$

（2）计算各结构变量的加权平均分。

令 B_j 为第 j 个结构变量的加权平均分，W_i 为第 i 个评价指标的权重，再结合各评价指标的平均得分 A_i，可得到所求结构变量的加权平均分，即：

$$B_j = \sum (A_i * W_i)$$

（3）计算顺丰速运公司整体客户满意度。

令 CSI 为整体客户满意度得分，W_j 为第 j 个结构变量的权重，n 为李克特量表级数（$n=5$），则：

$$CSI = (\sum (B_j * W_j)) / n * 100\%$$

客户满意度得分 CSI 以及各结构变量、评价指标的总分、加权平均分如表 5 所示。

统计表 5 可以看出，顺丰速运公司客户满意度（CSI）为 91.54%，得分为 4.58。各项评价指标中服务质量和员工质量的得分较高，都是 4.67，这说明顺丰速运公司在服务方面和员工素质方面维护得较好，获得大众认可，这二者的优秀

① 数据来源：SPSS 平台分析。

表现也体现在企业形象上，所以顺丰公司的企业形象也达到了客户认可的程度，得分为4.64；但是客户对服务价格、服务挽救以及客户忠诚方面打分较低，分别是4.32、4.57、4.57，低于总体客户满意度4.58分。

表5 客户满意度得分

	CSI	加权平均分	结构变量	权重（%）	加权平均分	评价指标	权重（%）	总分值	平均分
客户满意度	91.54%	4.58	企业形象	4.48	4.64	品牌效应	12.50	346	4.68
						企业信誉	87.50	343	4.64
			服务质量	51.53	4.67	发货到货准时性	20.08	689	4.66
						货物完好性	47.45	342	4.62
						提货安全性	4.14	341	4.61
						投递覆盖范围	4.22	352	4.76
						货物跟踪查询	20.32	356	4.81
						订单下达简捷	3.79	345	4.66
			服务价格	22.82	4.32	价格合理公正	83.33	320	4.32
						与同类企业相比	16.67	319	4.31
			服务挽救	6.20	4.57	客诉解决时效性	25.00	340	4.59
						解决结果满意性	75.00	338	4.57
			员工质量	6.70	4.67	业务技能熟练性	12.50	348	4.70
						服务态度与沟通	87.50	345	4.66
			客户忠诚	8.27	4.57	再次消费的可能性	75.00	339	4.58
						向他人推荐可能性	25.00	337	4.55

四、结论与建议

本文通过构建顺丰速运公司客户满意度评价体系，并对客户满意度进行测评分析后发现，广大客户对顺丰速运公司的整体客户满意度评价很高，尤其是企业形象、服务质量和员工质量均超过了整体满意度水平。但其服务也存在需要改进之处，突出表现为：服务价格不够合理、客诉机制不够完善、客户忠诚度较低。对此，本文提出以下建议：

（一）制定灵活的价格机制

顺丰速运的价格是根据市场需求和运营成本综合制定的，严格的定价制度也在一定程度上限定了竞争优势。服务价格往往是客户最看重的因素，顺丰可以在定价制度上进行优化，将客户需求进行分类，实施有针对性的、灵活的定价区间。这样操作，一方面可以使服务产品更具多样化，另一方面也满足了客户的个性化需求。

（二）完善服务挽救机制

在本次调查中，仍有一部分客户对顺丰的客诉处理结果不太满意。对此，首先顺丰应该注意客户投诉的及时处理与反馈。其次要加强员工关于特殊问题处理策略的培训，提高服务专业化水平。此外，顺丰也要注重对客户的人文关怀，大力发展智慧物流配送。尤其是在疫情期间停工停产、需要多方援助的情况下，通过送温暖、及时响应这种潜移默化的情感力量来提升企业在客户心目中的形象。

（三）提高客户忠诚度

一方面，顺丰可以建立优惠激励政策，例如客户邀请新用户注册，可以获得寄件优惠。以此来扩大客户群，提高企业知名度。另一方面，顺丰公司也要注重客户满意度的持续跟踪调查。例如，建立客户回访制度，客服部门定期进行服务满意度调查，进行比较分析，提出服务改进措施等。

参考文献

［1］Dardozo，RichardN. An Experimental Study of Consumer Effort，Expectation and Satisfaction［J］. Journal of Marketing Research，1965（8）：244-249.

［2］Howard I.，J. N. Seth. The Theory of Buyer Behavior［J］. Wiley，1969（3）：126-128.

［3］盖青霞. 物流企业客户服务质量满意度研究［J］. 物流工程与管理，2019，41（4）：57-62.

［4］杨玉英，马文霏，刘勤明. 基于客户满意度的快递企业服务改善路径研究——以S快递公司为例［J］. 改革与开放，2020，545（20）：14-18.

［5］邓必年，覃慧. 顺丰速递的客户满意度研究［J］. 物流科技，2017，40（9）：57-60.

［6］高行宇，李秋正. 后疫情时期B2C物流客户满意度评价研究［J］. 浙江万里学院学报，2021，34（6）：8-13.

智能环境下财务共享模式的创新问题研究

——以平安集团为例

王亦凡[*]

摘　要： 全球经济快速发展，带动了我国许多企业发展，扩展了公司规模，由此带来一系列问题，如下属机构庞大、经营成本急剧上升、对公司的长期发展不利等。所以许多大型公司开始使用财务共享模式来规范管理，降低成本，提高工作效率。但智能环境下给财务共享模式也带来了许多冲击，如数据储存风险、投入成本高、员工反对意见强烈。本文以平安集团的财务共享模式为例，先介绍了平安集团财务共享模式存在的一些问题，再分析了智能环境下财务共享模式在系统架构、组织结构、运营流程、运营模式这四个方面的创新，给其他企业提供借鉴。

关键词： 智能环境；财务共享；模式创新；平安集团

一、引言

福特公司作为世界上排名较靠前的大型汽车公司之一，最早提出应用财务共享模式，通过流水线的方式进行生产，既保证了产品的品质，又大大提高了生产效率。然而，随着福特公司的发展和壮大，公司内部出现了许多不同的部门，负责不同的业务，使得管理变得臃肿，各部门各自为政，很难在工作和规则上统一管理。1978 年，美国经历了经济危机，对各个公司都是绝大的冲击，福特公司

---

* 作者简介：王亦凡（2000—），女，河南省开封人，北京联合大学管理学院在读研究生，研究方向：财务管理。

因为运营利润降至-5.1 亿美元，而遭到了董事会的谴责。为了应对此次经济危机带来的经济下跌，福特公司率先决定采用财务共享模式，这个决定使福特公司在接下来的两年时间里扭转了不利的局面，并获得了 4.5 亿美元的利润，也推动了公司内部的改革，解决了之前沟通不畅的问题。

在中国，摩托罗拉公司 1999 年率先开始尝试财务共享模式。随后财务共享服务模式日渐成为各大集团管理与创新的重要手段，开始应用于通信、银行、电器等行业的头部公司，都取得了很好的效果。国家也出台了相关政策鼓励在公司内部进行改革，使用财务共享模式，由此开启了中国企业财务共享的创新时代。

二、文献综述

唐春林（2022）认为财务共享服务中心建设由财务共享系统、项目管理系统、资金管理系统、接口集成等组成。陆洁宇（2021）认为公司财务管理的创新思路和策略，促进企业在新的形势下进行财务工作，逐步稳定过渡到财务共享服务模式，推动企业更深层次地发展。高粉孝和程魁（2021）则认为采用财务共享模式是信息化时代的必然选择，是提高财务工作质效的需要，也是跨部门信息共享的需要。Leire 等（2019）指出财务共享模式促进了公司之间的直接互动并降低了交易成本，并为公司之间现金共享建立主要条件。Ciulli 和 Kolk（2019）说明了财务共享模式显著影响了经济的可持续性，能够使公司应对新的机会和竞争。Cecilia 等（2021）通过探索商业模式维度与共享经济平台的财务吸引力之间的相互作用，得出财务共享模式会影响财务吸引力，取得更多的融资。

三、平安集团财务共享模式的分析

（一）平安集团财务共享模式介绍

平安集团成立于 1988 年，如今已变成国内规模较大的综合性金融公司。公司成立之初所确立的分散化经营模式，经过 30 多年的变化，如今已经无法适应公司的发展需要，在一定程度上制约了公司的发展。2003 年，平安集团借鉴巴西汇丰银行的模式，开始建设自己的财务共享服务中心。然后在 2013 建成了上

海、内江、成都、合肥四个分中心，将原来分散在各个下属部门的重复性、程式化和通用性的工作合并为一个新的商业单元来进行标准化处理，能够提高效率，降低成本与财务风险，创造更多的价值。

（二）平安集团财务共享模式存在的问题

（1）系统的安全性有待提升。随着互联网越来越广泛的应用，以及电子信息技术的快速发展，对企业提出了更高的要求，要保证信息的安全。一旦财务信息泄露，或者是遭到了病毒的冲击，都有可能导致大规模的系统网络崩溃，从而影响整个金融中心的运营。

（2）对金融从业人员的事业发展形成制约。财务共享中心明确了每一位工作人员的职责和工作内容，并对其提出了明确的要求，员工长期从事像流水线一样的工作，会逐渐失去弹性和主动性，不能根据实际情况适时地作出调整。同时，它还会削弱金融从业人员的其他金融技巧，使他们只能在某个领域更加熟练。

（3）建设成本大。平安集团采用财务共享模式之后，公司的运营收入不断增长，与此同时也带来了成本和支出。表1显示了平安集团2013~2021年实施财务共享后的收益和开支。平安集团在上海分中心的建设上投入了10亿元，金额巨大，对公司的盈利能力是一个考验。

表1　平安集团2013~2021年营业收入及支出

年份	2013	2014	2015	2016	2017	2018	2019	2020	2021
营业收入（亿元）	3626.31	4628.82	6199.9	7124.53	8908.82	9768.32	11688.67	12183.15	11804.44
营业支出（亿元）	3162.92	4005.41	5270.43	6190.85	7561.24	8134.94	9838.39	10300.11	10407.59

资料来源：平安集团2013~2021年年度财务报告。

四、智能环境下平安集团财务共享模式创新

（一）系统架构创新

平安集团财务共享服务模式的高效运作，依赖于图像扫描仪、会计系统、财

务辅助系统，以及银企互联系统。首先利用图像扫描系统对信息进行扫描和收集，然后通过财务辅助系统对其进行审核和传输，最终交给会计核算系统，再通过分类之后分配给特定的板块来完成后续工作。其次对集团原有的管理信息系统做出改变，将标准和对接口径统一，对其改造升级，实现真正的互联互通，实现集团内各类信息在各模块间的流动，并推动了集团内外业务的无缝对接（见图 1）。

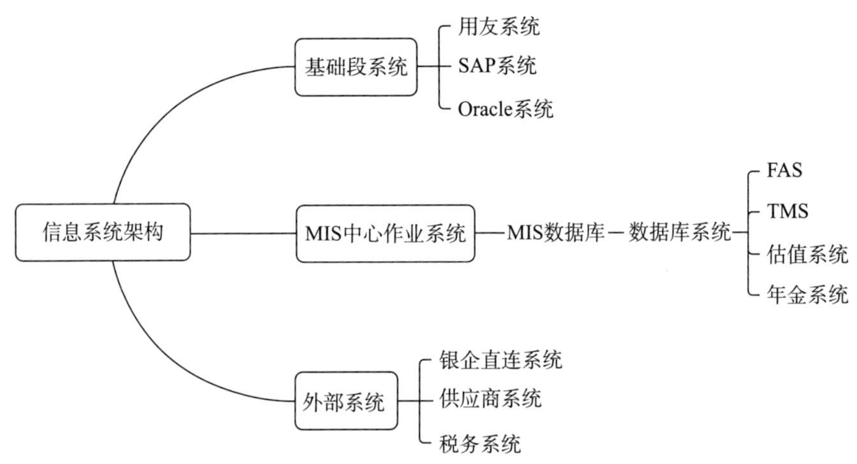

图 1　平安集团财务共享服务中心信息系统架构

资料来源：笔者整理绘制。

平安集团通过对原来财务共享服务中心的数据库系统平台进行优化，并在此平台上利用 IMS 系统、FAS 系统和估值系统等管理系统，有效地实现了数据信息之间的对接。平安集团的财务共享服务中心以相关财务流程和服务项目为基础，解决了财务工作中相关流程不统一、流程存在较大漏洞等缺陷，从而极大地提升了财务共享服务中心的工作效率，实现了财务共享服务中心对公司财务管理工作的覆盖。同时也利用互联网技术，使平安集团的财务管理工作更加专业化，规范化，从而使其成为一个更加专业化的财务管理支撑。

（二）组织结构创新

平安集团的组织架构是基于产品进行的，根据产品线的不同，可分为注重基本核算功能的费用、资金和税金，以及注重管理职能的综合类、估值类和年金类。产品经理对各种产品线负责，要确保员工技术能力胜任工作、公司的产品质量有保证、手中的资金可以有效运转（见图 2）。

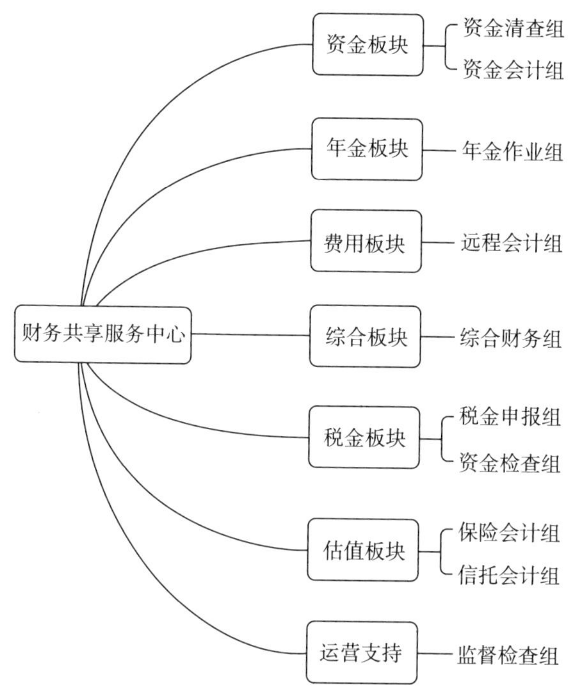

图 2　平安集团财务共享中心的组织结构

资料来源：笔者整理绘制。

这种将大中心的工作分给旗下不同地区的分中心，有利于把具体的职责细分，能使职责不同的分中心更快、更有针对性地完成工作，效率更高。同时，能更有效地对工作进行监督与检查，便于高层管理层对员工的绩效完成度进行评价。更重要的是，能够更大限度地利用不同地区的资源，例如位于上海地区的财务中心，由于上海经济发达，有很多经济业务，能接触到不同领域的不同公司，扩大业务面，加强地区之间的联系与沟通，打破信息壁垒与地域壁垒，加强了不同地区的合作。集团总部也能透过财务分享服务，即时分享资讯，监督各单位的经营状况，监督各项开支，并且能够更加准确地对各种费用进行审计，降低无谓的费用，从而有效的降低了集团的运营费用。

（三）业务流程创新

平安集团目前已经建成五个财务共享作业中心，但各个业务中心的职能和服务重点各不相同，每个作业中心有着较为明确的职责分工。上海财务中心是最主要的交易中心，承担着资金的清算和整体的协调功能。另外，四个工作平台分别负责不同的产品的核算工作。费用类产品线主要由内江、上海、合肥三大区域运营。综合类产品线主要承担总账和其他相关账目的核算、冻结资金的审批、审计。资金类产品线负责集团网上银行的资金收付、资金清算和核算、回单查询、结余查询这些工作。内江分中心以税务部门为主，下设税务申报小组、资金稽查小组。税务申报小组主要负责人寿保险的纳税申报，资金稽核小组负责监督和审核网络账户。而评估板块则分成了两部分：保险财务部和信托财务部，分别位于合肥、成都。公司的年金类业务主要负责公司的养老金业务，业务范围包括上海、成都。

（四）运营模式创新

其他公司的财务共享中心与财务部往往处于平行地位，或者仅仅附属于财务部，但平安集团最初，就是将财务共享服务中心与财务部分离，由平安控股旗下的平安数据技术有限公司管理，不再受集团财务的控制。财务部则设置了四个分部门，分别负责财务报告、预算管理、财务管理以及税务管理，将会计核算部分转移到了财务共享服务中心。同时也承担了部分管理职能，如对服务质量控制、绩效管理以及财务风险控制等。通过改进公司的后台功能、流程等来控制和监控公司的运作成本，使公司的财务权力得到科学的授权，在确保公司运营业务有序开展的同时，提高对所有业务模块的监督和财务服务。财务共享中心只需要负责配合其他业务单元，进行资源配置。各个业务单元互不干扰，集团因此可以保持各业务单元自治地位。

五、智能环境下平安集团财务共享模式的评价分析

（一）对经营费用进行有效的控制，增加经济效益

通过改进公司的后台功能、流程等来控制和监控公司的运作成本，使公司的财务权力得到科学的授权，在确保公司运营业务有序开展的同时，提高对所有业务模块的监督和财务服务。

（二）提升运营效率和会计工作效率

平安集团的财务共享中心正式启用后，客户公司需要集中运作的财务信息都会在其金融作业中心进行整合，并以此为核心运作中心，将客户资料分解、合

并，并以作业流程来精简复杂的业务。

（三）运营管理更加流畅

对现有财务组织的利弊进行分析，发现其缺陷，及时改进，使其组织结构得到优化，业务流程得到规范，从而使金融机构的结构更加健全。同时，财务共享模式可以对有关部门和附属企业的财务活动、业务流程等进行规范化，使财务职权更加集中，加强财务信息的沟通。

六、结论

通过以上讨论，可以得出智能环境下，财务共享模式必将成为今后企业发展中的重点。但是，在应用的深度和广度上，各公司的差距也越来越大，尤其是与国外大型公司相比，我国公司更是有着很大的差距。有些领先的公司已经在“硬件”上有了独特的优势，如核心技术、信息系统、组织结构等。所以我国企业可以通过以下措施来进行财务共享模式创新。在企业内部建立控制管理系统风险的专属部门，招聘专业人才，建立信息安全网并且定期维护，拦截消除病毒，保持系统稳定运行。优化管理团队，财务人员需要改变思维方式，了解国家宏观经济和产业政策，熟悉企业及相关领域的生产经营模式，转变为管理人员。强化企业的信息化建设，实现数字化转型。

平安集团通过财务共享模式的创新，预期能够显著提高企业的运营效率，降低企业的运营成本，这也让公司的资源更加集中、合理地使用。其他企业管理者应深入了解这种新型的财务管理模式，并充分发挥其作用，在有限的时间里创造更多的价值。

参考文献

［1］唐春林．大数据背景下的企业财务共享建设探索［J］．中国总会计师，2022（6）．

［2］陆洁宇．基于财务共享视角的企业财务管理创新研究［J］．现代商业，2021（23）．

［3］高粉孝，程魁．财务共享驱动下业财资税系统集成的创新与实践［J］．新理财，2021（11）．

[4] San Jose Leire, Beraza Ana, Retolaza Jose Luis. Understanding Cash Sharing: A Sustainability Model [J]. International journal of financial studies, 2019 (1).

[5] Francesca Ciulli, Ans Kolk. Incumbents and Business Model Innovation For the Sharing Economy: Implications for Sustainability [J]. Journal of Cleaner Production, 2019 (214).

[6] Grieco Cecilia, Michelini Laura, Iasevoli Gennaro. Which Sharing are we Betting On? Analysing the Financial Attractiveness of Sharing Business Models [J]. Journal of Cleaner Production, 2021 (314).

公司融资策略研究

——以广州铭安生物科技有限公司为例

王卓月*

摘　要：在我国现代市场经济体系中，小微企业的力量不容忽视。但是从现实角度来看，小微企业由于自身经济实力薄弱，在发展中受到诸多限制，而融资能力也是小微企业获得持续发展的重要动力，但是在实践中小微企业却面临融资困难的问题。本文以广州铭安生物科技有限公司为研究对象，研究公司的融资策略，并对其融资策略提出优化建议。本文通过对广州铭安生物科技有限公司财务分析，明确公司融资方式，得出公司的融资问题，并为以后公司能够获得融资提供了建议，保障融资策略能够实施。

关键词：小微企业；融资策略；融资策略保障

一、文献综述

中国小微企业的融资能力是影响国家经济发展的一个关键问题。中国的微型企业是经济的重要组成部分，为创造就业、创新和经济增长做出了很多贡献。然而，由于缺乏抵押品、信用度低和金融知识有限等因素，在融资方面仍然面临很多困难。研究中国微型企业的融资能力是非常有必要的，原因有以下三点：

首先，它有助于了解这些企业在获得融资方面所面临的挑战和障碍。这可以为政策制定者制定有效的政策和措施以支持微型企业获得融资提供有效的参考。其次，了解微型企业的融资能力对于金融机构开发适当的金融产品和服务以满足

* 作者简介：王卓月（2000—），女，北京市人，北京联合大学管理学院在读研究生，研究方向：内部审计、公司治理。

这些企业的需求至关重要。金融机构可以根据微型企业的独特需求定制其产品，从而增加它们的融资渠道。最后，了解微型企业的融资能力对于中国经济的长期可持续性和增长也非常重要。小微企业是中国经济增长的重要动力，支持它们的融资需求对中国经济的持续发展至关重要。总之，研究中国微型企业的融资能力，对于为政策提供信息、开发适当的金融产品和服务，以及支持国家经济的长期可持续性和增长都有着重要的作用。

二、广州铭安生物科技有限公司融资现状分析

（一）公司简介

广州铭安生物科技有限公司成立于 2019 年，注册资本 100 万元，主要经营农业科学研究和试验发展；农业科技技术开发；计算机零配件零售等业务。从公司股权角度来看，公司股东主要由独立自然人创立，属于独资企业。公司人数 20 人左右，经过 4 年的发展，截止到 2022 年 4 月资产金额 200 万元，是一家小微企业。公司规模较小，管理水平不高，现代企业制度虽已建立，但不够科学、完善。

近年来，随着我国加大对科技公司的研发支持，广州铭安生物科技有限公司也开始享受部分优惠政策，尤其是融资上的优惠政策，比如 2020 年公司加入某项生物科技研发项目，投资额度为 50 万元，在这期间广发银行为该公司提供免息贷款 20 万元，提高了企业的科技研发投入能力。经过 3 年的发展，广州铭安生物科技有限公司也在多项科技研发方面取得成就，获得小鼠转棒疲劳仪等研发专利，这也为公司业务的进一步拓展奠定了技术基础。

（二）公司融资方式分析

为了探讨广州铭安生物科技有限公司目前融资存在的问题，需要了解当前广州铭安生物科技有限公司主要的融资渠道、融资期限、融资成本、融资额度等，下面进行具体分析。

在融资渠道上，广州铭安生物科技有限公司的融资渠道一般有银行、小额贷款以及居民个人借款等，融资资金在 10 万～50 万元。根据目前公司的负债结构，可以发现公司的融资方式主要以居民个人借款为主，占比超过 80%。

在融资期限方面，广州铭安生物科技有限公司的融资期限结构主要分为短期

融资与中长期融资，短期融资占比超过40%，中长期融资占比为60%左右，这说明公司的融资结构比较合理。

在融资成本方面，广州铭安生物科技有限公司的小额及居民个人借贷月利率最低为2.5%~5%，每年的融资成本投入比较高。根据对广州铭安生物科技有限公司的融资成本分析，可以发现居民个人借款费用占比较高，而且呈现出逐年递增趋势，这是由于公司近两年来随着业务发展投资越来越大，居民个人借款额度不断递增。在银行借款利息方面，2020年虽然有所增加，但是在2021年却呈现出降低趋势，这是由于公司的银行借款占比逐年降低，说明公司的融资成本结构更加倾向于投入更多用于居民个人借款方面。

三、广州铭安生物科技有限公司融资问题分析

通过对广州铭安生物科技有限公司基本运营情况与融资情况的分析，可以发现该公司的融资存在以下两点问题：

（一）融资渠道单一

通过对广州铭安生物科技有限公司的融资情况分析，可以发现该公司的融资渠道主要包括居民个人借款以及银行贷款两种方式，单次融资额度比较小，一般在10万~50万元。在具体的融资比例方面，目前广州铭安生物科技有限公司70%~80%的融资来自私人借款，20%~30%通过银行信贷获得融资，主要是以借款的形式获得资金，可以发现公司融资渠道比较单一，对居民个人借款依赖比较大。虽然对于广州铭安生物科技有限公司来说，通过居民个人借款能够较快获得融资，但是融资不确定性也比较多，而且容易受到客观环境以及借款人的财务状况影响而导致融资受阻，不利于公司持续稳定获得融资。

（二）融资障碍较多

分析广州铭安生物科技有限公司的融资过程，可以发现公司融资阻碍比较多，尤其是外部融资面临更多的障碍。比如在银行贷款过程中，虽然大部分银行都有为中小企业提供的信贷业务，但是对企业资质、信用度、担保力度以及盈利水平等都有较高的要求，因此在实际的贷款过程中，广州铭安生物科技有限公司贷款门槛高、难度大，真正实现贷款的情况非常少，最主要的是这些要求直接导致很多情况下广州铭安生物科技有限公司由于无法及时获得融资而放弃银行贷

款。另外，由于目前我国信贷机制对于中小企业的社会资信建设存在不足，因而导致社会金融机构与信贷集团为中小企业提供资金的意愿比较低，这又为广州铭安生物科技有限公司实现融资制造了无形障碍。

四、广州铭安生物科技有限公司融资策略研究

通过上文分析可知，广州铭安生物科技有限公司目前融资存在的主要问题是融资渠道单一和融资障碍多，因而需要据此来选择合适的融资策略。

（一）广州铭安生物科技有限公司可选择的融资方式

1. 内源融资策略

内源性融资主要是指公司通过内部经营活动来获得融资，比如通过向企业股东、员工以及利益相关者进行融资，从而满足企业的融资需求。广州铭安生物科技有限公司作为小微企业，目前公司投资人作为企业所有者，在出现资金短缺时可以首先选择向投资者融资的方式来获得资金，满足企业发展需求。除了股东以外，广州铭安生物科技有限公司还可以通过向员工融资的方式来进行内源融资，同时公司也可以通过业务运营过程中与合作企业以及关系客户来合作开发项目的方式来进行内源融资，从而通过开发多种内源融资方式来满足公司发展过程中的融资需求。

2. 留存收益融资策略

留存收益融资是指企业通过对历年的收益留存作为企业运营资金，从而满足企业发展过程中的资金需求。留存收益融资作为一种有效的融资方式，广州铭安生物科技有限公司也应该注重对留存收益融资方式的利用。广州铭安生物科技有限公司应该根据理念经营效益来对企业的费用支出进行合理分配，根据公司经营利润清理来对部分利润进行留存，作为公司投资储备资金。广州铭安生物科技有限公司的股东也应根据公司的发展趋势来制定股东利润发放规则，比如提高股东利润分配周期，将原本的每年分配股利改为 3~5 年，同时对利润的留存原则进行调整，尽可能扩大公司利润留存，从而为企业的持续发展储备足够的资金。

（二）外源融资策略

外源性融资主要是指通过外部信贷的方式获得融资，广州铭安生物科技有限公司还应当向企业之外的其他经济主体筹集资金，寻求、探索更多融资方式，为

企业本身寻求更多的外部资金来源。

1. 优化企业资产结构增加内部融资积累

在企业的经营管理过程中必然存在部分闲置资产，对于小微企业来说，优化资产结构、加强对闲置资产的利用也是广州铭安生物科技有限公司融资能力提升的有效措施。具体来看，广州铭安生物科技有限公司对于资产结构的优化可以选择从以下两个层面入手：一方面，对闲置资产进行灵活利用，比如对闲置的房产、设备通过租赁、售卖的方式进行利用，尤其是可以变卖一些利用率不高乃至长期不用的设备，从而提高对闲置资产的利用率；另一方面，企业在融资的过程中也要注重对内部资产的灵活配置，比如对于所需的高额资金，在向私人借款无法满足的情况下，可以选择利用企业所有固定资产进行抵押的方式获得融资，从而通过充分利用企业资产资源来提高融资能力。

2. 银行与金融机构贷款

向银行与金融机构贷款也是广州铭安生物科技有限公司融资的主要方式之一，近年来随着广州铭安生物科技有限公司业务的不断拓展，公司也开始对外部征信机制进行管理，通过不断提高公司信誉度来提高信用水平，并且公司也在试图与银行及更多的金融机构建立联系，从而为获得更多贷款提供有利条件。同时广州铭安生物科技有限公司也在有意识地与银行以及金融机构建立良好的关系，及时了解银行政策，并对银行需要的资料信息进行完善，甚至可以邀请银行专员参与企业管理与决策，进而提高自身融资成功的概率。

五、结论

随着我国市场经济的快速发展，中小企业对我国这个全世界第二大经济体做出了重大贡献。但是从中小企业自身的生存与发展角度来看，融资问题一直是困扰中小企业发展的重要阻碍，因此有必要加强对中小企业融资问题的研究。本文以广州铭安生物科技有限公司为研究对象，结合广州铭安生物科技有限公司的相关经验，明确广州铭安生物科技有限公司融资问题，并有针对性地根据企业实际情况提出解决对策，以期通过多元化的融资方案来为企业解决融资问题提供参考与借鉴，进而推动中小企业持续发展，为企业融资问题解决以发展提供助力。

参考文献

[1] 刘荣荣．基于“互联网+供应链金融”视角的中小企业融资策略研究［J］．企业改革与管理，2022（14）：3.

[2] 李明洙．民间金融视角下武陵山片区中小企业融资策略研究［J］．现代营销（下旬刊），2020（10）：36-37.

[3] 陆建兵．经济新常态下中小企业融资策略研究［J］．市场周刊：商务营销，2020（81）：1-2.

[4] 何子怡，马忠民．中小企业民间借贷存在问题及防范策略研究［J］．时代经贸，2021，18（11）：3.

[5] 刘芳．中小企业投融资管理及投融资对策研究［J］．财讯，2021（31）：108-109.

[6] 徐娜．当前中小企业融资困难与金融对策研究［J］．经济与社会发展研究，2020（11）：1.

北京市数字文化企业产业链连续并购及绩效评价研究

——以捷成股份为例

魏诗梦*

摘　要：近年来，北京市积极贯彻文化数字化战略，数字文化产业方面的营业收入位居全国前列。对于文化企业而言，并购可以很好地帮助他们整合优质资源，使其在市场上的竞争能力进一步提升。但并非每次并购都能对企业的发展起到促进作用。本文以捷成股份为案例研究对象，分析其连续并购后产生的绩效影响，提高数字文化企业对产业链并购的必要性认知，为数字文化企业实施产业链并购战略提供思路。

关键词：产业链；数字文化企业；连续并购

一、引言

北京市作为中国的文化中心，文化产业规模、企业实力和居民文化消费水平均处于全国前列。近年来在国家政策的支持下，越来越多的文化企业通过连续并购实现企业价值最大化，数字文化产业作为新兴产业，市场尚未成熟，且竞争较为激烈，连续并购有助于企业扩大规模，提高其竞争力，但同时也为企业的可持续发展埋下了隐患。本文以捷成股份为例，通过对其并购情况、动因及绩效等方面进行研究分析，以此为视角对北京市数字文化企业连续并购提供借鉴。

---

* 作者简介：魏诗梦（2000—），女，河南省洛阳人，北京联合大学管理学院在读研究生，研究方向：企业创新绩效研究。

二、文献综述

（一）产业链

产业链是由各产业之间的经济关系、逻辑关联以及时空分布所构成的一种链条形式。这一概念包含四个维度：价值板块、企业板块、供需板块和空间板块，产业链均衡状态的形成受到它们之间对接过程的影响。

我国对产业链的研究最早由姚齐源和宋武生（1985）提出，杜公朴和夏大慰（1999）则将同行业中存在持续追加关系的各种行为组成的价值链关系称为产业链。郁义鸿（2005）将产业链定义为一种商品从原材料到最终到达用户的整个过程中所包含的所有环节。

（二）数字文化产业

肖宇和夏杰长（2018）将数字文化产业划分为四类，分别是数字出版、数字影音、游戏动漫和智慧旅游，这一划分符合我国数字文化产业的发展现状，因此本文沿用这一观点。在此前提下，本文所研究的对象属于数字影音板块，数字影音普遍具有传输画面高清、内容丰富多样、选择范围广泛的特点。

（三）连续并购

连续并购这一概念最早由 Schipper 和 Thompson 在 1983 年提出，Doukas 和 Petmezas（2007）认为连续并购是指企业在三年内发生五次及五次以上的并购。Billett 和 Qian（2005）认为企业五年内发生两次及两次以上并购就可以视为连续并购。我国对连续并购的研究较晚，周爱香（2008）将企业连续三年或五年内发生并购视为连续并购。朱红波（2016）将企业七年内完成两起及两起以上的并购称为连续并购。

三、北京市数字文化企业发展概况

为了促进数字文化企业的迅速发展，北京市制定了一系列政策措施以不断改善商业环境，促进该行业的高质量发展。当前，北京市的数字文化企业呈现出蓬

勃发展的态势，新业态新模式逐渐形成，数字文化企业已经成为北京市的文化产业重点发展方向。

北京作为国家的文化中心，从2006年起，就在全国范围内率先提出了发展文化产业，用文化自信推动着文化体制与机制的改革创新，对整个城市的经济都起到了很大的推动作用。近年来，随着5G、大数据等互联网技术的快速发展，北京市出现了一批数字文化上市龙头企业，如掌趣科技、蓝色光标等。由“2021中国省市文化产业发展指数”中可以了解到，北京已连续六年在中国省市文化产业发展综合指数排名中保持第一。

数据显示，北京市在2021年共新增了14家文化企业，占全国的30%，在各省份中排名首位。截至2021年末，北京市有5539家文化企业，营业收入总额17563.8亿元，较上年同期增加17.5%；总利润1429.4亿元，较上年同期增加47.5%。这组数据说明北京文化企业在面对新冠疫情造成的负面影响时加速向数字文化转变，科技赋能态势也更加突出。同年，北京规模以上文化产业中，文化核心领域收入共计15848.3亿元，同上年相比增加17.8%，占文化产业总收入的90.2%。在文化产业的数字化进程中，有1708家核心数字文化企业营业收入共达到11409.8亿元，与上年相比增加23.5%，同时，北京市收入前100强的文化企业营业收入达到了11784.6亿元，占整个北京市的70%，比上年增加3.7%。2022年，北京规模以上文化产业收入达到17997.1亿元，与上年持平。

并购可以使企业突破行业壁垒，有效进行资源整合，实现规模扩张。北京市数字文化企业在经济放缓的背景下，并购活动主要围绕强化主业、完善产业链以及对有关资源的整合而展开，并购的对象也大多与所属行业有关。有资料表明，2020年北京市数字文化企业共发生42起并购事件，涉及资金27.99亿元，同上年相比分别减少16.67%、31.55%。但与其他省市相比，并购活动仍领先全国，并购规模仅次于广东。

从全国范围来看，北京市数字文化产业领先优势明显，以北京为首的“一超多强”格局已经形成，今后，北京将在新的历史条件下，以新的姿态、用新的成绩，为国家的文化中心做出新的贡献。

四、捷成股份产业链并购过程分析

（一）捷成股份简介

捷成股份有限公司创立于2006年，2011年在深圳证券交易所创业板上市。

公司自上市以来进行了多次并购，多集中于 2015 年与 2016 年，总并购 20 多次，交易价值超过 80 亿元。随着连续并购活动的进行，公司市值也在不断增加，且大部分并购为溢价收购，在完善公司产业链的基础上，也产生了较高的商誉。因为企业整合过程中存在一定的风险和不确定性，所以会产生一定程度的商誉减值，2018 年，公司首次计提高达 8.46 亿元的商誉减值。截至 2020 年底记提了 25.42 亿元的商誉减值准备。自上市以后，徐子泉一直是该企业的实际控制人，但在 2021 年 9 月徐子泉将表决权参会权等转移到了府相数科产业发展有限公司，之后周楠成为实际控制人，徐子泉仍为公司第一大股东。

（二）捷成股份连续并购过程

捷成股份自上市以来，不断发生大规模的产业链并购事件，其事件经过如表 1 所示。

表 1　并购样本事件

序号	首次披露日	并购事件对象
1	2011-08-18	冠华荣信
2	2012-03-16	华晨影视、极地信息
3	2013-07-10	博威康
4	2014-02-18	华视网聚
5	2014-07-08	中映高清、国科恒通
6	2014-12-19	瑞吉祥
7	2015-08-20	星纪元
8	2016-03-01	中喜合力
9	2016-04-23	宏禧聚信
10	2017-02-03	Avid
11	2018-12-17	天下文化
12	2022-12-10	华视网聚

（三）捷成股份产业链并购动因

1. 业务转型，积极布局文化产业

捷成股份在刚开始以设计、开发和实施为主业，后来逐步转型到了影视内容的生产和版权的运营，为整个音像行业提供了一条完整的、有价值的产业链。自 2011 年初捷成股份在创业板上市之后，已经进行了十余次收购与战略合作，并开始向内容制作与版权运营等方面迈进。

2. 实现协同效应

在文化产业发展的背景下，捷成股份积极拓展上下游销售渠道，致力于全方位生产经营。公司将全产业链化运营视为一种具有系统性和整体性的商业模式，既促进自身产业的转型升级，又能为整体产业的发展提出解决方案。捷成股份先后收购了业内较为著名的多家影视及制作公司，其中华视网聚的媒体发行渠道、业务运营模式能够将捷成股份现有业务串联起来，实现生产销售一条龙，为捷成股份搭建一个完整的产业链运营平台。

3. 完善产业链布局，整合优质资源

在当前文化产业行业竞争激烈的背景下，任何公司仅拥有单一的业务是无法获得长远的发展的。因此需要打通产业链上下游，完善产业布局，实现业绩稳定增长。捷成股份并购的华视网聚属于产业链的中游，主要对其拥有的影视资源进行分销，上游则进行内容宣传使其尽可能多地分销到不同渠道，而中游的版权运营商凭借自身和渠道方建立的良好合作关系能够有效地帮助上游企业实现目标，将内容尽快变现。因此并购华视网聚和几家影视公司有助于捷成股份建立和完善产业链上游和中游，发挥不同资源的价值。通过捷成股份的一系列并购，可以帮助捷成股份完成从单一的业务模式向“内容制作+版权运营+广告营销”纵向产业链布局的转变，促进各个领域的深度合作，实现资源的合理配置。

（四）捷成股份产业链并购优势

1. 产业面临发展机遇

捷成股份 2011 年上市当年，就依托广电行业推广数字化、网络化的契机，实现了业绩的快速增长，为后续实施产业链并购战略奠定了良好的基础。同年，广电总局提出“到 2015 年力争基本实现节目制作和播出数字化网络化”的目标，可以发现数字文化产业正处于历史性的快速发展阶段，不论是政策的推动、资本的涌入、互联网的繁荣，还是技术的更新换代，都赋予了企业得天独厚的条件。

2. 资金充足

捷成股份 2011 年第一次公开发行 A 股并上市，共募集资金 72476. 84 万元，超募资金 52086. 87 万元，并使用其中 10000. 00 万元永久性补充流动资金，这极大地弥补了资金方面的短板，提高了资金使用效率。事实上，公司在后续并购上下游企业时，多采用了现金支付的方式，充盈的资金使企业有能力及时扩张产业链。优秀的业绩为企业提供了更多的发展资金，能够满足业务拓展的需求。

3. 技术实力雄厚

捷成股份 2011 年募集到资金后，高度重视对技术和产品的研发，研发支出及其占营业收入比重不断攀升，每年均新增大量的专利权，深耕于音视频技术领域，特别是在后期拓展业务范围时，也能以技术为根本，循序渐进地布局产业链，很好地规避了当互联网泡沫破灭导致核心竞争力随之丧失的风险。

五、捷成股份产业链并购绩效分析

（一）短期市场表现

事件研究法适用于衡量一家企业在一次重大事件中股票价格变化的一种方法。先选取一个具体的事件，并将公告日前后的一个时间段作为此事件的窗口期，再通过对每次事件的累计超额收益率（CAR）来评估该事件所引起的绩效变化。本文运用事件研究法，研究了捷成股份在发生重大事件后的短期市场绩效，判断延伸产业链这一行为是否给企业带来了正向收益。

（二）事件研究法计算步骤

1. 选择研究窗口

在本案例中，事件日 t 指捷成股份首次公开披露并购事件的日期，将这一日记为 $t=0$。为了尽量保证结果的准确性，避免窗口期较长而受到其他事件的影响，本文将窗口期定为（-5，+5）。

2. 计算超额收益率

本文选择市场调整模型法来计算捷成股份的超额收益率。该模型假设如果上市企业不发生并购事件，那么企业的股票预期收益率与所在市场的股票收益率相等，因此可以直接将市场指数收益率视为该企业在事件期内的每一天预期收益率。虽然市场调整法也存在许多不足之处，但算法相对较为简便，易于掌握，并可以获得最大的有效样本容量。

R_{it} 表示捷成股份在第 t 日的收益率，R_{mt} 表示在第 t 日的市场收益率。

故超额收益率的计算公式为：$AR_{it}=R_{it}-R_{mt}$。

3. 计算累计超额收益率

累计超额收益率代表事件发生对企业产生的总体影响，通过窗口期（-5，+5）内的超额收益率的总和来计算累计超额收益率，其计算公式为：$CAR_{it}=\sum_{-5}^{+5}AR_{it}$。

4. 数据分析

表 2　捷成股份并购事件 CAR 值统计

序号	首次披露日	并购事件对象	CAR
1	2011-08-18	冠华荣信	0.017631
2	2012-03-16	华晨影视、极地信息	0.013329
3	2013-07-10	博威康	0.043441
4	2014-02-18	华视网聚	0.045377
5	2014-07-08	中映高清、国科恒通	-0.134506
6	2014-12-19	瑞吉祥	-0.160099
7	2015-08-20	星纪元	0.443393
8	2016-03-01	中喜合力	-0.028222
9	2016-04-23	宏禧聚信	0.078503
10	2017-02-03	Avid	0.014023
11	2018-12-17	天下文化	0.007809
12	2022-12-10	华视网聚	0.27602

由表 2 可知，通过事件研究法的分析发现，在选取的 12 个样本事件中，9 个事件的累计超额收益率为正，其余 3 个为负，其中并购星纪元、华视网聚的累计超额收益率较高，例如 2022 年在市场普遍不景气的情况下并购给企业带来了 27.6%的超额收益率，说明这两起事件的短期市场效应较为突出。此外，由图 1 可知，负的累计超额收益多分布在早年间，总体而言，捷成股份产业链延伸能够带来正向的市场反应。

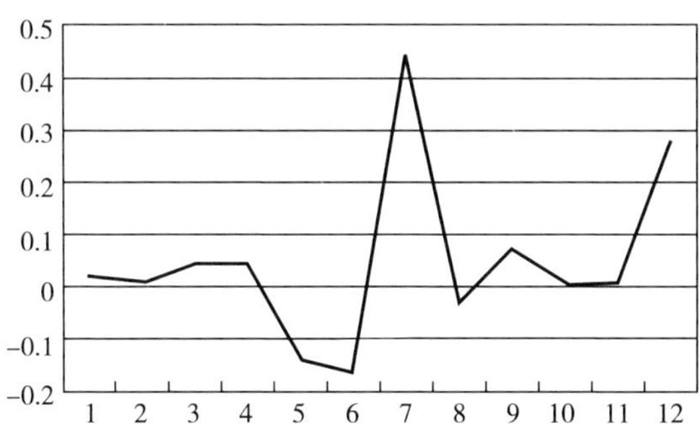

图 1　捷成股份 CAR 走势

（三）财务绩效分析

财务指标法是一种对企业绩效进行评估的方法，从偿债能力、营运能力、盈利能力、成长能力四个角度对企业绩效进行评估，并与行业均值相比，以期对捷成股份长期并购绩效进行合理分析。

1. 盈利能力分析

捷成股份为了增加企业新的利润增长点开展了一系列关于影视内容制作和版权运营领域的并购，因此本文先分析公司在连续并购的几年中的盈利能力，判断并购是否达到了企业预期目标。本文主要选择总资产收益率和净资产收益率衡量公司整体层面的盈利能力，选择营业净利率衡量公司日常经营业务的盈利情况。

表 3　2014~2021 年捷成股份的主要盈利能力指标

年份	2014	2015	2016	2017	2018	2019	2020	2021
净资产收益率（%）	15.49	12.4	10.71	10.94	0.96	−32.04	−18.34	6.71
总资产收益率（%）	12.42	12.82	10.63	7.78	0.59	−16.59	−10.67	4.38
营业净利率（%）	21.44	24.25	30.32	24.8	1.81	−66.07	−38.88	12.16

数据来源：巨潮资讯网。

根据表 3 所示，捷成股份 2014~2019 年净资产收益率、总资产收益率、营业净利率均逐年下降，2019 年的下降更为明显，2020~2021 年则呈增长趋势。

从连续并购整体来看，2014~2016 年的并购明显提升了公司的盈利能力，但高溢价并购积累的商誉问题在企业后续经营中暴露的问题越来越严重，同时伴随着宏观环境的影响，自 2017 年开始，公司营业净利率显著下滑。2018 年和 2019 年公司均面临巨额商誉减值风险，给公司的利润造成了巨大的影响，导致 2019 年公司盈利能力明显下降，且远远低于行业平均水平。当然除了商誉减值的影响，捷成股份各项主营业务在连续并购后期的表现也不尽如人意。2019 年年报显示，公司年度营业总收入为 36 亿元，但由于报告期内瑞吉祥和星纪元公司业绩没有达到预期，公司对其计提了大量的商誉减值，对公司利润造成了很大的影响。

2020 年公司一直贯行战略收缩，专注于优质产品稳健投资，注重资金回笼。2020~2021 年营业收入缓慢上升，2021 年营业收入为 37.27 亿元，营业利润也由 20 年的负值转亏为盈，证明其强调资金回收的战略收缩以及谨慎投资帮助企业极大地提升了其盈利能力。综合来看，捷成股份的并购活动只在刚并购的几年提升了公司的盈利能力，但持续性不强，而且还带来了许多后遗症。

2. 成长能力分析

本文选取营业收入增长率、净利润增长率和总资产增长率三个指标来衡量捷成股份的成长能力（见表4）。

表4　2014~2021年捷成股份成长能力指标

年份	2014	2015	2016	2017	2018	2019	2020	2021
营业收入增长率（%）	32.04	79.17	48.29	33.18	15.17	-28.30	-11.69	17.07
净利润增长率（%）	27.28	102.72	85.39	8.93	-91.59	-2716.33	46.73	136.61
总资产增长率（%）	22.00	157.27	110.46	19.57	5.45	-20.30	-17.13	-3.29

数据来源：东方财富网。

2014~2015年，捷成股份连续并购三家影视公司，使得公司资产规模迅速扩张，且总资产明显增长，2015年公司总资产增长率达到峰值，说明并购对资产增长贡献较大。但先前并购的中视精彩和瑞吉祥运营情况不佳，捷成股份对其记提大额的商誉减值，导致净利润暴跌，与上年相比减少了91.53%，2018年并购天下文化并没能很好地改善公司在净利润增长方面的成长能力，2019年受行业乱象整治和自身资金问题的影响，公司战略性收缩影视业务以确保其安全性，提了大额往来款减值及商誉减值，故收入大幅下滑，增速出现负值。可见公司利用已有资源促进公司发展的能力有待提高，2020年开始公司强调资金回收，且谨慎投资减少并购，精细化发展取得了可见的成效，由表4可以看出2020年、2021年营业收入增长率、净利润增长率以及总资产增长率都有所上升，证明其成长能力也有所提升。

3. 偿债能力分析

为了解捷成股份能否承受并购所引起的债务问题对偿债能力进行分析，选取流动比率、速动比率及资产负债率衡量企业的短期及长期偿债能力，并与行业均值进行对比。

（1）短期偿债能力。从表5、图2中可以看出，捷成股份的流动比率和速动比率整体逐年下降。2014~2015年捷成股份横向并购了大量影视公司，受到了存货和应收账款周转率低的影响，加大了债务规模，流动比率和速动比率均低于行业平均水平，说明捷成股份的连续并购大大削弱了企业的短期偿债能力，后依然进行的并购活动使得捷成股份应收账款逐年增加，从2014年的7.64亿元增长到2020年的14.89亿元，2021年应收账款虽有所下降，但仍高达9.7亿元，并且影视内容的制作时间较长，过程中依旧需要大量资金投入，大规模并购活动会进一步加重公司的资金压力，迫使其进行贷款从而增加企业的负债。综上所述，捷成股份的连续并购行为不但没能改善企业的短期偿债能力，反而加大了公司偿还债务的压力。

表 5　2014~2021 年捷成股份偿债能力指标

年份		2014	2015	2016	2017	2018	2019	2020	2021
流动比率	捷成股份	2.88	2.03	1.83	1.64	1.55	1.24	0.84	0.75
	行业均值	1.69	2.31	2.57	2.75	2.44	2.67	3.01	4.23
速动比率	捷成股份	2.55	1.71	1.63	1.50	1.40	1.06	0.90	0.65
	行业均值	2.31	1.97	2.01	2.11	2.17	2.33	2.37	2.89

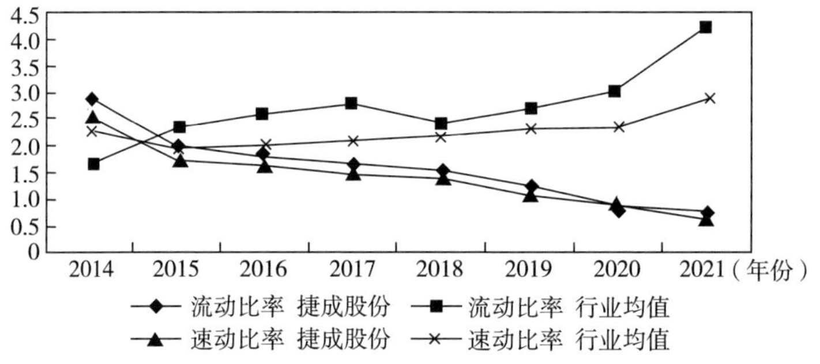

图 2　2014~2021 年捷成股份流动比率与速动比率与行业均值对比

数据来源：东方财富网。

（2）长期偿债能力。捷成股份并购后为了维持公司正常运作，在 2017 年增加了新的融资渠道，引入了长期借款。2017 年新增长期借款 3.8 亿元，增幅达到 1845%，之后公司长期借款逐年提高，而与此同时公司资产增长速度远低于负债增长速度，资产负债率随之增长，相比于前几次并购，这个阶段的并购削弱了公司的长期偿债能力。2019 年公星纪元和瑞吉祥两家公司业绩大幅下降，捷成股份对此计提了大规模商誉减值，净利润首次为负，所有者权益随之下降，造成资产负债率不断攀升，与同行业相比，捷成股份的资产负债率在 2017~2020 年均高于行业均值（见表 6、图 3），2020 年企业的长期借款上升为 2.1 亿元，说明连续并购确实给企业带来了较大的负债压力，使企业的债务风险增大，偿债能力减弱。

表 6　2014~2021 年捷成股份资产负债率

年份		2014	2015	2016	2017	2018	2019	2020	2021
资产负债率（%）	捷成股份	26	28	29	35	38	41	40	33
	行业均值	37	39	35	34	36	37	39	39

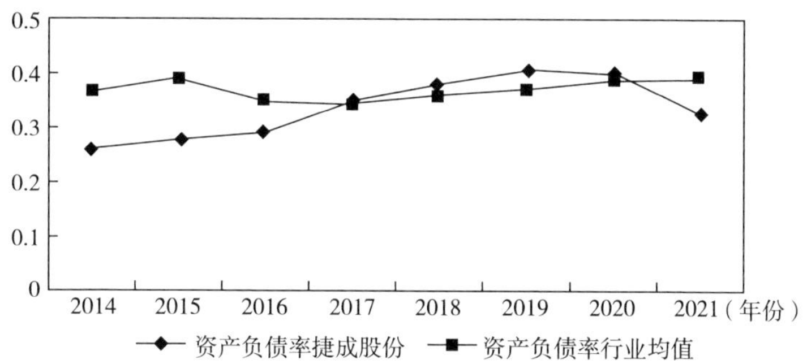

图 3　捷成股份资产负债率与行业对比

数据来源：东方财富网。

4. 营运能力分析

由分析可知，影视剧的存货周转率和应收账款周转率普遍偏低，本文以应收账款周转率、存货周转率和总资产周转率三个指标分析捷成股份营运能力。

表 7　2014~2021 年捷成股份营运能力指标分析

年份		2014	2015	2016	2017	2018	2019	2020	2021
存货周转率	捷成股份	4. 39	4. 02	3. 64	4. 51	4. 12	3. 28	3. 26	6. 17
	行业均值	1. 90	2. 82	3. 61	2. 95	2. 86	2. 87	2. 81	5. 17
应收账款周转率	捷成股份	2. 06	2. 27	2. 33	2. 28	1. 76	1. 19	1. 55	2. 80
	行业均值	2. 15	2. 59	3. 22	2. 76	2. 78	3. 28	3. 14	3. 32
总资产周转率	捷成股份	0. 58	0. 53	0. 35	0. 31	0. 32	0. 25	0. 28	0. 36
	行业均值	0. 34	0. 32	0. 35	0. 37	0. 36	0. 37	0. 36	0. 35

数据来源：东方财富网。

2014~2015 年捷成股份通过并购中视精彩、瑞吉祥和星纪元为捷成股份带来了较大的收入增长，但同时也带来了应收账款大量增加。但应收账款的增加并没有削弱公司的应收账款周转能力，应收账款周转率反而有所上升。尽管如此，与行业整体的平均水平相比，捷成股份的应收账款周转水平还有一定的上升空间。

2016 年捷成股份为拓展产业链，先后并购了中喜合力和宏禧聚信两家公司。使得存货周转率也有所提高，2017 年后影视行业受行业大坏境的影响，捷成股份并购吸收的影视剧业务所带来的应收账款周转情况下降得格外明显，且与行业平均水平相比差距较大。2018 年并购天下文化后，应收账款周转率仅为 1.76，存货周转率也有所下降，公司的营运能力相对于之前的几次并购有所弱化。而且，捷成股份在连续并购的后几年不同业务的整合能力后劲不足，企业管理方面的问题逐渐暴露，尽管后期捷成股份并购进程放缓，但总资产周转率却在下降，并且低于行业均值。2020 年开始实行的资金回收战略为企业 2021 年的存货周转率、应收账款周转率以及总资产周转率都带来了一定的提升，资产的变现能力也逐渐增强。

（四）非财务绩效分析

1. 优化产品结构

近年来，捷成股份及时调整产品结构，在内容制作方面，通过并购中视精彩，获得了优秀的剧本创作能力和优秀的宣发团队；对于瑞吉祥的收购使企业拓宽了精品剧市场，保证了高收视率和较大的社会影响。在版权运营方面，通过对华视网聚的并购获得了优秀的平台资源，能够实现更快的发展。从 2015 年开始，内容制作在营收结构中占据一定地位，随后几年内，企业战略性收缩原有的音视频技术服务，技术服务的占比迅速下滑，只 2019 年仅占营业收入的 12%左右，与此同时，版权业务营收占比快速上升，2021 年占营业收入的 83%，成为支柱性业务，公司的产品结构得到优化，并提高获利能力较强的业务板块所占的份额，也创造了新的发展空间。

2. 丰富人才团队

优秀的员工与专业的队伍是企业快速发展的保证与基础，也是企业维持与提高竞争力的关键。2017 年由于受到宏观经济的影响，加上公司经营不善，出现大批裁员以及员工自动离职的现象，本科学历员工仅有 40 名，没有研究生学历员工。在此情况下，公司在人才引进、培养、任用和激励上采取一系列措施，且通过这些年的并购，吸取了大批其他领域更加优秀的人才，员工素质有了很大的提高，至 2021 年大学本科及以上占 68%，公司年报中显示董事会 9 名董事中 4 名拥有硕士研究生学历，5 名高级管理人员中 3 名为研究生学历，且专业涵盖经济管理、新闻传媒、会计、电子通信等领域，可见公司管理层受教育程度较好，在专业方面拥有较强的基础。

3. 形成市场垄断势力

截至2020年6月30日，华视网聚新媒体电影版权达9000余部。2021年公司继续增加对版权的采购力度，使其存量版权数量保持在市场领先地。2021年捷成股份公司年度报告显示，华视网聚版权库拥有超过90%的独家版权，通过非独家渠道进行分销的内容约占整个市场的60%，这进一步落实了公司以“新媒体版权运营相关业务”为战略核心的战略布局，形成其市场垄断势力。

六、研究结论与启示

（一）研究结论

本文从北京市数字文化企业发展概况以及其产业链并购的现状入手，以实行连续并购的北京文化企业捷成股份为案例对象，分析其产业链并购的动因和优势，以及对企业财务绩效和非财务绩效的影响，可知捷成股份在产业链并购这一过程中企业布局较为清晰，在并购过程中扩大了营业规模，但由于商誉减值的影响，盈利能力呈现下滑趋势；强调资金回收战略后，盈利能力有所提升。同时因公司的资金需求量较大，对其偿债能力产生了一定的负面影响。

同时，本文还从非财务层面对捷成股份的连续并购后的效果进行了研究。分析认为捷成股份的连续并购对其非财务绩效产生了三点积极影响：一是优化了其企业的产品结构；二是丰富了人才团队；三是形成了其独特的市场垄断势力。

（二）研究启示

（1）倡导数字文化企业进行产业链并购。北京市数字文化企业正处于蓬勃发展阶段，2019年发布的《关于修改〈上市公司重大资产重组管理办法〉的决定》对重组上市的认定标准进行简化，并允许与国家战略相一致的高新技术产业和战略性新兴产业有关的资产在创业板进行重组上市。这一决定有利于鼓励北京市文化企业通过并购改善其资产质量，促使北京市数字文化企业并购活跃度提高。并且，随着并购重组政策的进一步落地实施以及互联网技术的不断更新，为了维持自身的竞争优势，越来越多的文化企业将用并购的方式获取自身所需的数字技术能力。

（2）科学实施产业链并购战略。数字文化企业进行产业链并购时，应当首先明确自身的经营优势，合理考量自身实力，避免盲目激进的并购行为，加强自身的核心竞争力，选择适合自身发展、具有互补性的业务领域。在取得一定成效后逐步向上下游扩张，保证在进入一个领域后，深入挖掘可能的利润增长点。

（3）注重产业链并购后的整合，不断提高自身核心能力。企业进行产业链并购后，如果忽视了长期资源的整合，仍然会导致并购失败。并购不仅是资产规模的累加，而且是技术、财务、人力等方面的综合提升。企业应合理布局，提前对未来收益与风险的关系进行评估，不断完善经营管理制度，优化提升业务结构，充分利用产业链并购后的优势使各方面协同发展。

参考文献

［1］周彬．产业价值链视角下捷成股份并购绩效研究［D］．华东交通大学，2020.

［2］贺天玥，冯体一，潘超．企业以技术获取为导向的连续并购绩效研究——以新时达为例［J］．管理案例研究与评论，2021，14（3）：339-354.

［3］郭文媛．文化产业连续并购绩效研究［D］．东北财经大学，2021.

［4］宋雪．基于长短期窗口的连续并购绩效分析——以复星医药为例［J］．市场周刊，2019（7）：3-6.

［5］李敏才，卢坪鑫．连续并购学习效应及绩效研究的案例分析［J］．商业会计，2022（24）：39-42.

“以数治税”背景下税务师事务所应对策略研究

——以万和润沣为例

杨涵焯*

摘　要： 在当今社会，税务师事务所面临着多重风险，随着数字技术的发展、大数据的引进，数字化税务管理已成为实现税务高效管理性的一项必要举措。因此，对于“以数治税”背景下税务师事务所风险控制进行研究，就显得十分重要和必要。本文以万和润沣税务师事务所为例，重点讨论“以数治税”背景下税务师事务所存在的风险，旨在为税务师事务所提供有效规避风险的应对策略，以保护税务师事务所免受不同风险的威胁。

关键词： 以数治税；税务师事务所；应对策略

一、研究背景

（一）金税工程背景

金税工程，是国家税务总局利用先进信息技术，对税收管理工作进行系统改造和提升的综合性工程。它以“管税智能化、管税服务化、管税规范化、管税信息化”为宗旨，全面改造和提升税收管理工作，实现税收管理体制的全面改革，实现税收管理效率的全面提升。

金税工程发展史见图1。

---

* 作者简介：杨涵焯（2000—），女，河北省邯郸人，北京联合大学管理学院在读研究生，研究方向：公司税务。

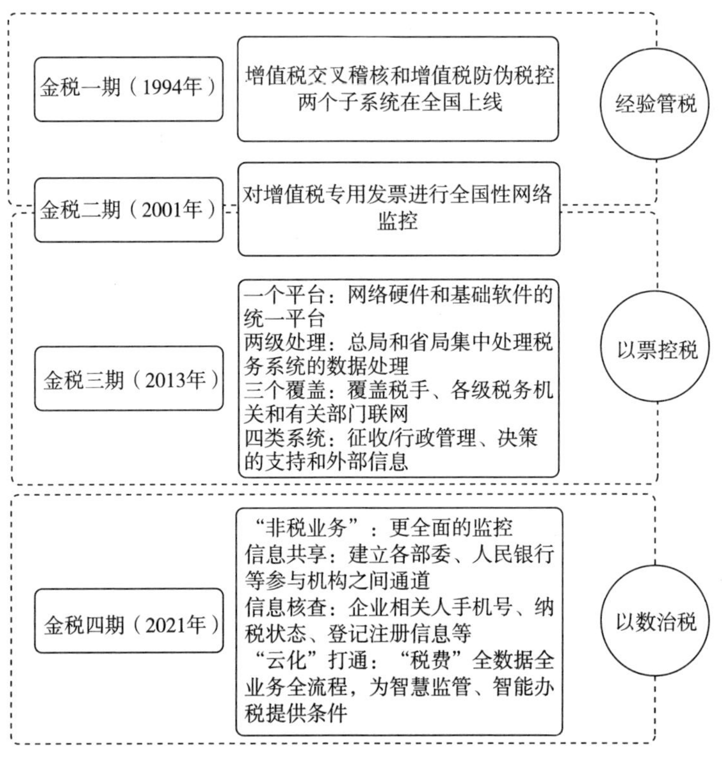

图1　金税工程发展史

1994 年，金税一期启动，中国实施了以增值税为主要内容的新一轮工商税制改革，初步尝试计算机管税；到 1998 年，金税二期启动，旨在实现从经验管税过渡到以票控税，并于 2001 年 7 月 1 日起在全国全面开通；金税三期工程在 2016 年 10 月完成了全国全面上线，进一步强化了发票监管，金税三期既是我国税制制度上的一个重要进展，又是我国税制改革的一个重要组成部分；2020 年 10 月，《“十四五”规划和 2035 年远景目标建议》第二十一章提到建立现代财税金融体制，完善现代税收制度，金税四期由此诞生，开启“以数治税”的新时代。金税四期的诞生，预示着相关税务行业也要开始向着互联网大数据方向转型，顺应市场发展方向，能够尽快成功转型的行业将会更具竞争力。

（二）税务师事务所风险控制现状

随着社会经济的发展及大数据的引进，各种税收制度和政策不断改革，对相关税务师事务所的要求越来越高，税务师事务所面临的压力也越来越大。自从税务工作开始，已经初步形成了一些良好的经验和具有典型意义的案例，但是，从实际情况来看，目前企业的税收工作还比较模式化，并且还存在着一些阻碍税务师事务所的进一步发展的障碍。

1. 人力资源不足

目前，各个地区的税务机关都存在着一个共同的问题，那就是员工的年龄结构偏大、知识结构陈旧、人员配置不全面，特别是缺少对许多新生企业必要的了解，这会导致在进驻企业进行审计时，与合作企业沟通困难，在很大程度上影响工作效率。另外，近几年来，税源管理中广泛使用的区域管辖的方式，很难确保所有的稽核人员都具有大企业的专项稽核水平，在工作过程中，往往会造成稽核的表面化和模式化。

2. 中小型事务所数字化水平不高

为了适应时代的潮流，越来越多的大企业开始制定适合自身发展和创新管理需要的企业资源计划，采用计算机信息系统处理传统的财务会计数据和购销业务。但在实践中发现，税务专业从业人员的计算机水平有限，而计算机专业人员进行税务工作又十分困难，具有复合知识结构的人员严重不足，配备专业软件系统的企业也常常因为员工操作困难而起不到良好效果。

3. 税收风险管理存在障碍

在许多情况下，企业的税务风险往往产生于与有关的决策者的纳税态度和理念不够正确、有关的内部控制存在不足或不完善、业务目标以及企业环境的异常压力等多种因素。当前，我国很多大公司都没有建立起行之有效的内控与风险管理体系，尽管一些企业已经在一定程度上实施了内部控制和风险管理，但是这些企业更多关注的是财务指标，而忽视了纳税目标，大型企业还依赖商业目标和财务报告目标，税务合规方面内容缺乏或单薄。一方面，缺乏这一指标体系影响到大型企业建立合规管理的目标，另一方面，对于税务检查人员来说，信息不全面和不完整妨碍了对大公司的税务问题作出顺利的结论，这可能会给税务人员的执法带来风险，并影响到税务人员的执法安全。

二、“以数治税”背景下万和润沣事务所风险管理研究

（一）万和润沣事务所简介

四川万和润沣税务事务所（以下简称“万和润沣”）创立于1997年，2010

年被中税协评定为AAAA级税务师事务所，2016~2021年连续六年入选百强税务师事务所，是四川省行业内的领军企业，同时也是西南财经大学、四川大学锦江学院的教学实习基地。

万和润沣致力于为上市公司、外商独资企业以及其他大型企业提供服务，如税务风险控制、涉税鉴证、税务筹划、税收优惠等。万和润沣从2016年开始，依托大数据、人工智能，开启了“互联网+”的转型升级之路，成立了成都凡特塞科技有限公司（现更名为成都万和众智科技有限公司），并运营了中国首家财税金融大数据平台——众智联邦。

（二）“以数治税”背景下万和润沣事务所面临的工作挑战

1. 缺少复合型人才

人才是企业的无形资源，企业的长远发展离不开从业人员的专业能力和职业素养。万和润沣在四川省内具有较强的影响力，截至目前共有七家分支机构，若想继续扩大企业规模，需要更多的人才加入，四川万和润沣税务事务所前所长毛熠提到“人才不足才是最大的瓶颈”。2016年，万和润沣打破财税、金融、管理的壁垒，运营中国首家财税金融大数据平台——众智联邦，大数据平台的引用，需要更多复合型人才加入进来，但在合理成本控制下，找到职业道德高、业务水平强、敬业精神以及学习能力都优秀的复合型人才十分困难。

2. 转型难度大

大数据不负众望，为产业发展转型提供了有力的支撑。中国税务相关服务业也应该抓住互联网和大数据时代的机遇，建立“互联网+税收服务”的新模式，但在“互联网+”的背景下，没有同行经验可供借鉴。因此，在引入互联网和大数据技术，扩大与税收相关的服务时，面临着各种问题和障碍。例如，与税收有关的服务有必要将资深专家的线下资源转变为线上资源；构建更加多样化的互联网产品；将税务师事务所的经营模式从线下转移到线上；发函模式从第三方变为运用大数据发函以及收费模式和思路也需要进行变革。

3. 区域市场门槛低使得市场竞争压力变大

在“以数治税”背景下，不及时建立互联网服务体系，就极可能受到其他行业内竞争对手的牵制，在互联网的加持下，各行业不再局限于专项服务，纷纷拓展业务范围以提升竞争力，会计师事务所、律师事务所等也都提供相关税务业务，且表现不凡，为税务师事务所带来巨大压力。此外，大大小小的会计、税务类软件功能公司，依靠互联网优势，也逐渐向行业渗透，成为税务服务行业的新秀，同时互联网行业巨头，也增添了财税服务，跨界参与竞争，市场门槛降低使得税务师事务所压力倍增，万和润沣也面临着竞争加剧、客户流失等问题。

三、“以数治税”背景下万和润沣事务所的应对对策

（一）为税务师提供更广阔的平台

在大数据时代背景下，2016 年万和润沣率先响应“互联网+税务”的政策，让税收征管和纳税服务逐渐走向融合，创建并运营众智联邦平台。由于税务工作专业性高，对税务师的需求量大，众智联邦推出“平台+个人”的模式，为更多的税务师提供平台，同时也为纳税人提供更多选择。众智联邦提供付费或免费课程，聘请税务师参与录课，既为税务师提供更多工作机会，又为不同需求的客户提供了选择，不仅能够让非专业纳税人学习到税务知识，同时为后续的税务合作打下基础，与税务工作者配合更融洽。

（二）打造万和众智财税金融大数据服务平台及衍生互联网产品

2020 年，万和众智财税金融大数据服务平台首度发布。万和众智财税金融大数据平台是在“互联网+”的大背景下创造出的能够实现数字化税收服务的平台，它包括涉税各方以及纳税服务的各个环节，为纳税人和税务师事务所双双带来便利。

万和众智还推出了一系列税收服务数字化代表产品，如智能化的税法查询及应用工作系统众智云擎，其工作系统包括了搜索引擎端和智能云计算两个部分，可以实现两者之间的完美衔接和智能交互，在税法查询和应用方面也可以很好地满足用户的需要，大大提高用户的工作效率；小智嗖嗖也是一款互联网税务衍生产品，它可以通过人工智能技术很快搜集整理当下最新的全国及地方政府的补贴政策，依托自主开发的匹配模式，为企业用户提供精准、快速、全面的政策工具类软件。既能够协助企业依法纳税，实现政策精准推送、政策红利应尽应享，也能够使税收行业实现降能增效，加速数字化转型。万和众智大数据服务平台，不但为企业服务行业提供了一种全新的商业模式，更是为企业服务商提供了一种新的利润增长点，极大提升了税务师事务所本身的竞争力。

（三）将税务师事务所设为科技公司子公司

根据现行法律及资本市场的特性，自 2016 年中国首家财税金融大数据平台众智联邦创立起，就将万和润沣税务师事务所设立为平台的子公司，一旦启动股改和上市路径，万和润沣税务师事务所有限公司将成为科技公司的子公司。企业业务多元化发展（见图 2），能够让万和润沣税务师事务所在“以数治税”的大背景下，掌握更多信息，缓解信息不对称带来的弊端，利用大数据信息提升自身竞争力。

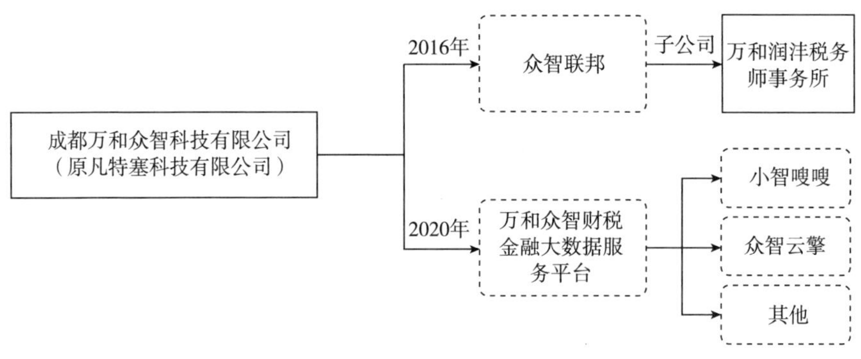

图 2　万和集团结构

（四）以平台模式进行跨界经营及跨区协作

万和众智的大数据服务平台可以提供有效的商业智能解决方案，能够聚集财税、金融等领域的人才和服务机构，在万和众智财税金融大数据服务平台，各类服务商可以突破行业限制，实现跨界和跨区合作。

万和众智通过大数据服务平台，建立了中国的财税、金融大数据服务体系，对各领域的企业进行全面的数据采集与分析，对客户进行个性化的匹配，为企业提供企业咨询、工商代理、法律咨询、知识产权保护等方面的服务。这个平台将帮助万和润沣以及其他一些公司开拓新的商机，并帮助它们进行跨境运营。

而跨区协作，就是通过平台的推荐，提供服务代办，帮助那些因为地理位置的限制而不能实现的业务。这两种服务方式都能帮助企业降低顾客的损失，而且介绍人在这个过程中也能得到相应的转介报酬，实现互惠互利。

四、结语

在“以数治税”的背景下，相关税务行业逐渐走上数字化转型的道路，税

务管理由于其与国家财政相关、存在高度政策敏感性的特殊之处，在市场激烈的竞争下，税务师事务所的数字化转型道路更是迫在眉睫，各大税务师事务所应发现经营风险所在之处，参考及借鉴行业领军企业的做法，结合自身情况尽快拓宽未来发展之路。

参考文献

［1］刘和祥．“以数治税”税收征管模式的基本特征、基础逻辑与实现路径［J/OL］．税务研究，2022（10）：69－75. DOI：10. 19376/j. cnki. cn11－1011/f. 2022. 10. 002.

［2］吴超．大数据时代税务师事务所审计工作挑战及应对探讨［J］．财会学习，2022（6）：113-116.

［3］毛熠．万和润沣：大数据为税务师事务所打开了一扇大门［J］．注册税务师，2018（9）：29-31.

服务外包企业绩效管理体系研究

——以华道数据为例

杨　艺*

摘　要： 本文以华道数据有限公司为例，对其绩效管理体系的现状、存在的问题和原因进行剖析，并结合华道数据有限公司的发展历程、现状、员工情况提出了相应的改进措施，并对华道数据的业绩管理系统进行了初步的设计。经过科学严谨的调查，发现华道数据的绩效管理系统存在着一些问题，例如，人员的工作设置不尽如人意，工作积极性较低，工作效果未得到很好的应用。然后根据企业的发展策略，提出了相应的策略和建议。

关键词： 金融服务外包；员工；绩效；绩效管理

一、引言

绩效管理将有利于企业自身组织结构集成化，使公司的效率提高，精化多余的机构、流程和系统；让上级部门能够清楚地知道建立组织价值最重要的谋划执行情况，由上级部门确定并被审核者认可，为实现绩效管理及各部门之间的交流奠定了良好的基础，并且有力地推动企业部门的战略。企业一定要使用有用的绩效管理工具才能确定公司的战略、达成公司的战略目标。有效的绩效管理能够客观、公正地衡量企业的价值评估和价值分配体系，从而准确地衡量员工是否能够为公司创造和贡献一定的价值。因此，本文以金融外包服务公司绩效管理体系为基础，运用相关理论，对北京华道数据有限公司的绩效管理体系现状、存在的问

* 作者简介：杨艺（1997—），女，河北人，北京联合大学管理学院在读研究生，研究方向：内部审计、公司治理。

题和原因进行了分析，并提出了具有参考意义的优化方案。

二、服务外包企业的绩效管理现状

（一）金融服务外包企业基本情况

20 世纪，欧美国家证券行业的一些金融公司为了节省资金，开始将一些类似业务的工作承包给服务公司，比如印刷等，从那时起，金融外包就出现了。因为成本和技术的原因，1990~2000 年，IT 行业外包蓬勃发展。以 2005 年为例，根据整个 IT 产业的外包费用的统计，成本支出占到了 IT 产业的 45%，占到了全球的 60%。在 21 世纪经济迅猛发展的同时，金融外包也在不断革新，业务流程外包就是其发展的产物。金融外包在变得日渐复杂的同时，也极大增强了金融企业从金融外包中获得的收益，后来金融外包企业成为外包市场的主力军也就不难想象了（见表 1）。我国改革开放以来，经济情况大大改善，各行各业也在改革发展、寻求增长，我国金融领域也稳步发展，那么我国金融企业要在日趋激烈的行业竞争中占据一席之地，就需要吸取国外金融外包相对成熟的经验，在核心业务中充分发挥其优势，也更加有利于形成企业的核心竞争力。

表 1　国内一些金融机构外包项目

序号	金融机构	外包项目	服务供应商
1	中意人寿	寿险理赔解决方案	华道数据
2	中国人寿	文档影像数据处理	浙大网新
3	中国光大银行	应用软件开发及维护；IT 咨询	软通动力
4	招商银行	系统开发、升级及维护	文思信息

数据来源：向日葵保险网等。

（二）金融服务外包企业绩效管理问题

金融外包服务企业绩效管理问题，主要是针对员工的绩效管理，对提高公司的效率和促进公司的发展都有着重要的作用。

第一，在绩效规划上，由于金融外包服务企业招聘人员和稳定人才的方案不太完善，尤其是在稳定人才方面没有合适的方式方法，而且在拟定计划时，针对员工的评估方法是一年一次，没有制定更为长远规划。所以，金融外包服务企业对内部职员晋升方案的制定还需进一步加强。

第二，在绩效指导上，由于发展历史较短，早期的绩效管理还处在摸索阶段，并不成熟，因此，早期的员工绩效管理还有待进一步的优化和完善。

第三，在业绩评估上，金融外包服务公司职员绩效评估的小组成员都是随机组成，小组成员中没有基层代表，都是由公司领导层人物组成，这也许会造成在企业建设方面存在员工之间有互相争夺功劳等情况，而且员工综合素质、文化水平参差不齐。所以，在绩效考评中，不可避免地会产生一些不公正的状况，从而影响到最后评价结果的公平性。

第四，在绩效反馈上，运用科学的绩效评估方法，对员工进行公平、公开的划分等级，以正确的衡量方式对员工的工作情况加以评价，从而达到一定的激励作用。但是，因为绩效评估中存在着许多不确定性因素，比如上司与下属之间的关系、同事之间的印象、高层指定的候选人等。这样会造成员工的责任心不强，而且很容易在公司和员工之间增加一道屏障，这与设计绩效管理的初衷背道而驰。

三、华道数据实例绩效管理现状分析

（一）企业基本情况

华道数据创立于 1998 年，发展至今已 20 年了，目前主要为银行、城商行、商行、互联网金融公司和保险公司等金融机构提供营销获客、贷前处理、贷后催收等金融基础性服务。目前，华道数据已在北京、昆山、徐州等地建立了 5 个运营中心，建立起了一个庞大的网络系统，并在 2008 年获得了 CMMIML3 的认证，通过了 BS7799/ISO27001 的信息安全管理体系认证，并于 2014 年及 2017 年接受并通过了银监会组织的信息安全大检查。华道在创新之路上也没有掉以轻心，采用“精益 6 Sigma”模式，在减少差错、提高回款率、减少录音错误率、提高作业效率等方面，已经走在了业界前列。

（二）企业绩效管理存在的问题

（1）绩效管理过程缺失。首先，华道数据制定绩效计划时，一般由领导者制定，员工只是单纯的服从。没有面对面的了解以及参与过程，导致了很多员工

带有消极情绪对待绩效计划。其次，华道数据认为自己制定了目标，员工自己的能力能够实现这些目标。而在员工看来，自己只是被动接受这些既定的目标，公司也没有对员工工作进行足够的交流，自身的认同感缺失。而这一情况，也是因为大部分领导层没有把精力放在对员工工作的提升上，不去关注他们的成绩和缺点，更别说细心地教导了。公司只关心员工今天的业务指标有没有完成，回款有多少。而这导致员工在工作过程中热情降低，大家都只是为了业绩去干，有了更好的工作就辞职，最终使企业出现大量的人才流失。再次，在绩效考核评价过程中，只是领导者根据考核结果做出了评价，缺少反馈并提高绩效的过程，而这恰恰是最重要的。最后，绩效结果只与工资相联系，公司的绩效结果按照排名计算，你只有比别人强，你的绩效工资才会比别人高。否则，这个月的绩效考核就等同于没有。其实，在很大程度上，这样的绩效考核应用，很大程度上只能激励少部分人，而大部分人得到的是消极的结果。

（2）绩效管理在战略导向上的空缺。华道数据虽然制定了自身的战略规划，但对于公司基层的员工来说，只知道需要达成业绩指标，并没有太关心公司的发展战略，没有真正融入。因此，为了早日实现企业的既定发展目标，企业应采取必要的措施，将企业的战略和员工的生涯规划结合在一起。

（3）没有将绩效管理责任分配给到基层管理人员。在华道数据的高层看来，绩效工作是由人力资源部负责的。在绩效评估过程中，华道数据基层管理人员很多时候也只是传达上面的绩效评价，然后根据上面制定的绩效指标或者对员工的工作过程能力进行分析，与员工谈话。一家公司的绩效管理实际上是一件浩大而烦琐的工作，一项好的绩效管理必须将公司各部门的力量结合起来，并需要各个层级有效参与进来。

四、结论与建议

经过对华道数据的绩效管理系统进行科学而细致的调研，发现其存在的一些问题，例如：员工的岗位设置不尽如人意、员工责任意识不强、工作主动性低、职务晋升困难、绩效考评结果不充分运用、绩效考核反馈面谈不到位等。然后根据金融外包服务公司的发展策略，提出了相应的策略和建议。一是加强对金融外包服务公司的政策导向；二是金融外包服务公司要建立符合自身需求的、与时俱进的绩效管理制度，完善评价方法，尤其要注重绩效评价结果的运用；三是强化对职工的物质以及精神上的激励，以满足他们的需要，让他们有一种归属感。

参考文献

[1] 钟国才．外包项目管理团队绩效管理［J］．合作经济与科技，2018（12）．

[2] 王昌林，陈志昂．服务外包关系质量及其对服务外包企业绩效的影响［J］．经济体制改革，2016（2）．

[3] 潘佳，刘益，郑凇月．外部知识搜寻和企业绩效关系研究：以信息技术服务外包行业为例［J］．管理评论，2017，29（6）．

[4] 卫林英，周思佳．智力资本对企业绩效影响的实证研究——以西安软件服务外包企业为例［J］．经济研究导刊，2017（16）．

[5] 刘力钢，霍光．服务外包与企业绩效关系研究——基于动态能力的调节作用［J］．商业时代，2016（4）．

数字并购对企业财务绩效的影响研究

——以科蓝股份并购宁泽金融为例

云　霄*

摘　要： 随着数字技术的迅速发展以及广泛运用，企业在获得发展机遇的同时也面临严峻的挑战，有学者将其称为数字颠覆时代。为了顺应时代发展规律，促使企业长久发展，众多企业纷纷走上了数字化转型的道路，然而企业培养自身数字能力十分耗时且困难，于是很多企业通过数字并购的方式提升企业的数字水平。本文以科蓝软件并购宁泽金融为例，从盈利能力、营运能力、偿债能力和发展能力四个方面对并购前后科蓝软件近 5 年的财务指标进行分析，以考察科蓝软件的财务绩效是否因其进行数字并购有明显变化，以期为其他企业进行数字并购提供借鉴思路。

关键词： 数字并购；企业数字化转型；财务绩效

一、引言

数字技术和数字经济的快速发展对我国的经济、社会发展产生了深刻影响，由于全球数字经济的发展以及数字技术的成熟，越来越多的企业开始朝着数字化转型，而数字化转型对于企业来说是非常大的挑战。同时我国经济的发展从高速度转向高质量，国家宏观经济进入了深度调整期，我国内外环境发生深刻变化，企业竞争越来越激烈。

为了使企业在激烈的竞争中持续发展，很多企业开始走上数字化转型的道

* 作者简介：云霄（2000—），女，内蒙古自治区鄂尔多斯人，北京联合大学管理学院在读研究生，研究方向：数字资产、企业并购。

路，由于转型的过程较长且需要巨大的前期投入，很多企业面临不敢转、不会转的难题。唐浩丹（2022）等通过研究发现企业通过数字并购能够提高生产率、优化人力资本结构、强化服务型制造以此提升企业市场势力，其中服务型制造业强化效应的解释力度最大，是实现企业市场势力提升效应的重要途径。

随着数字化产业和数字经济的迅速发展，企业为顺应时代发展快速实现数字化转型从而进行数字并购，同时众多学者研究得出企业并购会对企业的财务绩效产生一定的影响，因此本文以科蓝软件并购宁泽金融为案例，从盈利能力、营运能力、偿债能力和发展能力四个方面探究数字并购对企业财务绩效的影响。

二、案例介绍

北京科蓝软件系统股份有限公司（以下简称“科蓝软件”）是中国领先的金融科技整体解决方案供应商，公司成立于1999年，于2017年A股上市，其主要业务是为金融机构提供从电子银行到核心系统的全方位技术服务，在银行电子渠道建设的市场上占有率超过85%，在软件和信息技术服务业属龙头企业。

深圳宁泽金融科技有限公司（以下简称“宁泽金融”）是一家一站式互联网金融服务公司，公司成立于2014年11月，与科蓝软件同属软件和信息技术服务业。借助大数据和人工智能双驱动的优势，为用户提供“互联网金融综合解决方案”。

科蓝软件于2019年12月召开董事会，审议通过拟以现金8435万元收购深圳宁泽金融科技有限公司股东合计48.20%的股权，并同时向宁泽金融增资1000万元，交易完成后公司持有宁泽金融51%的股权，宁泽金融将成为公司的控股子公司，公司于2020年3月19日完成并购交易①。

此次并购后科蓝软件进一步把传统金融业务和互联网科技相结合，在自身具备专业化的银行级风险管控体系优势的基础上，借助大数据、机器学习、人工智能等前沿科技的核心能力，提供更加专业、高效、安全的互联网信贷金融科技服务。

① 资料来源：北京科蓝软件系统股份有限公司第二届董事会第三十一次会议决议公告。

三、数字并购对企业财务绩效的影响研究

（一）盈利能力分析

盈利能力能够反映企业在特定时期内获取利润的能力，可以直接反映一家公司的经营状况，本文选取资产收益率、净资产收益率、销售利润率三个指标分析科蓝软件并购宁泽金融对其盈利能力的影响。

科蓝软件利润表显示，2018~2020 年其净利润呈上升趋势，2020 年之后呈下降趋势，其资产负债表中总资产在 2017~2021 年一直呈现上升趋势且变化幅度大于净资产，因此导致其资产报酬率总体呈现下降趋势。公司在进行并购前资产总额上升的幅度并与净利润下降的幅度相比差距并不明显，因此本阶段资产报酬率的下降幅度并不大，而 2020 年完成并购之后总资产的增长幅度大于净利润的下降幅度，从而导致资产报酬率的下降幅度明显增大（见图 1）。

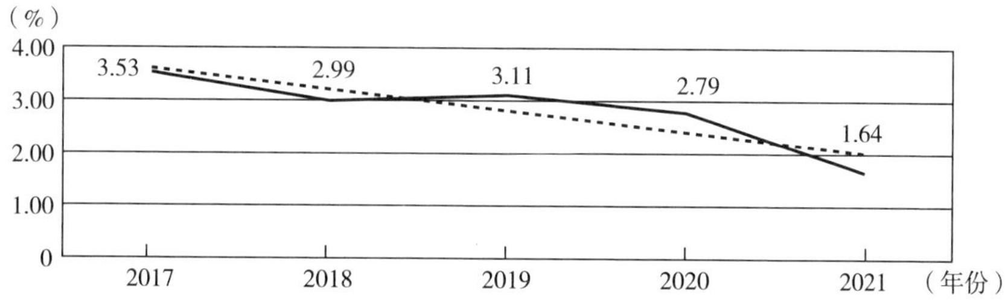

图 1　资产报酬率指标变化

资料来源：国泰安数据库。

由图 2 分析可知，2019 年并购前的变化幅度明显小于 2020 年完成并购之后的幅度，而且在并购完成之后其下降幅度明显增大。其原因在于 2017~2021 年公司的净利润呈现下降趋势而所有者权益呈上升趋势，从而使得净资产收益率呈下降趋势，在 2019 年并购之前二者变化幅度差距并不明显，在 2020 年并购完成之后所有者权益的上升幅度明显高于净利润的下降幅度，使得净资产收益率下降幅度增大。

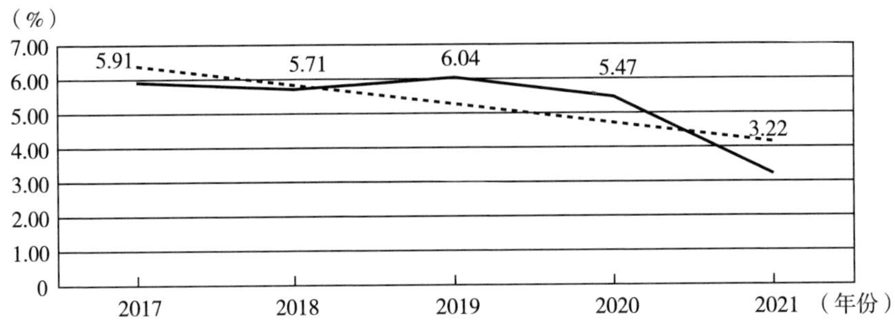

图 2　净资产收益率指标变化

资料来源：国泰安数据库。

图 3 中科蓝软件的销售利润率整体呈现下降的趋势，并购后的变化幅度明显大于并购前的变化幅度。销售利润率受营业收入以及利润总额的影响，由于 2017~2021 年科蓝软件的营业收入呈现上升趋势同时其利润总额呈下降趋势，从而使得销售利润率下降。2020 年后营业收入上升的幅度和利润总额下降的幅度都比较大，因此销售利润率的下降幅度也比较大。

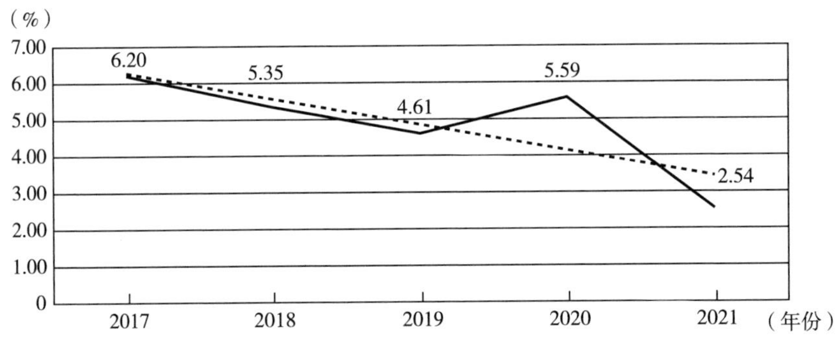

图 3　销售利润率指标变化

资料来源：国泰安数据库。

（二）营运能力分析

营运能力即企业运用各项资产获取利润的能力，本文选取以下指标对科蓝软件的营运能力展开分析。

图 4 中科蓝软件的应收账款周转率整体呈现上升的趋势，在 2020 年完成并购之后上升幅度最大，但与之前相比上升幅度变化不大。由图 4 分析可知科蓝软

件的应收账款周转率呈向好趋势发展。应收账款周转率主要受销售收入和应收账款余额影响，本文通过对科蓝软件财务报表分析得出其应收账款周转率提高的原因可能是其销售收入和应收账款在此期间内都有所提高。其中科蓝软件通过此次并购一定程度上拓宽了其产品链是销售收入提高的原因之一。

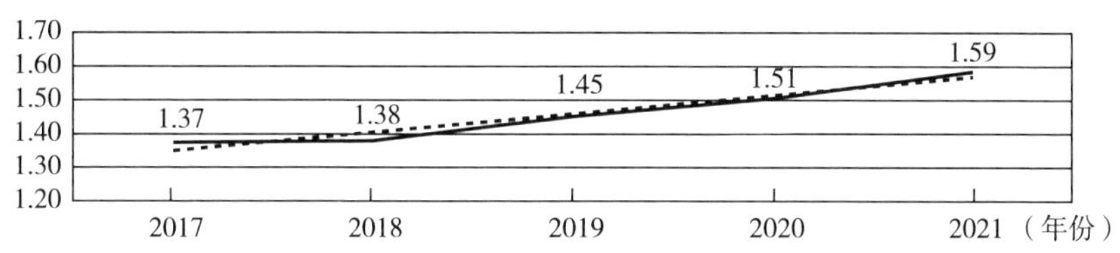

图 4　应收账款周转率指标变化

资料来源：国泰安数据库。

由图 5 分析可知，公司的总资产周转率平均稳定在 0.6 左右且变化幅度较小，在并购过程中下降幅度较大且在 2020 年下降到 5 年中的最低点。总资产周转率主要受销售收入和资产总额的影响，通过对科蓝软件财务报表分析得出近五年中科蓝软件销售收入和资产总额并没有大幅度的变化，因此总资产周转率相应较为稳定。由于 2019~2020 年公司的资产总额上升幅度超过销售收入的上升幅度，可能是导致总资产周转率下降幅度较大的原因。

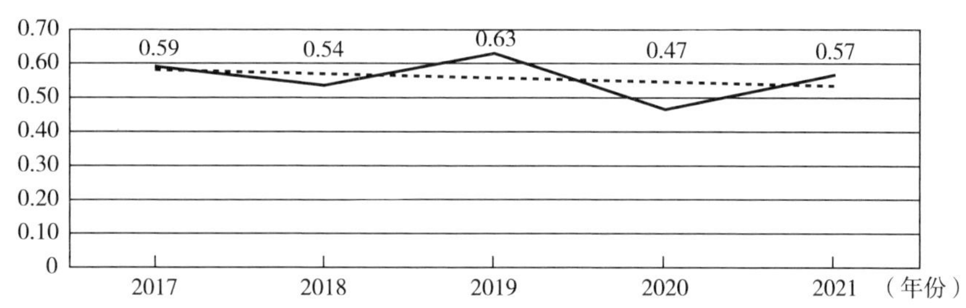

图 5　总资产周转率指标变化

资料来源：国泰安数据库。

由图 6 分析可知，公司的存货周转率在 2020 年之前呈下降趋势，在 2020 年之后上升。在并购过程中下降幅度较大且在 2020 年下降到 5 年中的最低点。总资产周转率主要受营业收入和存货平均余额的影响，通过对科蓝软件财务报表分析得出近五年中公司的存货平均余额与营业收入都呈上升趋势，加之受到疫情的影响，存货积压使存货平均余额上升幅度超过营业收入，因此使得存货周转率下降。由于2019~2020年公司的营业收入增长幅度较大同时存货平均余额变化较小，使其存货周转率得到提升。

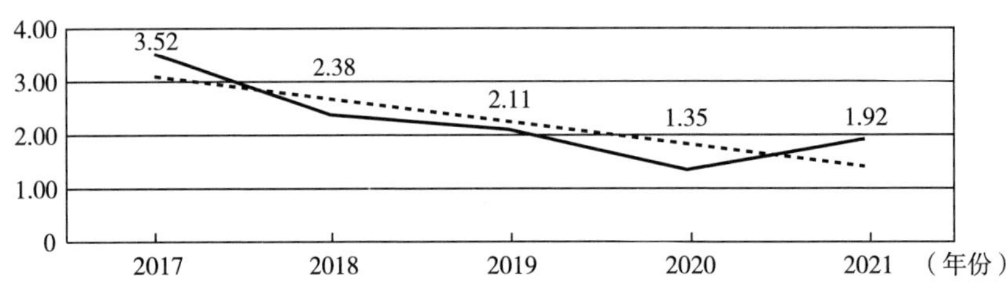

图6　存货周转率指标变化

资料来源：国泰安数据库。

（三）偿债能力分析

企业是否拥有支付现金的能力和偿还债务的能力是决定企业能否长久生存与发展的重要因素。本文将从流动比率和速动比率两个指标分析科蓝软件的偿债能力。

由图7分析可知，公司的短期偿债能力处于下降状态但稳定在2左右，同时在2018年之后公司的流动比率低于合理范围2以下，说明此时公司现存流动资产不足以偿还其流动负债，其原因可能有以下两点：其一在于受到疫情的影响公司的收入与之前相比并未提升但其负债增加过快从而导致流动比率下降；其二2018年开始公司进行了两次较大的并购，并购过程中流动资产减少负债增多也是其资产负债率下降的原因之一。

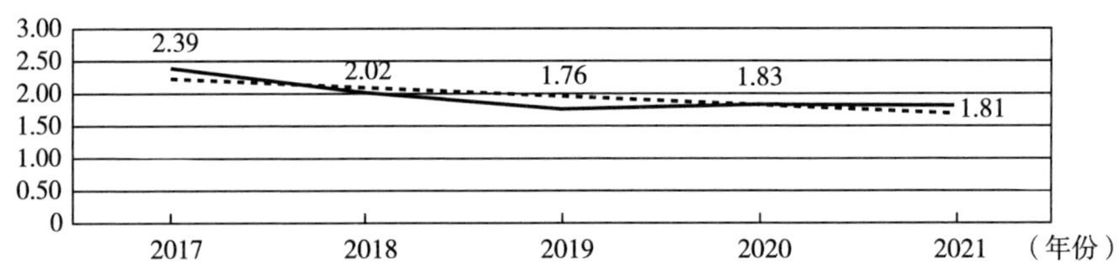

图7　流动比率指标变化

资料来源：国泰安数据库。

由图8分析可知，公司的偿债能力处于较为稳定的状态，同时近五年速动比率稳定在通常认为较为合理范围的1之上，说明公司在短期之内有较为充足的资产偿

还负债。但速动比率五年呈现下降趋势，其原因在于受疫情大环境的影响公司的收入并没有明显的增长，同时从 2018 年开始公司进行了两次较大的并购，并购过程中在耗费流动资产的同时负债也有所增加因而使得其偿债能力有所下降。

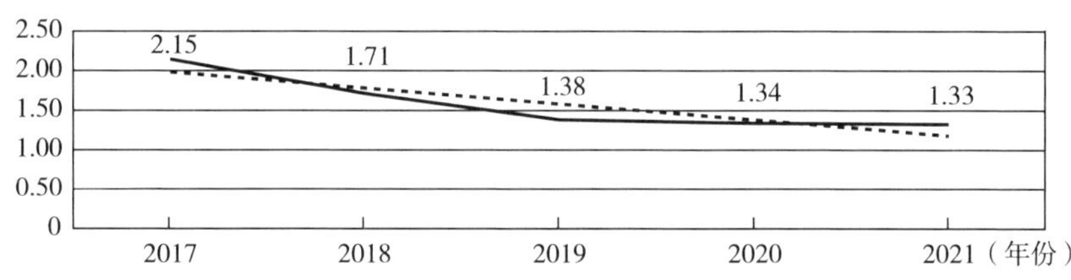

图 8　速动比率指标变化

资料来源：国泰安数据库。

（四）发展能力分析

通过对公司发展能力指标的分析可以了解企业未来的发展潜能，从而为企业的经营管理者进行科学决策提供依据。本文选取以下指标对科蓝软件的发展能力进行分析。

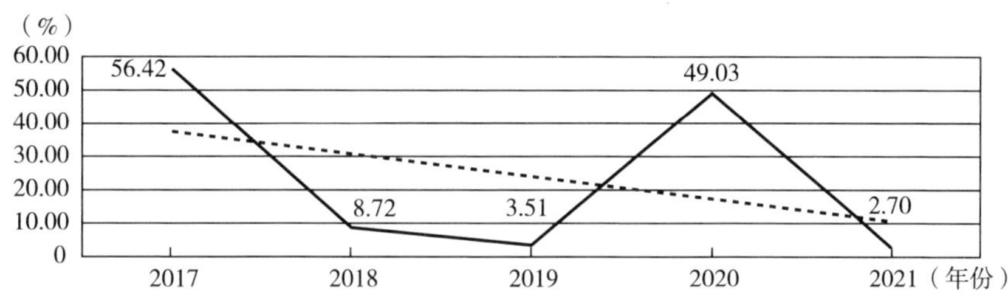

图 9　资本积累率指标变化

资料来源：国泰安数据库。

由图 9 分析可知，公司的资本积累率的变动幅度较大且呈现下降趋势。所有者权益增长额和所有者权益总额是影响资本积累率的主要因素，本文通过对二者的分析探究公司资本积累率的变动原因。2017~2019 年所有者权益有所增长但增长幅度较小，2019~2020 年公司在进行并购的同时向子公司增资 1000 万元，从而导致所有权益增长超过 1000 万元，使得资本累积率有所提升①。

① 资料来源：北京科蓝软件系统股份有限公司财务报告。

由图 10 分析可知，公司资产增长率的变动幅度同样较大且呈现下降趋势。资产增长额和资产总额是影响资产增长率的主要因素，本文通过对二者的分析探究公司资本积累率的变动原因。2017～2019 年所有者权益有所增长但增长幅度较小，2019～2020 年公司进行并购导致资产总额增长 74000 多万元①，进而使得资产增长率有所提升②。

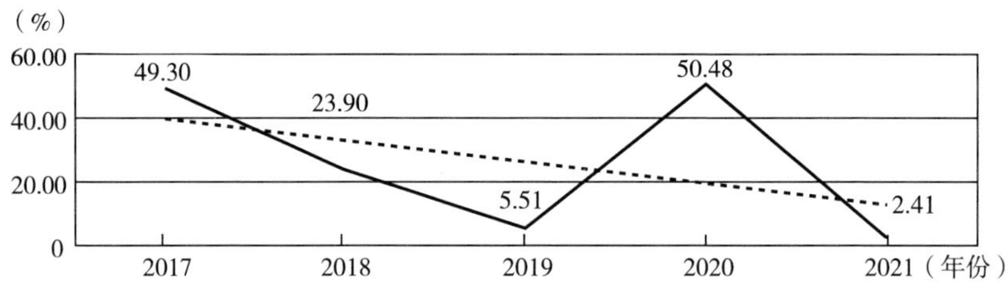

图 10　资产增长率指标变化

资料来源：国泰安数据库。

由图 11 分析可知，公司的营业收入呈现上升趋势。通过分析科蓝软件营业收入近五年的增加额探究公司营业收入增长率的变动原因。2017～2019 年营业收入增加额处于上升阶段，其原因在于两年间营业收入增加额呈上升趋势，分别为 18065.1 万元、70479.6 万元，而 2019～2020 年由于受大环境影响，公司营业收入较上年只增长了 8284.7 万元，从而使得增长率下降③。

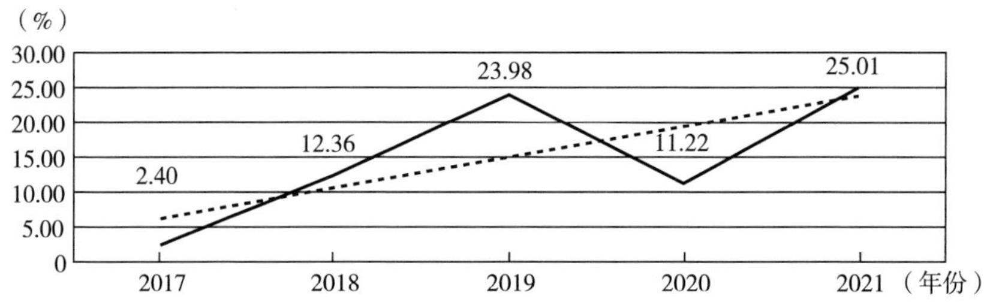

图 11　营业收入增长率指标变化

资料来源：国泰安数据库。

①②③　资料来源：北京科蓝软件系统股份有限公司财务报告。

四、结论

本文以科蓝软件并购宁泽金融为案例，对科蓝软件并购宁泽金融前后的财务绩效进行了分析。发现科蓝软件财务绩效并没有因为此次并购有明显的提高，盈利能力、偿债能力和发展能力在短期内甚至还有所下降，但这并不足以证明本次数字并购对科蓝软件的影响是负向的。企业的并购整合本身就是一个复杂而又漫长的过程，而企业间的发展方式、组织结构方面存在差异，企业并购交易的完成，并不意味着并购过程完全结束。并购后较短的时间内财务绩效的走向也并不是衡量并购是否成功的标准，更重要的还要看之后很长一段时间内并购双方能否进行有效整合，实现稳定运营，从而提升企业的价值。同时由于并购过程中正值疫情期间，而且在选取指标时存在一定程度的偏颇，再加上时间的局限性会使得研究结论存在偏颇，所以研究并不能完全证明此次数字并购对科蓝软件的影响是负向的。

参考文献

［1］童迎香，潘雅琼．互联网生态视角下企业并购财务协同效应研究——基于阿里收购饿了么的案例［J］．财会通讯，2021（2）：105-109.

［2］唐浩丹，方森辉，蒋殿春．数字化转型的市场绩效：数字并购能提升制造业企业市场势力吗？［J］．数量经济技术经济研究，2022（12）：90-110.

［3］柳德才，张晨曦．科技企业并购的财务协同效应研究——以 TCL 科技并购中环集团为例［J］．生产力研究，2023（1）：154-160.

［4］唐浩丹，蒋殿春．数字并购与企业数字化转型：内涵、事实与经验［J］．经济学家，2021（4）：22-29.

价值三角形框架下短视频平台的商业模式研究

——以抖音为例

张 昊*

摘 要： 随着近年来国内经济的飞速增长和日益加快的生活节奏，传统的视频播放 App 平台逐渐满足不了当代年轻人观看视频的需求。抖音凭借其先进的算法优势和“利用碎片时间看视频”“年轻人专属的音乐短视频社区”等营销手段很快成为受年轻人追捧的娱乐软件，其用户规模不断增加，流量在各大软件中一直处于领先地位，变现能力逐渐增强，营业收入也在持续增长。本文以价值三角形框架模型为参考，从价值定义、价值创造与传递、价值获取的角度出发，以抖音为例，对其商业模式展开分析和研究，对视频平台未来商业模式的发展起到一定借鉴作用。

关键词： 价值三角形框架；商业模式；价值获取

一、引言

近年来，传统视频平台的商业模式已经逐渐趋于成熟和完善，其所提供的内容和服务无法满足用户的新需求，同时随着互联网技术、大数据和数据共享等技术的广泛运用，快手、抖音、哔哩哔哩、小红书等短视频平台发展迅速，逐渐成为平台经济的中坚力量，这些平台影响着人们的生活方式，同时也改变了人们的消费习惯。为更好地满足用户逐渐由于时间碎片化而产生的新娱乐方式需求以及

* 作者简介：张昊（1999—），女，山西省临汾人，北京联合大学管理学院在读研究生，研究方向：战略管理。

吸引更多用户、提高用户黏性，不少定位以社交和娱乐为主的平台持续进行了商业模式的创新，这将有助于增强短视频平台的价值创造能力，从而在市场竞争中具有一定优势。

基于此，本文以抖音短视频平台为研究对象，从价值三角形框架的角度入手对抖音发展的商业模式进行分析，这对抖音的未来发展以及整个短视频行业的发展都具有一定的借鉴意义。

二、文献综述和概念界定

（一）文献综述

商业模式是公司运营的基础架构，它清楚地解释了公司如何组织和建立其价值创造网络并为从中进行价值创造。牟焕森、沈绮珊、宁连举（2021）认为商业模式最初被定义为创业者对企业运营模式的构想和假设。周锦阳（2021）提出商业模式是将有形资产和无形资产进行独特的组合，这一过程的本质也在于创造价值、传递价值和获取价值的过程。此外，由于不同学者对商业模式的构成要素或维度始终持不同观点，张敬伟、王迎军（2010）总结出关于商业模式的三种主流观点：一是企业的商业模式等同于其经营系统；二是商业模式由经营系统和盈利模式两个要素构成；三是商业模式由经营系统、盈利模式和价值主张三种要素构成。而关于平台商业模式，唐彬、卢艳秋、赵彬（2020）认为其是基于互联网技术或某种技术手段，通过特定的创新生产方式将企业、客户、合作伙伴、竞争对手等利益相关方的信息整合起来并实现各方的价值交换、构建互动交流网络平台、连接双边或多边市场、实施多边资源整合，从而满足企业的发展需求并从中获得利润。

由此可见，商业模式的核心是企业进行价值创造与传递，最终实现价值获取。本文通过价值三角形框架来阐述和分析关于商业模式的第三种主流观点，这对短视频平台的发展具有重要意义。

（二）概念界定

价值三角形框架体现在“价值定义—价值创造和传递—价值获取”的逻辑链上，这同时表达了企业在经营过程中经历的完整逻辑。而商业模式从本质上来讲是一种新的思维模式，这种新的模式为企业解决“如何在经营过程中创造价值并获取价值”这一问题提供了一种全新的思考角度。因此，如何进行价值定义、实现价值创造与传递的同时还能获取价值，这一过程就成了理解商业模式概念的基础，根据上述论述，由此就可以构成一个企业经营过程中的价值三角形模型。具体如图 1 所示。

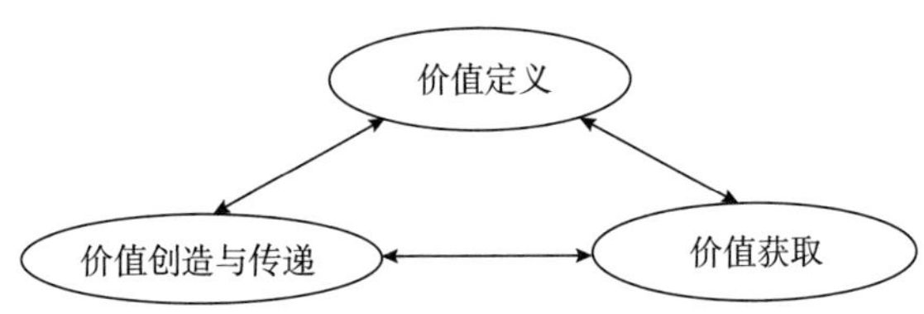

图 1　价值三角形框架

其中，价值定义主要描述的是企业能为顾客提供什么样的价值。企业不仅要符合消费者的预期目标，还要符合其价值创造伙伴的认同。价值创造与传递是企业与合作伙伴之间建立和协调关系，将整合资源转化为客户需要的价值并交付给客户的过程，作为价值定义和价值获取的中间步骤，其对企业的发展具有重要的战略意义。价值获取是企业获得生产总经济价值的一部分的过程，只有在经营过程中获取一定的价值回报，企业才能实现可持续发展，这样的商业模式也才能被称为是一种有效的商业模式。

价值三角形中所包含的基本逻辑引出一个新的商业模式概念模型，不仅包括了上文中关于商业模式主流观点第三种中包含的三个要素，同时把这三个要素与价值三角形框架进行一一对应，并重新提出 8 个细分要素进行研究，其中价值定义包括市场定位、顾客价值和产品定位；价值创造与传递包括客户关系、经营系统与运作模式、合作伙伴；价值获取包括盈利模式和成本结构。具体如图 2 所示。

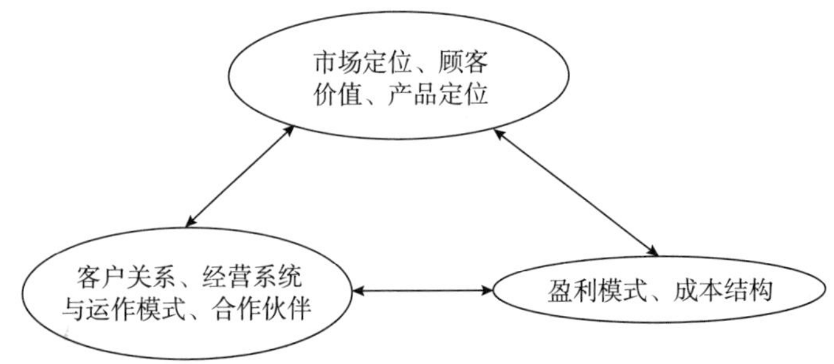

图 2　商业模式概念模型

其中，市场定位反映了价值定义的内容，它表明了公司的价值主张是可以帮助客户解决什么问题，同时还确定了该价值主张的目标客户的范围。因此，企业要认真思考其产品的受众群体的范围、受众群体可能产生的问题是什么以及如何解决这些问题。只有仔细思考上述问题，企业才能提出相应的解决方案并开发出合适的产品，才能满足目标客户的需求。顾客价值主要体现在产品服务的顾客能给企业带来的价值回报。产品定位体现在企业制作的产品在市场中的定位。

客户关系是指企业与顾客之间建立的关系类型。经营系统与运作模式是价值创造和传递的运营系统，不仅涉及企业为提高价值创造和运营的效率和效果而进行的资源和活动的配置，还涉及企业与价值创造伙伴之间的分工，以便在价值网络中找到有利位置，增加企业创造和接受价值的能力。合作伙伴描述了与企业产生合作关系的伙伴类型以及产生盈利的手段。

盈利模式反映了企业用何种机制进行价值获取，换句话说，反映了企业在给客户传递价值的同时能用什么方式获得利润，这也牵涉到企业成本结构方面的问题。

本文通过对这 8 个要素的研究，来进一步分析商业模式。

三、案例介绍

2016 年 9 月 26 日，抖音 1.0.0 版本上线，在此之前，短视频一直是以快手为主导。2017 年 7 月，抖音开始为自己投入广告，引进了以周笔畅等明星的代言广告，并积极参加了当下爆火的《快乐大本营》《我们不一样》等综艺节目，这一举措让抖音在综艺播出之后迅速收割了大量的用户。2018 年春节，抖音投入大量资金，决定在高铁沿路投入广告对其进行传播，同时又以红包推广的方式引入以杨颖、迪丽热巴为主的一系列明星，这也顺势为抖音引来一波热度。因此，在 2018 年春节期间，抖音平台上部分头部达人的粉丝呈现飞速增长。2018 年 7 月，抖音正式上线了名为“星图”的广告智能对接平台，其目的是提供客户与网红之间的视频广告交易服务，并从中收取佣金。2019 年，抖音成为中央广播电视台春节联欢晚会的独家社交媒体传播平台。2020 年，受疫情的影响，全民隔离，居家防疫让抖音进入了更多家庭的视野，这一因素极大地增强了抖音的用户黏性，尤其是大量中老年用户的加入，更是让这个流量一度达到了顶峰。这一趋势甚至一直持续至今。

2022 年，中国互联网信息中心（CNNIC）在北京发布了《中国互联网发展状况统计报告》。该报告显示，截至 2022 年 6 月，中国的网民数量达到 10.51

亿，互联网普及率达到74.4%。此外，互联网应用也在不断发展，其中短视频的增长最为明显。报告还显示，截至2022年6月，我国短视频用户规模达到9.62亿，相比2021年12月增加2805万，占网络用户总数的91.5%；网络直播用户数达到7.16亿，相比2021年12月增加1290万，占互联网用户总数的68.1%。

同时，QuestMobile公布的短视频行业用户数据显示，截至2022年5月，抖音主站的月活跃用户数达到6.75亿，同比增长7.2%；抖音极速版月活跃用户数达到2.18亿，同比增长36.1%。①

四、基于价值三角形框架的抖音平台的商业模式分析

（一）价值定义方面

1. 市场定位

抖音的市场定位是迎合当代用户的需求。抖音最初的定位是中国受欢迎的原创音乐短视频分享平台，口号是记录美好生活，向用户传达出用抖音记录自己美好生活信号的同时还能满足人们表达自我的需求，同时用各种音乐搭配短视频播放吸引了音乐视频这一垂直领域的广大用户。这种定位正好迎合了当代用户追求紧凑生活节奏、接受精简信息内容、希望在越来越多碎片化的时间里进行短时娱乐的需求。之后，抖音通过对用户发布视频进行精选推送处理，逐渐成为大众喜爱的短视频平台。

2. 顾客价值

抖音的顾客是未来互联网和消费时代的引领者，能为抖音带来宝贵的价值回馈。使用抖音短视频的用户年龄分布如图3所示，发现大部分是35岁以下的年轻人，他们大都伴随互联网成长，具有很强烈的表达意愿，大环境下经济发展飞速给他们带来了优渥的成长环境，也使得这些用户的创作能力出众，同时具有强大的消费能力。而大多数没有创作意愿的用户也愿意在上班或学习之余刷视频来消磨时光，给抖音带来巨大的流量。

3. 产品定位

在产品定位上，抖音通过给用户提供视频制作工具、到尝试社交社群、到商业化打造内容电商。抖音针对的是二、三、四线城市或农村的消费群体，并采取

① 数据来源QuestMobile前瞻产业研究院。

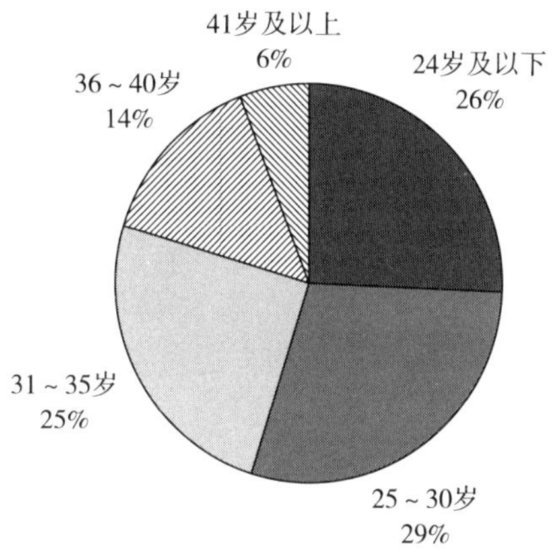

图3　抖音短视频使用人群年龄占比

数据来源：艾瑞指数资料整理。

从上至下的渗透手段，同时对一二线城市的用户进行细分，牢牢抓住了一二线城市年轻人消磨碎片时间的痛点，根据年轻人更容易被新鲜事物吸引且具有强大的传播能力的特点，做出了迎合年轻人喜好的产品，建设潮流品牌，不断坚持自己的产品定位和创新，并将产品定位于一款专注新生代的音乐短视频社区。

（二）价值创造与传递方面

1. 客户关系

抖音与用户建立的是合作互惠关系，用户不仅是抖音的消费者，同时也是视频的创作者。抖音从用户获取流量，部分用户可以通过发布广告视频、上架商品等方式获得收益。同时，不同于腾讯视频、爱奇艺视频等 App，在抖音观看短视频不需要付费以及充值会员，抖音还根据大数据为不同用户提供他们可能喜爱的不同种类的视频，用户刷到不喜欢的视频可以选择“不感兴趣”，抖音就为用户减少此类视频的推送，使用户观看视频的体验感极佳，从而建立用户信任，提高用户黏性。

2. 经营系统与运作模式

抖音的经营配置分为内容制作和内容分发。在内容制作上，随着大数据的发展和互联网的普及，视频内容和风格也逐渐多种多样，短视频的制作也呈现出多元化特征。在抖音平台上发布视频的用户类型不仅包括具有优秀创作能力的组织团队，也包括拥有粉丝基础的网红和偶尔灵感迸发的普通用户，这就使得用户通过抖音这个平台能够观看到更多种类和有意义的视频。在内容分发方面，抖音会按照短视频涉及的内容和类型，同时加上视频制作者发布视频时设定的关键字和话题，通过平台的大数据库定点投放给可能的目标用户。同时，抖音还提供类似百度的搜索功能，用户通过搜索栏搜索信息，抖音会根据关键字为用户推荐特定视频内容或文字解说，使用户获得良好的浏览体验。

3. 合作伙伴

目前与抖音进行合作的伙伴类型分为四类：一是广告商，抖音通过与淘宝、京东等平台以及众多知名品牌合作，为品牌方添加蓝V标识，在抖音与其他电商平台之间建立起直接跳转的链接通道，用户通过点击品牌方发布的链接即可直接跳转购买，以此可以促进品牌的宣传，同时增加双方的流量。二是明星，通过明星效应吸引相当数量的粉丝或与明星相关的影视、电视剧粉丝。三是拥有粉丝基础的网红，这些网红有一部分是通过自己的能力赚取了巨大流量而拥有庞大的粉丝数量，抖音通过与一些拥有大量粉丝的网红签订合约的方式，将这部分网红变成其旗下的艺人，从而建立起合作关系，同时给予这些账号优质流量来确保网红不会流失。四是政府的官方账号，通过邀请央视、各地方电视台、新闻媒体入驻，宣传政府工作报告之外，也能为用户及时推送新闻或科普常识。

（三）价值获取方面

1. 盈利模式

抖音的盈利模式主要分为四种：广告销售、电商平台直播带货、达人直播、用户自费收入。广告销售分为开屏广告和植入广告。开屏广告是用户开启短视频之后的第一个视频，视觉效果好，且能带来巨大的曝光流量；植入广告主要通过与视频达人进行合作，在其发布的视频中进行广告植入，这些达人都有相当数量的粉丝群体，其发布的视频广告也能带来很好的流量。电商平台直播带货主要通过商家与达人的合作，达人在直播中介绍相关产品，植入产品链接，引导粉丝和其他用户点击链接跳转到电商平台的页面，从而进行流量的转化。达人直播可以在直播的过程中实现流量的有效变现，用户可以在自己喜欢的达人直播过程中进行打赏，抖音短视频平台则会从达人直播收到的礼物中进行抽成。用户自费收入一般包括抖音用户为了引流所投入的费用，用户在发布自己制作的短视频之后为了得到更多曝光量、点赞数、转发评论数，会选择从平台购买视频定点投放业务，比如抖音提供的“DOU+”服务。此外用户可以自己在主页商品橱窗中上架自制产品，比如教学课程、音频等，抖音也会从中提取分成。

2. 成本结构

抖音短视频平台运营的成本主要来自四个部分：一是平台研发与运营，用来维持平台不同模块的正常运营和服务，同时依靠App的研发团队对产品进行版本的不断更新。二是平台宣传，抖音成立之初至今，不断邀请一线明星为其代言，用以

提升平台的知名度。三是版权购买，抖音短视频中出现的音频，都需要为其购买版权，以及商用视频内容中涉及的影视内容也需要购买版权。四是通过头部达人和网红的签约，来保证优质视频的不断产出，以此才能增加用户黏度。

（四）面临的问题和挑战

1. 价值创造与传递过程中的问题

在价值创造与传递阶段，抖音短视频平台可能面临的问题有两种：版权意识不到位、视频同质化问题严重。

首先，现如今，互联网技术飞速发展，短视频平台的发展也趋于成熟，在短视频平台上发布视频的门槛相对较低，给平台带来流量的同时也会产生很多版权问题。目前，在抖音上频繁出现对未经授权的影视作品进行剪辑加工，通过后期配音解说获取流量的账号和博主。此外，一部分抖音直播间卖的产品是假货或"三无"产品。虽然这些内容的产出也能带来流量，但是却违背了短视频流行的初衷。

其次，目前抖音大部分用户发布视频都有一个特点：蹭热度，缺少创新性。抖音发展最初流行以音乐为主，前期火爆的视频特点多在卡点和技术流，以及一些颜值主播的兴起；在抖音与春晚进行合作之后，视频特点又以土味段子为主；疫情开始至今，抖音获得巨额流量的同时，也导致模仿、抄袭等视频数量的飞速增长。迄今为止，抖音视频还多以跟风为主，大家发布视频都遵循一个目的：博取流量和关注度，以至于缺乏思考就发布视频。当一种类型的视频爆火之后，大家都相继跟风模仿，从网友的调侃"仿佛看到了未来一周内的抖音"也不难看出这一点。而这也导致视频创作门槛低、视频质量参差不齐的问题，容易使刷视频的用户产生视觉疲劳，甚至导致用户流失。

2. 价值获取过程中的问题

在价值获取阶段，抖音短视频平台可能面临的问题主要是过分依赖流量变现。从上述分析也不难看出，抖音目前的营业收入主要还是来自于流量变现，通过广告、营销等手段实现盈利，虽然利润水平较高，但是盈利手段过于单一，很容易受到来自竞争对手以及新型盈利模式的冲击。

五、建议

（一）完善平台审核机制

虽然发布视频内容的用户版权意识较为薄弱，但平台应该对抄袭和侵犯原创的行为进行警告和制止，同时对用户进行版权知识普及，加强用户保护原创的意识，引导用户树立正确的价值观。

（二）优化推荐视频机制

针对目前视频内容同质化问题，可以优化推荐视频机制，对多个内容相似的视频减少推送，以降低人们的视觉疲劳。同时可以通过优先推荐流量或提供补贴的方式鼓励人们进行创作，引导更多用户创造出更优质的视频内容，同时用户也能更快地从视频获取的流量中变现，从而实现良好的循环，同时也能够营造出积极向上的网络环境。

（三）挖掘更多变现途径

目前人们刷短视频还是以娱乐消遣为主，因此短视频行业短期内可能无法摆脱广告盈利的手段。但是在满足人们娱乐需求的同时，也应该积极拓展新业务，例如在视频推送上增加科普性内容，对科普类账号以流量优待，激发人们的求知欲，以此增加知识付费功能，对运营科普账号的博主进行重点推荐，引导人们购买这类博主上架的知识商品，培养人们“为知识付费”的意识，以此实现多赢局面。

六、结论

在互联网飞速发展的时代，短视频行业逐渐兴起。抖音通过精准的市场定位、有趣的视频内容吸引了大批用户，满足人们在碎片化时间里的短期娱乐需求，这与抖音实施的商业模式及商业模式创新密不可分。抖音的商业模式遵循从价值定义到价值创造与传递，再回归到价值获取，这符合商业模式的逻辑。同时，抖音发展存在版权意识不到位、视频内容参差不齐，内容同质化严重、过分依赖流量变现等问题，可以通过完善平台审核机制、挖掘更多变现途径以及优化推荐视频机制等措施进行解决，这有利于抖音短视频平台的可持续发展。

参考文献

[1] 牟焕森，沈绮珊，宁连举．短视频平台型企业商业化转型的商业模式创新——以快手为例［J/OL］．企业经济，2021，40（1）：71－81. DOI:

10. 13529/j. cnki. enterprise. economy. 2021. 01. 009.

［2］周锦阳．互联网平台企业商业模式创新研究［J/OL］．财经界，2021，589（18）：32-35. DOI：10. 19887/j. cnki. cn11-4098/f. 2021. 18. 015.

［3］张敬伟，王迎军．基于价值三角形逻辑的商业模式概念模型研究［J/OL］．外国经济与管理，2010，32（6）：1－8. DOI：10. 16538/j. cnki. fem. 2010. 06. 004.

［4］唐彬，卢艳秋，赵彬．跨界搜寻与大数据能力协同作用下平台企业商业模式创新研究［J/OL］．图书情报工作，2020，64（5）：124－132. DOI：10. 13266/j. issn. 0252-3116. 2020. 05. 013.

金融资产配置对数字化转型程度的影响研究

——以片仔癀为例

张　乐*

摘　要： 在推进数字经济与实体经济深度融合的背景下，实体企业的金融资产配置会对数字化转型产生影响。本文通过对片仔癀公司 2012～2021 年的数据进行分析，发现数字化转型受到金融资产配置的“蓄水池效应”与“挤出效应”的影响。进一步研究发现金融资产配置通过挤占经营资产投资这一路径影响片仔癀的数字化转型。研究结论对于中医药行业企业合理配置金融资产以实现数字化转型提供了一定的案例参考。

关键词： 金融资产配置；数字化转型；挤占效应

一、引言

随着大数据、人工智能、云计算、区块链等技术在企业管理中得到广泛应用，企业管理数字化、智能化转型等已成为必然趋势。在此背景下，中医药行业普遍存在降低生产成本、提高产品质量等需求，亟须通过转型获得可持续发展。企业开展数字化转型前期需要资金持续稳定的供应，转型阶段容易受到其他因素的影响，由于转型周期较长，且成果转化需要时间，最初的投资可能变为沉没成本，并存在与组织内部运作相关的风险。此时企业就需要发挥金融资产配置的作用，利用其在金融市场上的回报来支撑数字化转型的成本。

---

* 作者简介：张乐（1999—），女，甘肃省白银人，北京联合大学管理学院在读研究生，研究方向：数字化转型与公司财务。

本文将公司金融资产配置与数字化转型联系起来，选取了在中医药行业中数字化转型比较成功的企业——漳州片仔癀药业股份有限公司（以下简称“片仔癀”），研究其金融资产配置是否促进了数字化转型，探讨该企业金融资产配置对数字化转型的经济影响，并就企业如何合理配置金融资产以实现数字化转型提供了经验证据。

二、文献综述

近年来学者们对数字化转型做了大量的研究，并获得了丰富的研究成果。刘淑春等（2021）对数字化转型的定义做了界定，认为企业数字化转型的本质是通过将数字技术引入现有企业管理架构，重塑企业的运营机制、生产过程等传统管理路径，最终实现管理模式从“工业化”向“数字化”的变革。还有部分学者认为数字化转型可以描述为一个过程，企业通过转型能够快速改进业务模式从而达到高质量发展的目标。数字化转型的影响因素也受到了学者们的关注，从外部环境角度来看，地区数字经济发展水平、政策支持力度等都能在一定程度上促进企业的数字化转型（陈玉娇等，2021）；从企业内部发展来看，企业会基于追求生产效率与市场地位的动机，从而搭建网络平台来发展数字化（宋晶和陈劲，2022）。

关于企业金融资产配置，彭俞超和黄志刚（2018）认为，企业持有金融资产能够发挥“蓄水池效应”，有效促进实业发展；黄贤环等（2018）将金融资产分为长期和短期两部分，发现长期金融资产配置对用于投资的资金产生了“挤出效应”，极大增加了企业的财务风险；谢家智等（2014）研究发现金融资产配置在合理范围之内才会促进实业发展，制造业企业过度配置金融资产会降低技术创新能力。

三、案例简介

本文选取医药制造行业中的漳州片仔癀药业股份有限公司的原因在于：首先，片仔癀作为对国民经济发展具有重要作用的高新技术企业，亟须完成数字化转型以达到高质量发展的目的；其次，与国民健康息息相关的医药制造企业更加注重通过对企业资源的有效配置，不断提高传统产业的数字化水平。

片仔癀成立于 1999 年，2003 年在上海证券交易所上市。随着市场环境的不断变化，片仔癀顺应市场趋势，于 2014 年开始实施“一核两翼”新战略，以中药生产为龙头，保健品和化妆品为两翼，辅以电子商务，正式步入数字化时代。近年来，片仔癀营业收入与营业利润呈增长趋势，其“一核两翼”战略的多元化发展策略初见成效。在寻求转型的过程中，企业逐渐转变了传统的生产经营理念，充分发挥市场和科技的引领作用。至 2020 年，企业全面推行数字化运营模式，通过品牌规划、数字化转型等工作促进公司各板块工作全方位提升。

四、片仔癀金融资产配置与数字化转型的现状

（一）金融资产配置动态演化分析

金融资产是所有者以价值形态存在的资产，是一种索取实物资产的无形的权利。为了便于研究，本文参照宋军和陆旸（2015）的研究成果，将金融资产分类为以下四种：交易性金融资产，可供出售金融资产，长期股权投资，投资性房地产。企业的金融资产配置结果将影响企业的财务状况和经营成果，进而影响到企业转型战略的实施过程。

资产负债表项目能够从静态存量的角度反映企业金融资产配置情况，将企业各项金融资产加总得到企业金融投资总额，除以企业的总资产即得到金融资产持有率这一指标。金融资产持有水平越高，说明企业运用在金融投资的资本越多，反映了企业更高的金融资产配置程度。

从图 1 可以看出，片仔癀的金融资产持有量总体呈现逐年下降的趋势。2012 年片仔癀正式启动数字化转型，其金融资产持有率达到了 29.81%，此后数年间金融资产总额的波动较小（见表 1）。由于片仔癀发展势头良好，企业规模逐渐扩大，资产总额也在不断增加，然而金融资产持有率这一相对指标却在不断下降。在金融资产配置策略中，2012~2018 年占有主要比例的金融资产类型是可供出售的金融资产和长期股权投资，2019 年以后以长期股权投资和投资性房地产为主。随着企业的发展，片仔癀并没有提升金融资产配置水平。这一方面反映出片仔癀的管理者对于金融投资相对保守的态度，另一方面可能是因为片仔癀作为中医药企业，其原材料的价格容易波动，因而需要较多的运营资金。总的来说，片仔癀的金融资产配置策略呈现逐年递减的趋势。

图1　片仔癀金融资产持有情况

数据来源：国泰安数据库。

表1　片仔癀金融资产持有情况

会计期间	交易性金融资产（亿元）	可供出售金融资产净额（亿元）	长期股权投资净额（亿元）	投资性房地产净额（亿元）	金融资产总额（亿元）	资产总额（亿元）	金融资产持有率（%）
2012年	0.00	4.56	1.80	0.29	6.65	22.31	29.81
2013年	0.00	3.79	1.65	0.41	5.85	32.59	17.95
2014年	0.00	5.39	1.67	0.40	7.46	36.50	20.44
2015年	0.00	4.24	2.08	0.40	6.72	40.55	16.57
2016年	0.00	4.39	4.61	0.43	9.43	50.38	18.72
2017年	0.00	4.41	3.89	0.41	8.71	56.48	15.42
2018年	0.00	3.57	5.36	0.39	9.32	66.58	14.00
2019年	0.00	0.00	4.75	0.34	5.09	88.11	5.78
2020年	0.00	0.00	4.81	0.29	5.10	102.06	5.00
2021年	0.09	0.00	2.68	0.26	3.03	124.95	2.42

数据来源：国泰安数据库。

除此之外，本部分选取了与片仔癀同为中医药行业的40余家A股上市公司数据作为样本，通过与中医药行业的状况进行对比，对片仔癀的金融资产配置状况有整体了解。从图2可以看出，中医药行业的金融资产持有率较为稳定地维持在6%左右的水平，2019年以前，片仔癀的金融资产持有率远超行业平均水平。与行业平均水平相比，片仔癀的金融资产配置程度较高。

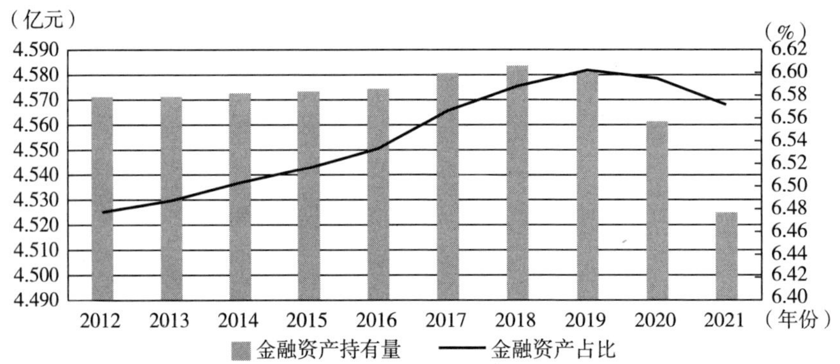

图 2　中医药行业金融资产持有情况

数据来源：国泰安数据库。

（二）数字化转型的动态演化分析

随着中医药行业的发展，相关保健品的市场不断扩大，片仔癀作为传统中药行业曾一度面临产品老化问题。为此，片仔癀积极向产业链上、下游拓展，实现全渠道数字化，创新数字营销模式，并让"一核两翼"模式持续发力。片仔癀的数字化转型，正式起始于 2012 年，并且至今仍在不断发展与深化。本文以片仔癀年报中涉及企业"数字化转型"的关键词词频作为企业数字化转型程度的代理指标。

从图 3 可以看出，片仔癀自 2012 年实施数字化转型以来，由于前期投入较大，与同行业的企业相比，其转型程度一直超过行业平均水平，表明片仔癀对于进行数字化转型具有前瞻性。2014 年为数字化进程的关键节点，自"一核两翼"的新战略实施以后，片仔癀一直保持在较高的数字化水平。

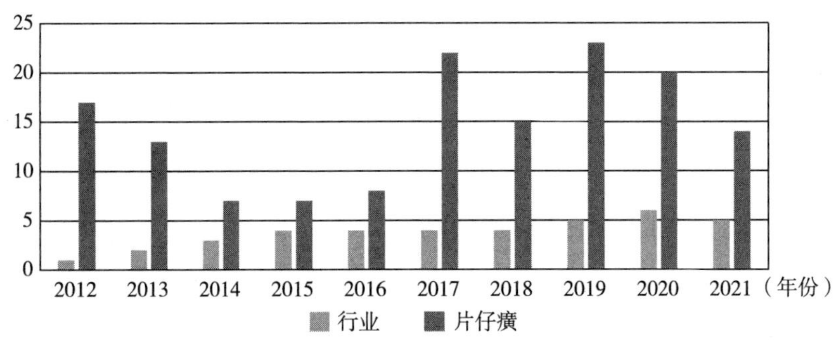

图 3　数字化转型程度

数据来源：国泰安数据库。

五、片仔癀公司金融资产配置对数字化转型的影响

（一）金融资产配置对数字化转型的影响效应分析

前文文献综述部分已提及，企业金融资产配置的“蓄水池效应”与“挤出效应”可能都会影响数字化转型，适度合理的金融资产配置才能有效促进数字化转型。

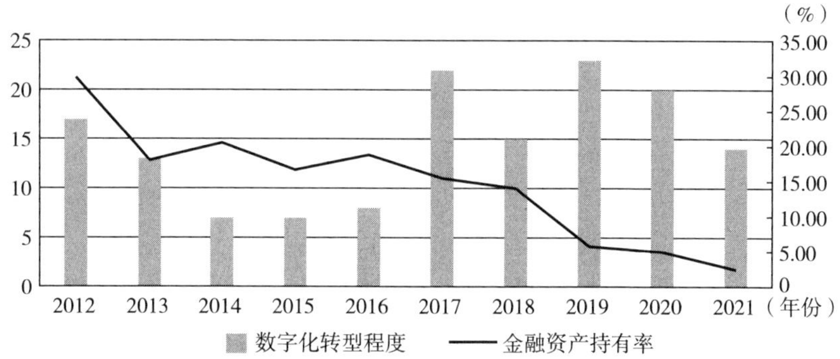

图 4 金融资产持有率与数字化转型程度

数据来源：国泰安数据库。

片仔癀的数字化转型进程较长，在转型的初期阶段，企业的金融资产配置程度较高，企业选择数字化转型战略后，前期面临资金需求量大以及成果转化的不确定性等情况。由于金融资产的流动性较强，容易变现，此时企业金融化程度高会增加自身筹集资金的能力，持续为数字化转型提供资金支持，产生“蓄水池效应”。同时，通过配置金融资产获得的收益也可以改善企业的财务状况，提高企业承担风险的能力。

但是由于资源的有限性，经营投资和金融投资之间存在替代关系，企业配置金融资产会挤占经营资产投资，过高的金融资产配置反而可能会制约数字化转型的发展。因而在片仔癀经过了初期的转型阶段后，从 2014 年开始，其金融资产持有率呈现逐年下降的趋势，而数字化转型由于不再受到“挤占效应”的影响，转型程度维持在较高的水平。

（二）金融资产配置对数字化转型的影响路径

本文通过对相关文献的总结，构建了两条金融资产配置对数字化转型的影响路径，即“金融资产配置—经营资产投资—数字化转型”和“金融资产配置—研发投入—数字化转型”。

1. 金融资产配置通过经营资产投资进而影响数字化转型

获利动机是企业进行金融资产配置的重要因素，本部分选取了资产回报率这一指标从获利动机的角度说明片仔癀金融资产配置对经营投资的挤占效应。经营资产是相对于金融资产来说的，包括涉及企业日常生产经营活动的所有资产。

金融回报率＝金融收益/金融资产

经营回报率＝（利润总额－金融收益）/经营资产

如图5所示，2015~2021年片仔癀金融回报率呈现不断攀升的趋势，经营回报率维持在较为稳定的状态，两者曲线变动情况呈现基本相反的方向。

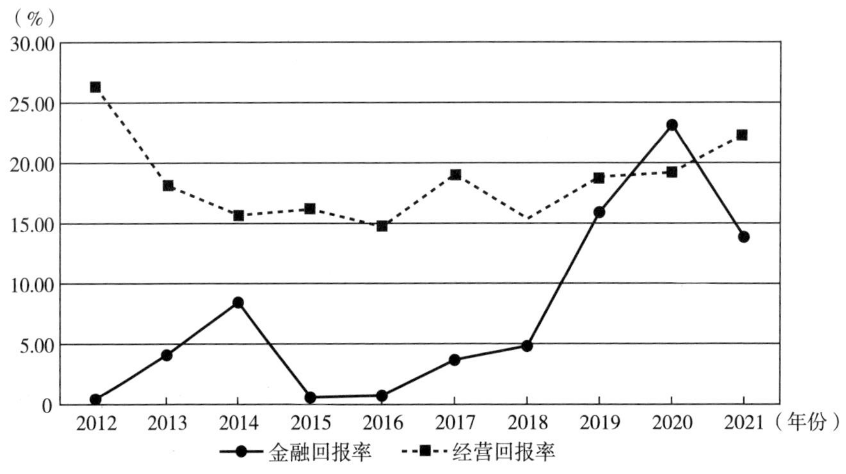

图5　片仔癀金融回报率和经营回报率

数据来源：国泰安数据库。

如图6所示，2014年以来片仔癀经营资产增长率和金融资产持有率大体呈现较为明显的反向变动关系，经营资产逐年上升，而且年增长率保持在20%左右的较高区间，而金融资产持有率逐年减少。经营资产增长率在2019年达到波峰位置，其金融资产持有率仍然保持在较低水平。2016年至今片仔癀经营资产增长率和金融资产持有率两个指标同期呈现基本相反的变动，说明片仔癀金融资产配置对其经营

资产的替代作用较为明显，金融投资配置对经营投资产生了挤占效应。

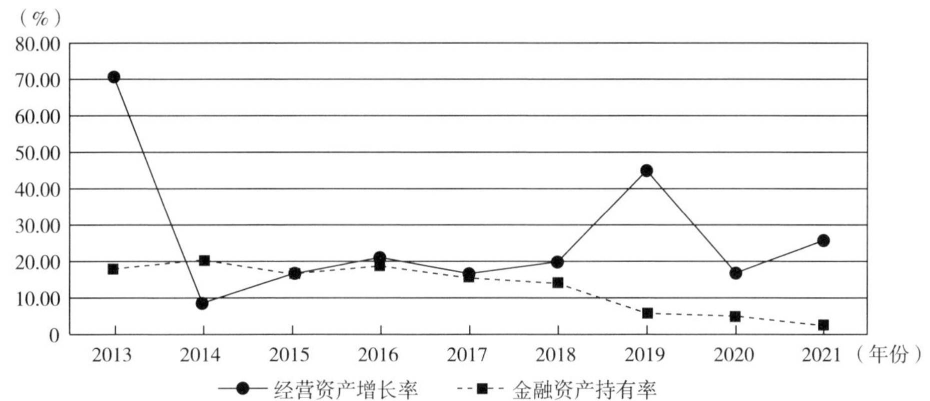

图 6　片仔癀金融资产持有率和经营资产增长率

数据来源：国泰安数据库。

从图 7 可以看出，片仔癀数字化转型程度与经营回报率的变动方向基本一致，而与金融资产持有率呈现反向的变动关系。伴随着低金融资产配置的模式，经营资产呈现不断扩大的良好趋势，并获得了较高的回报率，进而为片仔癀的数字化转型提供了资金支持，表明金融资产对经营资产的挤占效应会影响片仔癀的数字化转型。

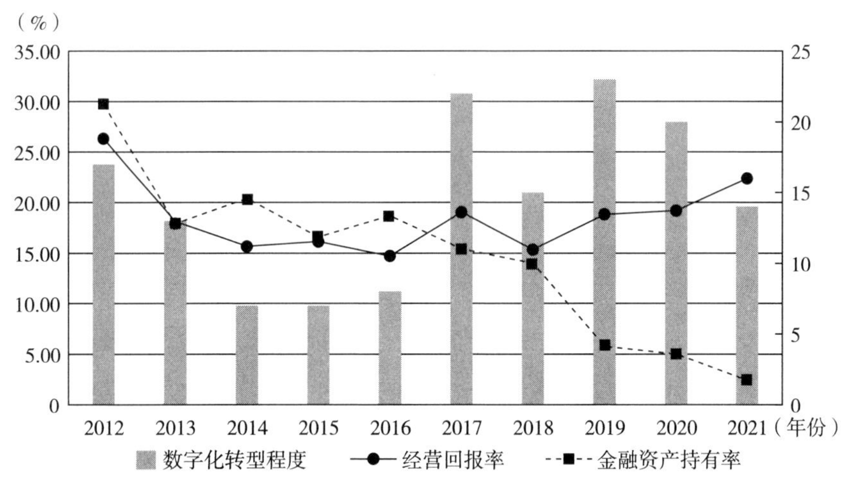

图 7　片仔癀金融资产对经营回报的影响

数据来源：国泰安数据库。

2. 金融资产配置通过研发投入进而影响数字化转型

研发能力是决定企业数字化转型所需特定技术的关键要素之一。企业通过研发构建自主式的创新网络，整合内部和外部的资源，将知识有效转化为核心技术能力。通过对金融资产的合理配置，企业将金融投资收益用于支持数字化转型的研发投入，从而影响数字化转型的程度。

部分文献提及，对实体企业而言，较少进行金融资产配置的企业更加注重研发投入，因而创新能力更强；而配置大量金融资产的企业倾向于将金融收益继续投入金融市场，忽视了实业的发展，这与金融投资反哺研发活动的初衷背道而驰，也即实体企业金融资产配置与其研发投入金额呈现负相关关系，金融投资对企业研发投入具有挤出效应。片仔癀的研发投入与研发强度一直保持在较为稳定的水平，如表 2 所示。

表 2　片仔癀研发投入情况

会计期间	金融资产投资（亿元）	研发投入（亿元）	营业收入（亿元）	研发强度（%）
2012 年	6. 65	0. 26	10. 22	2. 54
2013 年	5. 85	0. 47	11. 71	4. 01
2014 年	7. 46	0. 45	13. 96	3. 22
2015 年	6. 72	0. 50	14. 54	3. 44
2016 年	9. 43	0. 67	18. 86	3. 55
2017 年	8. 71	0. 70	23. 09	3. 03
2018 年	9. 32	1. 01	37. 14	2. 72
2019 年	5. 09	1. 09	47. 66	2. 29
2020 年	5. 10	0. 98	57. 22	1. 71
2021 年	3. 03	2. 00	65. 11	3. 07

数据来源：国泰安数据库。

从图 8 的相对指标来看，2012~2021 年，片仔癀减少了金融资产持有率，但其研发强度并没有增加，一直维持在较低的水平，说明金融资产配置没有对研发投入产生挤占作用。究其原因主要在于中药制造企业研发投入较少的行业特质，中医药行业研发投入情况如表 3 所示。

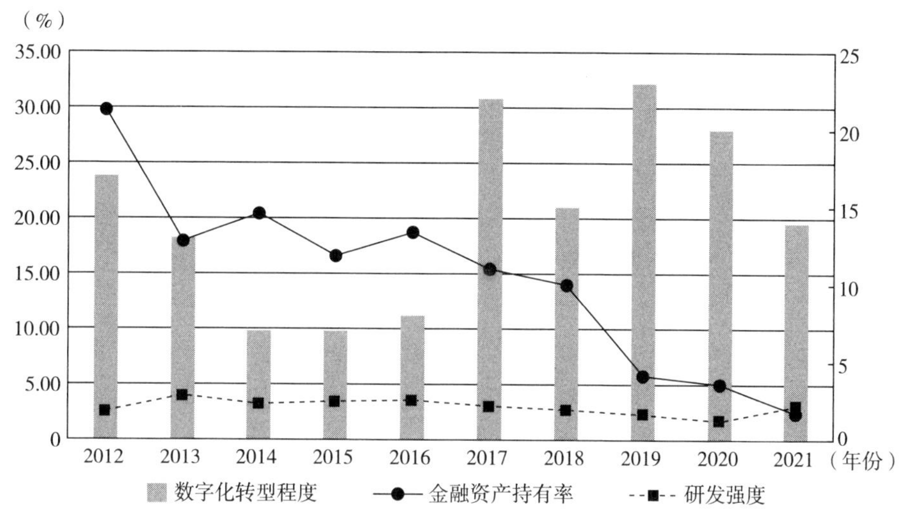

图 8　金融资产配置对研发强度的影响

数据来源：国泰安数据库。

表 3　中医药行业研发投入情况

会计期间	研发投入（亿元）	营业收入（亿元）	研发强度（%）
2018 年	1. 14	62. 27	1. 83
2019 年	1. 18	62. 95	1. 87
2020 年	1. 24	60. 36	2. 06
2021 年	1. 50	64. 98	2. 31

数据来源：国泰安数据库。

中医药行业的产品大多源于成熟的配方而非大量的生化研究，因而并不注重研发投入，其研发费用整体偏少，研发强度较低。片仔癀的金融资产配置对研发创新的挤占作用也不明显。因此，片仔癀的金融资产配置并非通过挤占研发投入这一路径最终影响企业数字化转型。

六、结论与建议

本文基于数字经济与实体经济深度融合的背景，借助片仔癀公司 2012~2021

年数据，研究金融资产配置对企业数字化转型的影响。得出以下结论：

（1）片仔癀金融资产配置程度前期较高，后期有逐年下降的趋势。伴随着低金融资产配置的模式，经营资产呈现不断扩大的良好趋势，并获得了较高的回报率，进而为片仔癀的数字化转型提供了资金支持，表明金融资产对经营资产的挤占效应会影响片仔癀的数字化转型。

（2）片仔癀作为中药制造企业，本身具有研发投入少的行业特点。随着片仔癀金融资产配置的逐年减少，其研发强度一直维持在较为稳定的水平，波动较小，说明金融资产配置并没有对片仔癀的研发投入产生较大影响，因而片仔癀的金融资产配置并非通过挤占研发投入这一路径最终影响企业数字化转型。

基于研究结果，本文提出以下建议：

（1）合理配置金融资产，防止过度金融化。对于实体企业而言，长期高比例的金融资产配置行为会削弱主营业务。在长期受到金融资产的挤占效应的影响下，企业缺乏用于投资活动的资金，将会丧失部分发展机遇，这违背了分散风险的初衷。

在这种情况下，实体企业也会更加依赖金融市场，继续投放更多的金融资产来维持盈利，这又增加了实体企业的金融风险。因此，为了让实体企业真正发挥金融资产的“蓄水池”效应，达到资源优化配置的效果，实现数字经济与实体经济融合的目的，就应充分认识金融风险，把握金融资产配置的程度，以及对工业生产和金融投资之间关系的适当管理，从而实现金融服务于实体的目标。

（2）适当增加研发投入，提高数字化转型成功率。企业的数字化转型周期较长，除了对资金的需求，还需要较为成熟的数字技术以及数字化基础建设，企业只有加强研究开发，提升创新能力，才能为传统设施的智能转型和企业的数字化转型打下坚实的数字化基础，提高数字化转型的成功率。

参考文献

［1］刘淑春，闫津臣，张思雪，林汉川．企业管理数字化变革能提升投入产出效率吗［J］．管理世界，2021，37（5）：170-190+13.

［2］陈玉娇，宋铁波，黄键斌．企业数字化转型：“随行就市”还是“入乡随俗”？——基于制度理论和认知理论的决策过程研究［J］．科学学研究，2021（8）：1-15.

［3］宋晶，陈劲．企业家社会网络对企业数字化建设的影响研究：战略柔性的调节作用［J］．科学学研究，2022，40（1）：103-112.

［4］彭俞超，黄志刚．经济“脱实向虚”的成因与治理：理解十九大金融

体制改革［J］．世界经济，2018，41（9）：3-25.

［5］黄贤环，吴秋生，王瑶．金融资产配置与企业财务风险："未雨绸缪"还是"舍本逐末"［J］．财经研究，2018，44（12）：100-112+125.

［6］谢家智，王文涛，江源．制造业金融化、政府控制与技术创新［J］．经济学动态，2014（11）：78-88.

［7］郝政，吕佳，杨蕾，张勇．组态视角下商业银行数字化转型路径研究——基于创新生态系统的联动效应分析［J］．技术经济，2022，41（11）：40-53.

［8］张哲，阳镇，陈劲，李倩．国有企业数字化转型的多重模式比较——来自50个国有企业案例的分析［J］．科技进步与对策，2022，9（19）：1-11.

中信特钢连续并购绩效研究

赵国旭*

摘　要： 本文以中信特钢近年来的连续并购行为为研究对象，通过事件研究法和财务分析法对其 2018~2021 年连续并购的短期和长期绩效进行分析。从短期绩效看，累计平均超额收益率持续向上波动并逐步回归正常，短期市场反馈良好；从长期绩效看，中信特钢通过改善管理结构、降低生产成本、增强盈利能力等措施取得了显著进步，然而，连续并购也给企业带来了一定的财务风险。

关键词： 连续并购；绩效；事件研究法；财务分析法；EVA 绩效评价

一、引言

特钢工业的发展水平对于一个国家的钢铁工业实力至关重要。根据中国特钢企业协会的统计数据，截止到 2021 年，中国特钢企业的特钢生产总量已经达到了 8700 万吨，较上一年度增长了 3.6%。近年来，中信特钢积极响应国家号召，不断投入资源，积极探索、开拓、改进，努力实现特钢产业的高质量发展，不断提高特钢企业的整体实力，实现“卡脖子”技术的突破，实现兼并重组，加速国际化布局，努力打造特钢行业的领先品牌，实现全球特钢市场的领先优势。

随着经济的迅猛发展，中国企业并购行业变得越来越热闹，并购已经成为企业取得长足进步的重要手段。然而，并购也有其弊端，如果恰当地使用，就能够让企业取得良好的发展，提升其市场竞争力。相反，由于并购带来的经济风险，可能会让公司面临财务困境。Schipper 和 Thampson 首次提出了连续并购的理论，然而，在接下来的研究中，他们对这一概念的解释存在巨大差异：Schipper 把它

* 作者简介：赵国旭（1999—），男，北京联合大学管理学院在读研究生。

称作"企业三年内不少于三次的并购行为"，而 Billett 把它称作"企业五年内的并购次数不少于两次"，这表明，学术界对连续并购的界定仍然存在分歧。

经过 2018~2021 年的连续并购，中信特钢已经大幅度改善了产品质量，构建出一个完整的、多元的产品线，突破了传统钢铁行业的周期性波动，取得了卓越的业绩。从绩效来看，中信特钢处于行业领先地位，但仍需要进一步加强协同整合，以实现更大的发展。本文旨在为制造业企业的并购行为提供有价值的经验指导，以期获得更好的效果。

二、中信特钢概况与连续并购过程

（一）企业概况

中信特钢（000708. SZ）是中国中信集团旗下的一家大型企业，其下属的江阴兴澄特种钢铁有限公司、大冶特殊钢有限公司、青岛特殊钢铁有限公司、靖江特殊钢有限公司、铜陵泰富特种材料有限公司、扬州泰富特种材料有限公司、泰富特钢悬架有限公司以及浙江泰富无缝钢管有限公司，构成了一个完整的产业链，为中国经济发展提供了强大的支撑。

中信特钢拥有全球最先进的特殊钢生产技术和设备，年产 1400 多万吨特殊钢，涵盖各种规格、品种、类别，是一个全球性的特殊钢生产基地，其产品种类繁多，包括合金钢棒材、特种中厚板材、特种无缝钢管、特冶锻造、合金钢线材、连铸合金圆坯六大产品群，以及调质材、银亮材、汽车零部件、磨球等深加工产品系列，品质卓越，在市场上具有明显的竞争优势。

（二）连续并购过程

根据时间先后，详细的并购信息可以在表 1 中找到。

表 1　中信特钢连续并购过程

并购时间	并购标的	并购对价
2018-12-25	江阴兴澄特种钢铁有限公司	2317939 万元
2019-05-16	浙江格洛斯无缝钢管有限公司	49155 万元
2019-10-11	江阴兴澄特种钢铁有限公司	361759 万元

续表

并购时间	并购标的	并购对价
2020-01-16	中信泰富特钢集团股份有限公司	188047 万元
2020-07-23	嘉兴金石彭衡股权投资合伙企业	148466 万元
2021-01-05	上海电气集团钢管有限公司	40000 万元

资料来源：前瞻数据库。

2019 年 5 月，中信特钢大力实施资本整合，将浙江格洛斯无缝钢管有限公司改制为浙江泰富无缝钢管有限公司，形成了一条完整的产业链，使公司具备了生产大口径厚壁特种无缝钢管的能力，大大提升了大冶特钢、靖江特钢等企业的无缝钢管供应量，为企业的可持续发展提供了有力支撑。经过不懈努力，中信特钢钢管的总产量已经突破 150 万吨，涵盖了各类型号，使其在市场上的竞争力大大增强。2019 年 10 月，中信特钢的合并重组，使中信集团的大冶特钢和兴澄特钢的产业战略布局得以实现，中信特钢在 A 股的市场份额中脱颖而出，成为当之无愧的最大特钢公司。

2020 年 7 月，中信特钢和多家专业机构联手，以增加注册资本的形式，获得徐工集团工程机械有限公司的控制权。中信特钢此次投资将打通中信特钢在工程机械领域零部件的下游产业链，创造新的业务增长点。

2021 年 1 月，中信特钢成功收购上海电气集团钢管有限公司 40%的股份，从而获得其原有的 350 万吨无缝钢管生产能力，为公司拓宽无缝钢管市场，增强其综合竞争力奠定坚实基础。

三、中信特钢连续并购绩效分析

（一）短期绩效分析

通过事件研究法和财务指标分析，我们可以更深入地了解中信特钢连续并购活动对其绩效的影响，从而更好地评估其财务状况。此外，我们还可以利用数据来进一步分析事件期内股票变化，以更好地理解中信特钢的绩效变化。

通过事件研究法，我们可以深入探究中信特钢 2018～2021 年的收购活动，以及它们能够给投资者带来的价值。通过计算平均超额收益率和累计平均超额收益率，来衡量中信特钢收购活动的短期绩效。

1. 样本选择

以中信特钢 2018~2021 年（截至 2021 年 2 月 8 日）发生的并购事件作为样本，按以下条件筛选：

（1）采用协议收购或要约收购的方式。

（2）多次发布相关的并购公告，则应以首次公告的日期作为参考依据。

经过筛选后样本事件与首次公告日，如表 2 所示。

表 2　样本事件与首次公告日

首次公告日	并购标的
2018-12-25	江阴兴澄特种钢铁有限公司
2019-05-16	浙江格洛斯无缝钢管有限公司
2019-10-11	江阴兴澄特种钢铁有限公司
2020-01-16	中信泰富特钢集团股份有限公司
2020-07-23	嘉兴金石彭衡股权投资合伙企业
2021-01-05	上海电气集团钢管有限公司

资料来源：前瞻数据库。

2. 确定窗口期与估计期

将并购事件的首次公告日作为事件基准日，定义为 T=0。事件公告日前后 N 天就是事件窗口期。通过设置一个较长的窗口期，我们可以尽量全面地收集信息，从而确保信息的完整性。然而，由于中信特钢一个年度内发生的多次并购，而且这些并购之间的时间间隔很短，我们需要将窗口期限制在［-5，5］，这样才能有效地避免重复，从而更准确地展示我们的分析结果。在数据准确的前提下，为了使估计期尽量长设置事件估计期为（-90，-10）。

3. 计算累计超额收益率、平均超额收益率和累计平均超额收益率

通过对中信特钢连续并购事件的市场模型分析，我们计算出了其日平均超额收益率以及累计日平均超额收益率。为了获得准确的数据，我们从 CSMAR 数据库中收集了大量信息，并使用 Excel 和 STATA16 软件进行了处理。

根据预先设定的时间范围，我们可以准确地预测和评估市场模型的各项参数。依据（-90，-10）内 81 个交易日的上市公司和深证综指的日收益率，对市场模型中的 α_i、β_i 进行估计的市场模型为 $R_{it}=\alpha_i+\beta_i R_{mt}+\varepsilon_i$；$R_{it}$、$R_{mt}$ 为上市公司 i 和股票市场在交易日 t 时的日收益率，α_i 为常数项，β_i 为斜率项，ε_i 为随机误

差项。

将估计窗口期的上市公司股票和股票市场日收益率进行回归分析，得出参数估计值 $\alpha' i$、$\beta' i$，正常收益率计算公式为 $R' it=\alpha' i+\beta' iR_{mt}$、异常收益率计算公式为 R_{it}，$A=R_{it}-R' it$；R_{it}，A 为上市公司 i 在交易日 t 时的股票异常收益率，R_{it} 为事件窗口内上市公司 i 在交易日 t 时的股票实际收益率。每个事件的累计超额收益率为 R_t，$CA=\sum R_{it}$，A，$i=1$，2，…，n。R_t，CA 是以单一事件为依据来计算。为了进一步分析总体绩效的变化引入日平均超额收益率和累计日平均超额收益率。这些股票的日平均异常收益率为 R_t，$AA=(1/n)\sum R_{it}$，A，$i=1$，2，…，n。样本股票的日累计平均异常收益率为 R_t，$CAA=(1/n)\sum R_t$，AA，$t=t1$，$t2$，…，n。

对样本进行上述步骤后，分别对不同事件窗内 R_t，AA 和 R_t，CAA 进行 t 检验，分析并购对股价影响的显著性。显著性假设如下：H_0—R_t，AA 和 R_t，CAA 为 0；H_1—R_t，AA 和 R_t，CAA 不为 0。

4. 结果与分析

经整理，6 个事件的 R_t，CA 结果如表 3 所示。

表 3　并购事件 R_t，CA

事件日	被并购标的	R_t，CA
2018-12-25	江阴兴澄特种钢铁有限公司	0. 145542696
2019-07-23	浙江格洛斯无缝钢管有限公司	0. 038341999
2019-10-11	江阴兴澄特种钢铁有限公司	-0. 116884664
2020-01-16	中信泰富特钢集团股份有限公司	-0. 045198832
2020-07-23	嘉兴金石彭衡股权投资合伙企业	0. 002768838
2021-01-05	上海电气集团钢管有限公司	0. 004951912

资料来源：前瞻数据库。

根据表 3 的数据，6 起并购案例中，CAR>0 的案例数量达到了 4 起，而 CAR<0 的案例数量仅 2 起。尽管并购事件在连续并购的不同阶段有所不同，但是大部分事件累计超额收益率为正，这表明在短期内，连续并购的市场反应良好，并购事件在市场上为中信特钢带来了一定的积极影响。从 2019 年 10 月的并购事件开始，CAR 每次都优于前一次，投资者的信心并没有因为前一次 CAR<0 而受到影响。经过 5 天的时间跨度，我们的统计数据显示，超额收益率和异常收益率都有所增加，这些数据可以在表 4 和表 5 中找到。

表 4 AAR 及 AAR 显著性检验

dif	AAR	sd	t 值	p 值	star
-5	-0. 001663576	0. 021963745	-0. 185529045	0. 858927112	
-4	-0. 005456782	0. 023114014	-0. 578278272	0. 584112618	
-3	0. 01166497	0. 013391266	2. 13372079	0. 07681358	*
-2	-0. 007669644	0. 011852113	-1. 585094129	0. 164037951	
-1	0. 001763305	0. 025558408	0. 168993234	0. 871355253	
0	0. 021023583	0. 020922903	2. 46127658	0. 049034464	**
1	-0. 001313522	0. 030886595	-0. 104170073	0. 920429237	
2	0. 017944075	0. 032780236	1. 340863683	0. 228495677	
3	0. 002678012	0. 02583383	0. 253921443	0. 808033821	
4	-0. 020003705	0. 018673664	-2. 623955842	0. 039377013	**
5	-0. 01404639	0. 021561693	-1. 595722968	0. 161662593	

注：* 表示 p<0. 1，** 表示 p<0. 05。
资料来源：CSMAR 数据库。

由表 4 可见，平均异常收益率在事件日-3、事件日 0、事件日 4 呈显著相关，在窗口期其他事件日效果均不显著。

表 5 CAAR 及 CAAR 显著性检验

dif	CAAR	sd	t 值	p 值	star
-5	-0. 001663576	0. 021963745	-0. 185529045	0. 858927112	
-4	-0. 007120358	0. 02411541	-0. 723240651	0. 496746408	
-3	0. 004544611	0. 015266795	0. 729162767	0. 493370829	
-2	-0. 003125033	0. 022823189	-0. 33539291	0. 748744993	
-1	-0. 001361728	0. 032238963	-0. 103462933	0. 920967139	
0	0. 019661856	0. 040329175	1. 194210247	0. 277461413	
1	0. 018348334	0. 038206951	1. 176331905	0. 284014948	
2	0. 036292409	0. 067585635	1. 315336968	0. 236424176	
3	0. 038970421	0. 079125754	1. 206404267	0. 273066525	
4	0. 018966717	0. 085099929	0. 545932035	0. 604801114	
5	0. 004920326	0. 087458194	0. 137806286	0. 894901898	

注：* 表示 p<0. 1，** 表示 p<0. 05。
资料来源：CSMAR 数据库。

由表 5 可见，累计平均异常收益率在窗口期内的效果均不显著。从事件日 0 至事件日 5 的 CAAR 均大于 0。

通过对中信特钢 6 起并购事件的 AAR 和 CAAR 的分析（见图 1），可以发现，在并购交易披露日前，AAR 从负值转为正值，并且出现了最高峰；而在事件发生后的 1~4 天，AAR 的波动性逐渐减小，最终收敛至最低点，并购消息带来的积极影响也随之减弱。CAAR 在窗口期内显著上升，在事件发生的第 4 天达到最高点，表明投资者对这次并购的认可度越来越高。尽管存在一定的波动，但这次并购活动对企业的财务状况产生了积极的影响。

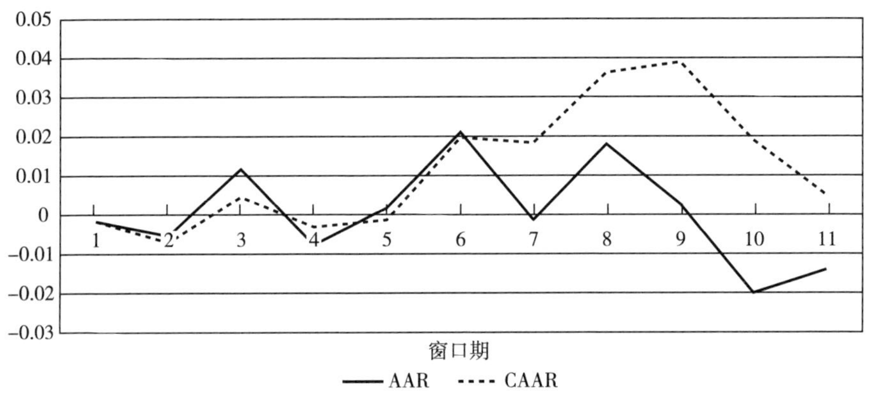

图 1　AAR 与 CAAR 走势

资料来源：CSMAR 数据库。

（二）长期绩效分析

通过对中信特钢的并购，可以更好地评估其在整个过程中的财务表现。这种情况下，中信特钢的经营范围和财务指标都会有所改变，因此，对于该企业来说，进行有效的财务分析显得尤为重要。本文选取中信特钢 2016~2022 年的季报与年报数据，借助偿债、营运、盈利和发展能力等多个指标，对中信特钢并购后的财务绩效进行分析和评估。以下财务数据来源于 RESSET 数据库。

1. 偿债能力分析

比较流动比率与速动比率，可以更准确地预测企业的短期债务负担，而资产负债率则更加精准地反映出其长远债务负担。图 2 展示了这两种比率的对比情况。

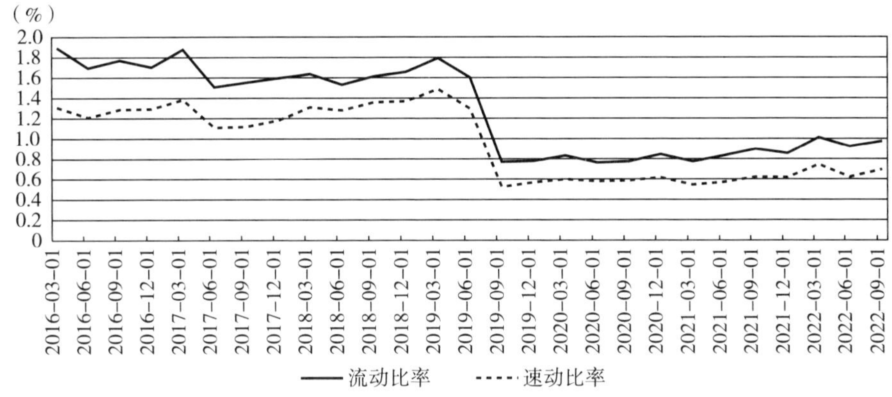

图 2　流动比率、速动比率折线

资料来源：RESSET 数据库。

当流动比率较高时，表明该企业的资金流动性较好，具有较强的变现能力。从图 2 可以看出，在中信特钢开始并购的前两年，其流动比率与速动比率一直稳定在 1.3~1.8，说明企业早期流动资金较充足，2019 年 5 月的并购活动显著地影响了公司的财务状况，其中最明显的表现就是流动比率和速动比率急剧下跌，最终收敛到 0.6~0.8 的水平。这种情况的发生，主要是由于持续的并购活动造成公司的流动资金紧张，从而导致公司的短期偿还能力受到影响，并反映出连续并购为企业带来了一定的财务风险，企业可能面临无法按时偿还短期债务的风险。

如图 3 所示，从 2016 年开始至 2019 年 5 月，资产负债率虽然有所上升但幅度很小，是企业正常的资产负债率，中信特钢的净资产负债率也在 2019 年 5 月之后持续走高，一般认为资产负债率在 40%~60%比较好，但是中信特钢资产负债率一度升高到 200%。连续并购不仅给中信特钢带来了钢铁产能也同时使企业接手了原企业的大量债务，导致企业可能需要借债来筹集资金，维持日常运营，同时也降低了企业的抗风险能力。

图 3　净资产负债率折线

资料来源：RESSET 数据库。

2. 营运能力分析

企业的营运能力可以通过观察存货周转率和应收账款周转率来衡量，这两者的变化可以反映出企业的经营管理水平。为了更准确地评估企业的营运能力，我们对这两项指标进行了深入的比较分析（如图 4 所示）。

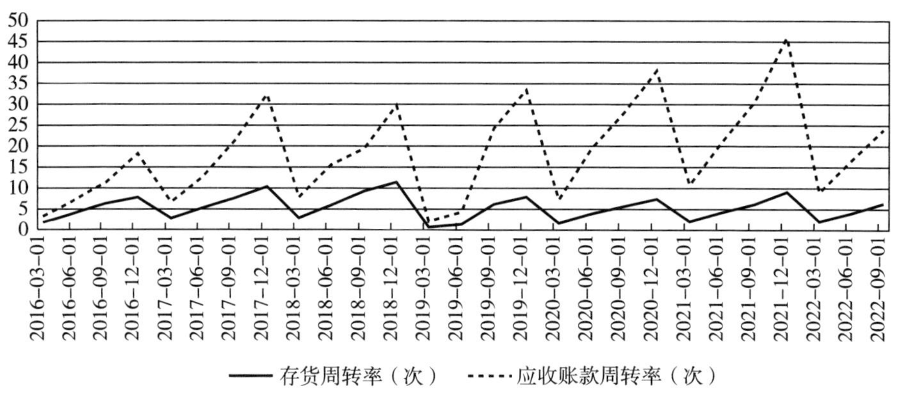

图 4　存货周转率、应收账款周转率折线

资料来源：RESSET 数据库。

通过提升存货周转率，可以显著提升资金的收益率，从而提升企业的运营效率。特别是对于那些依赖于存货的钢铁制造型企业来说，这一点尤其重要。在图中存货周转率成规律波动，表现出稳定的库存和生产管理能力。应收账款周转率上升通常意味着企业能够更快地将应收账款转化为现金，这表明企业具有更好的收款能力。这种情况通常被认为是积极的信号，因为企业能够更快地收回欠款，从而增加现金流和盈利能力。从 2018 年并购开始，每一年的应收账款周转率都比上一年的高，说明中信特钢的管理效率在逐渐提升。

3. 盈利能力分析

企业的成功取决于它的盈利能力，这个能力体现在它对投入资金的承受能力上。这个能力往往会成为投资者重点考虑的财务指标。因此，我们建议使用销售净利率和销售费用率来衡量公司的盈利水平。从图 5 可知，中信特钢在并购后的销售净利率大幅提升，增长了近一倍，销售费用率也呈现出持续下降的趋势，这是因为，中信特钢的并购标的虽然大多数情况经营不善，但其产品本身具有极强的竞争力。因此，中信特钢采取了科学合理的措施，以降低生产成本、优化管理结构，提升盈利能力，从而实现企业的长期发展。

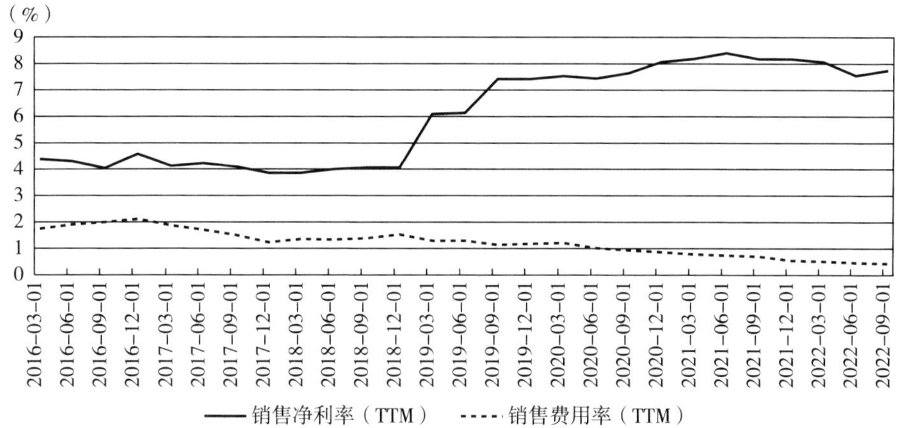

图 5　销售净利率、销售费用率

资料来源：RESSET 数据库。

4. 成长能力分析

成长能力是一个持续发展的重要指标，它可以帮助公司维持良好的运营状况，并通过观察公司的收入增长率和净利润增长率来评估公司的发展潜力。如图 6 所示，营业收入增长率、营业利润增长率在每次并购发生时出现了明显的上升趋势，并且大部分时期营业收入增长率、营业利润增长率都在 0 以上。

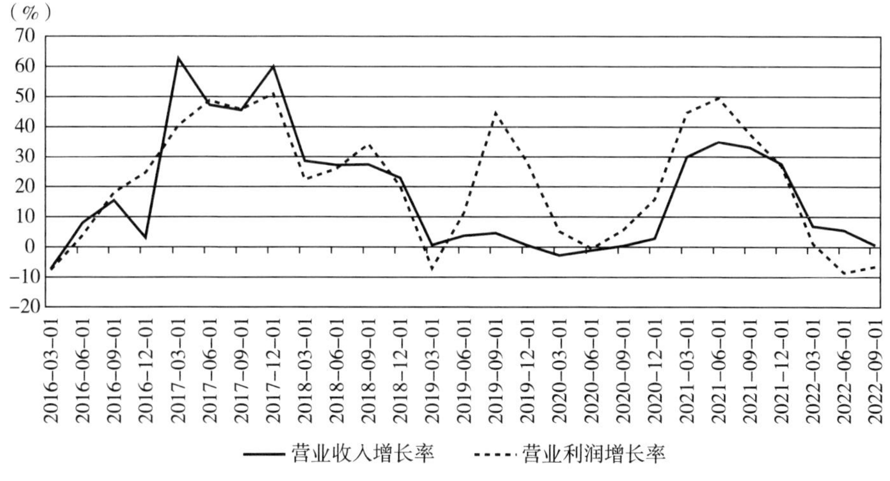

图 6　营业收入增长率、营业利润增长率折线

资料来源：RESSET 数据库。

（三）EVA 绩效分析

过去的财务业绩评估通常仅局限于会计学的视角，在计算资金的使用费用时，仅关注可以直接观察到的费用，而忽视了那些无形的费用，比如隐性费用、机会费用。因此，这种评估方式很难准确地反映企业的经营表现。EVA 作为一种先进的财务管理工具，以股东利益为出发点，综合考量财务费用，以此来准确地反映企业的财务状况。EVA 能够准确衡量企业的经济附加值，并考虑到投资机会成本和资本成本，反映出企业的财务表现和经济效益。

本文从 RESSET 数据库中选取中信特钢并购 2016~2021 年的数据作为研究对象，EVA 经济增加值的具体计算公式为：EVA＝企业税后净利润（NOPAT）－企业投入资本总额（TC）＊企业加权平均资本成本（WACC）。

（1）减值准备的调整。在 EVA 的计算过程中，由于减值准备的存在，它们的账面价值往往被忽略，从而影响企业的财务报表。因此，为了更好地反映企业的实际情况，必须将减值准备的金额加回，这样才能更好地体现出企业的财务状况。此外，减值准备还可以作为一种管理工具，用于控制企业的财务风险，从而更好地保护投资者的利益。

（2）研发费用的调整。在 EVA 的计算过程中，由于减值准备的存在，它们的账面价值往往被忽略，从而影响企业的财务报表。因此，为了更好地反映企业的实际情况，必须将减值准备的金额加回，这样才能更好地体现出企业的财务状况。此外，减值准备还可以作为一种管理工具，用于控制企业的财务风险，从而更好地保护投资者的利益。

（3）利息费用的调整。随着 EVA 技术的不断进步，传统的会计处理方法已经不再适用，因为它可能导致税盾效应，即利息费用被视为企业的真实资本成本，而不再被纳入税前利润。因此，为了更精确地计算企业的资本成本，应当把这些利息费用纳入税后营业利润的范畴。

（4）递延所得税费用的调整。随着科技的发展，传统的税费差异已经被大大减少，使得所得税的缴纳更加精确、及时。因此，当企业发生递延所得税费用的情况下，必须及时采取措施，以便及时补缴税款，并且根据实际情况及时调整税收政策，使之符合企业的实际需求。

（5）非经常性损益的调整。随着科学技术的飞速发展，传统的会计利润计算方法已被更加精确地纳入考量，从而更好地反映企业的实际情况。因此，在对企业进行业绩评估时，应当考虑到非经常性损益的存在，并且考虑到它们对利润的影响。

（6）税收的调整。随着科技的发展，传统的会计利润计算方法已被更加精确地纳入考量，从而更好地反映出企业的实际情况。因此，在对企业进行业绩评估时，应当考虑到非经常性损益的存在，并且应当考虑到它们对利润的影响。经上述调整的 EVA 值如图 7 所示。

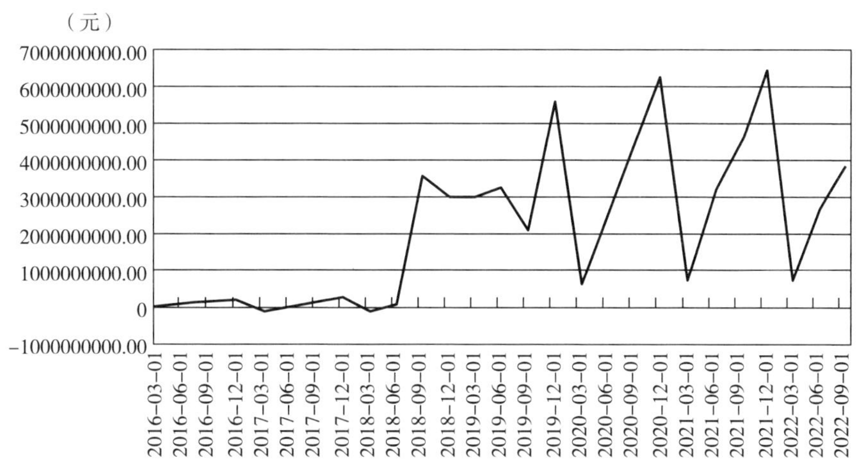

图 7　经济增加值

资料来源：RESSET 数据库。

2016~2018 年并购开始前，EVA 值基本没有变动，从 2018 年第一季度开始，该企业的 EVA 值为负，直到 2018 年第二季度才转为正值，之后呈现增长态势，到 2021 年第四季度已经达到了 6400692615 元。该企业的 EVA 值在季度间存在较大波动，尤其是在 2018 年第三季度和 2019 年第四季度，EVA 值分别达到了 3571618074 元和 5538653214 元，相较于前后季度增长较快，这刚好与该企业当时的并购首次公告日相吻合。该企业的 EVA 值从 2018 年开始出现增长态势，尤其是 2020 年，其 EVA 值猛增到 6151978645 元，相比 2019 年的 2079200712 元增长近 3 倍，这说明中信特钢在连续并购的这段时间，每一次并购都实现了 EVA 的快速增长，并购给中信特钢带来了超额收益，达到了预期效果。

四、结论

本文以中信特钢 2018~2021 年为案例，首先介绍中信特钢 2018~2021 年的连续并购事件。根据上述对 2018～2021 年的数据分析得出以下结论。从中信特钢的六起并购事件可以看出，短期内并购带来了财富正效应，投资者开始逐渐认可此次并购。然而，连续并购也带来了财务风险，使得企业的短期偿债能力下降，资产负债率升高，降低了企业的抗风险能力。同时，中信特钢通过优化管理流程、降低生产成本、提升盈利能力等方式，积极应对并购所带来的挑战，其销售净利率和销售费用率呈现良好的趋势。企业的经营成长能力也有所提高，营业收入和净利润都保持了稳定的增长。综上所述，此次的连续并购让中信特钢整体绩效得到了提升，也为企业带来了积极的正向影响。

参考文献

［1］李文新，于婷．基于现金流的埃斯顿连续并购效应研究［J］．商业会计，2022（5）：66-69.

［2］盛春光，赵晓晴，钟凤英．应用事件分析法对林业企业发行绿色债券市场效应的评价［J］．东北林业大学学报，2021，49（2）：89-92.

［3］吴浩．能源转型背景下企业并购绩效研究———以上海电气并购天沃科技为例［J］．现代商业，2021（13）：144-147.

［4］张岚，范黎波，鲍哿．为什么企业会连续并购：来自我国制造业企业的证据［J］．财会通讯，2018（30）：10-17，129.

［5］文/颜，妍郭晖．事件研究法在天山纺织并购案中的应用［J］．经济论坛，2017（4）：85.

［6］蒋若云．基于 EVA 的物流企业业绩评价———以顺丰为例［J］．物流工程与管理，2021（43）：146-147.

［7］A. Craig MacKinlay. Event Studies in Economics and Finance［J］. Journal of Economic Literature，1997，35（1）：13-39.

京沪高铁本量利分析

赵浩铭*

摘　要：随着我国经济向高质量发展迈进，管理会计在企业决策中的作用越来越明显。本量利分析可使企业管理者了解公司的盈利情况，并制定适当的盈利目标。京沪高铁自通车以来，随着客运量的稳步增长和收入的快速增加，已成为中国高速铁路运营和管理的典范并在2020年成功上市。但随着新冠疫情的出现，京沪高铁的盈利能力不再像以前那样好，甚至在2022年上半年出现了亏损。因此本文构建了京沪高铁本量利分析模型，并通过京沪高铁披露的报表数据进行分析，希望可以为相关企业本量利分析提供思路，在此基础上针对京沪高铁疫情下盈利能力降低提出建议，希望能为京沪高铁以后的发展做出贡献。

关键词：京沪高铁；本量利分析；新冠肺炎

一、引言

本量利分析是经济学、管理学以及财会学中的一个重要数学分析工具，其在中小型企业的运行、生存与发展转型过程中，能够帮助企业分析和预测企业的成本利润。通过成本和利润关系的统筹与协调、管控，有助于企业发现盈利问题，实现科学的经营管理。

中国的高速铁路是现阶段的热点话题之一，截止到2022年初，中国的高速铁路里程已达到4万多公里。[①]近年来，随着中国经济的增长，居民可支配收入的增加也导致了人们旅游力的提高，促使中国的旅游业继续发展。人均消费的增加和旅游业的发展是高铁行业增长的基础。因此，当前高铁行业在国内运输需求旺

* 赵浩铭（2001—），女，河南省新乡人，北京联合大学管理学院在读研究生，研究方向：公司财务。

盛，在国际市场上也具有较高的竞争力。京沪高铁地处我国人口稠密、经济发达、充满活力的东部，连通环渤海地区和长江三角洲地区，在我国运输需求最旺盛的东部地区形成了一条大能力、高速度旅客运输通道，可为促进沿线经济社会高质量发展、打造中国高铁亮丽名片发挥示范引领作用。

本文构建模型对京沪高铁客运业务及路网服务保本额进行计算，可以发现在疫情状况下京沪高铁客运业务及路网服务收入不理想。因此，本文又对疫情下高铁运行提供建议，希望为京沪高铁及相关企业的发展做出贡献。

二、京沪高铁案例分析

（一）京沪高铁简介

京沪高铁，沿线的高人口密度、地区的经济发展和稳定的客流量为公司的发展提供了坚实的基础。京沪高铁建成标准最高，线路最长。前者决定京沪高铁线路可以在一定程度上取代航空运输。后者决定京沪高铁具有短途线路所不具备的规模经济，同时它还可以将疫情的损失转移到其他铁路上。

随着运量的稳步增长，京沪高铁的运营收入大幅上升。京沪高铁开通后首个完整年度营业总收入为 149.44 亿元，到 2019 年营业总收入已达 329.42 亿元，年均增长率达 11.95%。同时，京沪高速铁路有效地控制成本，营业总成本从 2012 年的 186.28 亿元下降至 2019 年的 171.30 亿元，年均降幅约 1.19%。收入的增加和成本的降低使得京沪高铁成为中国为数不多的盈利高铁之一。京沪高铁 2011 年通车，2014 年实现盈利，疫情前营业利润逐年增长，并于 2020 年 1 月 16 日在上海证券交易所成功上市。

（二）构建模型

1. 模型构建条件

京沪高铁主营业务为高铁旅客运输，京沪高铁与三个受托铁路局集团签订委托运输协议，本线动车组列车由京沪高铁公司担当，并取得担当收入；跨线开行的动车组列车由其他运输企业担当，并取得担当收入，京沪高铁取得提供路网服务收入。京沪高铁的成本费用可以准确地核算出来，其成本可分为变动成本和固定成本，京沪高铁的变动成本会根据高铁的开行趟数而改变，但其固定成本始终不变。

京沪高铁已稳定运营一段时间并且于 2020 在上海证券交易所挂牌上市，能

获得收入、业务量等信息，客票收入随着客票服务量的增加而正向增长。

京沪高铁收入分为客运业务和路网服务，能够计算客运业务和路网服务占营业收入的比重。

2. 模型构建

第一步，识别客运业务的销售收入、路网服务的销售收入，以及各业务收入的占比。各业务销售收入占比=各业务销售收入/铁路运输销售收入。

第二步，识别京沪高铁成本性态。依据成本性态产品成本，可以分为固定成本与变动成本两种。变动成本主要是与列车开行密切相关的人工成本、车辆运用成本、各项路网使用费支出等；固定成本主要是车辆折旧成本、利息费用等。结合京沪高铁的实际情况，将铁路折旧支出和委托运输管理费两个成本项目划分为固定成本，将能源支出、动车组使用费、运输能力保障费三个成本项目划分为变动成本。由于京沪高铁有路网服务和客运业务两类，而路网服务不涉及动车组使用费，故动车组使用费全额计入客运业务变动成本中，其他费用按各自销售占比分摊。即京沪高铁客运业务的变动成本=（能源支出+运输能力保障费+电力及牵引供电维管费+安全生产费+运输业务服务费+其他）*客运业务销售收入占比+动车组使用费；京沪高铁客运业务固定成本总额=（折旧支出+委托运输管理费）*客运业务销售收入占比。京沪高铁路网服务的变动成本=（能源支出+运输能力保障费+电力及牵引供电维管费+安全生产费+运输业务服务费+其他）*路网服务销售收入占比；京沪高铁路网服务固定成本总额=（折旧支出+委托运输管理费）*路网服务销售收入占比。

第三步，计算两种服务的边际贡献率：通过确定两种服务的销售收入及变动成本后，可得出京沪高铁客运业务的边际贡献率、路网服务的边际贡献率及京沪高铁整体的边际贡献率，计算公式为：该业务的边际贡献率=该业务的贡献边际/该业务销售收入=（该业务销售收入-该业务变动成本）/该业务销售收入。

第四步，计算京沪高铁保本额：保本额=固定成本/边际贡献率。

（三）案例分析

根据上述模型，将模型运用到京沪高铁，京沪高铁提供客运业务和路网服务两种业务。

表1　2019年、2020年、2021年各项目成本明细表

项目	2019年客运（亿元）	2020年客运（亿元）	2021年客运（亿元）	2019年路网（亿元）	2020年路网（亿元）	2021年路网（亿元）
销售收入	156.45	76.08	99.70	170.18	172.29	188.78

续表

项目		2019 年客运（亿元）	2020 年客运（亿元）	2021 年客运（亿元）	2019 年路网（亿元）	2020 年路网（亿元）	2021 年路网（亿元）
固定成本	折旧支出	14.33	15.02	17.23	15.59	34.01	32.63
	委托运输管理费	16.92	14.50	17.39	18.40	32.84	32.93
变动成本	能源支出	13.85	8.38	10.21	15.07	18.99	19.34
	动车使用费	48.80	35.44	38.15	0	0	0
	运输能力保障费	6.26	2.61	3.36	6.81	5.92	6.37
	电力及牵引供电费	0.94	0.64	0.76	1.02	1.46	1.44
	其他	0.71	0.83	0.73	0.77	1.88	1.38

数据来源：京沪 2019 年、2020 年、2021 年年度报告。

由表 1 数据可以计算得出：2019 年客运边际贡献率为 0.55，路网边际贡献率为 0.86，平均边际贡献率为 0.71。因此京沪保本额为 91.89 亿元，客运保本额为 56.82 亿元，路网服务保本额为 39.52 亿元。2020 年客运边际贡献率为 0.37，路网边际贡献率为 0.84，平均边际贡献率为 0.69。因此京沪保本额为 139.67 亿元，客运保本额为 79.78 亿元，路网服务保本额为 79.58 亿元。2021 年客运边际贡献率为 0.45，路网边际贡献率为 0.83，平均边际贡献率为 0.70。因此京沪保本额为 143.11 亿元，客运保本额为 76.93 亿元，路网服务保本额为 78.99 亿元。

近几年，京沪高铁路网服务收入远远高于其客运业务收入，且路网服务成本低于客运业务成本。该公司 2020 年由于疫情冲击客运业务并没有达到保本额，但 2020 年该公司路网服务远远超出了保本额，利润为正。在其他年度，路网服务及客运业务均能达到保本额，但路网服务收入远远超出保本额。2019~2021 年各业务安全边际见表 2。

表 2　2019~2021 年各业务安全边际

业务安全边际		2019 年度	2020 年度	2021 年度
安全边际额（亿元）	客运业务	99.63	-3.69	22.77
	路网服务	130.66	92.72	109.80
	京沪总体	234.75	108.71	145.38

续表

业务安全边际		2019 年度	2020 年度	2021 年度
安全边际率（%）	客运业务	63.68	4.85	22.84
	路网服务	76.78	53.81	58.16
	京沪总体	74.62	43.77	50.39

数据来源：京沪 2019~2021 年报表。

企业若想保持持续经营，盈利是必须条件，而实现目标盈利的销量与盈亏平衡点的销量的差额，是创造企业目标利润的来源，这个来源则为安全边际。根据京沪高铁真实数据和安全边际计算公式计算京沪高铁安全边际的相关数据，如表 2 所示。安全边际额越大，企业越安全。2019 年京沪高铁各业务的安全边际额较大，从 2020 年开始，京沪各业务边际额都有所下降，其中客运业务安全边际额下降趋势较陡峭，甚至在 2020 年出现负数，路网服务安全边际额下降缓慢。2020 年度京沪高铁客运业务安全边际率<10%，表明京沪高铁该年客运业务经营状态非常危险；2021 年度京沪高铁客运业务安全边际率为 20%~30%，表示京沪高铁该年客运业务经营状态值得注意；路网服务安全边际率均>40%，表示京沪高铁路网服务业务经营状态非常安全。因此，对京沪总体来说，处于经营安全状态。

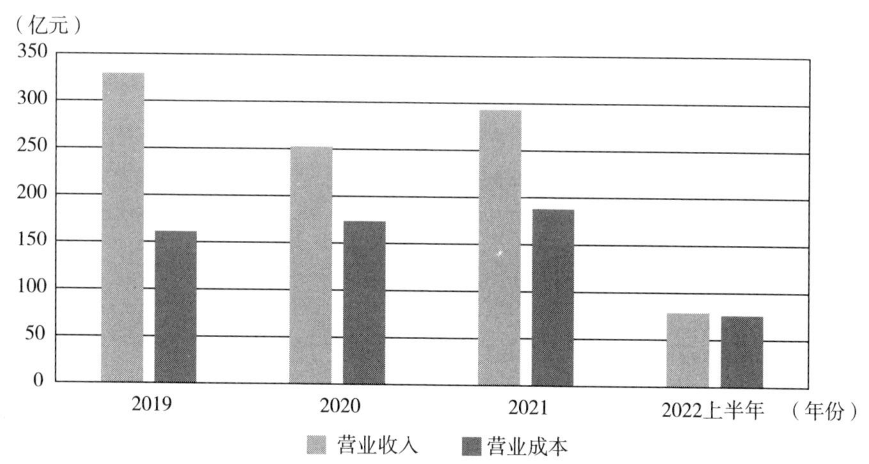

图 1　营业收入与营业成本

数据来源：京沪 2019~2021 年报表。

从图 1 可以看出，京沪高铁 2019 年营业收入最高，超过 300 亿元。但随着

2020 年新冠疫情的出现，市民出行意愿降低，京沪高铁客运量下滑严重，京沪高铁营业收入开始下降，并且对车厢进行消毒等防疫措施使得其营业成本呈现大幅度上升的趋势，营业收入的下降及营业成本的增加使得京沪高铁净利润下降，甚至在 2022 上半年出现亏损，这是京沪高铁从 2014 年开始盈利以来第一次出现亏损。

三、针对后疫情时代京沪发展提出建议

（一）后疫情下京沪铁路状态

2020 年 1 月 23 日，因新冠疫情武汉实施“封城”，而武汉作为我国主要的铁路交通枢纽，其“封城”阻断了部分城市的部分交通甚至是全部交通，对国家的铁路运输产生了重要的影响。

为防止新冠疫情的蔓延，全国多城市实施封城策略，对铁路客运和货运都产生了严重的影响。

京沪高铁利润自 2020 年新冠疫情出现呈下滑趋势，并且在 2022 年上半年出现了利润为负数的情况。京沪高铁连接了上海和北京，2022 年上半年，上海封城使得商务出行、家庭旅行和其他关键的高铁出行的需求受到严重影响，公众的旅行意愿急剧下降。京沪高铁本线列车发送旅客数量急剧下降，跨线列车开行数量也急剧减少，这导致公司经营业绩严重下滑。

（二）针对后疫情下京沪铁路状况，提出建议

1. 适当减少本线车开行数量，降低客运业务成本

在此次疫情中，京沪高铁的营业收入大幅下降，营业成本增加，利润下降，其中本线列车营业收入下降幅度尤为严峻。在 2022 年上半年疫情最严重的状况下，路网服务的收入也保持着积极状态。因此，本线列车的开行数量在短时间内不应增长较多，并且要通过设置浮动票价或降低本线列车的成本从而提升本线车营业收入或降低本线车营业成本，例如在寒暑假等高铁乘坐需求高的时候，适当提高票价；在工作日等高铁乘坐需求低时保持现有票价或适当降低票价以刺激消费，从而提升利润。

2. 铁路数字化与智能化

法国、德国、瑞士、英国等国家铁路相继出台了数字化与智能化发展的战略

规划，在此背景下，近年来中国在相关方面也做出了实质性的建设与发展。2005年原铁道部发布《铁路信息化总体规划》，提出全面实现铁路运输调度指挥智能化、建成铁路电子商务及现代物流系统、实现经营管理现代化、形成完整的铁路信息化体系四大总体目标；2019 年底京张高铁开通运营；上海等地发布的 2020 年重大投资项目中，新型基础设施项目占据了相当比重。随着科学技术水平的提高，将新技术与高铁相结合创建一个网络化的信息系统并且在数字化转型中合理运用数字化技术与智能化技术帮助京沪高铁降低运营成本，提高运营收益。

如果京沪能在未来的运营中更多地使用自动化技术，例如行李无人配送等，可以降低经营成本；对于管理者来说，如果他们能够在不危害用户信息安全的情况下，利用信息技术收集甚至预测乘客的出行信息，合理安排列车开行方案，提升工作效率等。

3. 利用信息化实现降成本

京沪可以有效利用现代网络技术，促进客运管理网络化的发展，为旅客提供更多的便利。同时结合用户在互联网留下的信息，对收集来的用户数据进行分析总结，以汇集不同的用户需求，并在不同层面上解决这些需求，使得功能设计更显人性化。最后，要改进运营方案，以减少列车的维修和保养以及运输的成本。京沪可以借助大数据提前研究客流趋势，在保证列车可用性和满足乘客出行需求的前提下，合理调节列车运行数量。通过精准开车节省运输成本，如轨道磨损和能源成本，避免了列车满负荷运行时的疲劳，减少了列车后续的维修保养费用。

四、结论

随着中国高速铁路设备和设施的不断建设，高速列车正成为一种越来越高科技的铁路交通工具。此次新冠肺炎疫情的突然出现不仅给我国的发展带来冲击，也让铁路行业遭遇了挫折。在后疫情时代，我国高铁应充分利用大数据和互联网，实现高铁数字化、智能化和信息化，创造尽可能大的经济效益，提高高铁的盈利能力，同时做好应对突发事件的准备。

参考文献

[1] 郭树东，田亚明，王妍．京沪高铁对经济社会高质量发展影响研究[J/OL]．中国铁路，2022，716（2）：15－20. DOI：10.19549/j.issn.1001－

683x. 021. 12. 28. 003.

［2］肖楠，洪雁，王东．京沪高铁运营效益研究［J］．铁道经济研究，2022（1）：1-5+10.

［3］宋丹丹．京沪高速铁路委托运输管理模式发展研究［J/OL］．铁道运输与经济，2019，41（7）：28－32. DOI：10. 16668/j. cnki. issn. 1003－1421. 2019. 07. 05.

［4］王伟．本量利分析在智能洗车机单站盈利模式中的应用［J］．当代会计，2021，114（6）：172-174.

［5］张骥翼，吴立宏，万超．高铁盈亏平衡分析法的探究与思考［J/OL］．中国铁路，2019，684（6）：1－6. DOI：10. 19549/j. issn. 1001－683x. 2019. 06. 001.

［6］张津津，曹健．本量利分析在企业管理中的应用［J/OL］．合作经济与科技，2022，680（9）：132-134. DOI：10. 13665/j. cnki. hzjjykj. 2022. 09. 025.

［7］张川，邹彩凤，曲倍宜．信息化技术应用助力铁路企业渡疫情难关——以上海铁路局为例［J］．中国管理会计，2021，18（4）：18-26.

［8］王钰珂，肖翔，代庆会．疫情之下铁路行业的现状与未来发展方向［J/OL］. 中国市场，2021，1069（6）：76-78. DOI：10. 13939/j. cnki. zgsc. 2021. 06. 076.

［9］林晓言，李明真，陈小君．疫情对我国铁路行业发展的影响与对策［J］．铁道经济研究，2020，154（2）：1-6.

基于 ESG 视角的审计风险路径研究

——以东北特钢为例

赵胜宇*

摘　要：近年来，随着企业主体责任的进一步明晰，政府监管对企业及会计师事务所的监督管理愈发严格，必然给注册会计师带来更大的审计风险。与此同时，ESG 成为评价企业可持续发展及社会责任履行的非财务指标，广泛影响企业日常经营活动及经营战略。本文以东北特钢为例，基于 ESG 视角对审计风险路径进行分析，得出以下结论：首先 ESG 框架下环境、社会、治理等因素均会引发被审计单位的财务风险，审计人员面对该风险引发重大错报风险的概率增加；其次由于审计固有局限性所产生的检查风险，审计人员将面临较大的审计风险。本文结合东北特钢案例情况进行分析，并且提出相关建议。

关键词：ESG；审计风险；东北特钢

我国将企业财务报告与该企业 ESG 信息有机结合，更有助于反映该公司的运营效益。企业的财务报告主要体现企业财务信息；企业的社会责任报告将体现该企业社会责任的履行、企业可持续发展情况等，因此企业的 ESG 信息是企业财务报告的有效补充。但在企业实际经营管理中，部分企业存在财务报表粉饰及社会责任报告漂绿，这二者将造成注册会计师在审计时面临较大的审计风险，包括风险评估中面临企业存在的重大错报风险和风险应对中审计师面临的检查风险。

本文通过对东北特钢公司进行案例分析，针对环境、社会、治理（Environment，Social，Corporate Governance，ESG）视角下审计风险进行路径分析，旨在为注册会计师降低审计风险提供理论分析，为注册会计师关注社会责任履行情况

---

* 作者简介：赵胜宇（1997—），女，天津市人，北京联合大学管理学院在读研究生，研究方向：大数据会计。

提供案例参考。同时提高财务报告的可靠性，缩小审计师与社会公众间的期望差距，完善审计职责。

一、文献综述

（一）关于现代风险导向审计的研究

我国财政部于 2006 年发布《注册会计师执业准则》，显示我国审计工作将正式采用风险导向审计，并且自此之后，随着社会的发展、证券行业的完善以及企业战略目标的调整，现代风险导向审计在我国也进行了不断的发展完善，以适应审计面临的发展变化。邹美凤（2022）经研究发现企业数字化转型能有效抑制审计中产生的审计风险，并指出企业的数字化转型对审计工作带来的影响，并为审计师应对企业的数字化转型提供理论指导。武建（2023）研究显示通过 Python 以及文本挖掘技术识别审计风险，可以有效地获取审计风险间的关系网络，为审计工作数字化转型提供支持。

（二）关于 ESG 及现代风险导向审计的研究

黄溶冰（2020）研究表明企业社会责任漂绿行为将影响注册会计师的决策，并且漂绿程度越高，审计收费越低，将面临更高的审计风险，进而提出注册会计师应当增强识别环境和企业社会责任履行情况的能力。Asante（2020）通过对企业 ESG 表现与审计滞后性的实证研究得出以下结论：注册会计师面对 ESG 评级较低的企业，倾向于针对 ESG 风险保持应有的职业怀疑，并且通常增加审计程序以应对面临的审计风险。王瑶（2023）通过实证研究得出以下结论：企业 ESG 表现越好，注册会计师发表标准审计意见的概率越高，被审计单位的 ESG 表现可以为财务报表审计提供补充，帮助审计人员在审计中评估风险及提高审计效率。

（三）文献评述

通过现代风险导向审计研究、ESG 以及现代风险导向审计研究发现，现代风险导向审计随着社会发展以及技术进步在不断地发展、完善。随着 ESG 在我国受到更多的关注，诸多学者针对 ESG 及现代风险导向审计的审计意见、审计收费、审计决策等进行分析。但在以往的分析中，大多数学者主要的研究方法为实证理论分析，缺乏案例基础。本文立足于前人研究观点，拓展研究方向，首先借助东北特钢，分析高污染行业存在的审计风险；其次分析在 ESG 视角下审计风险的形成路径，并据此提出相关建议。

二、案例介绍

东北特殊钢集团股份有限公司于 1996 年成立，位于海滨城市大连。其主要经营范围为钢铁冶炼、特殊钢产品、耐火材料及钢铁辅料销售等。近年来东北特钢注重社会责任的履行，以绿色、低消耗、低污染为目标，进行技术改造。

1. 环境方面

东北特钢集团 2016~2020 年在实施节能减排改造、加大环保技改投入以及循环资金投入等方面共计投入约 2.5 亿元；2021 年在加大环保技改投入以及循环资金投入等方面投入 6642 万元。经社会责任报告显示共计 3.2 亿元①。但在 2021 年，由于未获得排污许可证排放大气污染物、环境管理台账记录造假等违法事实先后受大连市生态环境局及大连市金普新区生态环境分局行政处罚共计 1872 万元②。

2. 社会方面

东北特钢在员工、产品开发及质量管理、责任管理等方面履行社会责任。但该公司在产品开发及质量管理、相关利益方的责任管理两方面主要进行定性信息披露，未进行定量信息披露。在履行员工及职工发展方面，促进职工发展及招聘与雇佣三方面进行定性信息披露，仅在员工沟通与关怀方面进行定量信息披露。该公司在履行员工沟通与关怀方面相关社会责任时，于 2020 年及 2021 年分别投入 50 余万元及 328.4 万元③。但 2020~2022 年东北特钢公司存在债券、合同及劳务纠纷等多方面的法律诉讼。

3. 治理方向

东北特钢通过股东大会和监事会完善治理结构；通过设置专职纪审法部分进行反腐败管理和廉洁经营；通过《要情快报》机制将风险管理机制应用到企业的各项具体业务中；该企业建立销售透明定价机制、公平的采购平台以及健全的采购管理机制进行诚信经营。

①③ 资料来源：东北特钢 2020 年及 2021 年社会责任报告。

② 资料来源：信用中国（辽宁）官网。

三、ESG视角下东北特钢审计风险路径分析

根据东北特钢集团履行ESG社会责任情况分析，该公司存在环境、社会及治理方面的相关财务风险。由于东北特钢该被审计单位存在财务及内部控制等财务风险，会引发审计人员在识别和评估被审计范围过程中存在重大错报风险。同时由于审计人员缺少ESG及社会责任相关背景，可能导致审计人员在执行审计工作中存在检查风险，二者共同导致其存在审计风险。理论分析框架如图1所示。

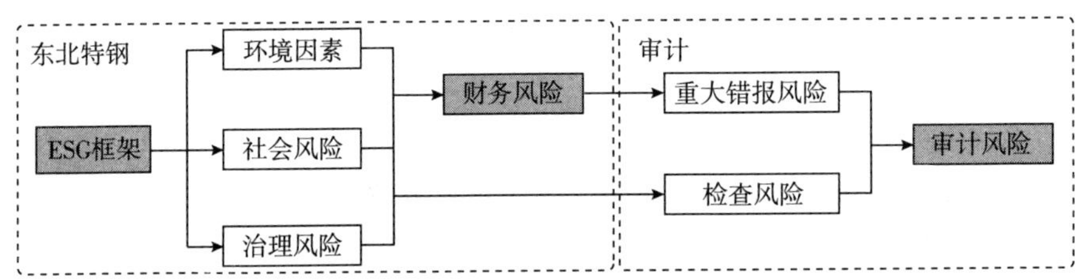

图1　理论分析框架

（一）财务风险分析

1. 环境因素导致财务风险

东北特钢集团由于环境保护相关方面的资金投入以及受到的行政处罚罚款两方面共同作用，影响资产负债表中货币资金、固定资产及长期负债项目，利润表中营业外支出及净利润项目，以及现金流量表中现金流出项目等。造成该企业的资金及经营效果压力，容易引发相关财务风险。

2. 社会因素导致财务风险

东北特钢集团由于履行员工及相关利益者的利益诉求，投入相应资金，同时面临相关的法律诉讼等两方面共同作用，影响资产负债表中货币资金、应付职工薪酬、预计负债、应付账款等项目，利润表中净利润项目，以及现金流量表中现金流出项目。该情况易导致企业的经营成果及现金流量，易引发相关财务风险。

3. 治理因素导致财务风险

该公司原高级管理者进行违规操作，将全方面影响该企业的经营效果、财务

报表及经营环境。

（二）重大错报风险分析

1. 针对东北特钢发展中面临的财务报表层次重大错报风险

针对东北特钢发展中面临的财务报表层次重大错报风险分析，主要集中于由于 ESG 理念对于公司的渗透，以致企业为防范和治理环境问题制定的相关战略，以及企业在日常管理中面临的高级管理层舞弊、财务造假等方面。上述两种情形将广泛影响该企业的财务报表中的各个项目。

2. 针对东北特钢发展中面临的认定层重大错报风险

针对东北特钢发展中面临的认定层重大错报风险，主要通过环境因素、社会因素以及治理因素三方面进行分析。其中环境因素主要体现在绿色发展理念的推行、生态环保责任的落实等方面，并最终影响货币资金、应付职工薪酬、预计负债、应收项目及净利润等项目；社会因素主要体现在对员工、上下游企业和相关利益者的管理方面，并最终影响企业的货币资金、应付职工薪酬、预计负债、应付账款等项目。管理因素主要体现在治理结构、诚信经营和廉洁经营等方面，并最终反馈至存货、在建工程、固定资产、主营业务成本、利润总额等报表项目。

（三）检查风险分析

1. 进一步审计程序不当

在企业的经营管理中，由于经营性质、资产性质和相关政策等原因，企业存在固有风险。因此，本次在以东北特钢为研究对象进行相关分析，该公司作为高污染行业，并且承担积极响应国家及辽宁省环保政策的义务，应当建立健全以企业发展及环境建设为主的财务体系建设。同时针对东北特钢发展进行分析中发现，东北特钢及其子公司抚顺特钢存在重大财务舞弊及存货、固定资产等相关账户存在虚假披露等问题。

2. 控制测试审计程序不当

企业为达成企业的经营目标，为实现企业的供、产、销及履行相关的社会责任，借由企业的内部控制保证企业的经营目标及履行的经营战略得以有效实施。首先，企业为应对存在的财务风险、战略风险及其他风险，应当进行内部控制设计，保证内部控制设计方面的有效性；其次，企业应当根据内部控制设计的情况，配备人员及设置内部控制履行的监督职责，以确保内部控制执行的有效性。通过内部控制的设计和执行，不断优化该公司的内部控制。

四、结论和建议

本文主要采取单案例研究方法，基于 ESG 视角，分析审计风险的传导路径，经研究发现东北特钢存在环境方面的投入风险和政策风险，社会方面的投入风险和法律诉讼风险以及治理方面的舞弊风险。进一步研究得出以下结论：首先，ESG 框架下环境、社会、治理等因素均会引发被审计单位财务风险。其次，审计人员在风险评估时，被审计单位存在的财务风险可能导致审计中两个层次的重大错报风险。最后，由于审计人员缺乏 ESG 理论背景以及存在的固有局限性，审计人员将面临较大的检查风险。基于以上分析，企业推动 ESG 管理的举措一定程度上会使公司财务风险增加，进而产生审计风险。

根据以上研究结论，故提出如下建议：首先，注册会计师在承接业务时，要充分了解被审计单位含社会责任履行的环境风险，谨慎承接风险较高的审计业务。并且需审慎进行风险评估程序，为注册会计师设计并执行审计程序提供目标及方向。其次，注册会计师在设计和执行审计程序时，需要充分考虑被审计单位实际环境，设计程序时，不仅可以考虑从财务报表、合同及原始凭证出发，还应当考虑被审计单位社会责任的履行，适当执行向环境保护局进行函证等审计程序，支撑注册会计师在审计报告中发表的结论。

参考文献

［1］邹美凤，张力丹，张信东．企业数字化转型与审计风险［J］．中国注册会计师，2022（10）：35-41+3.

［2］武健，曹丽霞，王晓军，王伟，李鹏．基于因果网络学习的工程项目审计风险识别与应用［J］．财会通讯，2023（5）：129-134+176.

［3］黄溶冰．企业漂绿行为影响审计师决策吗？［J］．审计研究，2020（3）：57-67.

［4］Asante-Appiah B. Does the severity of a client's negative environmental，social and governance reputation affect audit effort and audit quality?［J］. Journal of Accounting and Public Policy，2020（3）：106713.

［5］王瑶，张允萌，侯德帅．企业 ESG 表现会影响审计意见吗？［J/OL］．审计与经济研究，2023：1-11.［2023-03-13］. http：//kns. cnki. net/kcms/detail/32. 1317. F. 20221017. 0917. 018. html.

A建筑装饰公司目标动态控制工程项目的案例研究

赵　双*

摘　要：近年来，我国房地产热潮的兴起，成为建筑装饰行业的引擎，为我国经济发展注入新的活力，拉动相关产业共同发展。但如今市场竞争日趋激烈，建筑装饰企业的利润空间不断被压缩，直接关系到其生存发展。要应对建筑装饰行业经营效益低下问题，就需要对其成本管理过程中存在的问题有充分的了解。本文以A建筑装饰企业为研究对象，基于目标动态控制视角对其项目施工过程中存在的成本问题进行探究，并提出了相关完善建议，以期为其他建筑装饰公司提供一定的借鉴意义。

关键词：建筑装饰；成本管理；目标动态控制

一、引言

党的二十大报告指出，切实贯彻城镇化建设理念，构建高质量发展体系。得益于新型城镇化的布局，我国建筑装饰行业正逐步成为国民经济支柱产业之一。从2010年的2.10万亿元到2019年的4.6万亿元，年复合增长率达9.12%。建筑装饰行业发展十几年来形成的工程产值，对我国经济的产值贡献有目共睹，从根本上提高了人民的住宿环境质量。而如今市场竞争日益激烈，2020年至今，建筑装饰行业利润空间持续受到压缩。项目成本控制意识不强（孙成山，2019）、成本控制与管理的制度不完善（孟光宇，2020）等对项目质量和进度影响越来越

* 作者简介：赵双（1998—），女，河北省张家口人，北京联合大学管理学院在读研究生，研究方向：企业并购、财务舞弊。

大。实际上，自德鲁克提出“目标管理理论”后，我国建筑装饰企业便尝试使用项目成本动态管理对项目的成本变化进行监管。近年来我国建筑装饰行业成本控制意识有所增强，但实际操作能力仍有待提升。因此，有必要从应用层面对项目成本控制进行探讨，帮助企业有效控制成本，完善我国企业的成本控制体系。

二、案例介绍

A 建筑装饰公司成立于 21 世纪初，属行业内成立较早的综合性装饰服务代表，具有多项一级、二级资质，包括室内精装、机电安装、钢结构等，主要经营范围涵盖：建筑装饰工程设计、咨询与施工；家具及木制品的设计、安装；开发、销售环保产品等。赶在全面建设社会主义现代化国家的新阶段，A 建筑装饰公司抓住新发展机遇，严格做好成本控制，为获取更大的利润空间不断努力。

建筑装饰工程项目成本包含的明细费用种类较多，直接费用包含人工、材料、施工机械使用费及措施费等，主要指施工过程中产生的人员工资、材料购买等实体费用和文明施工费、脚手架租赁等临时设施费；间接费用包含企业为保障项目实施产生的管理费等。

表 1　A 公司项目成本分析基本构成

序号	内容	金额（元）	合同占比（%）	备注
1	合同价	1090000.00	100	
2	直接费（2.1+2.2）	959200.00	80	
2.1	材料	577700.00	40	
2.2	人工	381500.00	40	
3	税金	32700.00	3	
4	利润	98100.00	17	
5	汇总（2+3+4）	1090000.00	100	

资料来源：笔者整理。

由表 1 可以看到，总成本中占比最大的两项是材料和人工，达 80%。随着科技进步和社会经济的发展，直接费用中材料和人力成本不断上升，间接费用的管理费等也呈现上升趋势，故而不断压缩利润空间。建筑装饰项目的成本管理从工程预算开始，制定成本计划，招投标阶段确认合同价，是前期准备工作。施工过程中项目经理需要对项目完成度持续评估和改进，不断完善降成本的措施，进行成本控制，从而实现对企业成本的管理。

因为项目施工过程中每个环节都是相互联系、相互制约的，要想做好工程项目的成本管理，就要构建有机的成本管理体系。

三、A 建筑装饰公司项目成本控制现状及存在问题分析

（一）成本计划脱离实际

由于缺乏健全的成本管理机制和不完备的原始报价数据，企业在进行项目规划时，不能跟上市场的步伐，从而造成了工程预算和真实市场之间的匹配度不高，这就产生了招标价格滞后性问题，对招标报价产生了较大的影响。在此基础上，根据《建设工程施工发包与承包价格管理暂行规定》的要求，各投标人应根据自己的实际情况，尽量与招标文件相符，制定出符合要求的投标报价。然而，因为无法实时更新材料、人工等的报价、服务质量、信誉等方面的信息，因此成本部所做的计划常常脱离实际，加大了变动成本、沉没成本等方面的风险。

（二）成本分析重视度不足

成本分析的重要性不言而喻。它贯穿项目的整个过程，实时监控项目成本运行状态。有效的成本分析能够揭示不合理的成本活动，减少损耗，规划最佳效益。但 A 公司并未建立起科学合理的成本分析与控制系统，缺乏可供参考的依据，评价标准不客观，导致管理层对项目运行掌控不到位，容易出现失控现象。主要的表现形式有收入确认失控、票据失控、资源失控，在一定程度上影响了项目整体规划。合理的成本分析对公司盈利与否至关重要。

A 公司中，从管理层到员工并不了解成本分析的重要性。工作重心在成本核算，使得成本分析方案措施与项目衔接不紧密。而项目部人员的工作重点是施工进度，最关心的是拨款，对成本分析也毫不重视。这就造成了项目规划和管理上的失误，很难察觉到隐藏的成本上升问题。

（三）成本管理系统不健全

由于成立之初并未重视系统整体运行，A 公司各部门采用的办公系统独立性较强，从项目完整的角度来看，这个不健全的管理系统导致不同部门对同一项目的管理依然需要经过创建、维护和操作多个程序，加之工作人员的轮换，数据交接不清，常常出现项目数据难以归集的现象。成本管理贯穿企业经营的全过程，在工程实施中记录下来的数据可能会被保留 3~5 年，一个不完善的、不统一的成本管理体系将会让企业陷入一堆杂乱的数据之中。如果沟通渠道不畅通，协调管理不到位，企业将会产生成本数据安全性降低及数据共享与可用性不足等问题。特别是如今的市场经济管理体制在持续变革，对企业的管理升级与优化提出了更高的要求，对部门间的协作也提出了更高的要求。与此相比较，A 公司相关责任部门明显还做得很差。

四、加强 A 公司项目成本控制的建议

（一）引入市场调研和信息回馈

随着科技的发展和社会的进步，建筑装饰行业不断与时俱进，工程项目也变得日益复杂、多元化，造价管理的难度不断增大。现代的成本管理要借助先进的科技手段，以崭新的经营观念和成本经营模式对传统的企业管理观念和管理方式进行改革，才能达到事半功倍的效果。公司要想做好成本管理，就必须与时俱进，强化自己的信息通道，有效获取市场信息，保证公司所用信息与市场同步，甚至更前卫，持续地提高自己的信息化管理能力，在众多的竞争对手中获取优势，并在相应领域中占据领先地位。

（二）加强成本分析动态管理

从企业整体的角度来看，所有的成本和支出都是可控的，加强成本分析动态管理，即建立项目成本数据模型，利用动态数据调整实时更新，输出有效数据，从而把一个项目的成本降到最低，并使这个程度不会有太大的改变。如何有效地控制企业的生产经营活动？企业的生产经营活动始终处于一个相对平稳的状态，是企业生产经营活动中的一个重要环节。为了控制成本，进而提高利润，企业建立、实施并不断加强成本分析的动态管理，期望在不违背原则的前提下，将项目

成本降到并维持尽可能低的水平，达到低成本运作，提高核心竞争力。

（三）建立一体化的成本管理体系

通过建立成本共享服务系统将企业中分散的、重复性的成本信息活动和资源整合一体化系统中统一进行处理，在招投标阶段、施工过程中及竣工结算阶段对项目成本进行检测、规划和考核，全方位控制项目成本处于最优水平线，结合BIM 技术优化方案。同时建立管理信息化，畅通沟通渠道，实现项目的整体评估和管理层对企业运营的把握和实时决策。成本管理应当是一个相互配合，相互沟通协调的过程。

五、结论

在当今社会，信息技术已经成为社会发展的大势所趋，建筑装饰企业需要开创新的管理体制以应对互联网发展潮流。首先，一个好的、健全的成本管理制度，对于建筑装饰公司来说，是获得可持续发展的保障，特别是在当前，随着社会主义经济制度的不断发展和完善，成本管理作为一个公司的核心能力，是否能发挥效用将极大地影响着公司今后的发展。其次，装饰企业的成本控制贯穿于整个项目，从招标到施工，再到质量，都要全方面、全过程进行控制，采用综合的方法来发挥成本管控优势。因此，在建筑装饰企业中，一定要对成本管理工作给予足够的重视，并以公司的实际发展情况为依据，建立一套与自身发展相适应的成本管理系统，从而让公司更好、更快地发展。A 建筑装饰公司在项目的成本控制和管理方面，主要表现为以下两个方面：一是成本计划脱离实际，在工程预算阶段与市场衔接不紧密，造成了成本反馈的水平偏低，容易对材料、人工价格上涨问题措手不及；二是由于缺乏对成本分析的重视度，导致大量的人力、物力、财力资源被浪费。由于成本管理各环节由公司不同部门参与管理，项目成本控制掺杂人为因素较多，导致管理不系统的问题频频出现，A 公司应对整个管理过程进行动态控制，有效把握项目施工前中后期所有环节，确保企业利润空间的最大化。现如今，科技水平不断进步，企业成本管理要跟得上现代科技发展的步伐，把握成本管理信息化建设机遇，竭尽所能地借鉴中外成本管理的成功经验，应用到自身管理中，逐步走向市场竞争的顶峰。

综上所述，企业所有的经营活动都是围绕着利润最大化进行的，为了更好地生存与发展而对项目成本进行管理。建筑装饰企业的成本管理是一项很复杂的系统工程，需要在发展中不断健全和完善，才能与现代企业管理体系以及社会经济体系相匹配，焕发企业活力。

参考文献

［1］郑小明．建筑施工项目成本控制问题研究［J］．财经问题研究，2014（S2）：117-120.

［2］郭晓敏．建筑工程造价与成本控制管理的研究［J］．砖瓦世界，2022（11）：95-97.

［3］许玲．建筑装饰企业成本分析与控制的完善措施探讨［J］．企业改革与管理，2019（19）：158+160.

［4］安晓琳．浅谈建筑装饰企业成本分析与控制［J］．会计之友（下旬刊），2007（12）：17.

［5］涂小妹．信息化时代下建筑装饰企业成本管理研究［J］．财会学习，2018（35）：102-103.

［6］谈怡．建筑装饰企业财务管理的新视野［J］．中国管理信息化，2011，14（23）：9-11.

［7］张雪莲．施工项目成本控制浅析［J］．数字化用户，2013，19（11）：122-123.

桑克模式下餐饮企业战略成本管理研究

——以海底捞为例

赵小婷*

摘　要：在O2O餐饮模式兴起和新冠疫情双重加码的背景下，餐饮企业遭受了巨大的经济损失，同时其高成本问题也愈发严重。面对如此残酷且激烈的竞争，企业要想存活并保持优势地位，成本管控尤为重要，但传统的成本管理方法已经渐渐不能满足新背景下企业的需要。相较于传统成本管理方法，战略成本管理以企业战略为出发点，进而分析、调控企业各项行为，有利于企业强化竞争优势。本文基于战略成本管理的经典模式——桑克模式，选取海底捞为研究对象，分析其战略定位、价值链和成本动因，并以此为其成本管控提供优化建议，同时期望为同类型餐饮企业成本管控提供参考。

关键词：战略成本管理；战略定位；价值链；成本动因

一、引言

伴随着数字科技的进步，信息化背景下O2O餐饮模式在我国餐饮市场上大行其道，对传统餐饮行业提出了全新挑战。另外，新冠疫情暴发，使得部分餐饮企业暂停营业，前期购买的食材难以及时使用，营业成本增加，在这种情况下，成本管控之于餐饮企业尤为重要。战略成本管理以战略的眼光从源头识别成本驱动因素，对价值链进行成本管理，促进企业竞争优势形成，与传统成本管理相比，更有利于企业长远的发展。

* 作者简介：赵小婷（1996—），女，甘肃省陇南人，北京联合大学管理学院在读研究生，研究方向：财务管理。

本文基于战略成本管理的桑克模式，以海底捞为研究对象，分析其战略定位、价值链和成本动因，总结其成本管理亮点，同时为其成本管控的优化提出建议，以期为餐饮企业应用战略成本管理理论的实效性研究提供新思路，也为同类餐饮企业成本管控提供一定的借鉴。

二、文献回顾

（一）战略成本管理的理论体系研究

Michael Porter（1985）在《竞争优势》一书中提到，了解并分析企业成本行为和战略行为，可以从价值链的理念出发；John K. Shank（1993）等在《战略成本管理-创造竞争优势的新工具》一文中，详尽阐述了战略成本管理三大分析工具，为企业进行战略成本管理提供了基本理论框架；何万能（2019）提出战略成本管理要以优化企业和客户间、供应链企业间以及同行业间的总成本为目的。

（二）桑克模式下战略成本管理应用研究

夏宽云（2000）分析对比了国外三种主要的战略成本管理模式，确认了Shank 模式的先进之处；孟小欣（2019）选取青岛啤酒为研究对象，论述了Shank 模式的具体应用，针对性地提出了完善企业成本管理的意见；熊瑛（2019）运用 Shank 模式对案例企业的战略成本管理体系进行了分析和重构，为企业成本管理提供了新思路；石浩（2021）对 Shank 模式下集团公司的战略成本管理展开研究，并提出相应的成本管理方案。

三、研究设计

（一）案例选取

本文采用单案例研究法，选取海底捞作为研究对象。主要是由于火锅是餐饮中的热门项目，海底捞能从一个平平无奇的地方性火锅餐厅，一跃成为餐饮业的

明星选手，其背后的成本管控举措值得深入探究。

（二）研究框架

本文依据研究战略成本管理的 Shank 模式，从战略定位、价值链和成本动因三方面剖析海底捞公司的成本管控举措，并为其后续发展提供优化建议。

（三）数据来源

一方面，本文用于研究的资料通过中国知网 CNKI 数据库、巨潮资讯网及海底捞公司年报等获取；另一方面，还通过亲身体验其产品与服务、收集相关媒体报道和评论文章等获取。

四、案例分析

（一）案例简介

海底捞 1994 年创立于四川简阳，2018 年在中国香港注册上市，是一家以火锅为主，以个性化服务为竞争优势，拥有完整生产链的餐饮集团。经过几十年的发展，截至 2022 年 6 月，海底捞在全球共有 1435 家餐厅，其中 1310 家位于中国大陆，22 家位于中国港澳台地区，103 家餐厅位于英国、日本、韩国、美国、新加坡、印度尼西亚和澳大利亚等 11 个国家①。

如表 1 所示，海底捞 2018～2021 年度营收方面总体呈正增长，2018 年为 169.69 亿元，2021 年增长至 411.12 亿元，2022 年中期报告显示为 167.64 亿元。利润方面，自疫情暴发后持续走低，2021 年下降为负数，究其原因，除受疫情影响外，也与其大规模扩张门店有关，根据海底捞公司的年度报告，其在 2020 年和 2021 年分别新增加了 544 家和 421 家门店。成本费用方面，海底捞公司 2021 年销售成本、管理费用和财务费用分别较上年同比增长 46.62%、52.12%和 44.62%。综上，海底捞虽然收入方面保持较好的增长，但快速扩张的战略规划使得成本费用激增，如何管控成本成为其需要重点考虑的问题。

① 资料来源：海底捞公司年度报告。

表 1　海底捞 2018~2021 年度经营数据

指标	2018 年（亿元）	2019 年（亿元）	2020 年（亿元）	2021 年（亿元）
营业收入	169.69	265.56	286.14	411.12
净利润	16.46	23.45	3.09	-41.63
销售成本	69.35	112.39	122.61	179.77
管理费用	72.30	112.56	141.11	214.65
财务费用	0.31	2.37	4.46	6.45

数据来源：海底捞公司年度报告。

（二）海底捞公司战略定位分析

本文利用适用范围最广的战略分析工具“SWOT 分析法”对海底捞进行战略定位分析。

1. 优势

海底捞当前具备的优势主要有服务、管理、品牌三方面。

海底捞周到细致的就餐服务带给顾客足够的幸福感。电梯口服务人员引路，等候区提供茶点，落座后提供热毛巾、橡皮筋、手机套，离店时给顾客赠送零食和玩具，除此之外，海底捞还提供诸如美甲、过生日、陪伴娃娃等免费配套服务，这种全方位式的服务让海底捞在同行中出圈。

海底捞亲情式的管理模式带给员工足够安全感。其不仅给员工一定的自主决定送菜、送礼物，甚至打折的权力，而且为员工及家人都提供了较好的福利保障，这使得海底捞员工的离职率极大地降低，同时也让员工有了更高的工作积极性，提升了整体服务水平。

海底捞极具“个人特色”的品牌带给自身足够知名度。其充分发挥自家产品和服务等优势，创造了独特的品牌文化，也收获了多项荣誉，2020 年 7 月位列《财富》中国 500 强榜单第 350 位，2021 年 8 月位列艾媒金榜发布的《2021 年上半年中国火锅品牌排行 Top15》第一，2022 年 8 月位列《2022 中国品牌 500 强》第 222 名，2023 年 1 月位列《2022 年 · 胡润中国 500 强》第 130 名①。

2. 劣势

海底捞当前存在的劣势主要在价格偏高、产品单一两方面。

相关资料显示，火锅类饮食的平均消费金额处于 51~100 元这一区间的消费

---

① 资料来源：百度百科。

者占比最高，约占48.2%，而海底捞的人均价格在110元[①]左右浮动，与其他火锅店相比较高。另外，海底捞主推的一直是火锅产品，但火锅产品的可复制性很强，仅靠这“单一”爆款并非长久之计。

3. 机会

海底捞当前迎来的机会主要在政策支持、市场需求和网络平台三方面。

自2016年开始，商务部先后发布了多项政策，鼓励餐饮企业提升自身的发展品质。疫情期间，政府也积极推出免征和缓征服务增值税、所得税，鼓励开展线上线下服务等帮扶餐饮业的政策。而且，随着人们生活水平提高，对就餐服务、环境、特色等有了更多的需求。另外，网络平台的兴起在拓宽销售渠道的同时也给企业提供了增加曝光率的机会。

4. 威胁

海底捞当前面临的威胁主要在外部环境变化、食品安全和同业模仿三方面。受疫情影响，海底捞多家餐厅停业或停止堂食导致客流量减少。同时，居民食品安全意识的增强和食品质量监管的重拳出击对餐饮业的发展提出了更高要求。此外，在海底捞的经营理念被引爆之后，吸引了一大批火锅业的同行，甚至其他从事餐饮行业的公司也纷纷跟风，这对海底捞的经营造成了一定的影响。

综上分析，海底捞的战略定位应结合内部能力和外部因素，发挥优势，抓住机遇，积极地向二、三、四线城市扩张，扩大其门店数目，坚持贯彻其服务至上的发展理念，不断强调“极致服务”这一差异化概念；同时尝试进入周边产品市场，横向扩大经营范围，增强市场影响力。

（三）海底捞公司价值链分析

1. 内部价值链

海底捞形成了以进货采购为起点、以顾客服务为归宿的内部价值链。

为降低库存成本，海底捞实行供应商管理库存（VMI）模式和中央厨房加工系统，把采购部门、营运部门和门店三者串联起来，根据门店顾客需求和库存量及时掌控采购动态，以实现原料供应及时准确，降低食材损耗成本及积压成本，减少资源浪费；为削减管理成本，海底捞参照阿米巴的经营模式，实现组织变革，精简组织结构，不同决策层级进行不同程度的放权，借此降低信息传递成本，从而节约管理成本；为节约运维成本，海底捞率先在信息化和服务业融合方面进行了大胆的尝试，即普及机械臂自动上菜技术，后厨配备传菜机器人、电话机器人和收拣餐具机器人，并独立开发智能厨房管理系统，这一和信息化相结合

① 资料来源：人民资讯网。

的创新模式节省了员工成本，有利于运营效率提高。

2. 行业价值链

海底捞通过整合产业链来降低中间成本，获取成本优势。

供应商价值链成本管控方面。海底捞建造了四个大型现代化物流配送中心和一个原料生产基地来为各个地区的门店提供配套服务，形成了集采购、加工、仓储、配送为一体的大型物流供应体系，这极大程度降低了和上游供应商的议价成本，并对配送环节的成本进行了有效控制。

消费者价值链成本管控方面。一则海底捞凭借独具一格的服务特色迅速出圈，极大提高了自身知名度，节省了大量宣传成本。二则海底捞尝试新型定向营销模式，与用友跨界合资成立餐饮云服务公司"云火台"，通过对会员的点餐、个人喜好等信息进行记录和分析，以提供定制服务，降低了营销成本。

3. 竞争对手价值链

面对激烈的竞争环境，海底捞在成本领先和差异化方面均展现出突出优势。

成本领先方面。与竞争对手相比，海底捞高速拓展门店，为实现规模效益做出了巨大努力。历经数十载发展，海底捞门店遍布全国各大商圈，不断加密的线下门店在扩大品牌优势的同时也降低了单店固定成本分摊。

差异化方面。海底捞将服务至上作为长期发展理念，筑起品牌壁垒，牢牢抓住了追求就餐服务和想体验极致就餐服务的顾客，这一战略在提升顾客满意度的同时也增强了顾客忠诚度，为海底捞带来了强大的品牌价值。

（四）海底捞公司成本动因分析

1. 结构性成本动因

（1）企业规模。规模越大的企业在采购环节有越大的议价权，海底捞在全世界拥有1000多家门店，对原材料有较大的需求，更易以较低价格拿到优质的产品。而且海底捞还成立了多家子公司，分别负责从餐厅装修到菜品运输的各个环节，如食材运输由蜀海负责，门店装潢由蜀韵东方负责，人员管理由微海咨询负责，外卖业务由海鸿达负责，子公司的不同分工在降低成本的同时也保证了质量。

（2）整合程度。面对经营成本不断加大的境况，餐饮企业要想发展壮大，就需要借助资本的力量，但固有的行业局限性令餐饮企业上市格外艰难，如财务不规范、食品安全风险、标准化管理较难等都是上市的阻碍，因此海底捞实施构建餐饮全产业链的战略行为，根据不同的职能部门成立第三方公司，并将优质子公司分拆上市获取资本助力，从而实现产业链壮大和整合价值。

（3）技术运用。海底捞率先尝试信息化与服务业的结合，花费大量资金用

于研发智能厨房管理系统、传菜机器人等，信息化的成功引入节约了人力成本，也吸引了消费者。

2. 执行性成本动因

员工向心力。海底捞给予公司员工相应的权力，让他们在某种程度上可以参与到公司的经营中来，这一管理模式不仅让员工获得较大的成就感，也让员工更了解企业的发展方向。另外，海底捞重视员工及其家人的福利保障，让员工在企业感受到归属感和信任感。

全面质量管理。海底捞高度重视食品安全，一则公司成立食品安全管理委员会，负责制定公司产品的质量标准、审核供应商的原料品质、定期汇报食品安全问题等。二则各门店均配备1~2名食品安全管理员负责食品安全工作。

五、研究结论与建议

海底捞凭借差异化的服务出圈，在后续发展中，又不断完善企业价值链，加大信息化和智能化的研发投入，其极强的成本管控能力给大型连锁餐饮企业带来了许多有价值的经验，极具借鉴意义。但要在不断加剧的竞争环境中一直保持领先地位，还需要顺应环境变化优化成本管控举措，故而本文对海底捞战略成本管理提出以下优化建议：

（一）选择多元化竞争战略

海底捞一直将优质的服务作为竞争优势，实施差异化战略。但这种方式容易被同行模仿，“单一”的优势长久下去可能被慢慢弱化。海底捞也意识到了这一点，积极拓展门店，努力扩大规模以期获取成本领先优势，但疫情的暴发打乱了海底捞的计划，导致中途不得不关停一些门店。在经营逐渐恢复正常时，海底捞应继续辅助实施成本领先战略，进一步提升竞争力。

（二）优化价值链成本管理

海底捞凭借信息价值链构建和核算单元细分，将管理成本和运维成本维持在较低水平。另外，其通过铸造强大的供应链体系，减少了低增值作业发生频次，有效控制了供应端成本。但上游供应商与直营门店的精准投放还要进一步优化，以降低对下游顾客的服务附加值。

（三）加强战略成本管理信息化建设

海底捞有 1000 多家门店，且分布在国内外，信息量巨大，为进行实时的成本信息分析，海底捞需要进一步加强战略成本管理信息化建设。一则监测内部数据，为及时调整发展战略提供依据；二则检索上下游信息，为获取成本优势提供支撑；三则收集竞争对手信息，争取占得竞争先机。

参考文献

［1］何万能．基于价值星系的战略成本管理模式构建［J］．财会通讯，2019，801（1）：45-48.

［2］孟小欣．桑克模式在公司战略成本管理中的应用——以青岛啤酒股份有限公司为例［J］．财会通讯，2019，805（5）：109-112.

［3］熊瑛．基于桑克模式的战略成本管理分析——以昆明佳晓股份为例［J］．会计之友，2019，615（15）：17-22.

［4］石浩．桑克模式下的集团公司战略成本管理研究［J］．会计之友，2021，661（13）：49-55.

［5］韩涓．基于价值链的企业战略成本管理探究［J］．财会学习，2020，278（33）：113-114.

［6］何瑛，赵映寒，杨琳．海底捞价值链成本管控分析［J］．会计之友，2022，676（4）：25-31.

绿色低碳供应链构建对企业战略绩效影响路径研究

——以联想为例

赵雨辰*

摘　要：构建绿色低碳供应链是当前大环境下企业实现生产经营与可持续发展的重要战略。基于此，本文通过梳理文献，以联想集团为研究对象，运用平衡计分卡理论，分析其绿色低碳供应链构建的具体举措以及各方面绿色举措对于企业战略绩效的影响，最终构建绿色低碳供应链构建对企业战略绩效的影响路径，对于计算机有关行业其他企业的低碳绿色供应链构建具有一定的借鉴意义。

关键词：绿色供应链；平衡计分卡；案例分析

一、引言

严峻的生态问题使企业在环境方面的行为受到政府监管机构与社会各界的重点关注。《国务院关于加快建立健全绿色低碳循环发展经济体系的指导意见》和商务部等八部门联合印发的《关于开展供应链创新与应用试点的通知》，都将"构建绿色供应链"列为重点任务。在生产运营过程中，碳排放可能在供应链活动的任一环节产生，企业有必要在各个供应链环节中都落实低碳减排的目标，以集中决策对供应链进行协调优化。为更好地响应"双碳"战略目标，企业应当在供应链管理的全链条实施绿色低碳举措，其中包括了在上游与供应商的协作关系、企业内部的环境管理以及在下游的绿色分销等，其目的在于破解制度压力和

*　作者简介：赵雨辰（2000—），女，天津市人，北京联合大学管理学院在读研究生，研究方向：绿色供应链管理。

生产效率的双重困境，不仅达到利润最大化的目的，还可以实现环境的可持续性、合理地配置资源，为企业的可持续发展做出贡献，因此，深入探究绿色低碳供应链管理实践的具体措施以及其对企业绩效的影响路径具有现实意义。

为此，本文以联想为研究案例，探索了联想的绿色低碳供应链构建、分析了其绿色低碳供应链构建的整个流程，并收集企业数据，将数据和构建流程应用于分析其对企业绩效的影响路径上，能够在一定程度上发现联想绿色低碳供应链构建成功的原因，也了解了构建绿色低碳供应链对于企业的绩效是如何影响的，对于计算机有关行业中企业的低碳绿色供应链构建具有一定的借鉴意义。同时，本文结合时代大环境下中国企业的现实发展状况，也对企业进行了积极的理论探索，我国对于绿色供应链的研究已经取得了比较不错的成果，但大多数研究的实践及应用，都没有涉及绿色供应链对企业绩效的影响路径分析，而针对低碳绿色供应链的研究也比较匮乏，所以本文针对该领域的理论也进行了探索和论述。

二、理论背景回顾

（一）绿色供应链

绿色供应链结合了传统的供应链管理理论与绿色发展、可持续发展理论，旨在提升资源利用率，降低生产运营过程中的成本，并减少环境污染。

1996 年，“绿色供应链”一词被提出，产生于美国密歇根州立大学制造研究协会的研究报告中的“Environmental Responsible Manufacturing”。Beamon 等（1999）为改善传统供应链在制造和材料加工及回收再利用等服务，采取的一系列措施被认为是对传统供应链的延伸，这也被称为绿色供应链。Jeremy 对绿色供应链进行了第一次较为完整科学的定义，其指出绿色供应链是企业在可持续发展理念的基础之上，对供应链进行生态设计，绿色供应链绿色举措的范围涉及从原材料、产品生产、销售直至回收再利用的各个环节。

（二）战略绩效理论

战略是一种从整体来考虑谋划从而得以实现整体目标的规划，在目前激烈的市场竞争和复杂的经营环境之中，实施适合的战略可以保障企业在市场中处于优势地位。而绩效是评价战略有效性的标准之一，战略绩效评价是指对于企业的长期战略制定和实施的过程及其实施结果采用某种特定的方法进行考察和评价，其是评价公司战略有效性的重要标准之一，其可以帮助企业发现经营过程中存在的问题，是维持企业完成战略目标从而维持企业后续竞争的保障。

当前，一些企业在促进发展的同时，存在一定的短视行为，这样不利于企业提升自身的核心竞争力，也不利于战略目标的有效实现。在新形势下，如果继续沿用传统的只关注财务指标的绩效评价方法，显然已不能更好地提升企业竞争水平，要想使其保持长远健康发展态势，必须将企业的战略规划融入绩效评价体系中，对企业的多个层面做出前瞻性的评估。基于此，Robert Kaplan 和 David Norton 于 1992 年详细阐述了平衡计分卡（BSC）的四个维度。自此，平衡计分卡成为了度量企业战略绩效的一种重要工具。平衡计分卡涵盖财务、内部流程、客户以及学习与成长四个维度，是一种多维的战略绩效考核工具，各个维度的衡量指标各不相同，且指标之间紧密相关，从而形成了一个四个维度相互依托的、系统的整体系统，并最终实现了长期与短期指标、滞后与预先指标、非财务与财务指标及内外部视角的平衡，使得企业战略绩效评价更加整体化、全面化。因此，本文运用平衡计分卡工具来评价企业战略绩效，既适用本文所选案例样本，又能全面反映企业的绩效水平，说服力较强。

三、研究方法

（一）研究思路

本文研究的重点问题是“绿色低碳供应链管理实施及其对企业战略绩效的影响路径分析”，企业只有全面考虑绿色低碳供应链整个链条每一环节的特点，并将“绿色思想”融入其中，才能降低成本、在提升企业财务绩效的同时获得环境效益以提升企业总体竞争力。因此，在了解理论背景后，结合需要研究的具体内容，将样本企业绿色低碳供应链管理实施的绿色举措分解为五个维度，分别为绿色生产、供应商管理、绿色物流、绿色回收和绿色包装，在此基础上，参考平衡计分卡理论的分类方法，收集企业近年的数据并对其进行绩效分析并结合五个维度的措施分析绿色低碳供应链构建影响企业战略绩效的原因。最后，构建绿色低碳供应链实践对战略绩效影响的路径分析图。本文研究的思路如图 1 所示。

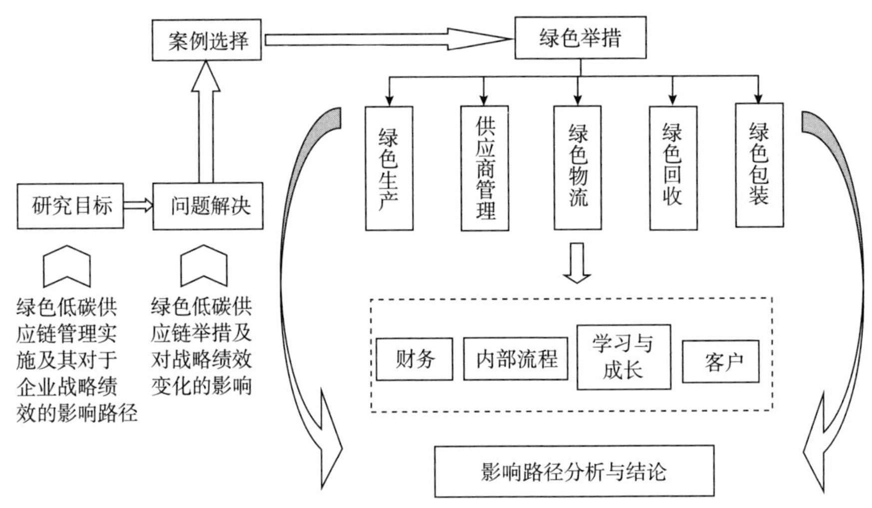

图1　本文研究思路

（二）案例选取

虽然绿色供应链理论早在1996年就被提出，如今绿色供应链也是计算机行业的热点话题，但中国真正实践绿色供应链构建并取得一定成果的企业案例并不多见。目前，亟须成功开展绿色低碳供应链的行业内标杆企业，通过分析其绿色低碳供应链构建的实施方法，为其他业内企业牵头，带动其他行业共同践行绿色低碳的可持续思想，促进行业发展，因此，对于联想集团进行绿色低碳供应链构建的案例分析具有不可估量的作用。

在知网等文献搜索网站对于绿色低碳供应链等关键词进行高级检索，发现有关企业绿色低碳供应链构建及其绩效影响路径的案例研究文献屈指可数，现有的研究数量并不充足，因此，本文选择了现象驱动型的案例研究方法。同时，本文选择了对单个案例进行研究分析，一方面，对于新生的、独特的管理情境可以更加透彻和深入地探究；另一方面，也可以更为清晰地分析出一个可供参考的提升战略绩效的成功路径。本文严格遵循了有关案例研究的以下三个标准：

（1）选取案例和研究主题的契合程度方面。目前，纵观国内制造业龙头，联想集团是为数不多的在推动绿色低碳供应链这一议题上有所建树的企业。如今，联想集团正着力打造绿色、智能的“碳中和供应链”，带动全链条共同实现低碳转型。2019年，联想集团成为ICT行业获得工信部绿色工厂、绿色产品、绿色供应链、工业产品绿色设计示范企业大满贯的单位。在公众环境研究中心

（IPE）发布的 2021 年度企业气候行动指数中，联想集团位列全球第 17 名。因此，选择联想集团作为研究的典型案例是适合的。

（2）数据的长期性。考虑到本文要研究绿色低碳供应链构建对企业绩效的影响路径，需要企业的绩效评价维度数据，仅仅一两年的数据不具有说服力。本文选择联想集团作为研究对象，选取多年的数据进行研究分析，从而构建出整个绩效的影响路径，满足了数据要求长期性的要求。

（3）数据的可获得性。联想集团是一家上市公司，其年报与中期报告等社会公开信息的披露为本文数据的采集提供了极大的便利。

四、案例分析

（一）绿色低碳供应链举措及对财务绩效影响分析

1. 绿色低碳供应链举措

（1）绿色生产。产品材料方面，联想创新运用智能化手段，对供应链绿色数据进行有效管理，通过平台化的数据管理，实现供应链数据的过程管理，通过绿色大数据库指导产品绿色创新，为寻找环保替代材料提供数据基础。

能源使用方面，联想大力推广可持续能源的使用，安装可持续能源发电装置是其重要措施，其运用清洁能源进行生产运营，在提升了能源利用效率的同时也直接降低了碳排放。

废弃物方面，联想为确保生产中产生的废弃物得到妥善管理，副产品利用效率最高且对环境影响最小，联想的废弃物在其产生现场即进行分离和收集，通过第三方废弃物管理公司进行处理。并且，公司还会通过内部环境数据库收集和监测非有害和有害废弃物的产生量和处理方法，基于各平台/工厂环境接口人根据测量得出的废弃物数据，进行结果收集和计算，每月上传废弃物数据辅助管理。

从以上三方面绿色生产举措可以看出，通过提高资源生产力，联想集团改善了过去将有害物质、废弃物或能源排放到环境中的缺陷，避免了过去资源使用不完整、效率低下甚至无效的问题，提高了资源的使用效率，节约了材料，同时提高了副产品的使用率，这说明联想从环境投资中获益，即通过绿色生产的方式降低了成本从而提升了企业的利润，如表 1 和图 2 所示，联想集团 2017~2022 年营业利润总体上呈持续增长态势。

表 1　2017~2022 年联想集团营业利润

项目 \ 年份	2017	2018	2019	2020	2021	2022
营业利润（千美元）	672348	386723	1177817	1438596	2180407	3080569

资料来源：联想年报。

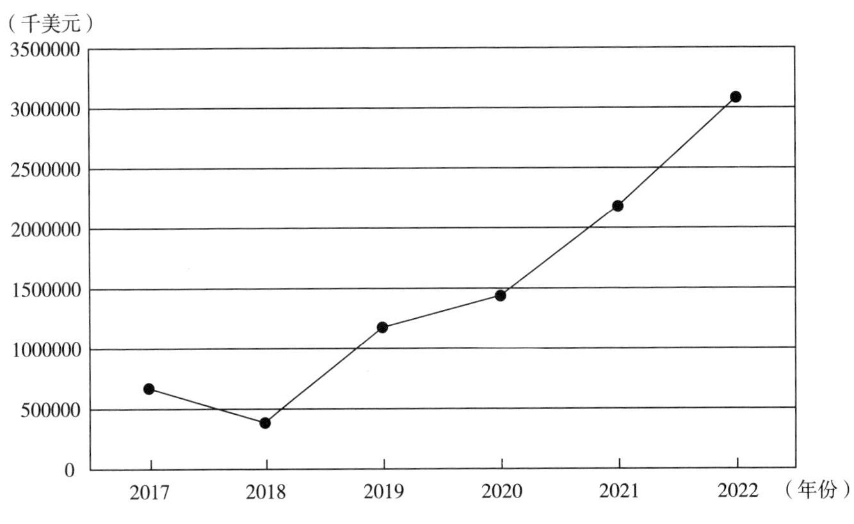

图 2　2017~2022 年联想营业利润

（2）供应商管理。联想实施的碳报告系统可以对全球供应链以及环保部门确定的供应商碳足迹进行数据收集和分析，已成为联想选择供应商的重要标准。根据这个系统，联想会对供应商打分，如果不能达标就不再合作，而同时，联想也会参考分值情况分配供应商的采购额度。除此之外，2019 年，联想建立了 ICT 产业高质量与绿色发展联盟，针对企业的最佳实践，与供应链的核心合作伙伴分享有关的信息资源，以此形成团标或行标，一同带动上下游的合作伙伴。针对大型供应商，联想与之谋求共创共赢，协同发展，展开深入的合作关系和长期协议，如京东，既是和联想集团一起发展的供应商，也是参与 ICT 产业高质量与绿色发展联盟的企业之一，联想与之一同设计和订立了诸多绿色标准，达成了长远的技术协作；对于中小企业供应商，联想以引导为主，先建立起他们的能力，未来再逐渐制定一些强制目标以期保证供应商的质量。

（3）绿色回收。绿色回收是绿色低碳供应链管理较为末端的环节，其通过回收和再制造等途径，以期提高资源的利用效率并降低副产品所产生的碳排放污染。联想致力于在整个公司范围内，包括生产工厂、维修网络和渠道伙伴，最大化利用过剩、退回或陈旧产品及零部件的价值。通过转变供应链，这些产品及零部件按原样或经翻新后得以循环流通。

2. 对财务绩效影响分析

本文拟在财务维度的盈利能力和成长能力两个方面，选取营业利润率、营业收入和净利润这些指标来分析企业财务维度的战略绩效变化。

盈利能力方面，从表 2、图 3、图 4 可以看出，联想的营业利润率 2017~2022 年总体呈增长趋势，由 2017 年的 1.6%增长至 2022 年的 4.3%，尽管在 2018 年有所下降，但总体的主营利润仍然呈上升的趋势，充分表明联想有较强的获取利润的能力，经济效益和盈利能力较好，在财务方面的战略绩效有所提升。成长能力方面，由表 3 可知，联想 2017 年的营业收入是 43034731 千美元，净利润 530441 千美元，2022 年的营业收入是 71618216 千美元，而净利润为 2145332 千美元，2022 年的营业收入是 2017 年的 1.7 倍，而净利润是 2017 年的 4 倍，净利润的增长倍数高于营业收入的增长倍数，说明联想合理控制了成本，资产能得以充分利用，企业增长含金量较高。

从绿色生产举措可以看出，通过提高资源生产力，联想提高了资源的使用效率，节约了材料，提高了副产品的使用率，因此得以降低成本而提升利润。

从供应商管理举措可以看出，联想通过准入规则和长期合作与供应商建立了紧密持久的伙伴关系，一方面，审核了供应商的碳排放资质，另一方面，基于契约的供应商关系可以通过信任、承诺和信息共享等举措削减交易间的不确定性，降低了机会主义倾向，从而降低可能产生的交易费用，合理控制了成本。

从绿色回收举措可以看出，通过转变供应链，这些产品及零部件按原样或经翻新后得以循环流通。通过重新整合产品及零部件，避免了新零部件的重复制造从而避免了原材料的浪费，这不仅促进了环境效益提升，也通过各种形式的回收行为，在废旧产品中发现新的利用价值，通过回收零部件获取的收益合理降低了成本。

联想的三方面绿色举措都表明联想通过提高资源利用效率、降低交易费用等措施合理控制了成本，从而提升了企业获取利润的能力，带来更多经济效益，表明绿色举措对于企业的财务绩效提升有正向的作用。

表 2　2017~2022 年联想营业利润率

项目 \ 年份	2017	2018	2019	2020	2021	2022
营业利润（千美元）	672348	386723	1177817	1438596	2180407	3080569

续表

年份 项目	2017	2018	2019	2020	2021	2022
营业收入（千美元）	43034731	45349943	51037943	50716349	60742312	74618216
营业利润率（%）	1.6	0.9	2.3	2.8	3.6	4.3

资料来源：联想年报。

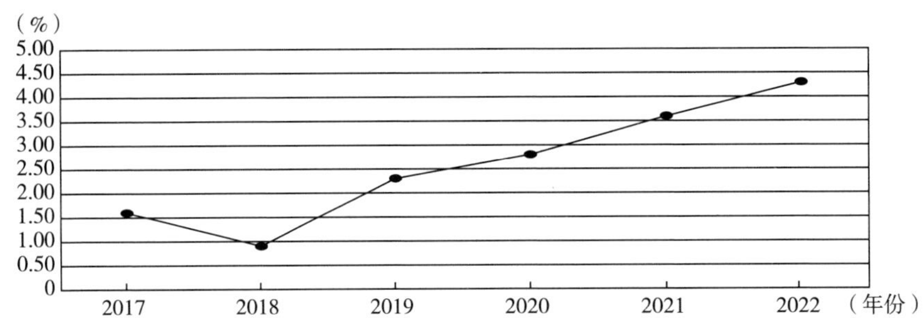

图 3　2017~2022 年联想营业利润率

表 3　2017~2022 年联想营业收入及净利润

年份 项目	2017	2018	2019	2020	2021	2022
营业收入（千美元）	43034731	45349943	51037943	50716349	60742312	71618216
净利润（千美元）	530441	−126775	657204	804503	1312999	2145332

资料来源：联想年报。

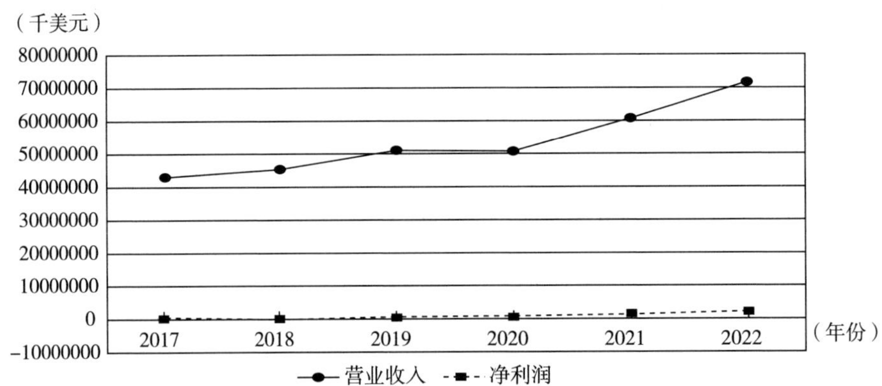

图 4　2017~2022 年联想营业收入及净利润

（二）绿色低碳供应链举措及对内部流程绩效影响分析

1. 绿色低碳供应链举措

（1）绿色生产。能源使用方面，为了减少能源的使用以期减少碳排放量，在联想的环境管理体系（EMS）下，每年制定年度能源相关目标。同时，为实现“双碳”目标，联想还大力推广可持续能源的使用，安装可持续能源发电装置，以利用太阳能作为可再生能源为主，通过推行可再生能源设施的使用和太阳能电站的持续建设，构建企业内部以清洁能源为主导的“零碳可持续能源体系”。

生产工艺方面，联想提出了创新的“低温锡膏工艺”，运用低温的焊接材料，大大降低了焊接温度，可降低约 30%的碳排放，每年减少 6000 吨左右的二氧化碳排放。为了解决信息孤岛、重要信息不能共享而导致的效率低、电能耗用量高问题，联想运用“智造”手段来助力绿色生产，通过联想私有云解决方案，实现了同城异地双活数据中心，保证了在现有的硬件资源的基础上，关键业务得以连续可用，得以实现高效率的信息共享和数据处理，降低了耗电量，也减少了二氧化碳排放。

（2）供应商管理。2015 年，联想制定实施了《供应商行为操守准则》，融入可持续发展理念，细致描述了对供应商环境表现的期望，引入供应商绿色管理、评估和监督，这种全面的行为操守体系不仅保证了生产原料的环保合规性，也有助于带动上游供应商持续改进自身行为，促进整个链条的绿色低碳化。除遵守 RBA 行为准则之外，联想要求其 95%的供应商每年进行一次 RBA 验证审计计划，由第三方进行审计以获得 RBA 审计计划得分，以带动上游供应商重视 ESG 方面的工作。

（3）绿色物流。联想积极与物流行业、可持续物流项目、政府组织和非政府组织建立联系。2022 年，联想还与全球最大的集装箱航运公司马士基达成协议，使用低碳燃料进行物流运输，将废弃食用油等原料提取制作成第二代生物燃料，与传统的燃油相比，可以降低约 80%由船舶运输排放的二氧化碳，马士基计划为联想提供生态环保运输解决方案，双方共同探索航运领域减排，助力联想构建绿色低碳供应链，降低企业的碳足迹。

低碳运输方面，航空运输业是经济活动的重要组成部分和“碳排放大户”，联想致力于更多地使用陆运及海运来替代碳排放较高的空运方式，对于经由上海出口的国际货运，联想合肥联宝工厂（LCFC）通过提升货车装载率，使得 2021~2022 财年比之前减少了 747 辆的卡车运输，在降低碳排放的同时大大提升了运输效率。

（4）绿色回收。联想对于产品进行产品生命周期末端管理（PELM），该项目使得产品及部件可以进行再利用和循环再利用，帮助减少报废电子产品的填埋量。同时联想也提供产品回收项目（PTB），根据特定的地区及商业需求量身定制，回收产品进行循环再利用。

2. 对内部流程绩效影响分析

内部流程维度的评价指标主要有创新指标、存货周转率、企业对社会的贡献程度等，本文选取了几个较为典型的内部流程指标来衡量联想近几年来的内部流程绩效变化情况。

首先，如表4所示，本文梳理了企业在低碳方面对环境做出贡献的数据。近年来，联想通过推行绿色生产举措，温室气体排放量维持在一个稳定水平，碳排放范围的指标1和指标2分别代表了直接温室气体排放以及购买的能源产生的温室气体排放，对应了绿色生产过程中直接能源使用的碳排放足迹，表明联想创新的生产工艺改进措施有利于联想减排减碳，实现发展与可持续的双重目标，对环境做出的贡献巨大；碳排放范围的指标范围3是企业中的其他间接温室气体排放，其中包括产品运输中的温室气体排放等，虽然由于企业近年来的销售范围和业务量的扩大，运输需求量增大，范围3总体产生的温室气体都有所增长，但从时间节点上来看，企业在2021~2022财年实施了绿色物流相关的措施，不仅布局了物流的基础配送方案，使用更为低碳的运输方式，还与马士基达成协议，实施生态环保运输解决方案以降低碳排放，这些措施的实施都颇有成效，一定程度上有利于降低企业的温室气体总排放量。

表4　联想范围1、2、3温室气体排放状况

	2017/2018财年	2018/2019财年	2019/2020财年	2020/2021财年	2021/2022财年
范围1、2温室气体排放（吨）	200131	207352	170363	184947	197847
范围3温室气体排放量（吨）	14660700	16010994	17531179	19976020	12324408

资料来源：联想ESG报告。

联想在生产过程中对于其能源结构也进行了调整，加快能源生产清洁替代，如表5所示，联想太阳能利用在近年实现了152%的飞速增长，同时发电量也由5.5兆瓦增至17兆瓦，表明其绿色举措大大改善了企业以往对于化石能源的依赖，有益于对能源环境的保护。

表 5　太阳能利用及发电量

可再生能源＼财年	2017/2018 财年	2018/2019 财年	2019/2020 财年	2020/2021 财年	2021/2022 财年
太阳能（兆瓦时）	3713	3938	4226	9065	9360
发电量（兆瓦）	5.5	12.42	16	16	17

资料来源：联想 ESG 报告。

此外，随着产品生命周期末端管理（PELM）和产品回收项目（PTB）计划的推行，如表 6、表 7 所示，企业在产品生命周期末端管理废弃物数量总量为 34163 吨，实现再利用、循环再利用、转化为能源的废弃物占比高达 95%，而同样的比率在产品回收项目中也达到了 95%，说明联想对于废弃物的回收利用效率不断提升，在推动企业自身循环经济的同时也对社会环境有所贡献。

表 6　按处理方式划分的产品生命周期末端管理（PELM）废弃物

	2017 年	2018 年	2019 年	2020 年	2021 年
再利用（吨）	918	652	1557	1695	1875
循环再利用（吨）	22808	18919	24856	28076	30143
转化为能源（吨）	826	845	987	793	523

资料来源：联想 ESG 报告。

表 7　按处理方式划分的产品回收项目（PTB）废弃物

	2017 年	2018 年	2019 年	2020 年	2021 年
再利用（吨）	299	309	1023	1536	1556
循环再利用（吨）	22194	18589	24112	27249	29295
转化为能源（吨）	826	845	987	782	519

资料来源：联想 ESG 报告。

其次，联想的供应商管理举措也给供应链上游绩效带来了正向的推动作用，通过供应商行为操守规范、年度审核等措施不断优化自身的上游供应商队伍，不仅要求供应商提供高质量的原材料，还要求其共同关注环境问题，开展可持续发展计划，在上游减少供应链条运营对于环境的影响，如表 8 所示，供应商表现量化为年度 RBA 审核绩效评分，这个分数每年都有所提高，说明联想的绿色低碳供应链构建措施深刻影响了供应商自身行为，从而带动了供应商践行可持续发展行为，促进整个供应链链条的低碳绿色化。

表 8　2017~2021 年联想供应商 RBA 审计计划平均得分

得分（单位：分）	2017 年	2018 年	2019 年	2020 年	2021 年
劳动	153	156	157	157	158
健康与安全	158	167	174	173	180
环境	181	184	184	189	193
道德	191	191	197	199	198
管理	183	188	187	190	196
总分	143	149	153	155	165

资料来源：联想官网。

最后，如表 9 所示，联想在推行绿色低碳供应链后固定资产周转率保持着稳中增长的态势，作为行业中的龙头企业，市场占有率基本已经固定，占据很大的市场份额，所拥有的生产规模和固定资产规模很难得到大幅提升，而联想推行绿色物流，充分地整合了现有物流资源并辅以可持续性的布局，企业的固定资产得以充分利用，提升了其使用效率，可见绿色低碳供应链的实施保证了联想目前的市场地位和核心竞争能力，提升了企业的内部流程绩效。

表 9　2017~2022 年联想固定资产周转率

	2017 年	2018 年	2019 年	2020 年	2021 年	2022 年
营业收入（千美元）	43034731	45349943	51037943	50716349	60742312	71618216
平均固定资产净值（千美元）	12317587	12830853	13102282	13394726	14655279	15513581
固定资产周转率（次）	3.5	3.5	3.9	3.8	4.1	4.6

资料来源：联想年报。

（三）绿色低碳供应链举措及对学习与成长绩效影响分析

1. 绿色低碳供应链举措

（1）绿色生产。在产品材料方面，为指导产品绿色创新，形成规模化的绿色大数据平台以寻找环保替代材料，构建绿色低碳供应链，联想创造了供应链数据管理平台，运用智能化手段，对供应链绿色数据进行了有效管理，通过平台化的数据管理，实现供应链数据的过程管理，并可实现原材料源头预防、过程管理的管理模式创新。在生产工艺方面，联想为促进绿色低碳生产，持续推动技术创新，提出了“低温锡膏工艺”，大大降低了碳排放量。此外，联想还在绿色生产方面专注于通过创新的产品和创新的设计，以整合可持续材料，最大限度减少浪费，定期定制关于技术研发方面的目标并每年在 ESG 报告中对实施进程进行披露。

（2）绿色回收。联想在构建绿色低碳供应链过程中，在企业内部以及向广大消费者都提供了产品生命周期末端管理（PELM）以及产品回收项目（PTB）服务，对于废弃物的回收和重新利用实现了企业的循环经济和可持续发展。

（3）绿色包装。在包装体积部分，联想制定的产品包装目标为“减少包材消耗，同时积极推动环保型可持续材料的使用”。联想非常重视包装轻量化，其要求在充分保护产品本身的基础上，最大限度降低包装材料消耗，减小包装体积。轻量化的包装在碳足迹方面对环境有明显的贡献，而减小体积包装也有助于增加栈板利用率，联想拥有独立的知识产权，通过创新而大胆的结构设计，不仅满足了栈板的测试要求，在此基础上也大大减轻了栈板的重量，从而有效降低了空运的物流费用。

2. 对学习与成长绩效影响分析

学习与成长维度的绩效主要体现在技术研发层面，技术研发包括研发投入、技术研发人员比重、专利发明数量等指标，本文拟选取研发投入和专利持有情况作为衡量学习与成长维度战略绩效的研究指标。

如表 10 所示，联想 2017~2022 年的研发费用总体呈现一个快速增长的趋势，在技术研发领域取得很大的成功和进步。同时，如表 11 所示，在 IFI Claims 官网公布的 2019~2021 年专利持有数排名中，联想均有上榜，且全球排名从 82 名升至 42 名，也直接说明联想在研发领域取得了明显的成绩，推动了企业的创新发展，提升了企业的战略绩效。

结合联想对于生产工艺技术的不断改进更新，表明其坚持绿色生产，不断在技术创新领域投入资金，持续提高自身技术，将科学技术领域的创新作为企业的一个重要目标，在此领域获得很大的进步，以提升企业的创新水平。首先，联想在产品生产方面不断追求绿色低碳化，定制目标并予以披露，对企业的技术研发创新也起到了助推的作用。其次，联想的绿色回收举措不仅仅最大限度地降低了处理废弃物过程中二氧化碳的排放，通过回收再利用废弃物，也提升了企业的资源利用效率，节约了生产成本，促使企业将更多有限的资金投入研发创新以提升企业的技术研发水平。最后，联想绿色包装上的创新，很好地解决了既要满足环保需求又能满足物流操作需求的行业难题，其降低了运输成本，做到节能减排，同时又安全轻便、易于操作，为产品提供了足够的运输保护，表明联想的绿色包装措施通过设计的优化和创新，不仅增加了研发成本的投入，既使企业科学技术水平的提升，又节约了生产成本，提升了生产效率，使得企业有更多资金得以投入研发设计之中，得以提升企业的学习与成长绩效。

表 10　2017~2022 年联想研发投入

	2017 年	2018 年	2019 年	2020 年	2021 年	2022 年
研发费用（千美元）	1361691	1273729	1266341	1335744	1453912	2073461

资料来源：联想年报。

表 11　2019~2021 年联想持有专利情况

	2019 年	2020 年	2021 年
持有专利数量（件）	6379	6648	19406
全球专利排名	82	82	42

资料来源：IFI Claims。

（四）绿色低碳供应链举措及对客户绩效影响分析

1. 绿色低碳供应链举措

（1）绿色回收。基于全球业务，联想在全球范围内为个人及企业客户提供产品生命周期末端管理服务和产品回收服务，联想的愿景“智能，为每一个可能”也延续到循环经济的实践之中，包括智能循环设计、智能循环使用及智能循环回收，联想可通过优化产品及零部件的使用，积极促进了循环经济，此外，联想的绿色回收举措和自身积极促进循环经济的理念都在绿色信息披露平台上予以公示，并在官网上进行回收项目的大力推广和宣传。

（2）绿色包装。包装不只是将笔记本电脑成品从制造工厂安全送到客户手中的一种方式，更是包装工程师和设计师通过不断践行创新理念，减少包装和物流对环境影响的一个机会。在包装使用材料部分，联想旨在将包装转换为回收材料或可再生材料，联想开始使用竹纤维作为包装材料的一部分，竹纤维具有多种优点，包括：表面光滑平整，结构强度高、轻量化、100%可快速再生，竹纤维礼盒的推出也减轻了包装材料近 30%的重量，这标志着联想开创环保包装材料的新篇章，同时也提升了客户体验。

2. 对客户绩效影响分析

客户层面绩效评价的指标通常包括客户满意度、客户保持率、客户获得率、客户盈利率、市场份额等，本文主要选取联想的市场份额以及客户满意度这两个指标来进行分析。

首先，如表 12 所示，通过 Gartner 发布的数据可以看出，联想的市场份额一直保持增长态势，且居行业内首位，同比增长率也高过行业平均值；其次，由表 13 可知，根据中国领先的品牌评级与品牌顾问机构 Chnbrand 实施的中国顾客满意度评价体系——中国顾客满意度指数数据，联想在推行绿色低碳供应链后，客户满意度得分维持在 75 分左右，比较稳定，且均高于当年的行业平均指数值，二者都说明联想在市场中经营能力与竞争力较强，且企业所提供的商品和服务对消费者和用户的满足程度较高，客户对联想集团的好感度高，愿意购买企业生产的产品与服务。

一方面，联想的绿色回收举措和自身积极促进循环经济的理念都在绿色信息披露平台上有所公示，并进行了大力的推广和宣传，提升了品牌自身的宣传度和客户的好感度，有益于企业巩固自身在市场中的地位，获得客户信任，说明绿色回收的举措有益于联想提升自身客户维度的绩效。另一方面，联想在绿色包装方面的创新，标志着其开创环保包装材料的新篇章，同时也提升了客户体验，在如今绿色环保规制和低碳理念盛行的时代背景下，联想的绿色包装举措打开了包装产业的新型减碳出路，吸引更多消费者参与到绿色包装实践中，且以往对绿色产品的研究表明，绿色产品的环保性质会给客户带来社会性利益和心理学利益，并正向影响消费者的购买意向，因此表明，联想的绿色包装设计对消费者的满意度有着显著的影响，正向地影响了企业客户维度的绩效。

表 12　2017~2021 年联想出货量、市场份额及同比增长率

	2017 年	2018 年	2019 年	2020 年	2021 年
出货量（千台）	54669	58257	63182	76113	84017
市场份额（%）	20. 8	22. 4	24. 1	24. 6	24. 7
同比增长率（%）	—	6. 9	8. 1	8. 4	10. 4

资料来源：Gartner。

表 13　2017~2022 年联想中国顾客满意度指数（C-CSI）

	2017 年	2018 年	2019 年	2020 年	2021 年	2022 年
客户满意度指数得分（百分制）	74. 1	74. 3	77. 0	79. 8	77. 4	75. 1

资料来源：Chnbrand 中国顾客满意度指数（C-CSI）。

五、研究总结

（一）研究结论

案例研究是以发展理论为目标，本文围绕“联想集团如何实施绿色低碳供应链，以及绿色举措如何影响企业战略绩效”进行研究，以时间轴为基准对企业进行剖析，由此得出结论，联想的绿色低碳供应链是从企业整体的运营来实施的，它的特点在于不仅需要企业自身进行实施，同时要顾及整个链条内的上下游情况，从整体来不断完善绿色度做到整个供应链的低碳化，联想集团不仅仅关注企业自身的发展状况，同时关注企业对于环境保护的社会责任以及企业自身的可持续发展，其推行绿色低碳供应链主要分为五个部分，在绿色低碳供应链的推行下，企业努力降低五个部分的碳排放，提升每一环节的绿色度，并影响了企业战略绩效的四个维度，这是一条完整的影响路径，即绿色低碳供应链构建对企业战略绩效的影响路径（见图 5）。

（二）实践启示

现如今，中国大多数计算机行业的企业仍然沿用传统的供应链管理模式，绿色低碳供应链管理尚未在国内广泛地推行。但是，随着目前迅速发展的工业经济、高排放的生产生活方式引发了诸如环境逐渐恶化、二氧化碳排放量激增等一系列问题，世界环境气候恶化的情势变得愈发严峻，再加上我国企业正在迎接着国际市场的挑战，无论是环境的变化还是国际市场的巨大冲击都在积极推动着企业进行绿色创新，因此，各中小企业有必要意识到在当前形势之下需要进行企业运营管理的改革，围绕核心企业，积极加入绿色低碳供应链管理实施的行列，向核心企业吸取经验，践行绿色举措。联想作为最早践行绿色低碳供应链的企业之一，其绿色低碳供应链管理体系已经发展得较为成熟，近年来战略绩效不断提升且有着良好的市场竞争力，因此，本文研究联想的绿色低碳供应链建设与战略绩效之间的关系，为计算机行业其他企业进行供应链改革提供了良好的范本。

（三）研究展望

首先，本文所论述的绿色低碳供应链管理在国内是一个新兴的概念，其中必然存在诸多不完善之处，在未来还需更深一步去验证和研究其可操作性；其次，

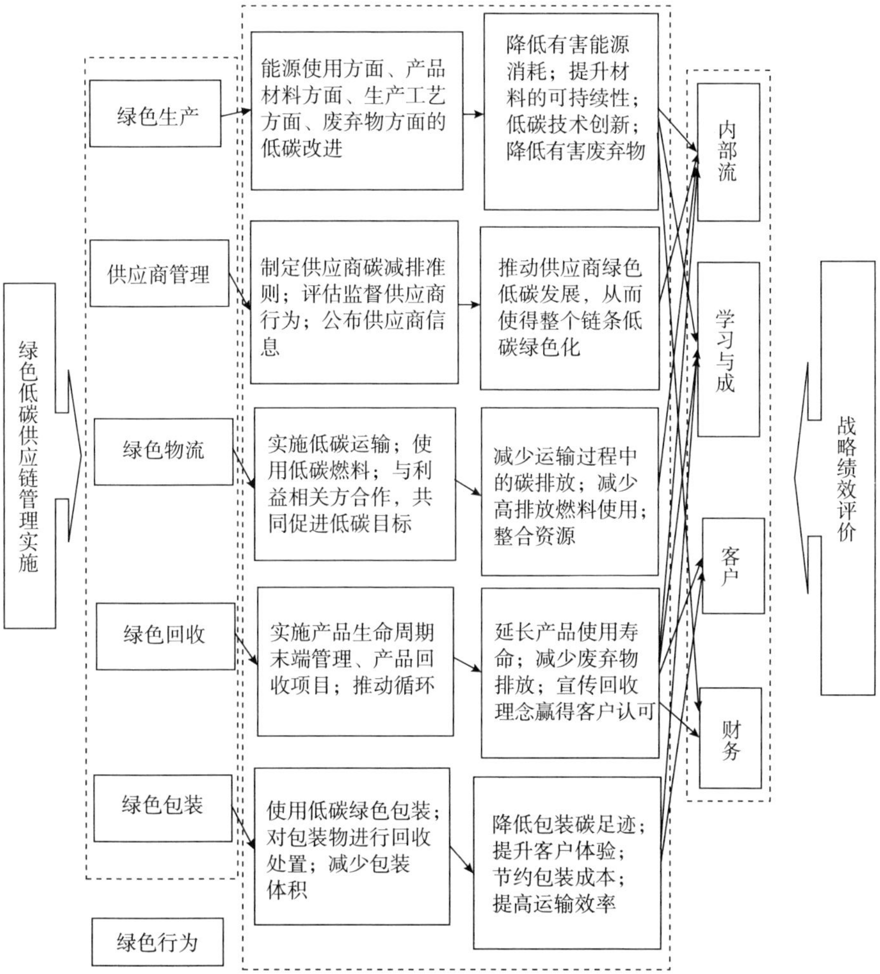

绿色低碳供应链管理实施

绿色生产
能源使用方面、产品材料方面、生产工艺方面、废弃物方面的低碳改进
降低有害能源消耗；提升材料的可持续性；低碳技术创新；降低有害废弃物

供应商管理
制定供应商碳减排准则；评估监督供应商行为；公布供应商信息
推动供应商绿色低碳发展，从而使得整个链条低碳绿色化

绿色物流
实施低碳运输；使用低碳燃料；与利益相关方合作，共同促进低碳目标
减少运输过程中的碳排放；减少高排放燃料使用；整合资源

绿色回收
实施产品生命周期末端管理、产品回收项目；推动循环
延长产品使用寿命；减少废弃物排放；宣传回收理念赢得客户认可

绿色包装
使用低碳绿色包装；对包装物进行回收处置；减少包装体积
降低包装碳足迹；提升客户体验；节约包装成本；提高运输效率

绿色行为

内部流
学习与成
客户
财务

战略绩效评价

图 5　绿色低碳供应链构建对联想战略绩效的影响路径

该供应链管理体系的顺利运行还需要许多与之配套的条件，但目前的实践经验与研究成果尚未完全解决这些问题；最后，能够对企业战略绩效产生影响的供应链环节不仅只有本文所提及的绿色生产、供应商管理、绿色物流、绿色回收和绿色包装五个层面，针对其他行业中的其他企业，环节可能会有所不同，在没有大数据的实证分析下，本文得出的研究结论不一定适用于其他行业，存在一定的行业偏差，上述问题都有待今后进行更加深入的研究与探讨。

参考文献

［1］陈秋俊，贾涛，王能民，王玉．制度压力对绿色供应链管理实践的影响研究——创新能力的调节作用［J］．工业工程与管理，2021，26（3）：40-47.

［2］潘永明，邹丁华，张志武．基于碳标签制度的两级供应链协调机制研究［J］．中国管理科学，2021，29（1）：109-115.

［3］Beamon B M. Designing the green supply chain［J］. Logistics Information-Management，1999，12（4）：332-42.

［4］Hall J. Environmental supply chain dynamics［J］. Journal of Cleaner Production. 2000，8（6）：455-471.

［5］徐梅鑫．人力资源管理与企业战略、绩效关系研究的演进——基于企业环境的变化［J］．华东理工大学学报（社会科学版），2012，27（1）：48-56.

［6］谭有超．我国企业战略绩效计量体系构建分析［J］．会计师，2013（18）：3-5.

［7］姜彤彤．基于平衡计分卡的科研机构战略绩效评价指标体系研究［J］．中国管理信息化，2012，15（10）：92-93.